投資家のための
税金読本
2024年度版

新しいNISAもまるわかり

編著：大和総研
監修：税理士法人柴原事務所

日本法令®

はしがき

まず、2024年１月の能登半島地震により被災された皆様に心よりお見舞い申し上げるとともに、一日も早い復興を願っております。

2023年以降、株式市場は活況を呈しています。「貯蓄から投資へ」の流れがいよいよ本格化しており、2024年２月22日、日経平均株価終値は３万9,098円68銭となり、1989年12月29日に記録した終値の史上最高値３万8,915円87銭を約34年ぶりに更新し、2024年３月４日には初めて４万円を超えました。１月から少額投資非課税制度（NISA）が大幅に拡充・恒久化され、家計の現預金が投資に向かうことが期待されており、金融資産を増やす絶好のタイミングと考える方も多いのではないでしょうか。

本書「税金読本」は、個人投資家の方々が、株式、公社債、投資信託、デリバティブなどの証券投資・金融取引を行う際に知っておくべき税金について、わかりやすく説明した解説書です。加えて、多くの方々に関わりのある所得税、住民税、相続税、贈与税の基本的な仕組みや、年金、不動産などに関わる税金についても解説しております。長きにわたりご支援くださる多くの読者の皆様に、執筆者一同、心より感謝申し上げます。

執筆にあたっては、可能な限り最新の情報（原則として2024年５月31日時点）を反映するよう心掛けております。2024年度版では、NISAに関して、2024年１月に開始した新しい制度を中心とした解説に改めました。また、2024年の定額減税、税制適格ストック・オプション制度の改正、マンションの相続税評価額の改正などについても紹介しております。

2024年３月15日には、政府が「国民の安定的な資産形成の支援に関する施策の総合的な推進に関する基本的な方針」を閣議決定し、国民の安定的な資産形成に資する制度の整備や利用の促進、国民の安定的な資産形成に関する教育及び広報の推進などについて定めました。また、2022年11月に決定された「資産所得倍増プラン」で掲げられたNISA総口座数・買付額を倍増させる目標とともに、2028年度末を目途に「金融経済教育を受けたと認識している人の割合」を20％に引き上げるという目標が掲げられています。私たちとしても、こうした政府の目標を大いに歓迎するとともに、国民の安定的な資産形成に資するための税金に関する知識の普及、金融リテラシーの向上という点から、微力ながらも貢献できれば、と願っております。

皆様に本書を常時手許においてご利用いただけるなら、執筆者一同、これに勝る喜びはありません。

2024年６月

株式会社　大和総研

目次

適切な申告納税を担保するための仕組み⑬ 325

付表・索引

Check Point!・Q&A　一覧

C…Check Point!　Q…Q&A

目 次

11章 財産評価

12章 不動産

13章 納税環境

法人投資家の税金については、「法人投資家のための証券投資の会計・税務」をご参照下さい。

本書は2024年５月31日現在の法令等に基づいて作成しています。作成においては万全を期しておりますが、投資の決定または税務申告等におかれましては、ご自身の判断と責任でなされますようお願い申し上げます。

1

2024年度税制改正で税金はこう変わる

本章では、2024年度税制改正について解説します。

1-1では、2024年度税制改正に盛り込まれた所得税・住民税の定額減税や住宅ローン減税の改正などについて解説します。加えて、2024年1月に発生した能登半島地震に関連して制定された被災者に対する税制措置についても解説します。

1-2では、今後の税制改正の見通しとして、扶養控除の見直しや防衛財源の確保などについて解説します。

2024年度税制改正

個人所得課税

所得税・住民税の定額減税

2024年度税制改正により、所得税・住民税の定額減税が実施されます。2024年分の所得税について、所得税に係る合計所得金額が1,805万円（給与年収では2,000万円相当）以下である場合に、①本人３万円、②居住者である同一生計配偶者又は扶養親族１人につき３万円が税額控除されます。加えて、2024年度分の住民税について、住民税に係る合計所得金額が1,805万円以下である場合に、①本人１万円、②国外居住者を除く控除対象配偶者又は扶養親族１人につき１万円が税額控除されます。所得税、住民税を合計すると本人および対象となる配偶者・扶養親族１人あたり４万円が税額控除されます。定額減税の対象者を判定する上での合計所得金額は、所得税は2024年、住民税は2023年の所得を対象としていることに注意が必要です。

給与所得者の場合、所得税の控除の実施方法は次の図の通り、2024年６月１日以降に支払われる給与等の所得税額から控除されます。１回の給与等の支払いで控除しきれない部分については、以後2024年中に支払われる給与等の所得税額から順次控除されます。2024年中の源泉徴収金額から控除しきれない金額があった場合でも、2025年の源泉徴収金額から控除されることはありません。年末調整の際には、住宅ローン減税を含む各種の年末調整時の税額控除適用後の所得税額から定額減税の金額を控除した所得税額をもとに調整が行われます。2024年度の復興特別所得税は、定額減税控除後の所得税額に2.1％を乗じて算出します。

給与所得者の場合、住民税は当年度分の住民税額につき、通常６月～翌５月の給与から12等分して特別徴収されます。ただし、2024年度分の住民税については、2024年６月の給与からの特別徴収を行わず、定額減税額の控除後の2024年度分の住民税額につき、2024年７月～2025年５月の給与から11等分して特別徴収されます。

公的年金等の受給者においては、2024年６月１日以降に支払われる公的年金等の所得税額から控除されます。１回の公的年金等の支払いで控除しきれない部分については、以後2024年中に支払われる公的年金等の所得税額から順次控除されます。

源泉所得税に対する定額減税の措置は給与所得および公的年金等の源泉所得税に対して実施され、利子所得・配当所得・特定口座内の株式譲渡所得等の源泉所得税については定額減税が行われません（通常通り源泉徴収されます）。

事業所得者等の予定納税においては、2024年分の所得税に係る７月の第１期分予定納税額（2024年の振替日は９月30日）から本人分の定額減税額（３万円）を控除します（予定納税については📖**47ページ参照**）。第１期分予定納税額から控除しきれない部分の金額は、第２期分予定納税額から控除します。2024年分の所得税の確定申告の際には、定額減税を適用することなく算出した所得税額から定額減税額を控除します。

▶定額減税の実施方法（給与所得者の場合）

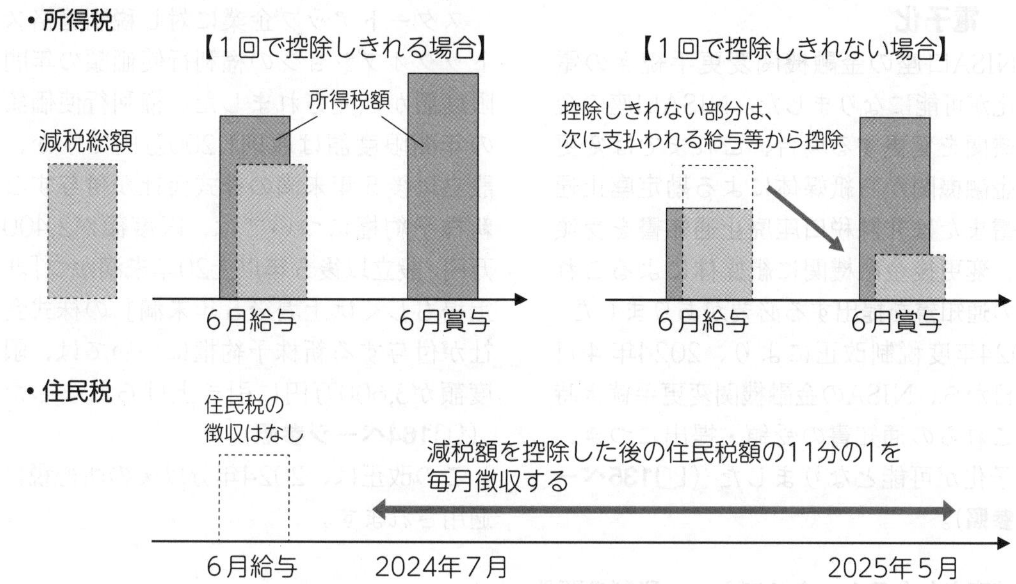

住宅ローン減税の改正

2024年度税制改正により、子育て世帯・若年夫婦世帯を対象に住宅ローン減税の拡充が行われました。子育て世帯・若年夫婦世帯（19歳未満の子を有する世帯または夫婦のいずれかが40歳未満の世帯）については、2024年に入居した場合、次の図表の通り、住宅ローン減税の対象となる住宅ローン残高がその他の世帯に比べ上乗せされます。

現行法上は、子育て世帯・若年夫婦世帯への住宅ローン減税の拡充は、2024年入居分限りの措置となっています（与党としては、2025年入居分にも同様の措置を行う方針を示しています）。

▶住宅ローン減税の限度額（2024年～2025年入居の場合）

	入居年	世帯属性	住宅の省エネ性能等			
			認定長期優良住宅・認定低炭素住宅	ZEH水準省エネ住宅	省エネ基準適合住宅	その他の住宅
新築住宅	2024年	子育て世帯・若年夫婦世帯※	5,000万円	4,500万円	4,000万円	原則適用不可（経過措置が適用される場合は2,000万円）
		その他の世帯	4,500万円	3,500万円	3,000万円	
	2025年	世帯属性問わず	4,500万円	3,500万円	3,000万円	
中古住宅	2024年	世帯属性問わず	3,000万円			2,000万円
	2025年					

※　「19歳未満の子を有する世帯」または「夫婦のいずれかが40歳未満の世帯」

金融・証券税制

NISAの金融機関変更手続きの電子化

NISA口座の金融機関変更手続きの電子化が可能になりました。NISA口座の金融機関を変更する場合、これまでは変更前金融機関から紙媒体による勘定廃止通知書または非課税口座廃止通知書を受領し、変更後金融機関に紙媒体によるこれらの通知書を提出する必要がありました。2024年度税制改正により、2024年４月１日から、NISAの金融機関変更手続き時のこれらの通知書の受領・提出につき、電子化が可能となりました（📖135ページ参照）。

ストックオプション税制の拡充

スタートアップ企業に対し税制適格ストックオプションの権利行使価額の年間限度額が拡充されました。権利行使価額の年間限度額は原則1,200万円ですが、設立以後５年未満の株式会社が付与する新株予約権については、限度額が2,400万円、設立以後５年以上20年未満かつ「非上場もしくは上場後５年未満」の株式会社が付与する新株予約権については、限度額が3,600万円に引き上げられました（📖164ページ参照）。

この改正は、2024年分以後の所得税に適用されます。

▶拡充されたストックオプション税制の要件

権利行使価額の年間限度額	付与決議の日において、設立以後５年以上20年未満	非上場	3,600万円※
		上場以後５年未満	
	付与決議の日において、設立以後５年未満		2,400万円※
	上記以外		1,200万円

※ 2023年分の所得税については、権利行使価額の限度額は1,200万円となります。

相続税・贈与税

マンション評価額の見直し

マンションの相続税評価額につき、従来の方法では市場価格との乖離が大きくなっていたため、見直しが行われました。

新しい評価方法では、次の表の計算式をもとに、市場価格と相続税評価額の乖離に相当する「評価乖離率」を算出し、評価乖離率が0.6未満または１超の場合に、相続税評価額の補正が行われます。適用対象となるのは2024年１月１日以降に相続、遺贈または贈与によって取得した「居住用の区分所有財産（いわゆるマンション）」です。居住の用途に供することができないもの（事業テナント物件など）や地階を除く総階数が２階以下のものなどは適用対象外です。

▶マンション評価額の計算

建物（区分所有権）の評価額×区分所有補正率＋土地部分（敷地利用権）の評価額×区分所有補正率

区分所有補正率は、そのマンションの評価額と市場価格との乖離の大きさ（評価水準＝1／評価乖離率）に応じて定められています。

▶区分所有補正率

評価水準（1／評価乖離率）	区分所有補正率
0.6未満	評価乖離率×0.6
0.6以上、1以下	補正なし
1超	評価乖離率

（注）区分所有者が一棟の区分所有建物に存する全ての専有部分および一棟の区分所有建物の敷地のいずれも単独で所有している場合には、敷地利用権に係る区分所有補正率は1を下限とします。

▶評価乖離率

A＋B+C+D＋3.220

A：一棟の区分所有建物の築年数（1年未満の端数は1年とする）×△0.033
B：一棟の区分所有建物の総階数指数※1×0.239（小数点以下第4位切捨て）
C：一室の区分所有権等に係る専有部分の所在階※2×0.018
D：一室の区分所有権等に係る敷地持分狭小度※3×△1.195（小数点以下第4位切上げ）

※1　総階数（地階を除く）／33（小数点以下第4位切捨て、1を超える場合は1）
※2　専有部分が複数階にまたがる場合には、階数が低い方の階。専有部分の所在階が地階である場合には、Cは0とします。
※3　敷地利用権の面積／専有部分の面積（小数点以下第4位切上げ）
※4　評価乖離率が0以下の場合は、区分所有権、敷地利用権の評価額は0になります（区分所有補正率の表の（注）の場合を除く）。

能登半島地震の被災者に対する税制措置

雑損控除の特例

能登半島地震の発災日が2024年1月1日であるため、2023年分の所得税の課税期間に近接していることを考慮し、災害による損失に関して2023年分の所得税に臨時の措置が講じられることになりました。

今般の災害によって損失が生じた場合には、2023年分の所得税について雑損控除および災害減免法の規定を適用できる特例が設けられました。住民税に関しても同様に、今般の災害によって住宅や家財等の資産に損失が生じた場合には、2024年分の住民税（2023年分の所得）について雑損控除および災害減免法の規定を適用できます。加えて、事業用の資産に損害が生じた場合には、2023年の事業用所得の計算上の必要経費に算入できることとなりました。

災害で損害が生じた場合の措置

上記の特例の他に従来からの制度として、災害によって住宅や家財など生活に通常必要な資産に損害が生じた場合には、確定申告で所得税法の雑損控除、災害減免法による軽減免除のいずれか有利な方法を選ぶことで、所得税の全部または一部を軽減することができます（📖32ページ参照）。

1-2

今後の税制改正の見通し

児童手当の拡充に伴う扶養控除の見直し

児童手当について、所得制限の撤廃や支給期間の高校生年代までの延長がなされることを踏まえて、与党は扶養控除の見直しを行う方針を示しています。

高校生年代(16歳－18歳)の扶養控除は、現行の一般部分（所得税38万円、住民税33万円）に代えて、かつて廃止された上乗せ分（所得税25万円、住民税12万円）が復元される方針です。加えて、この扶養控除の見直しによってその他の社会保障制度や教育等の給付や負担に不利益が生じないよう適切な対応を行うことを各府省庁や地方公共団体に求めています。

この扶養控除の見直しについては、2025年度税制改正において、2024年10月からの児童手当の支給期間の延長が満年度化した後の2026年分以降の所得税と2027年分以降の住民税の適用について結論を出すこととなっています。

生命保険料控除の子育て世帯への拡充

与党は、生命保険料控除における新生命保険料に係る一般枠（遺族保証）について、23歳未満の扶養親族を有する場合には、現行の適用限度額４万円に２万円の上乗せ措置を講じる方針を示しています。措置については2025年度の税制改正で結論を出すこととなっています。

防衛財源の確保

政府・与党は、防衛費の安定的な財源確保のため、法人税・所得税（復興特別所得税）・たばこ税に対して措置を行う方針を示しています。所得税については、復興特別所得税の税率を引き下げる一方で、引き下げ分を新たな付加税に置き換えることになっています。減少する復興財源は復興特別所得税の課税期間を延長して確保される予定です。

ただし、実施時期は明確になっていません。

iDeCoの加入年齢や拠出限度額の引き上げ

与党は、働き方やライフコースの多様化に伴って私的年金や退職給付のあり方の包括的な見直しが求められるとしています。個人型確定拠出年金（iDeCo）の加入年齢の70歳への引き上げや拠出限度額の引き上げについて、具体的な案の検討を進めていく方針です。

2

所得税・住民税の基礎知識

個人の所得には、国から所得税、地方自治体から住民税が課されます。

所得税や住民税の課税対象となる所得には、給与、事業によるもの、公的年金などのほか、証券投資を行った際の利子・配当・譲渡益なども含まれます。ただし、所得の種類によって、損益を通算できる範囲、税率、確定申告の有無などが異なるなどの違いがあります。

また、「所得」は税だけでなく、社会保険料や医療費の自己負担などを決定する際にも参照されていますので、証券投資による利益がこれらに影響することもあります。

第２章では、所得税と住民税の計算から申告と納税までの全体像を紹介し、証券投資家として押さえておきたいポイントを解説します。

所得税・住民税の課税対象となる「所得」

所得税・住民税とは

所得税とは

所得税は、「**個人の１年間の所得**」に対して課される国の税金です。この「個人の１年間の所得」という言葉は次の３つの意味を持っています。

①課税の単位は「個人」であり、同じ世帯の人であっても、個人ごとに課税されます。

②所得計算の対象期間は、毎年１月１日から12月31日までの「１年間」です。

③課税の対象は「所得」です。所得とは、収入金額から必要経費を差し引いたものです。

ここでいう「収入」は現金によるものに限らず、現金以外の物や権利その他のあらゆる経済的な利益について原則として金銭に換算して収入とします。

原則として、個人は各年の所得につき、翌年３月15日までに確定申告書を提出し、所得税を納める必要があります。

住民税とは

住民税は、原則として「**個人の前年の所得**」に対して**所得割**が課税され、毎年１月１日時点で住所を有する都道府県と市区町村に対して納めます。所得税と住民税所得割では課税の時期が１年ずれています。

また、住民税には一定基準以上の所得がある人全員に均等に課税される均等割もあります。ほとんどの自治体では地方税法に定められた標準税率による課税を行っていますが、条例により標準税率とは異なる税率を設定している自治体もあります。

なお、2024年度以後は、均等割と併せて森林環境税（国税）が年額1,000円徴収されることになりますが、徴収税額の総額は変わりません。

▶均等割の標準税率

	2014年度～2023年度	2024年度以後
市町村民税・特別区民税	年額3,500円	年額3,000円
道府県民税・都民税	年額1,500円	年額1,000円
森林環境税（国税）	—	年額1,000円

住民税の課税対象となる「所得」は原則として所得税と同じです。市区町村は所得税の確定申告書に記載された情報や勤務先から提出される情報などをもとに都道府県分も含めた所得割と均等割の税額を計算し、個人に通知します。個人はそれに基づいて住民税を納付します。

課税方法の種類と確定申告の有無

所得税・住民税の課税方法には**総合課税**と**分離課税**があります。総合課税は個人の各所得を合計して課税する方法で、分離課税は特定の所得について他の所得と分離し、別途税額を計算して課税する方法です。総合課税が原則で、分離課税は例外という扱いになります。

総合課税の所得は確定申告を行うことが原則ですが、給与所得・公的年金の雑所得などは源泉徴収のみで課税関係を終了できる場合があります。

分離課税は**申告分離課税**と**源泉分離課税**に分かれます。源泉分離課税は支払いを受ける際に税金が源泉徴収され、それで課税関係が終了します。

申告分離課税は原則として確定申告が必要となりますが、上場株式等の配当所得・利子所得、および源泉徴収ありの特定口座内の上場株式等の譲渡所得等については支払いを受ける際の源泉徴収のみで課税関係を終了することもできます。

▶所得税・住民税の課税方法

課税方法		確定申告	例外として確定申告が不要になる場合
総合課税		原則として必要	給与所得、公的年金の雑所得などで一定の要件を満たす場合
分離課税	申告分離課税	原則として必要	上場株式等の配当所得・利子所得、源泉徴収ありの特定口座内の上場株式等の譲渡所得等など
	源泉分離課税	不可	

所得税の源泉徴収

所得税は申告納税が原則ですが、給与所得、配当所得、利子所得など一部の所得については、それらを支払う者があらかじめ所得税を差し引いて国に納付することがあります。これを源泉徴収と呼びます。

総合課税および申告分離課税の所得について源泉徴収された所得税は前払いにすぎません。最終的には、１年が終わった後に、確定申告により納めるべき税額が確定します。確定した税額から納付済みの源泉徴収税額を差し引いた残額が確定申告時に納付すべき税額となります(マイナスとなる場合は源泉徴収された税額が還付されます)。

他方、源泉分離課税の所得については、源泉徴収のみで課税関係が完結するため、確定申告の対象とすることはできません。

住民税の特別徴収

所得割と均等割

住民税（所得割と均等割）は納付書により納める**普通徴収**が原則で、納税者は原則として、前年所得に基づく住民税額を６月、８月、10月、翌年１月の４回に分けて金融機関の窓口や口座振替などで支払います。

ただし、給与所得者については原則と

して毎月の給与から天引きにより６月から翌年５月の12回に分けて、（遺族・障害年金を除く）公的年金受給者については２ヵ月に一度支給される公的年金からの天引きにより４月から翌年２月の６回に分けて徴収されます（**特別徴収**）。

給与所得者で給与以外の所得がある場合は、給与以外の所得に係る住民税について、給与からの特別徴収で納めるか納付書による普通徴収で納めるか、所得税の確定申告時に選択することができます。普通徴収で納める場合、給与以外で確定申告した所得（例えば株式譲渡所得、配当所得、不動産譲渡所得など）について勤務先に通知されることはありません。

給与や年金からの所得税と住民税の天引きは一見同じもののように見えますが、所得税の源泉徴収はいま支払われた給与や年金に係る所得税額を暫定的に前払いしているもので、後に年末調整や確定申告によって調整が行われます。これに対し、住民税の特別徴収は前年所得をもとに確定した税額を、いま支払われる給与や年金から後払いを行っているという違いがあります。

利子割・配当割・株式等譲渡所得割

預貯金や一般公社債の利子など、源泉分離課税が適用される利子所得の特別徴収（住民税**利子割**）は、所得税と同様にその特別徴収のみによって課税関係が完結します。

上場株式等の配当所得および利子所得に対する特別徴収（住民税**配当割**）と源泉徴収ありの特定口座における上場株式等の譲渡所得等に対する特別徴収（住民税**株式等譲渡所得割**）は所得税と同様に、源泉徴収のみで課税を完結し申告不要とすることもできますし、申告することもできます。申告した場合、住民税所得割の課税対象となり、特別徴収済みの配当割・株式等譲渡所得割は納めるべき所得割および均等割から控除され、控除しきれない金額は還付されます。

退職所得に対する住民税の特別徴収

Check Point!

住民税所得割は、原則として前年所得課税が行われますが、退職所得については、退職金の支給時に特別徴収が行われ、課税が完結します（これを現年分離課税といいます）。

退職所得に対する住民税の特別徴収額は、下表の計算式により算出されます（退職所得金額については13ページを参照）。

▶退職所得に対する住民税の特別徴収額

	特別徴収額の計算式
市町村民税・特別区民税	退職所得金額×６％
道府県民税・都民税	退職所得金額×４％

※　いずれも100円未満の端数は切捨てとなります。

課税所得と非課税所得

「13種類」の課税所得と課税方法

所得税・住民税の課税対象となる所得は税法上**10種類**に区分され、それぞれ所得の計算の仕方や課税方法等が異なります。

上場株式等の譲渡益、一般株式等の譲渡益、先物取引等の利益については、税法上は、これらの取引が営利を目的として継続的に行われているかにより、譲渡所得、雑所得、事業所得のいずれかに区分されることになります。しかし実際には、上場株式等の譲渡益、一般株式等の譲渡益について、確定申告書などによりどの所得区分とするかを納税者が明示する必要はなく、所得区分の違いによる税制上の差異は限定的な局面にしか生じません（差異が生じる局面については📖**59ページ参照**）。

ただし、これらはいずれの所得区分として扱うとしても、他の譲渡所得、雑所得、事業所得とは損益通算の範囲や適用される税率、控除額などが大きく異なります。

このため、証券投資家にとっては、上場株式等の譲渡益、一般株式等の譲渡益、先物取引等の利益については、他の譲渡所得、雑所得、事業所得とは別の独立した所得区分であるものと考えた方が税制の理解がしやすいです。そこで、本書では税法上の10種類の所得区分に、上場株式等の譲渡所得等、一般株式等の譲渡所得等、先物取引の雑所得等の３種類を加えた、「**13種類の所得区分**」と呼ぶことにします。

▶所得区分と所得税・住民税の課税方法（2024年現在）

	所得区分	課税方法	所得の具体例	備　考
1	利子所得	源泉分離	預貯金・一般公社債の利子、合同運用信託（金銭信託・貸付信託）の収益分配金、私募公社債投資信託の収益分配金など	—
		申告分離	特定公社債の利子、公募公社債投資信託の収益分配金など	申告不要の選択可
		総合	同族株主等が受け取る一般公社債の利子、海外の銀行等に預けた預金の利子など	—
2	配当所得	申告分離	上場株式の配当、公募株式投資信託の収益分配金など	申告不要・総合課税の選択可
		総合	非上場株式の配当、私募株式投資信託の収益分配金など	少額なら申告不要となる場合あり
3	不動産所得	総合	土地や建物の貸付による地代や家賃など	—
4	事業所得 （9・10・11を除く）	総合	農業、漁業、製造業、卸売業、小売業、サービス業など、個人で営む事業から生じる所得	—
5	給与所得	総合	雇用関係に基づき勤務先から支給される給与や賞与など	—

	所得区分	課税方法	所得の具体例	備　考
6	退職所得	申告分離	勤務先から退職時に受け取る退職金や一時恩給、企業年金・確定拠出年金の老齢・退職給付としての一時金など	原則として源泉徴収のみで確定申告不要
7	山林所得	申告分離	山林の伐採または、譲渡による所得	—
8	譲渡所得 （9・10・11を除く）	申告分離	土地・建物などの譲渡による所得	—
		総合	書画、骨とう品、金地金、ゴルフ会員権などの譲渡による所得	—
9	上場株式等の譲渡所得等	申告分離	上場株式、公募投資信託などの譲渡による所得	源泉徴収ありの特定口座は申告不要を選択可
10	一般株式等の譲渡所得等	申告分離	非上場株式、私募投資信託などの譲渡による所得	—
11	先物取引の雑所得等	申告分離	金融商品先物取引、商品先物取引、カバードワラントの差金等決済による所得	—
12	一時所得	総合	上記１～11以外の所得のうち、①営利を目的とする継続的行為から生じた所得以外で、②労務その他の役務または資産の譲渡の対価としての性格がなく、③一時的な所得である、という３つの条件を満たす所得。 懸賞や福引の賞金品、競馬などの払戻金、生命保険や損害保険の満期返戻金や解約返戻金など	—
13	雑所得	総合	上記１～12のいずれにも該当しない所得。 公的年金、外貨預金の為替差益、事業者以外が行う暗号資産（仮想通貨）の取引による利益、職業作家以外の人が受け取る原稿料や講演料など	—

※　株式等、一般株式等、上場株式等については54ページ、特定公社債、一般公社債については56ページを参照してください。

各種所得金額の計算

確定申告の際には、13種の所得区分それぞれにつき、次の方法で各種所得金額を計算します。

▶所得金額の計算式（2024年分所得）

	所得区分	所得金額の計算方法
1	利子所得	所得金額＝収入金額
2	配当所得	所得金額＝収入金額－元本取得のために要した負債の利子
3	不動産所得	所得金額＝収入金額－必要経費
4	事業所得 （9・10・11を除く）	所得金額＝収入金額－必要経費

<table>
<tr><th></th><th>所得区分</th><th>所得金額の計算方法</th></tr>
<tr><td>5</td><td>給与所得</td><td>所得金額＝(収入金額－給与所得控除額)－所得金額調整控除額※1－特定支出控除額※2
<table>
<tr><th colspan="2">収入金額</th><th>給与所得控除額※3</th></tr>
<tr><td></td><td>55万円以下</td><td>全額</td></tr>
<tr><td>55万円超</td><td>162.5万円以下</td><td>55万円</td></tr>
<tr><td>162.5万円超</td><td>180万円以下</td><td>収入金額×40%－10万円</td></tr>
<tr><td>180万円超</td><td>360万円以下</td><td>収入金額×30%＋８万円</td></tr>
<tr><td>360万円超</td><td>660万円以下</td><td>収入金額×20%＋44万円</td></tr>
<tr><td>660万円超</td><td>850万円以下</td><td>収入金額×10%＋110万円</td></tr>
<tr><td>850万円超</td><td></td><td>195万円</td></tr>
</table>
※1　23歳未満または特別障害者である扶養親族がいる人の場合、または、給与所得と公的年金等の雑所得の両方がある人の場合は所得金額調整控除を受けられる場合があります（**15ページを参照**）。
※2　特定支出金額が一定以上ある場合、特定支出控除ができます（**次ページ参照**）。
※3　給与収入が660万円未満の場合は、所得税法別表第５によるため、上記の速算表による控除額とは若干の違いが生じます。</td></tr>
<tr><td>6</td><td>退職所得</td><td>所得金額＝(収入金額－退職所得控除額)×１/２※1、2
<table>
<tr><th>勤続年数</th><th>退職所得控除額</th></tr>
<tr><td>20年以下</td><td>40万円×勤続年数（下限80万円）</td></tr>
<tr><td>20年超</td><td>800万円＋70万円×(勤続年数－20年)</td></tr>
</table>
※1　役員等が受け取る退職所得で、役員等としての勤続年数が５年以下の場合、１/２控除は行われません。
※2　役員等でなくとも勤続年数が５年以下で退職所得控除後の金額が300万円を上回る場合は、当該上回る分については、１/２控除は行われません。
※3　前職で退職金の支払いがあったにもかかわらず、前職の勤続年数を通算して退職金が支給される場合には、前職の勤続年数を通算して求めた控除額から前職の控除額を差し引きます。
※4　同じ年に２か所以上から退職金を受け取った場合は合算して退職所得を計算します。退職所得控除額を計算する際、勤続年数は通算します（ただし同一の期間につき重複計上はしません）。
※5　複数の勤務先からの退職金につき受け取った年が異なる場合、退職金を受け取った年ごとにそれぞれ退職所得を計算します。ただし、前年以前４年以内（確定拠出年金の一時金の場合19年以内）に別の勤務先から退職金を受け取っていた場合は、退職所得控除額を計算する際、以前の勤務先と重複する勤続期間については、勤続年数から控除されます。</td></tr>
<tr><td>7</td><td>山林所得</td><td>所得金額＝収入金額－必要経費－特別控除額（上限50万円）</td></tr>
<tr><td>8</td><td>譲渡所得
（9・10・11を除く）</td><td>【土地・建物等の譲渡所得の場合】
所得金額＝収入金額－(取得費＋譲渡費用)－特別控除額※
※　自宅の3,000万円特別控除（**319ページ参照**）、空家の3,000万円特別控除（**320ページ参照**）など、各種の特別控除が適用される場合があります（**319ページ参照**）。
【総合課税の譲渡所得の場合】
所得金額＝収入金額－(取得費＋譲渡費用)－特別控除額（上限50万円）
※　総合課税の長期譲渡所得については、総所得金額を計算する際に上記所得金額を１/２の額にします。</td></tr>
<tr><td>9</td><td>上場株式等の譲渡所得等</td><td rowspan="2">所得金額＝収入金額－（取得価額または取得費※1＋負債利子の額＋譲渡費用＋管理費※2＋その他経費）
※1　相続により取得した株式等を譲渡した場合、譲渡所得として扱われる場合に限り、一定の相続税額を取得費に加算できます（**62ページ参照**）。
※2　事業所得または雑所得として扱われる場合に限り、口座管理料や投資顧問料を必要経費として控除できます（**60ページ参照**）。</td></tr>
<tr><td>10</td><td>一般株式等の譲渡所得等</td></tr>
<tr><td>11</td><td>先物取引の雑所得等</td><td>所得金額＝収入金額－(手数料等＋その他経費)</td></tr>
<tr><td>12</td><td>一時所得</td><td>所得金額＝収入金額－その収入を得るために支出した金額－特別控除額（上限50万円）
※　一時所得は、総所得金額を計算する際に上記所得金額を１/２の額にします。</td></tr>
</table>

<table>
<tr><th></th><th>所得区分</th><th>所得金額の計算方法</th></tr>
<tr><td>13</td><td>雑所得</td><td>【公的年金等の雑所得の場合】
所得金額＝収入金額－公的年金等控除額
<table>
<tr><th colspan="2" rowspan="3">公的年金等の収入金額（A）</th><th colspan="3">公的年金等控除額</th></tr>
<tr><th colspan="3">公的年金等以外の合計所得金額</th></tr>
<tr><th>1,000万円以下</th><th>1,000万円超
2,000万円以下</th><th>2,000万円超</th></tr>
<tr><td rowspan="5">65歳未満</td><td>130万円以下</td><td>60万円</td><td>50万円</td><td>40万円</td></tr>
<tr><td>130万円超　410万円以下</td><td>A×25%＋27.5万円</td><td>A×25%＋17.5万円</td><td>A×25%＋7.5万円</td></tr>
<tr><td>410万円超　770万円以下</td><td>A×15%＋68.5万円</td><td>A×15%＋58.5万円</td><td>A×15%＋48.5万円</td></tr>
<tr><td>770万円超　1,000万円以下</td><td>A×5%＋145.5万円</td><td>A×5%＋135.5万円</td><td>A×5%＋125.5万円</td></tr>
<tr><td>1,000万円超</td><td>195.5万円</td><td>185.5万円</td><td>175.5万円</td></tr>
<tr><td rowspan="5">65歳以上</td><td>330万円以下</td><td>110万円</td><td>100万円</td><td>90万円</td></tr>
<tr><td>330万円超　410万円以下</td><td>A×25%＋27.5万円</td><td>A×25%＋17.5万円</td><td>A×25%＋7.5万円</td></tr>
<tr><td>410万円超　770万円以下</td><td>A×15%＋68.5万円</td><td>A×15%＋58.5万円</td><td>A×15%＋48.5万円</td></tr>
<tr><td>770万円超　1,000万円以下</td><td>A×5%＋145.5万円</td><td>A×5%＋135.5万円</td><td>A×5%＋125.5万円</td></tr>
<tr><td>1,000万円超</td><td>195.5万円</td><td>185.5万円</td><td>175.5万円</td></tr>
</table>
※　受給者の年齢が65歳未満かどうかは、その年の12月31日の年齢により判断されます。
【公的年金等以外の雑所得の場合】
所得金額＝収入金額－必要経費</td></tr>
</table>

特定支出控除とは

Check Point!

給与所得控除は、給与所得者に必要な経費を考慮し、給与所得から一定の額を概算で差し引き、税負担の軽減を図るものです（金額は**13ページ参照**）。しかし、給与所得を得るための経費（特定支出）を比較的多く支払っている者もいます。このような者が利用できるのが**給与所得者の特定支出控除**です。**特定支出が給与所得控除の１/２より多い場合**、給与所得控除に加え、特定支出と給与所得控除の１/２の差額を特定支出控除として給与収入から差し引くことができます。

特定支出として認められる支出は、下記①～⑦までの支出です。

①一般の通勤者として通常必要であると認められる通勤のための支出
②職務の遂行に直接必要な旅費で、通常必要と認められる支出
③転勤に伴う転居のために通常必要であると認められる一定の支出
④職務に直接必要な技術や知識を得るための研修に関する支出
⑤職務に直接必要な資格を取得するための支出
⑥単身赴任などの場合で、勤務地と自宅の間の往復に通常必要な一定の支出
⑦職務と関連のある図書の購入費、職場で着用する衣服の購入費および職務に通常必要な交際費（勤務必要経費と呼ぶ。特定支出として認められる上限は65万円）

※　給与等の支払者から補てんされる部分で非課税のもの（通勤手当など）がある場合、その分は除かれます。また、確定申告の際には給与等の支払者による証明書や支出金額の明細書等が必要です。

所得金額調整控除

Check Point!

所得税については、本人が特別障害者に該当する場合または23歳未満もしくは特別障害者である扶養親族等を有する給与所得者で、かつ、給与等の収入金額が850万円超である者には、次の表に示される所得金額調整控除が適用され、当該控除額が給与所得から控除されます。本措置は2020年度税制改正により、一定の扶養親族等を有する世帯の負担が増えないように設けられた調整措置です。

▶23歳未満または特別障害者である扶養親族等を有する場合の所得金額調整控除額

給与等の収入金額	所得金額調整控除額	給与所得控除額	所得金額調整控除額と給与所得控除額の合計
850万円超　1,000万円以下	収入金額×10%－85万円	195万円	収入金額×10%＋110万円
1,000万円超	15万円	195万円	210万円

また、給与所得と公的年金等の雑所得の両方を有する者については、次の表に示される所得金額調整控除が適用され、当該控除額が給与所得から控除されます。

▶給与所得と公的年金等の雑所得の両方を有する場合の所得金額調整控除額

		公的年金等の雑所得	
		10万円未満	10万円以上
給与所得	10万円未満	（給与所得＋公的年金等の雑所得）－10万円※	給与所得の全額
	10万円以上	公的年金等の雑所得の全額	10万円

※　計算結果が負の値になる場合、所得金額調整控除は行われません。

非課税所得

所得税は1年間に個人が得たすべての所得にかかるのが原則ですが、所得の性質や租税負担能力、政策上の目的などから一定のものは非課税としています。非課税所得には次のようなものがあります。

▶主な非課税所得

	主な非課税所得	備　考
1	公的年金のうち、遺族年金および障害年金	老齢、退職年金は雑所得
2	児童手当、児童扶養手当、出産手当金、傷病手当金、失業給付などの社会保障給付	—
3	給与所得者の通勤手当	月額15万円以内
4	生活の用に供する家具、じゅう器、衣服などの資産の譲渡による所得	1個または1組の価額が30万円超の貴金属や美術工芸品などは除く
5	学資金および扶養義務を履行するために給付される金品	—
6	損害賠償金や慰謝料	—
7	香典や見舞金で社会通念上相当と認められるもの	—
8	マル優・特別マル優の適用を受けた預貯金や公社債等の利子	📖161ページ参照
9	住宅財形・年金財形の適用を受けた預貯金や投資信託などの利子・分配金など	📖158ページ参照
10	一般NISA、ジュニアNISA、つみたてNISA、新しいNISAで保有する上場株式等の配当・分配金、譲渡益	📖130ページ参照
11	追加型投資信託における元本払戻金（特別分配金）	📖89ページ参照
12	宝くじの当選金やサッカーくじの払戻金	競馬などの払戻金は原則として一時所得
13	国や地方自治体から給付される保育所やベビーシッターの費用	—

非居住者（海外在住者）等に対する所得税の課税

非居住者等に対する所得税の課税の概要

国内居住者は、原則として、その所得の源泉が国内であっても国外であっても所得税(および復興特別所得税。以下同じ)の課税対象となります。

これに対し、「非居住者」および国内居住者であっても「非永住者」に当たる人は所得税の課税対象となる所得の範囲が限定されています。

▶非居住者等の課税所得の範囲

納税者の区分		条　件	所得税の課税所得の範囲
居住者		以下の**いずれか**を満たす個人 • 国内に住所を有する • 現在まで継続して１年以上、国内に居所を有する	国内源泉所得および国外源泉所得
	非永住者	以下の**すべて**を満たす居住者 • 日本国籍を有しない • 過去10年のうち国内に住所または居所を有していた期間の合計が５年以下	国内源泉所得および「国外源泉所得のうち、日本で支払われたものまたは日本国内に送金されたもの」
非居住者		居住者以外の個人	国内源泉所得

居住者とは、国内に住所がある、または現在まで継続して１年以上、国内に居所がある個人のことをいいます。**住所**とは「個人の生活の本拠」であり、**居所**は「(住所ではないが) 現実に居住している場所」です。非居住者とは居住者以外の個人のことをいい、わが国では「国内源泉所得」に限り所得税が課税されます。

国内源泉所得とは、日本国内で生じた事業所得や、国内資産の運用・保有により生じる所得、国内の土地等の譲渡による所得、国内の不動産の賃貸料等、国内の利子等や配当等などをさし、詳細は**🕮次ページ**で説明します。

非居住者は恒久的施設(PE)（**🕮次ページ参照**）を有するかなどで課税関係が異なります。恒久的施設（PE）を有しない非居住者が納める所得税額を計算する際、適用できる所得控除は雑損控除、寄附金控除、基礎控除の３種類に限定されており、わが国の外国税額控除は適用されません。

海外の居住国では、現地の法令等により、所得税等が課税されます。その際、日本で支払った所得税等について海外の居住国で現地の法令等により外国税額控除が適用できる場合があります。

租税条約を締結している国に関しては、租税条約によって異なる定めがなされている場合があります。その場合は条約が優先されることになります。

非居住者に対する所得税の課税方法

非居住者に対する所得税の課税方法は、その非居住者が恒久的施設（PE）を有するか否か、その所得が恒久的施設に帰属するか否かにより、次の図表のように定められています（ただし、条約の定めがあれば条約が優先されます）。

恒久的施設（PE）とは、①支店、工場、事務所など、②建設等の作業または作業の指揮監督の役務提供を1年を超えて行う場所、③代理人等をいいます。①～③のいずれも持たない場合には、その非居住者は「恒久的施設を有しない非居住者」になります。

▶非居住者に対する課税関係の概要（国内法による）

所得の種類 ＼ 非居住者の区分	恒久的施設を有する者：恒久的施設帰属所得※1	恒久的施設を有する者：その他の所得	恒久的施設を有しない者	所得税の源泉徴収※2
事業所得	【総合課税※3】	【課税対象外】	【課税対象外】	無
①国内資産の運用・保有により生ずる所得（⑦から⑮に該当するものを除く） ②国内資産の譲渡により生ずる所得		【総合課税※3（一部）】	【総合課税※3（一部）】	
（うち国内株式等の譲渡により生じる所得）		【原則課税対象外※4】	【原則課税対象外※4】	
③国内の組合契約事業利益の配分	【源泉徴収の上、総合課税※3】	【課税対象外】	【課税対象外】	20.42%
④国内の土地等の譲渡による所得		【源泉徴収の上、総合課税※3】	【源泉徴収の上、総合課税※3】	10.21%
⑤国内の人的役務提供事業の所得				20.42%
⑥国内の不動産の賃貸料等				20.42%
⑦国内の利子等	【源泉徴収の上、総合課税※3】	【源泉分離課税】	【源泉分離課税】	15.315%
⑧国内の配当等				20.42%（15.315%）※5
⑨国内の貸付金利子				20.42%
⑩国内の使用料等				20.42%
⑪国内の給与その他人的役務の提供に対する報酬、公的年金等、退職手当等				20.42%
⑫国内の事業の広告宣伝のための賞金				20.42%
⑬国内の生命保険契約に基づく年金等				20.42%
⑭国内の定期積金の給付補填金等				15.315%
⑮国内の匿名組合契約等に基づく利益の分配				20.42%
⑯その他の国内源泉所得	【総合課税※3】	【総合課税※3】	【総合課税※3】	無

※1　恒久的施設帰属所得（非居住者が恒久的施設を通じて事業を行う場合において、当該恒久的施設が当該非居住者から独立して事業を行う事業者であるとしたならば、その恒久的施設が果たす機能等を勘案して、当該恒久的施設に帰せられるべき所得）が、①から⑯の国内源泉所得に重複して該当する場合があります。

※2　源泉徴収税率のうち一定の所得に係るものについては、軽減または免除される場合があります。

※3　総合課税の対象とされる所得のうち一定のものについては、申告分離課税または源泉分離課税の対象とされる場合があります。

※4　国内株式等の譲渡により生ずる所得が課税対象となる場合については📖次ページの図表を参照してください。

※5　上場株式等の配当等の源泉徴収税率は原則15.315%です。

非居住者であっても国内株式の譲渡が所得税の課税対象となる場合

「恒久的施設を有しない非居住者」（および恒久的施設を有していてもその恒久的施設に帰属しない所得となる場合）は、原則として国内株式の譲渡により生ずる所得に所得税は課税されません。ただし、次のいずれかに該当する場合は例外的に国内株式等の譲渡益が、税率15%★の申告分離課税の対象となります（住民税は課税されません）。

▶恒久的施設を有しない非居住者であっても国内株式の譲渡が所得税の課税対象となる場合

1）内国法人の株券等を買い集めて、これをその内国法人等に対し譲渡することによる所得
2）内国法人の特殊関係株主等である非居住者が行う、その内国法人の株式等の譲渡による所得
3）税制適格ストック・オプションの権利行使により取得した特定株式等の譲渡による所得
4）特定の不動産関連法人の株式の譲渡による所得
5）日本に滞在する間に行う内国法人の株式等の譲渡による所得

日本の所得税は原則として株式を譲渡した際に所得税を課しますので、居住者が国内で株式投資を行い含み益を得ていても、国外転出して非居住者になってから譲渡すれば原則として国内の所得税は課税されないこととなります。この点を利用した課税逃れを防ぐため、2015年7月1日以後の国外転出から、国外転出時に1億円以上の有価証券等を所有している人で、一定の期間（原則として転出前10年以内において5年超）国内に居住していた人については、「国外転出時みなし譲渡益課税の特例」として出国時に含み益に所得税が課税されることとなっています。詳細は📖**338ページを参照**してください。

（注）★印の付いている所得税については、別途復興特別所得税の課税も行われます。復興特別所得税の税率は基準所得税額の2.1%です。詳細は、📖**41ページを参照**してください。

2-2

所得税・住民税の計算の仕組み

所得税・住民税計算の全体像

所得税・住民税の計算方法の最も基本的な仕組みは次の式で表せます。つまり、（1）所得を求め、（2）所得から所得控除を差し引いて課税所得を算出し、（3）課税所得に対応した税率を適用し、（4）所定の税額控除を差し引くところまでは所得税・住民税所得割ともに共通です。

その後、所得税は既に納めている源泉徴収税額や予定納税額を差し引き、残額が確定申告時の納付税額（マイナスの場合は還付税額）となります。

住民税は所得割の金額に均等割を加算し、（上場株式等の譲渡所得等・配当所得・利子所得を申告した場合）配当割・株式等譲渡所得割として納付済みの税額を差し引き、残額が納付書等による納付税額（マイナスの場合は還付税額）となります。

▶所得税・住民税の計算方法の概要

所得税（確定申告）の場合	住民税（所得割・均等割）の場合
（所得－所得控除）×税率－税額控除＝所得税額 ↙ 所得税額－源泉徴収税額等＝確定申告時の納付税額 （マイナスなら還付税額）	（所得－所得控除）×税率－税額控除＝住民税所得割 ↙ 住民税所得割＋均等割－配当割・株式等譲渡所得割控除 ＝納付書等による納付税額 （マイナスなら還付税額）

第1段階（所得を求める）

所得の金額は、次の①～⑧のグループごとに合計して算出します。また、必要に応じて**損益通算**（📖23ページ参照）や**損失の繰越控除**（📖25ページ参照）を行います。

①総所得金額
　総合課税となる所得の合計額（📖22ページの図を参照）
②土地・建物等の譲渡所得の金額
　土地や建物等を譲渡した場合の譲渡所得
③分離課税の上場株式等に係る配当所得等の金額
　上場株式等の配当所得および利子所得
④上場株式等に係る譲渡所得等の金額
　上場株式等を譲渡した場合の譲渡所得、事業所得および雑所得
⑤一般株式等に係る譲渡所得等の金額
　一般株式等を譲渡した場合の譲渡所得、事業所得および雑所得

⑥先物取引に係る雑所得等の金額
商品先物取引や有価証券先物取引等（金融先物取引を含む）の差金等決済を行った場合の事業所得、雑所得、および譲渡所得
⑦山林所得金額
⑧退職所得金額

第２段階（所得控除を行い、課税所得を求める）

所得控除とは、納税者の家族構成、医療費や保険料の支出等の個人的な事情を考慮して、一定の金額を所得から差し引き（控除し）、税負担を調整するものです。

所得税と住民税では所得控除の種類や金額に若干の差があります。詳細は**📖25ページを参照**してください。

第３段階（税率を適用する）

所得控除を行った後の金額を**課税所得金額**といいます。税率は前ページの①～⑧の課税所得金額それぞれについて別個に適用します。①は総合課税、②～⑧は申告分離課税で、所得税・住民税それぞれ別個の税率が適用されます。

第４段階（税額控除を行う）

税額控除とは、第３段階までに計算した税額から一定額を差し引くことです。

所得税と住民税では税額控除の種類や金額に若干の差があります。詳細は**📖35ページ「税額控除」**を参照してください。

なお、所得税においては2013年から2037年までの間、第４段階で復興特別所得税の計算を行うため、計算過程がやや複雑になっています。詳細は**📖41ページを参照**してください。

第５段階（納付済み税額の精算等を行い納付すべき税額を確定する）

所得税の確定申告の際には、既に天引きされている源泉徴収税額（源泉分離課税は除く）、あらかじめ納付した予定納税額（**📖47ページを参照**）を精算する必要があります。つまり、第４段階で求めた金額から、源泉徴収税額・予定納税額を差し引いた金額が、確定申告時に納付する所得税額（または還付される所得税額）ということになります。

住民税においては第４段階までで求めた所得割に均等割を加算し、上場株式等の譲渡所得・利子所得・配当所得を申告した場合は既に天引きされている配当割・株式等譲渡所得割を控除し、納付書等により納付する住民税額（または還付される住民税額）が決定します。

以上が所得税・住民税の金額を求める際の大まかな流れです。この流れをまとめたのが次のページの図表です。

▶所得税・住民税計算の流れ（2024年分所得）

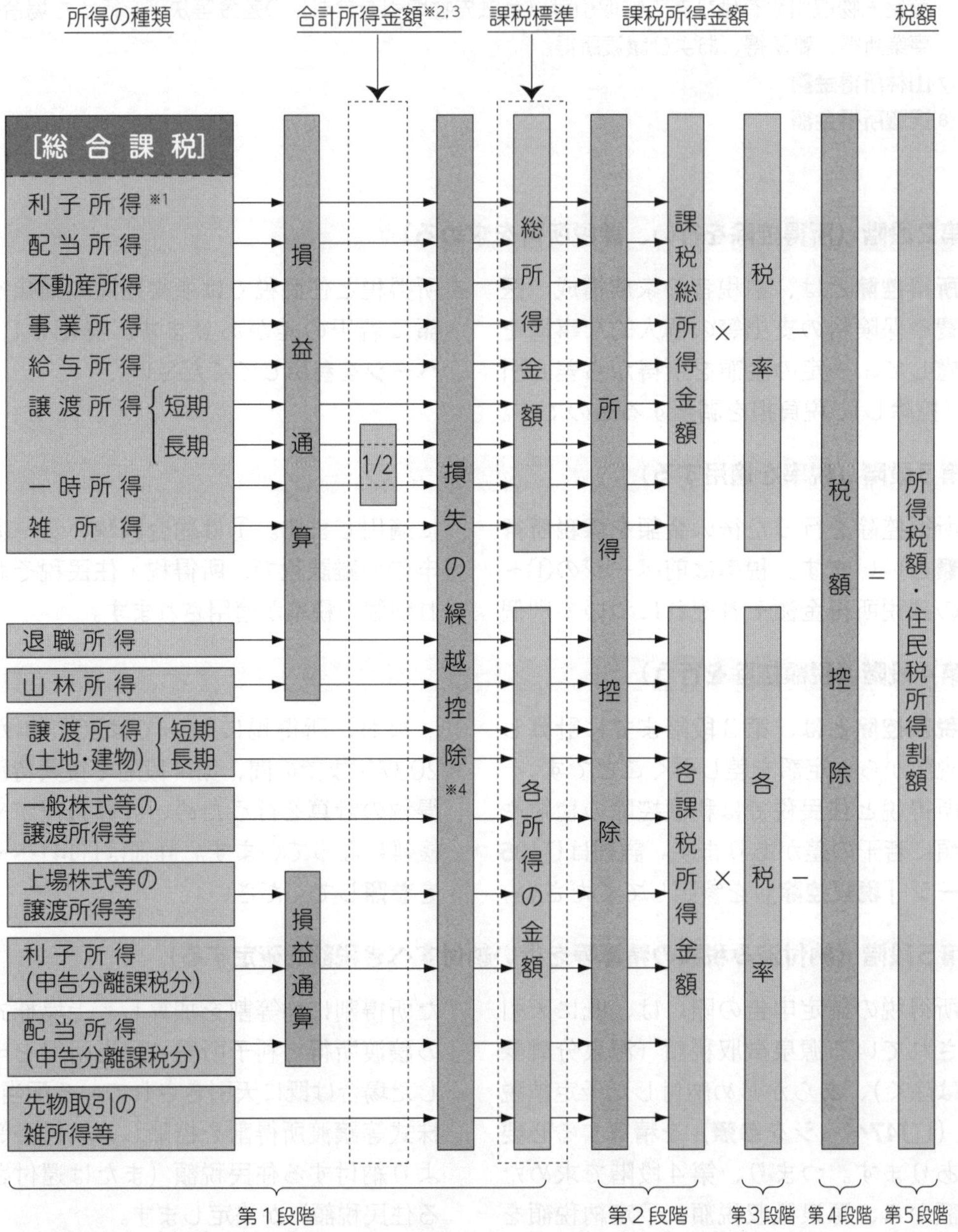

※１　一部の特殊なものを除き、利子所得は原則として源泉分離課税となります。
※２　合計所得金額については、33ページを参照してください。
※３　2024年分所得税の定額減税に係る1,805万円以下の所得制限は、合計所得金額をもとに判定されます（２ページ参照）。
※４　繰越控除できる損失には、「純損失」、「雑損失」、「上場株式等の譲渡損失」、「先物取引の損失」の４種類があり、それぞれ控除できる所得が異なります（25ページ参照）。
※５　2013年から2037年の間、別途復興特別所得税の課税が行われています（41ページ参照）。
※６　2025年分の所得以降は、基準所得金額が３億3,000万円超の納税者に限り、上記に加え、ミニマムタックスとして別途所得税が追加課税される場合があります。詳細は、39ページを参照してください。

第６段階（2025年分の所得からはミニマムタックスが導入される）

税負担の公平性の観点から、2025年分の所得より極めて高い水準の所得に対して、所得税の負担が調整される制度が設けられます。**基準所得金額**が３億3,000万円を超える納税者について、３億3,000万円を超える部分の所得に対する基準所得税額の割合が22.5％を下回る場合、22.5％に達するまでの金額をミニマムタックスとして追加納税する必要があります。

ここでの基準所得金額には、原則申告不要となる上場株式等の配当所得等や特定口座の上場株式等の譲渡所得等を含める必要があり、ミニマムタックスの対象となる場合は、これらの所得も確定申告する必要があります。詳細は、**📖40ページを参照**してください。

内部通算

１年の間には、利益が出ることもあれば損失が出ることもあります。まずは、各区分の所得金額を決定するために、📖**11ページ**で紹介した「13種類の所得区分」ごとに、同一の所得区分内で１年間のすべての取引にかかる所得（損失）を通算します。これを**内部通算**と呼びます。

「13種類の所得区分」において、「上場株式等の譲渡所得等」、「一般株式等の譲渡所得等」、「先物取引の雑所得等」はそれぞれ独立した所得区分として扱われますので、いずれも、これらの３種の所得区分相互の損益の通算、および、他の譲渡所得、雑所得、事業所得との損益の通算を行うことはできません。

損益通算

同一の所得区分内で通算しきれない損失がある場合、その損失が生じた所得区分によっては、所得区分をまたいだ損益の通算が認められるものもあります。

損益通算が認められる所得には、次の２種類があり、それぞれ控除対象となる所得が異なります。

▶ **２種類の損益通算**

損益通算の種類		損失が生じた所得区分	当該損失を控除できる所得区分
1	**総合課税の所得等の損益通算**	不動産所得 事業所得 山林所得 譲渡所得（総合課税分、または居住用財産等の特例に係る損失に限る）	総所得金額（総合課税の各種所得） 退職所得 山林所得
2	**上場株式等の譲渡損失の損益通算**	上場株式等の譲渡所得等	上場株式等の配当所得・利子所得（いずれも申告分離課税分に限る）

総合課税の所得等の損益通算

(1) 損益通算の対象となる損失

不動産所得、事業所得、山林所得、総合課税の譲渡所得に係る損失については総合課税の所得等の損益通算の対象となります。申告分離課税の対象となる土地・建物等の譲渡損失については原則として損益通算の対象になりませんが、居住用財産等の譲渡損失の損益通算の特例（📖322ページ参照）の適用を受けた譲渡損失については、例外的に総合課税の所得等の損益通算の対象となります。

(2) 損益通算の順序

総合課税の所得等の損益通算においては、まず、総合課税の対象となる所得を次の図表のA、B、C、Dの４つのグループに分け、Aグループ・Bグループ内で通算を行います。なお、居住用財産等の譲渡損失の損益通算の特例（📖322ページ参照）の適用を受けた譲渡損失は、総合課税ではありませんがBグループとして扱います。

次に、グループ間の損益通算を、次の図表の第１次通算、第２次通算、第３次通算の順に行います。

なお、長期譲渡所得および一時所得との損益通算が行われる場合、それらは1/2にする前の金額と通算します。

▶**総合課税の所得等の損益通算の順序**

所得区分		グループ内通算	グループ間通算		
			第１次通算	第２次通算	第３次通算
Aグループ	利子所得 配当所得 不動産所得 事業所得 給与所得 雑所得	Aグループ内で損益通算する	A・Bグループ間で損益通算する	A・B・Cグループ間で損益通算する	A・B・C・Dグループ間で損益通算する
Bグループ	譲渡所得 (*) 一時所得	Bグループ内で損益通算する			
Cグループ	山林所得	—	—		
Dグループ	退職所得	—	—	—	

※ （本来は申告分離課税である）居住用財産等の損益通算の対象となる譲渡損失を含みます。

上場株式等の譲渡損失の損益通算

上場株式等の譲渡損失については、申告分離課税を選択した上場株式等の配当所得・利子所得との損益通算が可能です。詳細は📖70ページを参照してください。

繰越控除

損益通算を行った後になお損失が残っている場合、所得区分によっては、翌年度以後に損失を繰り越せるものがあります。また、雑損控除（📖26ページ）においてその年の所得から控除しきれなかった金額がある場合も残額を繰り越すことができます。

過去の年度から繰り越された損失を当年度の所得から控除することを**繰越控除**と呼びます。繰越控除には次の４種類があり、いずれも損失が生じた翌年以後３年間（2023年４月１日以後に発生した特定非常災害による損失の場合は５年間）の所得から繰越控除を行うことができ、いずれの繰越控除も原則として損失が生じた年から連続して確定申告書が提出されていることが適用の条件となります。損失を控除できる所得区分は繰越控除の種類によって異なります。

上場株式等の譲渡損失の繰越控除について詳細は📖**71ページを参照**してください。

▶４種類の繰越控除

繰越控除の種類		損失が生じた所得区分	当該損失を控除できる所得区分
1	純損失の繰越控除	不動産所得 事業所得 山林所得 譲渡所得（総合課税分、または居住用財産等の特例に係る損失に限る）	総所得金額（総合課税の各種所得） 退職所得 山林所得
2	雑損失の繰越控除	雑損失	確定申告を行うすべての所得
3	上場株式等の譲渡損失の繰越控除	上場株式等の譲渡所得等	上場株式等の譲渡所得等・配当所得・利子所得（いずれも申告分離課税分に限る）
4	先物取引の損失の繰越控除	先物取引の雑所得等	先物取引の雑所得等

所得控除

損益通算や損失の繰越控除を行うと、課税標準となる総所得金額や分離課税の各所得金額が確定します。続いて行う作業は所得控除です。

所得控除とは、課税標準となる所得金額から一定額を控除するもので、医療費の支出、不測の事態に対する備え（生命保険や地震保険への加入）への支出額を控除するものと、配偶者や親族を扶養しているなど個人的な事情に配慮した**人的控除**の２種類があります。

所得控除は所得税で15種類、住民税で14種類あります（寄附金控除だけは所得税のみの制度です）。同じ名前の所得控除でも、所得税と住民税では控除額が異なる場合があります。控除の適用順序については、📖**33ページのQ&A**を参照してください。

▶所得控除（費用の控除）

		誰の費用であるか	控除対象となる金額	所得控除額	
				所得税	住民税
1	雑損控除	本人・同一生計かつ総所得金額等48万円以下の親族	**差引損失額**（保険金等により填補される額を控除後の損失金額）または、差引損失額のうち**災害関連支出金額**（災害により滅失した住宅、家財などを取壊しまたは除去するために支出した金額など）	下記①か②のいずれか多い方 ①災害関連支出金額－５万円 ②差引損失額－総所得金額等×10％ ※雑損失の繰越控除は📖**25ページ**、災害減免法は📖**36ページ参照**	
2	医療費控除	本人・同一生計の親族	通常の医療費控除かセルフメディケーション税制のいずれかを選択適用		
			〈通常の医療費控除〉 **医療費** ※保険金等により填補される額は控除する	下記①か②のいずれか多い方（ただし、上限200万円） ①医療費－総所得金額等×５％ ②医療費－10万円	
			〈セルフメディケーション税制〉 **特定一般用医薬品等購入費**（スイッチOTC医薬品等の購入費） ※保険金等により填補される額は控除する	特定一般用医薬品購入費－12,000円（上限88,000円）	
3	社会保険料控除	本人・同一生計の親族	**社会保険料**（健康保険・国民健康保険・後期高齢者医療制度・介護保険・雇用保険・国民年金・厚生年金保険等の保険料や国民年金基金の掛金など）	社会保険料の全額	
4	小規模企業共済等掛金控除	本人のみ	**小規模企業共済等掛金**（小規模企業共済、確定拠出年金（企業型・個人型）、心身障害者扶養共済制度の掛金）	小規模企業共済等掛金の全額	
5	生命保険料控除	本人が支出し、保険金等の受取者が本人か親族であること	**生命保険料**（生命保険、個人年金保険、介護医療保険のうち一定の要件を満たす保険料）	生命保険料に応じて算出した額（上限12万円）（📖**29ページ参照**）	生命保険料に応じて算出した額（上限７万円）（📖**29ページ参照**）
6	地震保険料控除	本人が支出し、本人か同一生計の親族の家屋等を対象とする契約であること	地震保険料と旧長期損害保険料の両方あるときはその控除額を合算する（ただし、上限は所得税５万円、住民税2.5万円）		
			地震保険料	地震保険料の全額（上限５万円）	地震保険料の1/2（上限2.5万円）
			旧長期損害保険料（2006年末までに締結した長期損害保険契約の保険料）	旧長期損害保険料に応じて算出した額（上限1.5万円）	旧長期損害保険料に応じて算出した額（上限１万円）
7	寄附金控除	本人のみ	**特定寄附金**（国・地方公共団体・公益団体等への寄附金、政治献金、エンジェル税制適用の特定中小株式等の取得額などで一定の要件を満たすもの）。詳細は📖**30ページ**	特定寄附金額－2,000円（ただし、特定寄附金が総所得金額等の40％超の場合は、総所得金額等×40％－2,000円）	適用なし（住民税では寄附金税額控除の対象となる場合あり、📖**36ページ参照**）

※　同一生計は📖**28ページ**、総所得金額等は📖**33ページ**をそれぞれ参照してください。

▶所得控除（人的控除）

		誰が対象であるか	控除対象となる条件	所得控除額（所得税）	所得控除額（住民税）
1	障害者控除	本人・同一生計かつ合計所得金額48万円以下の親族	下記の①～③の区分ごとに該当する金額（複数人該当する場合はその合算額）を適用		
			①(本人以外で) 同居の**特別障害者**である	75万円	53万円
			②(①に該当しない)特別障害者である	40万円	30万円
			③(①②に該当しない) **障害者**である	27万円	26万円
2	ひとり親控除	本人	現在婚姻をしていない者等で、下記の①～③のすべてを満たす ①総所得金額等48万円以下の同一生計の子がいる ②合計所得金額が500万円以下である ③事実婚状態ではない	35万円	30万円
3	寡婦控除	本人	夫と死別等したか、または離婚しているかのいずれかで、下記の①～④をすべて満たす ①ひとり親控除の適用を受けていない ②合計所得金額が500万円以下である ③事実婚状態ではない ④離婚の場合は扶養親族がいること	27万円	26万円
4	勤労学生控除	本人	学校等の学生で勤労による所得があり、下記の①・②のすべてを満たす ①合計所得金額が75万円以下である ②勤労による所得以外の所得が10万円以下である	27万円	26万円
5	配偶者控除	同一生計かつ合計所得金額48万円以下の配偶者	下記の①・②を満たす ①本人の合計所得金額が1,000万円以下である ②配偶者の合計所得金額が48万円以下である	本人と配偶者の合計所得金額等に応じ算出した額（13万円～48万円、📖**次ページ参照**）	本人と配偶者の合計所得金額等に応じ算出した額（11万円～38万円、📖**次ページ参照**）
6	配偶者特別控除	同一生計かつ合計所得金額48万円超133万円以下の配偶者	下記の①・②を満たす ①本人の合計所得金額が1,000万円以下である ②配偶者の合計所得金額が48万円超133万円以下である	本人と配偶者の合計所得金額に応じ算出した額（1万円～38万円、📖**次ページ参照**）	本人と配偶者の合計所得金額に応じ算出した額（1万円～33万円、📖**次ページ参照**）
7	扶養控除	同一生計かつ合計所得金額48万円以下の親族（配偶者除く）	下記の①～④の区分ごとに該当する金額（複数人該当する場合はその合算額）を適用		
			①**一般の控除対象扶養親族**（16歳以上19歳未満、または23歳以上70歳未満）	38万円	33万円
			②**特定扶養親族**（19歳以上23歳未満）	63万円	45万円
			③**老人扶養親族**（70歳以上）で**同居老親等**である	58万円	45万円
			④老人扶養親族（70歳以上）で同居老親等以外	48万円	38万円
8	基礎控除	本人	本人の合計所得金額に応じ、以下の①～④のいずれかを適用		
			①本人の合計所得金額が2,400万円以下	48万円	43万円
			②本人の合計所得金額が2,400万円超2,450万円以下	32万円	29万円
			③本人の合計所得金額が2,450万円以上2,500万円以下	16万円	15万円
			④本人の合計所得金額が2,500万円超	控除なし（0円）	

※　同一生計は📖**次ページ**、合計所得金額は📖**33ページ**をそれぞれ参照してください。

▶配偶者控除・配偶者特別控除の控除額一覧

控除の名称	配偶者の所得		本人の合計所得金額						
	合計所得金額	給与収入のみの場合の年収	900万円以下		900万円超950万円以下		950万円超1,000万円以下		1,000万円超
			所得税	住民税	所得税	住民税	所得税	住民税	所得税・住民税
配偶者控除	48万円以下	103万円以下	38万円（48万円）	33万円（38万円）	26万円（32万円）	22万円（26万円）	13万円（16万円）	11万円（13万円）	控除なし
配偶者特別控除	48万円超95万円以下	103万円超150万円以下	38万円	33万円	26万円	22万円	13万円	11万円	
	～100万円以下	～155万円以下	36万円		24万円		12万円		
	～105万円以下	～160万円以下	31万円		21万円		11万円		
	～110万円以下	～166.8万円未満	26万円		18万円		9万円		
	～115万円以下	～175.2万円未満	21万円		14万円		7万円		
	～120万円以下	～183.2万円未満	16万円		11万円		6万円		
	～125万円以下	～190.4万円未満	11万円		8万円		4万円		
	～130万円以下	～197.2万円未満	6万円		4万円		2万円		
	～133万円以下	～201.6万円未満	3万円		2万円		1万円		
（控除なし）	133万円超	201.6万円超	控除なし						

※　配偶者控除について、配偶者が70歳以上（老人控除配偶者）の場合はカッコ内の金額が適用されます。

Q

同一生計とは

所得控除の条件に同一生計の親族とありますが、同一生計とはどういう意味ですか。

A

「同一生計」とは、日常の生活のお金を共にしていることをいいます。

同居している親族については、明らかに互いに独立した生活を営んでいると認められる場合を除き、同一生計として扱われます。

単身赴任や学校への通学、病気療養などのために別居している親族であっても、会社や学校の長期休暇時などに同居していたり、生活費、学資金または療養費などを定期的に送金している場合は、同一生計として扱われます。

生命保険料控除の計算方法

Check Point!

生命保険料控除の控除額の計算方法は、①保険料の種類別の控除額の計算、②新旧保険料の控除額の調整、③控除額の総額の調整、の３段階で行われます。

まず、**①保険料の種類別の控除額の計算**として、下の表の５種類の保険料の種類別に、それぞれの控除額を計算します。

次に、**②新旧保険料の控除額の調整**として、新生命保険料（一般）と旧生命保険料（一般）、および新個人年金保険料と旧個人年金保険料の控除額をそれぞれ合算し、上限額（所得税４万円、住民税２万8,000円）を超える金額を切り捨てます。ただし、旧生命保険料（一般）または旧個人年金保険料の控除額が４万円を上回る場合は、新旧保険料の控除額を合算せず、旧生命保険料（一般）のみ、または旧個人年金保険料のみの控除額を用います。

最後に、**③控除額の総額の調整**として、新・旧の生命保険料（一般）、新・旧の個人年金保険料、介護医療保険料の控除額を合算し、上限額（所得税12万円、住民税７万円）を超える金額を切り捨てて、生命保険料控除の控除額を確定します。

▶保険料の種類別の控除額

契約の時期	保険料の種類	所得税		住民税	
		保険料	控除額	保険料	控除額
2012年1月1日以後（新契約）	新生命保険料（一般）	20,000円以下	保険料の全額	12,000円以下	保険料の全額
		20,000円超40,000円以下	保険料×1/2+10,000円	12,000円超32,000円以下	保険料×1/2+6,000円
		40,000円超80,000円以下	保険料×1/4+20,000円	32,000円超56,000円以下	保険料×1/4+14,000円
		80,000円超	40,000円	56,000円超	28,000円
	新個人年金保険料	20,000円以下	保険料の全額	12,000円以下	保険料の全額
		20,000円超40,000円以下	保険料×1/2+10,000円	12,000円超32,000円以下	保険料×1/2+6,000円
		40,000円超80,000円以下	保険料×1/4+20,000円	32,000円超56,000円以下	保険料×1/4+14,000円
		80,000円超	40,000円	56,000円超	28,000円
	介護医療保険料	20,000円以下	保険料の全額	12,000円以下	保険料の全額
		20,000円超40,000円以下	保険料×1/2+10,000円	12,000円超32,000円以下	保険料×1/2+6,000円
		40,000円超80,000円以下	保険料×1/4+20,000円	32,000円超56,000円以下	保険料×1/4+14,000円
		80,000円超	40,000円	56,000円超	28,000円
2011年12月31日以前（旧契約）	旧生命保険料（一般）	25,000円以下	保険料の全額	15,000円以下	保険料の全額
		25,000円超50,000円以下	保険料×1/2+12,500円	15,000円超40,000円以下	保険料×1/2+7,500円
		50,000円超100,000円以下	保険料×1/4+25,000円	40,000円超70,000円以下	保険料×1/4+17,500円
		100,000円超	50,000円	70,000円超	35,000円
	旧個人年金保険料	25,000円以下	保険料の全額	15,000円以下	保険料の全額
		25,000円超50,000円以下	保険料×1/2+12,500円	15,000円超40,000円以下	保険料×1/2+7,500円
		50,000円超100,000円以下	保険料×1/4+25,000円	40,000円超70,000円以下	保険料×1/4+17,500円
		100,000円超	50,000円	70,000円超	35,000円

Q 特定寄附金とは

寄附金控除の対象となる特定寄附金には、どのようなものがありますか。

A

納税者が国や地方公共団体、特定公益増進法人などに対し、「特定寄附金」を支出した場合には、寄附金控除を受けることができます。

特定寄附金には、例えば、以下のものなどがあります。

(1) 国、地方公共団体への寄附金
(2) 公益社団法人、公益財団法人等への寄附金で、財務大臣が指定したもの
(3) 独立行政法人、学校法人等、社会福祉法人、更生保護法人などのうち一定のものに対する寄附金
(4) 特定公益信託のうち一定のもの
(5) 一定の政治献金
(6) 一定の認定NPO法人等に対する寄附金
(7) エンジェル税制の適用を受けた特定新規中小株式等の取得額（ただし、上限800万円）

ただし、学校への入学に際して納入する寄附金や、寄附をした納税者に特別の利益が及ぶ寄附金、政治資金規正法に違反する政治献金、宗教法人に対する寄附金などは、特定寄附金から除かれます。

また、上記のうち(2)、(5)、(6)については税額控除を選択でき、(3)についても税額控除を選択できる場合があります。

寄附金控除の適用を受けるためには、寄附した団体などから交付を受けた領収書などを確定申告書に添付する必要があります。なお、国税電子申告・納税システム（e-Tax）で確定申告を行う場合は領収書などの添付を省略することもできますが、５年間保管が必要です。

Q

医療費控除の対象となる医療費

確定申告をして医療費控除の適用を受けると税金が還付されると聞きました。この医療費控除の対象となる医療費にはどのようなものが含まれるのですか？

A

医療費控除の対象となる医療費は、病状などに応じて一般的に支出される水準を著しく超えない部分の金額となります。

医療費控除の対象には、治療を受けるための通院費が含まれるほか、医療サービスだけでなく介護保険制度の下で提供される一定の施設・居宅サービスの対価も含まれます。一方で、健康診断の費用や、健康増進のための栄養剤などの費用は医療費控除の対象となりません。詳細は、以下の表を参照してください。

医療費控除の対象	控除の対象に含まれるもの（例示）	控除の対象に含まれないもの（例示）
•医師、歯科医師による診療や治療の対価 •治療のためのあん摩マッサージ指圧師、はり師、きゅう師、柔道整復師などによる施術の対価 •助産師による分べんの介助の対価 •医師等による一定の特定保健指導の対価 •介護福祉士等による喀痰吸引等の対価	○医師等による診療等を受けるために直接必要なもので、次のような費用 •通院費 •医師等の送迎費 •入院の対価として支払う部屋代や食事代 •医療用器具の購入や貸借のための費用 •義手、義足、松葉づえ、義歯や補聴器等の購入の費用 •身体障害者福祉法などの規定により、都道府県や市町村に納付する費用のうち、医師等の診療費用などに当たるもの •６ヵ月以上寝たきりの人のおむつ代で、その人の治療をしている医師が発行した証明書（「おむつ使用証明書」）のあるもの ○介護保険制度の下で提供される一定の施設・居宅サービス等の対価	•容姿を美化し、容ぼうを変えるなどの目的で行った整形手術の費用 •健康診断の費用 •タクシー代（公共交通機関が利用できない場合を除く） •自家用車で通院する場合のガソリン代や駐車料金 •治療を受けるために直接必要としない、近視や遠視のための眼鏡、補聴器等の購入費用
•保健師や看護師、准看護師による療養上の世話の対価	•左記以外の者で、療養上の世話を受けるために特に依頼した人に支払う療養上の世話の対価	•親族に支払う療養上の世話の対価
•治療や療養に必要な医薬品の購入の対価	•かぜの治療のために使用した一般的な医薬品の購入費用 •医師等の処方や指示により、医師等による診療等を受けるため直接必要なものとして購入する医薬品の購入費用	•疾病の予防または健康増進のために供されるものの購入費用（疾病を予防するための予防接種やサプリメント等の費用を含む）
•病院、診療所または助産所などへ収容されるための人的役務の提供の対価	•病状からみて急を要する場合に病院に収容されるための費用	•親族などから人的役務の提供を受けたことに対し支払う謝礼

※１　人間ドックなどの健康診断や特定健康診査の費用は控除の対象となりませんが、健康診断の結果、重大な疾病が発見された場合で、引き続き治療を受けるとき、または特定健康診査を行った医師の指示に基づき一定の特定保健指導を受けたときには、健康診断や特定健康診査の費用も医療費控除の対象となります。
※２　おむつ代について医療費控除を受けることが２年目以降で、介護保険法の要介護認定を受けている一定の人は、市町村長等が交付するおむつ使用の確認書等を「おむつ使用証明書」に代えることができます。
※３　医療費は、その年に実際に支払ったものに限って控除の対象となります。未払いとなっている医療費は、実際に支払った年の医療費控除の対象となります。
※４　医療費控除の対象となる介護保険制度の下で提供される一定の施設・居宅サービス等の対価については、国税庁ウェブサイトをご覧ください。なお、障害者自立支援法制度の下で提供される居宅介護・重度訪問介護等の一定の障害福祉サービスの対価なども医療費控除の対象となります。
（出所：国税庁「医療費控除を受けられる方へ」などをもとに大和総研作成）

雑損控除とは

雑損控除とはどのような制度ですか？

Q

A

雑損控除とは、災害、盗難又は横領によって損害を受けた場合や災害に関連してやむを得ない支出をした場合に受けられる所得控除です。控除の対象となる資産の要件は以下の①②の両方を満たすものです。

①資産の所有者が納税者本人、または「納税者と生計を一にする配偶者や親族で、その年の総所得金額等が48万円以下」のいずれかであるもの
②棚卸資産、事業用固定資産等、「生活に通常必要でない資産」のいずれにも該当しないもの

※「生活に通常必要でない資産」は、趣味、娯楽、保養または鑑賞の目的で保有する別荘や貴金属（製品）や書画、骨董など１個または１組の価額が30万円超のものなど生活に通常必要でないものを指します。棚卸資産や事業用固定資産等に生じた損失は、雑損控除ではなく、事業所得等の損失として、損益通算（📖**23ページ参照**）や、「純損失の繰越控除」（📖**25ページ参照**）の対象となります。

雑損控除を適用できる損害の発生原因は以下の①～⑤のいずれかに該当するものです。以下のいずれにも該当しないもの、例えば、詐欺や恐喝の場合には雑損控除を適用できません。

①震災、風水害、冷害、雪害、落雷などの自然災害の異変による災害
②火災、火薬類の爆発など人為による異常な災害
③害虫などの生物による異常な災害
④盗難
⑤横領

なお、損失額が大きくてその年の所得金額から控除しきれない場合には、控除しきれない金額は、「雑損失の繰越控除」として、翌年以後３年間（2023年４月１日以降に発生した特定非常災害によって生じた損失額については翌年以後５年間）繰り越して控除することが可能です（📖**25ページ参照**）。

また、合計所得金額1,000万円以下の人が災害に遭った場合には、災害減免法・災害減免条例による所得税額の控除を受けることができます（📖**36ページ参照**）。雑損控除と災害減免法の規定を比較して、納税者が有利なものを選択することが可能です（計算方法は📖**36ページ参照**）。

Q

所得控除の順序

所得控除は15種類もありますが、適用する順序に決まりはあるのでしょうか？また、所得控除を受ける所得の順序に決まりはあるのでしょうか？

A

所得控除を適用するとき（各所得控除額を所得から差し引くとき）は、最初に雑損控除を行い、続いて残りの控除を行います。雑損控除を一番に差し引くこと以外、順番に決まりはありません。また、控除を受けるとき（各所得から所得控除額が差し引かれるとき）は、**総所得金額**から優先的に控除されます。

総所得金額で控除しきれない場合は、次の順序で控除される決まりになっています。

①土地・建物等の短期譲渡所得の金額	②土地・建物等の長期譲渡所得の金額
③上場株式等に係る利子所得・配当所得の金額	④一般株式等に係る譲渡所得等の金額
⑤上場株式等に係る譲渡所得等の金額	⑥先物取引に係る雑所得等の金額
⑦山林所得金額	⑧退職所得金額

合計所得金額と総所得金額等

Check Point!

合計所得金額とは、総所得金額、特別控除前の分離短期・長期譲渡所得の金額、申告分離課税を選択した配当所得・利子所得の金額（上場株式等の譲渡損失の通算後）、株式等に係る譲渡所得等の金額、先物取引に係る雑所得等の金額、山林所得金額および退職所得金額の合計額をいいます。

一方、源泉徴収ありの特定口座で申告不要を選択した株式譲渡益や配当等、申告不要制度の適用を受ける配当、収益分配金等は合計所得金額から除外されます（申告不要のものであっても、確定申告を行えば合計所得金額に含まれます。**📖51ページ参照**）。

合計所得金額と似た概念として**総所得金額等**があり、総所得金額等も上記のものが含まれます。両者の違いは、合計所得金額が、純損失や雑損失の繰越控除、その他一定の損失の繰越控除の特例の適用を受ける前の金額であるのに対して、総所得金額等はこれらの繰越控除を適用した後の金額です。**📖22ページ**では、「損失の繰越控除」の適用直前の額として「合計所得金額」を表示しています。一方、「総所得金額等」は同ページの「損失の繰越控除」の後の「総所得金額」と「各所得の金額」の合計額に相当します。

合計所得金額は、ひとり親控除・寡婦控除・勤労学生控除・配偶者控除・配偶者特別控除・扶養控除・基礎控除などの所得控除や、税額控除（**📖36ページの「住宅ローン減税」を参照**）の適用の有無を判定する際に使用します。一方、総所得金額等は、雑損控除、医療費控除、寄附金控除の所得控除の金額を算出する際に使用します。

税率

所得金額から所得控除の額を差し引いた後の金額を**課税所得金額**といいます。課税所得金額が確定したら、総合課税分（課税総所得金額）、および分離課税分それぞれに税率を適用して税額を求めます。

総合課税の所得の税率

所得税

所得税においては、総合課税の所得の税率は、所得が多くなればなるほど高くなる仕組みになっています。これは納税者の租税負担能力を考慮した税率の構造であり、超過累進税率といいます。次の計算例のように課税総所得金額2,000万円に見合う税率をそれぞれ適用すると、算出税額520万４千円が求められます。

課税総所得金額2,000万円の場合の計算例

	195万円以下の部分	195万円×５％＝	97,500円
195万円超～	330万円以下の部分	135万円×10％＝	135,000円
330万円超～	695万円以下の部分	365万円×20％＝	730,000円
695万円超～	900万円以下の部分	205万円×23％＝	471,500円
900万円超～	1,800万円以下の部分	900万円×33％＝	2,970,000円
1,800万円超～	2,000万円以下の部分	200万円×40％＝	800,000円
		税額合計	5,204,000円

もっとも、実際に税額を求める場合は、下の速算表を用いて計算します。速算表を用いて計算した場合も同じ結果になります。

▶総合課税の所得税額の速算表

課税総所得金額（千円未満切捨て）		税率	速算控除額
	195万円以下	5％	0円
195万円超	330万円以下	10％	97,500円
330万円超	695万円以下	20％	427,500円
695万円超	900万円以下	23％	636,000円
900万円超	1,800万円以下	33％	1,536,000円
1,800万円超	4,000万円以下	40％	2,796,000円
4,000万円超		45％	4,796,000円

※　退職所得、山林所得の税額を算出する際にもこの速算表を用います。
その際は、課税総所得金額は、課税退職所得金額、課税山林所得金額（1/5にした後の金額）と読み替えます。

▶課税総所得金額2,000万円の場合の計算例

2,000万円×40％－2,796,000円＝5,204,000円

住民税

住民税においては、総合課税の所得に対する税率は、その金額にかかわらず一律10%（原則として、市町村民税６%、道府県民税４%。政令指定都市は市町村民税８%、道府県民税２%）が標準税率と定められています。ほとんどの自治体では地方税法に定められた標準税率による課税を行っていますが、条例により標準税率とは異なる税率を設定している自治体もあります。

分離課税の所得の税率

分離課税の所得については、それぞれ次の税率が定められています。

▶分離課税の所得に対する税率

所得の区分		所得税の税率	住民税の税率
退職所得		超過累進税率※1	10%
山林所得		超過累進税率※2	10%
譲渡所得（土地・建物等）	所有期間５年超（長期譲渡所得）	原則15%※3	原則5%※3
	所有期間５年以下（短期譲渡所得）	原則30%※3	原則9%※3
上場株式等の譲渡所得等		15%	5%
申告分離課税を選択した上場株式等の配当所得・利子所得		15%	5%
一般株式等の譲渡所得等		15%	5%
先物取引の雑所得等		15%	5%

※１　課税退職所得金額に対して、総合課税の所得と同様の速算表（**上記参照**）を用いて税額を算出します。
※２　課税山林所得金額を１/５にし、その後総合課税の所得と同様の速算表（**上記参照**）を用いて税額を算出し、最後にその税額を５倍にします（５分５乗）。
※３　10年超の軽減税率の特例（📖316ページ参照）など、税率が軽減される場合があります。

税額控除

各種の課税所得金額にそれぞれ税率をかけ合算すると税額が算出されます。しかし、ここで最終的に納付する所得税額・住民税額が確定するとは限りません。総合課税を選択した配当があったり、住宅ローン減税の適用を受ける場合など、納付すべき税額を差し引く**税額控除**の適用を受けられる場合があるためです。税額控除は、所得税・住民税それぞれに設けられていますが、控除の有無や控除額などは所得税と住民税で大きく異なります。以下では、主な税額控除について紹介します。

▶主な税額控除

		控除を受けられる場合	税額控除額 所得税	 住民税
1	配当控除	株式の配当や投資信託やETFの分配金につき、総合課税を選択している場合 （申告分離課税を選択した場合は、配当控除を受けられません、詳細は📖72ページ）	受取配当等の最大10% （控除率は商品の種類および課税所得金額により異なります）	受取配当等の最大2.8% （控除率は商品の種類および課税所得金額により異なります）
2	住宅ローン減税（住宅借入金等特別控除）	住宅ローンを借り入れて居住用住宅を取得したり改修工事を行った場合、入居後一定期間税額控除が可能（詳細は📖309ページ）	原則として 年末の住宅ローン残高の0.7% （入居や契約の時期等により上限額や控除率が異なります）	所得税から左記の税額控除額を控除しきれない場合に、97,500円を限度に住民税から控除可能
3	住宅関連の各種投資型減税	長期優良住宅の新築、省エネ改修、バリアフリー改修、耐震改修などの各種改修工事を行った場合、原則として改修後の入居の年において税額控除が可能（詳細は📖310ページ）	原則として工事費の10% （控除限度額は工事の種類により異なります）	適用なし
4	政党等寄附金特別控除	政党または政治団体に対し、一定の要件を満たす寄附金を支払った場合 （寄附金控除（所得控除）との選択適用）	（寄附金額（総所得金額等の40%以内）－2,000円）×30% ［ただし、所得税額の25%が上限］	適用なし （政党等への寄附金は寄附金税額控除の対象にもなりません）
5	認定NPO法人等寄附金特別控除・公益社団法人等寄附金特別控除	認定NPO法人等や公益社団法人等に対し、一定の要件を満たす寄附金を支払った場合 （寄附金控除（所得控除）との選択適用）	（寄附金額（総所得金額等の40%以内）－2,000円）×40% ［ただし、所得税額の25%が上限］	適用なし （当該団体が都道府県・市区町村の条例で指定されていれば、寄附金税額控除の対象となる）
6	寄附金税額控除	都道府県・市区町村、共同募金会、日本赤十字社、都道府県・市区町村が条例で指定する公益団体等に対し、一定の要件を満たす寄附金を支払った場合など （都道府県・市区町村への寄附金（ふるさと納税）について、詳細は📖次ページ）	適用なし （所得税では所得控除の寄附金控除または上記4・5の税額控除の対象となります）	【ふるさと納税の場合】 「寄附金額－2,000円」から所得税の軽減分を控除した金額（上限金額あり） 【ふるさと納税以外の場合】 「寄附金額（総所得金額等の30%以内）－2,000円」×10%
7	災害減免法・災害減免条例による減免	合計所得金額1,000万円以下の人が、災害により住宅または家財の一定割合以上（所得税は50%以上、住民税は30%以上）の損害を受けた場合 （所得税は雑損控除との選択適用、住民税は雑損控除との併用可能）	合計所得金額により下記の通り 500万円以下…所得税額の全額 500万円以上750万円以下 …所得税額の1/2 750万円以上1,000万円以下 …所得税額の1/4	合計所得金額により下記の通り （カッコ内は被害額が30%以上50%未満の場合） 500万円以下 …住民税額の全額（1/2） 500万円以上750万円以下 …住民税額の1/2（1/4） 750万円以上1,000万円以下 …住民税額の1/4（1/8）
8	調整控除	所得税と住民税の人的控除（📖27ページ参照）の差額に基づく税額控除（2007年度税制改正による負担の増減が生じないように設けられた調整措置）	適用なし	所得税と住民税の 人的控除の差額の最大5%
9	分配時調整外国税相当額控除	国内籍の投資信託やREIT、ETFにつき、その分配金の課税時に外国税の調整が行われている場合（総合課税・申告分離課税のいずれでも対象になります。詳細は📖93ページ）	分配金の支払時に所得税額から控除された外国税相当額の全額	適用なし
10	外国税額控除	外国の株式・特定公社債・投資信託などへの投資や外国で行っている事業などにより外国で税額を納めている場合（詳細は📖92ページ）	外国で納めた税額の全額 （ただし一定の限度額以内）	外国で納めた税額を所得税から控除しきれない場合の残額 （ただし、一定の限度額以内）

※1　所得税の計算において、上記1～7の税額控除はミニマムタックス（2025年分の所得以後）および復興特別所得税額を算出する前に控除する（税額控除後の所得税額をもとにミニマムタックスおよび復興特別所得税を算出する）、上記9および10はミニマムタックス（2025年分の所得以後）および復興特別所得税の算出後に控除する（ミニマムタックスおよび復興特別所得税加算後の税額から税額控除する）という違いがあります。

※2　2024年分の所得税および2024年度分（2023年分所得）の住民税については、一定の条件を満たした場合に、所得税3万円、住民税1万円の税額控除が実施されます（📖2ページ参照）。

ふるさと納税とは

Check Point!

ふるさと納税とは、都道府県や市区町村に対して支払った寄附金につき所得税の寄附金控除および住民税の寄附金税額控除を受けられる制度のことです。

所得に応じた一定金額以内の寄附金であれば、寄附金額から2,000円を控除した金額につき所得税額または住民税額が差し引かれるため、あたかも、納税者自らが「ふるさと」と思う自治体に納税先を選択できるような仕組みになっています。寄附金額から2,000円を控除した金額すべてが所得税または住民税の控除対象となる寄附金額の目安については、総務省のふるさと納税ポータルサイトに掲載されています。

◆対象外の自治体

ふるさと納税は原則としてすべての都道府県や市区町村に対する寄附金が対象になりますが、例外として総務大臣の指定を受けていない自治体や指定を取り消された自治体は対象外となります。

2024年５月１日現在、東京都、および兵庫県洲本市に対する寄附金はふるさと納税の対象外となっています（東京都内の各市区町村、兵庫県および兵庫県内の他の市町村に対する寄附金はふるさと納税の対象です）。

◆ふるさと納税ワンストップ特例制度

ふるさと納税ワンストップ特例制度とは、確定申告の不要な給与所得者がふるさと納税を行う場合に、確定申告することなく寄附金控除を受けることができる制度です。

この特例の利用には、ふるさと納税先の自治体数が５団体以内で、寄附の際に納税先に対し、特例の適用を受ける旨の申請を行うことが必要です。

ふるさと納税ワンストップ特例制度を利用すると、所得税控除相当額を含めた全額について、ふるさと納税を行った翌年度の個人住民税が減額されます（所得税からは控除されません）。

なお、医療費控除を受けるなど確定申告をする場合には、ワンストップ特例制度の適用を受けられないため、ふるさと納税の控除を受けるためには、確定申告で寄附金控除を適用する必要があります。

外国税額控除

Check Point!

国内居住者は、国内で生じた所得のほか、外国で生じた所得（国外所得）も所得税・住民税の課税対象となります。例えば、外国株式の配当や外国で事業を行った際に得た所得なども日本の所得税・住民税の課税対象になります。

しかし、国外所得について既に外国で所得税等が課されている場合は、外国と国内で二重に課税されてしまいます。そこで、この二重課税を調整するため、国内で納めるべき所得税・住民税から外国の所得税等の金額を控除する「外国税額控除」が認められています。

◆所得税および復興特別所得税からの控除

外国税額控除はまず下記の計算式で求められる控除限度額の範囲で、所得税額および復興特別所得税額 から控除します。

▶所得税および復興特別所得税からの控除限度額の計算式

$$\text{控除限度額}=\text{その年分の所得税額および復興特別所得税額}\times\frac{\text{その年分の国外所得総額}}{\text{その年分の所得総額}}$$

◆住民税からの控除

外国税額を所得税額および復興特別所得税額から控除しきれない場合は、①都民税および道府県民税額（所得税の控除限度額の12％（政令指定都市の居住者は６％）まで）、②特別区民税（東京23区）および市町村民税（所得税の控除限度額の18％（政令指定都市の居住者は24％）まで）の順で控除することができます。

◆外国税額の繰越控除

住民税からも控除しきれなかった場合、外国税額は３年間の繰越が認められています。

◆外国税額が減額された場合

外国税額控除の適用を受けた翌年以後７年以内に対象となる外国所得税額が減額された場合は次のような調整が行われます。

▶外国税額が減額された場合の調整

①減額されることとなった日の属する年（減額に係る年）に納付する外国所得税から減額分を差し引き、その残額について外国税額控除を適用する
②減額に係る年に納付する外国所得税額がない場合、または納付する外国所得税額が減額された外国所得税額を下回る場合は、過去３年以内に繰り越した外国所得税額から差し引く
③減額分のうち、①②によって調整できない金額がある場合は、減額に係る年分の雑所得の計算上、総収入金額に算入する

◆外国税額が増額された場合

外国所得税額が増額されることとなった日の属する年（増額に係る年）に新たに生じたものとして外国税額控除を適用します。

◆外国税額控除の対象にならない外国税

一般公社債の利子に係る外国税額は、源泉徴収の段階で差し引かれています（差額徴収方式）。国内籍の投資信託経由で支払った外国税額は、分配時調整外国税相当額控除の対象です（**📖92ページ参照**）。これらの外国税は、外国税額控除の対象にはなりません。

住民税非課税

Check Point!

所得税については、税額控除（および復興特別所得税の加算）の計算後の金額が納付すべき所得税額となり、その金額がゼロとなった人は非課税となります。一方、住民税については、税額の計算結果がゼロとなった人に限らず、以下の基準に当てはまる人も非課税となります※。

▶住民税非課税基準

所得割・均等割とも非課税	所得割のみ非課税
下記のいずれかに当てはまる人 ①生活保護法による生活扶助を受けている ②障害者、未成年者、ひとり親、寡婦のいずれかに当てはまり、前年の合計所得金額が135万円以下 ③前年の合計所得金額が下記以下 【扶養親族がいない場合】 35万円×地域別の乗率（0.8～1.0）＋10万円 【扶養親族がいる場合】 （世帯人数×35万円+21万円）×地域別の乗率（0.8～1.0）+10万円	左記の①～③に該当せず、 前年の合計所得金額が下記以下 【扶養親族がいない場合】 45万円 【扶養親族がいる場合】 世帯人数×35万円＋42万円

※　ただし、分離課税となる退職所得に係る所得割については、この限りではありません。

極めて水準の高い所得に対する負担の適正化（ミニマムタックス）

税負担の公平性の観点から、2025年分より極めて高い水準の所得に対して、所得税の負担が調整される制度が設けられます。基準所得金額が３億3,000万円を超える納税者について、３億3,000万円を超える部分の所得に対する基準所得税額の割合が22.5％を下回る場合、22.5％に達するまでの金額を追加納税する必要があります。この追加納税措置を本書では**ミニマムタックス**とよびます。

基準所得金額とは、次のページの図表の通りで、通常の所得税の所得金額に、通常は申告不要である上場株式等に係る配当所得・利子所得、一般株式等に係る少額配当の配当所得、源泉徴収ありの特定口座の上場株式等に係る譲渡所得等を加えて算出します。他方、次のページの図表に掲載されていない所得（源泉分離課税の利子所得、NISAにより非課税となる上場株式等の配当所得・譲渡所得等、マル優により非課税となる利子所得・配当所得など）については基準所得金額に算入しません。

▶ミニマムタックス算出のための「基準所得金額」に含まれる所得一覧（国内居住者の場合）

所得の種類			備考
通常の所得税の所得金額	総所得金額（総合課税の所得）	利子所得、配当所得、不動産所得、事業所得、給与所得、譲渡所得、一時所得、雑所得	長期譲渡所得・一時所得は1/2控除適用後の金額
	申告分離課税の所得	退職所得、山林所得	―
		土地・建物等の短期譲渡所得、長期譲渡所得	収用等の場合は特別控除額控除後の金額
		一般株式等に係る譲渡所得等	エンジェル税制適用により譲渡所得等の控除を受ける場合は当該控除後の金額
		上場株式等に係る譲渡所得等	
		上場株式等に係る配当所得・利子所得	―
		先物取引に係る雑所得等	―
通常は申告不要とできる所得		上場株式等に係る配当所得・利子所得のうち申告不要適用分	「基準所得金額」を算出する上では、申告不要を適用しない
		一般株式等に係る配当所得のうち少額申告不要適用分	
		源泉徴収ありの特定口座の上場株式等の譲渡所得等のうち申告不要適用分	

（注1）いずれの所得も、損益通算および損失の繰越控除適用後の所得金額を用います。
（注2）非居住者の場合、恒久的施設の有無等に応じて、通常の所得税において総合課税または申告分離課税の対象となる所得のみ（📖18ページ参照）が「基準所得金額」の算出対象となります。

基準所得税額とは、基準所得金額に係る所得税額のことです。基準所得税額は、復興特別所得税額の加算前、および、外国税額控除、分配時調整外国税相当額控除適用前の金額です。

ミニマムタックスの計算は次のように行います。計算の結果、ミニマムタックスの納付税額がある場合、通常は申告不要である上場株式等に係る配当所得・利子所得、一般株式等に係る少額配当の配当所得、源泉徴収ありの特定口座の上場株式等に係る譲渡所得等についても申告する必要があります。

▶ミニマムタックスの計算

①基準所得税額
②(基準所得金額－3.3億円)×22.5%
⇒②>①の場合、②から①を差し引いた差額分をミニマムタックスとして追加的に申告納税する。

(注) ②≦①となりミニマムタックスの追加納税額がない場合は、上場株式等に係る配当所得・利子所得、一般株式等に係る少額配当の配当所得、源泉徴収ありの特定口座の上場株式等に係る譲渡所得等につき申告不要を適用できます。

復興特別所得税

東日本大震災の復興施策に必要な財源を確保するために、2013年から2037年までの25年間、復興特別所得税が課税されます。

復興特別所得税は所得税額の2.1％で、所得税を納める人は、所得税と復興特別所得税を併せて納付する義務があります。

復興特別所得税の源泉徴収

復興特別所得税は、通常の所得税と同じく、源泉徴収と申告納税の２種類があります。

上場株式等の配当を受け取ったとき、会社から給与を受け取ったときなどに、所得税と併せて復興特別所得税も源泉徴収されています。

源泉徴収される復興特別所得税の金額は「所得税額の2.1％」となります。税額が2.1％増えるわけですから、税率に直すと、**所得税の税率が1.021倍になります。**

上場株式等の配当に対する源泉徴収税率（大口株主を除く）は、復興特別所得税を考慮しないと、20％（所得税率15％・住民税率５％）です。このうち、所得税率の部分が1.021倍になりますので、復興特別所得税を考慮した税率は20.315％（所得税＋復興特別所得税の税率15.315％・住民税率５％）です。

このほか、各種所得に対する源泉徴収税率は、以下の図表のようになります。

▶**主な源泉徴収税率**

	復興特別所得税を考慮しない税率			復興特別所得税を考慮後の税率		
	所得税	住民税	合計税率	所得税＋復興特別所得税	住民税	合計税率
上場株式等の配当の源泉税率	15%	5%	20%	15.315%	5%	20.315%
一般株式等の配当の源泉税率	20%	−	20%	20.42%	−	20.42%
預貯金・公社債の利子の源泉税率	15%	5%	20%	15.315%	5%	20.315%
報酬・料金等の源泉税率（原則）	10%	−	10%	10.21%	−	10.21%

復興特別所得税の申告納付

所得税の確定申告の際には所得税額と復興特別所得税額の合計額を算出し、これらを一体として納付します。

予定納税・延納を行う場合にも、所得税と復興特別所得税を一体として扱います。

申告時の復興特別所得税は、**基準所得税額に対して2.1%**となります。基準所得税額とは、分配時調整外国税相当額控除と直接投資の外国税額控除を除いた、その他の税額控除を行った後の所得税額です。

復興特別所得税を考慮すると、基本的には、図表のようにあらゆる所得税の税率が1.021倍になるものといえます。

▶主な申告時の税率

	復興特別所得税を考慮しない税率			復興特別所得税を考慮後の税率（※）		
	所得税	住民税	合計税率	所得税+復興特別所得税	住民税	合計税率
総合課税の各種所得の税率（給与所得、雑所得、事業所得など）	5%～45%	10%	15%～55%	5.105%～45.945%	10%	15.105%～55.945%
総合課税を選択した株式等の配当等の実質的な税率（配当控除を考慮）	0%～40%	7.2%～8.6%	7.2%～48.6%	0%～40.84%	7.2%～8.6%	7.2%～49.44%
申告分離を選択した上場株式等の配当等と譲渡所得等の税率	15%	5%	20%	15.315%	5%	20.315%
一般株式等の譲渡所得等の税率	15%	5%	20%	15.315%	5%	20.315%
先物取引の雑所得等	15%	5%	20%	15.315%	5%	20.315%

※　配当控除以外の税額控除や、損益通算などを考慮しない税率です。

所得税・住民税の申告の仕組み

所得税の確定申告

所得税では、1月1日から12月31日までの1年間の収入に対し、所得を確定させ、税額を計算して申告と納税を行います。この申告のことを確定申告といい、原則として翌年の2月16日から3月15日までの間に行うことが必要です。確定申告の期限を過ぎると各種の特例が適用できなくなる場合がありますので、忘れずに期限までに申告するようにしましょう。

確定申告は、所得と税額を確定させるとともに、源泉徴収された税金や、予定納税した税金と実際の税額との差額を精算するという役割も果たしています。また、損失が発生した場合には損失申告、申告内容に誤りがあった場合には、修正申告を行うことができます。

確定申告の義務がある人

原則として、所得税の計算の結果、納付すべき税額が残った人には確定申告を行う義務があります。ただし、各種の税額控除（配当控除および年末調整による住宅ローン減税を除く）などは、確定申告を行うことを条件に適用が認められるものですので、これらを適用しないと仮定した場合に納付すべき税額が残る場合は、結果的に納付すべき税額がゼロになるとしても、確定申告を行う義務があります。

なお、給与所得者（退職所得がある場合を含む）および公的年金等の受給者については次の表の基準に当てはまれば確定申告を行う義務はありません。

▶確定申告義務のない人

給与所得者（退職所得がある場合を含む）	原則として、下記の①～③のすべてに当てはまる人 ①給与収入が2,000万円以下である ②給与所得および退職所得以外の所得と、（2か所以上から給与を受けている場合）年末調整を受けていない給与収入の合計額が20万円以下である ③退職所得がある場合、勤務先等に「退職所得の受給に関する申告書」を提出し源泉徴収を受けている
公的年金等の受給者	原則として、下記の①および②に当てはまる人 ①公的年金等による収入が400万円以下である ②「公的年金等による雑所得」以外の所得※が20万円以下である

※　源泉徴収ありの特定口座で取引された上場株式等の譲渡所得等、上場株式等の配当所得・利子所得、少額配当に該当する一般株式等の配当所得については申告不要を選択できますので、これらを除いた金額が20万円以下であるか否かにより確定申告義務の有無を判定します。

確定申告ができる人

還付申告

確定申告の義務がない人でも、各種の所得控除や税額控除、予定納税額や源泉徴収税額などを考慮した結果、確定申告前までの納税額が実際に納めるべき税額を超えている人は還付を受けられる場合があります(これを還付申告といいます)。還付申告は（確定申告開始の翌年２月16日を待たず）翌年１月１日から提出することができます。

給与所得者など確定申告の義務がない人についても、例えば下記に当てはまる場合は、確定申告を行うことで還付を受けられる場合があります。

▶給与所得者が還付申告できる場合の例

- 家族の医療費について医療費控除または医療費控除の特例（セルフメディケーション税制）を受けられる場合
- 年末調整時に社会保険料控除やiDeCo（個人型確定拠出年金）の小規模企業共済等掛金控除を受けていないものがある場合。特に、家族の国民年金保険料の控除を受けていない場合
- マイホームを取得したり、増改築を行ったりして、住宅ローン減税や投資型減税の適用を受けられる場合
- ふるさと納税や認定NPO法人の支援金などの寄附をして、寄附金控除を受けられる場合
- 年末に結婚したり、子どもが生まれたりした場合等で、年末調整で配偶者控除・配偶者特別控除・扶養控除の適用を受けていない場合
- 災害（台風・雪害など）・盗難・横領などにより損害を被っている場合

損失の申告（確定損失申告）

その年の所得から控除しきれない純損失や雑損失が生じた場合、および上場株式等の譲渡所得等や先物取引の雑所得等において損失が生じた場合については損失の申告を行うことで、その損失を翌年以後３年間（2023年４月１日以後に発生した特定非常災害による損失の場合は５年間）の所得から控除すること(繰越控除)が可能になります（どの所得から控除可能かは📖25ページ参照)。

青色申告を行っている人に純損失が生じた場合は、その年の損失が前年に発生したとみなして、前年に納めた所得税の還付を受けることができます（これを繰戻還付といいます)。なお、繰戻還付を受けた金額について、重ねて繰越控除を受けることはできません。また、繰戻還付は所得税のみの制度であり住民税では繰戻還付を受けることはできません。

住民税・事業税に関する事項の記載

所得税の確定申告書は所得税の申告と納付のために税務署に提出するものですが、税務署に提出された情報は住所地の市区町村にも送付され住民税の課税のための資料となります。所得税と住民税では所得控除や税額控除、一部の課税方法などが異なるため、これらの情報について市区町村が把握できるようにするため、所得税の確定申告書には「住民税・事業税に関する事項」の記載欄があります。

「住民税・事業税に関する事項」には非上場株式の少額配当等の金額や給与所得者における給与所得以外の所得に係る住民税の納付方法などを記載します。

少額配当に該当する一般株式等の配当所得は、所得税では申告不要を選択できますが、住民税では申告が必須となります。少額配当につき所得税で申告不要を選択する場合、「住民税・事業税に関する事項」欄の「非上場株式の少額配当等」にその金額を記載しておけば、別途住民税の申告を行う必要はありません。

Q　確定申告書の種類

先ほどの「損失の申告」のところで、損失用の申告書を使用すると書いてありました。内容によって使用する申告書が違うのでしょうか？

A　所得税の確定申告書は、2023年１月から申告書Ａと申告書Ｂの区別がなくなり、申告書が一本化されました。確定申告を行う全ての人は申告書（第一表・第二表）を提出する必要があります。分離課税の所得、山林所得、および退職所得がある場合は分離課税用（第三表）も、損失申告を行う場合は損失申告用（第四表）も提出します。

なお、修正申告を行う場合は申告書の第一表にその旨を記入し、その理由等は申告書の第二表に記入します。

税務署収受日付印の廃止と所得証明の方法について

Check Point!

2025年１月から、税務署等に提出される確定申告書等への収受日付印の押捺が行われなくなります。この措置の目的としては、手続きのオンライン化、事務処理の電子化が挙げられています。

今後は、書面申告等における申告書や申請書の提出（送付）の際は、申告書等の正本（提出用）のみを提出（送付）し、控えの申告書等は自身で提出年月日の記録・管理をしておく必要があります。

収受日付印自体は所得を証明するものではなく、あくまで、当該確定申告書等を税務署が受領した事実を証明するものではありますが、収受日付印のついた確定申告書等の控えは、所得証明書に準じるものとして、銀行の住宅ローン審査など、民間実務で用いられてきました。

これまで収受日付印つきの確定申告書の控えを用いてきた場面では、今後は、各種所得証明書が必要になることが予想されます。一般的に、所得証明書と認められる主な書類は次ページの通りです。ただ、所得証明書として発行される書類の名称は自治体によって異なるので確認が必要です。

①源泉徴収票	②支払調書	③納税証明書	④課税証明書	⑤年金振込通知書

所得証明書を入手する方法は以下があります。

入手先	概　略
市区町村 （コンビニ）	住民税の課税証明書、納税証明書などを入手できます。各自治体の窓口で申請することになります。コンビニでの交付を実施している自治体の場合は、書類をコンビニで発行することができます。コンビニのマルチコピー機から「行政サービス」を選択し、マイナンバーカードを用いて発行します。
税務署 （e-Tax）	所得税の納税証明書を入手できます。住所地を所轄する税務署にオンライン（e-Tax）または書面で請求することになります。
勤務先・取引先等	勤務先から発行された源泉徴収票、取引先から発行された支払調書、日本年金機構から発行された年金振込通知書なども当該所得についての証明書として用いられることがあります。

所得税の納付

納付の原則と延納

所得税の納付期間は、原則として確定申告と同様に２月16日から３月15日までとされています。

ただし、この期限内に全額を納付できない場合は、税金の１／２以上を期限内に納付すれば、残額については同年の５月31日まで納付を延期することができます。これを**延納**といいます。

この場合、納税者は確定申告書の提出期限までに確定申告書の「延納の届出」欄に必要事項を記入することが必要です。延納の際には、所得税の残額に一定の利子税を加えた金額を納付することになります。

税金の納付方法

申告所得税の納付方法には、次の５種類があります。

（１）納付書で現金納付する方法

金融機関または所轄の税務署で納付書を用いて納付することができます。

納付税額が30万円以下など一定の場合は、コンビニエンスストアでの納付も可能です。スマートフォンや自宅のパソコンで納付に必要な情報をQRコードとして出力した後、QRコードをコンビニエンスストアに持参して納付を行います。

（２）指定した金融機関の預貯金口座から振替納税する方法

振替納税を利用すると、預貯金残額を確認しておくだけで、金融機関または税務署に出向かなくても自動的に納付ができます。利用の際には、口座振替依頼書を税務署または利用する金融機関に提出する必要があります。口座振替依頼書の提出はオンライン（e-Tax）でも可能です。なお、振替納税の引き落とし日は３月15日ではなく、４月中旬頃となります。

なお、領収証書は発行されません。

（3）インターネットバンキング等を利用して電子納税する方法

国税電子申告・納税システム（e-Tax）による電子納税方法です。

詳細は次ページのCheck Point!を参照してください。

（4）インターネットを利用したクレジットカード納付

専用のインターネットサイトにアクセスし、クレジットカードにより納付することも可能です。クレジットカードを利用するため、一括払いだけでなく分割払いも可能ですが、利用限度額までしか納付できず、決済手数料がかかります。

（5）スマホアプリ（○○Pay等）を用いた納付

スマートフォン決済専用サイトにアクセスし、Pay払いによりスマートフォンから納付することも可能です。ただし納付税額が30万円以下の場合にのみ利用することができます。

予定納税

一定の条件を満たす人は予定納税を行う必要があります。税務署は、前年の確定申告をした人について、前年分の所得金額や税額などをもとに予定納税基準額を計算します。予定納税基準額が15万円以上である場合には、その年の所得税の一部を事前に納付することが求められます。これを**予定納税**といいます。対象となる納税者には、その年の６月15日までに予定納税基準額、予定納税額が通知されます。納税者は、税務署から通知された予定納税基準額の１/３の金額を７月（注１）と11月の２回に分けてあらかじめ納付する必要があります。

ただし、予定納税の義務のある人はその年の６月30日の現況において、業況不振等の理由で予定納税基準額より予定納税見込額が少なくなると見込まれる場合は、その年の７月１日から７月15日（注２）までに「予定納税額の減額申請書」を所轄税務所長に提出することで７月分と11月分の予定納税額を減額することができます（実際に減額を受けるには税務署長の承認が必要です）。予定納税基準額は、次のように計算されます。

予定納税基準額　＝前年の各種所得金額に対する所得税額
　　　　　　　　－前年の各種所得に対する所得税の源泉徴収税額

※　上記所得税額、所得税の源泉徴収税額には復興特別所得税を含めて計算します。

（注１）例年は７月中とされていますが、2024年分の所得税に係る予定納税の期限は、７月１日から９月30日となります。

（注２）例年は７月15日までとされていますが、2024年分の所得税に係る予定納税の減額申請は、７月31日までとなります。

国税電子申告・納税システム（e-Tax）を利用した電子納税

所得税をはじめとした国税の申告と納税は国税電子申告･納税システム（e-Tax）によって、オンラインで行うことができます。

◆ログイン方法

e-Taxへのログイン方法は、主に「マイナンバーカード方式」と「ID／パスワード方式」の２つがあります。

「マイナンバーカード方式」では、マイナンバーカードに格納された署名用電子証明書（有効期限：５年間）を使って、e-Taxへログインします。このため、有効期限内の署名用電子証明書が格納されたマイナンバーカードと、ICカードリーダライタまたはマイナンバーカードの読み取りに対応したスマートフォンが必要となります。

マイナンバーカードを持っていない場合は、税務署に本人確認書類を持っていけば、e-Tax利用のためのIDおよびパスワードの交付を受けることができます。「ID／パスワード方式」では税務署から交付されたIDおよびパスワードによってe-Taxにログインします。

◆納税の方法

e-Taxを利用した場合、オンラインのみで納税を完結させる電子納税を行うことができます。このほか、ATMでの納付、クレジットカードによる納付、スマホアプリ（○○Pay等）を用いた納付やQRコードを用いたコンビニエンスストアでの納付を選択することもできます。

◆受信通知

e-Taxを利用した場合、確定申告書等を提出した後にメッセージボックスに届く「受信通知」が収受印に代わる証拠になりますので忘れずに保管しておきましょう。

Q

準確定申告

年の中途で死亡した人は、その年の所得につき所得税を納める必要はありますか？また、納税の必要がある場合、確定申告はどのようにすればいいのでしょうか？

A

年の中途で死亡した人についても、1月1日から死亡した日までに確定した所得につき所得税を納める必要があります。その手続きは、相続人が行います。

通常、確定申告は1月1日から12月31日までの1年間に生じた所得について、翌年の2月16日から3月15日までの間に申告を行います。年の中途で死亡した人については、相続人が相続の開始があったことを知った日の翌日から4か月以内に申告と納税をしなければなりません（**準確定申告**と呼びます)。

相続人が2人以上いる場合には、各相続人が連署で準確定申告書を提出します。他の相続人の氏名を付記して各人が別々に提出することも可能ですが、この場合には他の相続人に申告した内容を通知する必要があります。

準確定申告において所得控除は死亡の日までの状況に応じて適用されます。例えば、医療費控除の対象になるのは死亡の日までに被相続人が支払った医療費であり、死亡後に相続人が支払ったものを含めることはできません。

なお、相続税については9章を参照してください。

住民税の申告

住民税の申告が必要な人

前年の所得が給与所得（および退職所得）のみの人や公的年金等に係る所得のみの人は、原則として住民税の申告を行う必要はありません。また、所得税の確定申告書を提出した人は住民税の申告書を提出したものとみなされますので、別途住民税の申告を行う必要はありません。

所得税と住民税で大きく異なる点としては、住民税には「20万円以下申告不要」の規定がないことです。このため、給与所得や公的年金による所得以外の所得について1円でも所得があれば、所得税の確定申告が不要であっても、住民税の申告義務はあります。

住民税の申告書の提出先は、所得の生じた年の翌年の1月1日現在において住所のある市区町村の役所になります。住民税の申告期限は所得税と同様、原則として所得の生じた年の翌年の3月15日です。

2-4

上場株式等の所得の申告に伴う税・社会保険制度の留意点

社会保険料や扶養者の税金への影響

上場株式等の譲渡所得等や配当所得・利子所得を申告すると、損益通算や繰越控除、配当控除等を受けることができ、所得税の還付や住民税の減額を受けられる場合があります。

一方で、上場株式等の譲渡益や配当を申告すると、それらの所得は**合計所得金額**や**総所得金額等**に加算されます。これらの所得を判断基準として、住宅ローン減税や配偶者控除・扶養控除の適用の可否や、国民健康保険・後期高齢者医療制度の保険料などが決められます。したがって、申告によりこれらの税・社会保険料の新たな負担が発生する可能性があるのです。

▶申告による影響として注意すべき点

投資家（申告者）の属性・世帯構成 ＼ 申告による影響		① 国保・後期高齢の保険料が上がる	② 配偶者控除・扶養控除・基礎控除等の適用除外になる	③ 住宅ローン減税等の適用除外になる	④ 年金・健康保険で扶養から外れ、新たに国保の加入・国民年金保険料の支払いが求められる	⑤ 医療・介護の自己負担割合・自己負担額の上限が上がる
参照する所得		住民税	（本文参照）	所得税	（本文参照）	住民税
高齢者（給与所得者※4除く）	世帯主である	○	△※1	△※2	×	○
	夫(妻)や子に扶養されている	△	○	×	△※3	△
自営業者	世帯主である	○	△※1	△※2	×	△
給与所得者※4		×	△※1	△※2	×	×
専業主婦(夫)・パート主婦(夫)(高齢者除く)	夫(妻)が給与所得者※4である	×	○	×	○	×
	夫(妻)が自営業者である	○	○	×	×	△

影響を受ける可能性は○…高い、△…低い、×…ない。

※1　配偶者控除・配偶者特別控除について、納税者本人の合計所得金額が900万円超である場合は、その金額に応じて控除額が減額されます（📖28ページ参照）。
※2　項目により、合計所得金額1,000万円～3,000万円の所得制限を超えると適用除外になります。
※3　本人が60～74歳で、かつ扶養者が給与所得者※4である場合に限り、国保のみ影響を受ける可能性があります。
※4　ここでは、年金は厚生年金、健康保険は組合健康保険または協会けんぽに加入している給与所得者をさしています。

合計所得金額と総所得金額等への影響

税制上の控除や社会保険料の判定を行う際に使われる判断基準は、主に合計所得金額と総所得金額等の2つがあります。いずれも、年末調整または確定申告における情報により金額を決定するため、申告不要を選択した株式等の譲渡所得や配当所得・利子所得があっても金額には影響しません。

すなわち、源泉徴収ありの特定口座における上場株式等の譲渡所得や、上場株式等の配当所得・利子所得について申告不要を選択した場合は、合計所得金額および総所得金額等に影響を与えないので、配偶者控除や社会保険料への影響を気にする必要はありません。

これに対し、確定申告をした場合は合計所得金額や総所得金額等に影響する可能性があります。

合計所得金額は、給与所得や事業所得、雑所得などの総合課税の所得と、申告分離課税の各種所得金額を合計し、所得間の損益通算を行った後の金額です（詳細は📖33ページ）。ただし、過年度の損失の繰越控除については考慮されません。合計所得金額は、主に、税金の控除の判定の有無に使われます。

総所得金額等は、合計所得金額から、純損失・雑損失の繰越控除と、上場株式等・先物取引の損失の繰越控除を適用した後の金額です（詳細は📖33ページ）。総所得金額等は、主に、社会保険料の計算に使われます。

なお、通常、合計所得金額や総所得金額等は所得税と住民税では同じ金額になります。

上場株式等の譲渡所得・配当等の申告内容と、所得金額への影響をまとめると、下表のようになります。

▶上場株式等の譲渡所得・配当等の申告内容と、所得金額への影響

確定申告の内容	申告の結果、上場株式等の所得は	合計所得金額	総所得金額等
当年の上場株式等の譲渡損失を上場株式等の配当等と損益通算する	プラスの金額になる	増える	増える
	0円になる	影響なし	影響なし
当年の上場株式等の譲渡所得・配当所得・利子所得から過去の年の上場株式等の譲渡損失を繰越控除する	プラスの金額になる	増える	増える
	0円になる	増える	影響なし
当年の上場株式等の譲渡損失を翌年以後に繰り越す	0円になる	影響なし	影響なし

各制度への影響

①国保・後期高齢の保険料が上がる

国民健康保険および後期高齢者医療制度の保険料を構成する「所得割」の金額は、ほとんどの自治体では、**住民税における**

総所得金額(注1)に保険料率をかけて決められます。本人が国民健康保険や後期高齢者医療制度の被保険者である場合は、この点に注意しなければなりません。

②配偶者控除・扶養控除・基礎控除の適用除外になる

配偶者控除・扶養控除は、所得税・住民税それぞれ配偶者・被扶養者の合計所得金額が48万円以下の場合に適用できます。また、配偶者控除は本人の合計所得金額が900万円超の場合は減額され、1,000万円超で控除額は0となります(配偶者控除、扶養控除の詳細はそれぞれ📖**28、27ページ参照**)。基礎控除は、本人の合計所得金額が2,400万円超の場合は減額され、2,500万円超で控除額が0となります(📖**27ページ参照**)。

③住宅ローン減税等の適用除外になる

住宅ローン減税や投資型減税には所得制限があり、項目によって、本人の所得税の合計所得金額が1,000万円～3,000万円以下の年のみ適用されます(住宅ローン減税・投資型減税の詳細は📖**309ページ参照**)。

また、直系尊属からの住宅取得等資金の非課税制度の適用にも、贈与を受ける者のその年の所得税の合計所得金額が2,000万円以下という制限があります(📖**254ページ参照**)。

特に、退職金を受け取った年は合計所得金額が大きくなりますので注意してください。

④年金・健康保険で扶養からはずれ、新たに国保の加入・国民年金保険料の支払いを求められる

専業主婦や夫の扶養の範囲内で働いている妻は、年金では国民年金第3号被保険者、健康保険では夫の保険の被扶養者となり、妻の分の保険料を支払う必要はありません。しかし、恒常的な収入が130万円以上(注2)あるとみなされると、年金では国民年金第1号被保険者として、健康保険では国民健康保険の被保険者として新たに保険料を支払うことになります。

この扶養の判定基準である「恒常的な収入」に株式の譲渡所得や配当が含まれるかについては明確な規定はありません。実務では、申告された配当について「恒常的な収入」に含めて計算していることが多いようです。

なお、60歳以上の高齢者で、健康保険について子の保険の被扶養者となっている場合も同様の問題が起こる可能性がありますので注意が必要です。

⑤医療・介護の自己負担割合・自己負担額の上限が上がる

国民健康保険、後期高齢者医療制度、介護保険制度などでは、所得により自己負担割合や月間の自己負担額の上限などが異なります。例えば、75歳以上の高齢者の医療費の自己負担割合は、所得が比較的少ない「一般」とされた場合は1割、所得が「現役並み」とされた場合は3割です。

住民税における合計所得金額や総所得金額等(注1)などをもとに判定をしますので、株式の譲渡益や配当を申告すると、区分が変わる可能性があります。

投資家本人が国民健康保険、後期高齢者医療制度や介護保険制度加入者の場合、この点にも注意が必要です。

(注1)正確には総所得金額等から一定額を控除した「旧ただし書き所得」を使います。
(注2)60歳以上または一定の障害者の場合は180万円以上です。

3 有価証券に対する課税の原則

上場株式、公募投資信託、国債、地方債、公募社債など、証券会社や銀行などを通じて購入することができる有価証券のほとんどは、税法上、「上場株式等」と呼ばれます。

「上場株式等」に対する課税は、それが配当、利子、分配金であろうと、譲渡・償還による利益であろうと、税率20.315％（所得税15.315％、住民税５％）で課税されるのが大原則です。

「上場株式等」に該当する有価証券については、所得の計算、損益通算の範囲や繰越控除の規定など、共通しているものが多いので、証券税制を理解するためには、まず、「上場株式等」に対する課税のしくみを理解することが重要です。本章では「上場株式等」に対する課税を中心に、有価証券に対する課税の原則を解説します。

3-1

「上場株式等」に対する課税の概要

「株式等」と「上場株式等」の範囲

ほとんどの有価証券は、税制上「**株式等**」と呼ばれます。「株式等」には、株式のほか、出資、投資信託、公社債、特定受益証券発行信託の受益権、外国法人が発行するこれらのものも含まれます。

このうち、上場されているもの、または公募によるものなど公共性・一般性が高いものを「**上場株式等**」と呼びます。上場株式等には、上場株式、公募投資信託、特定公社債（上場または公募の公社債など）、ETF、ETN、上場REITなどのほか、外国法人が発行するこれらのものも含まれます。富裕層向けのオーダーメイド商品などを除けば、証券会社や銀行などを通じて購入できる有価証券のうちほとんどは、「上場株式等」に分類されます。

このため、証券投資家は、まず「上場株式等」に係る税制の扱いを理解しておくことが重要です。この章では「上場株式等」に対する税制の扱いを解説します。

なお、「株式等」のうち「上場株式等」にあてはまらない商品のことを「**一般株式等**」と呼び、非上場株式、私募投資信託、一般公社債などが該当します。これらの商品についての税制は８章「様々な投資商品における課税の扱い」で解説します。

３章において、一般株式等にも共通する説明については 上場 一般 のマークを、上場株式のみにあてはまる説明については 上場 ~~一般~~ のマークを付けています。

▶株式等と上場株式等の範囲

株式等

株式(新株予約権などを含む)
出資
株式投信・公社債投信
公社債(新株予約権付社債を含む)
特定受益証券発行信託の受益権
社債的受益権
外国法人に係る上記のもの など

株式等のうち上場株式等以外のものを「**一般株式等**」と呼ぶ

上場株式等

上場株式(上場新株予約権などを含む)
日本銀行出資証券
信金中金等の上場優先出資証券
公募株式投信、ETF、上場REIT、ETN、上場ベンチャーファンド
公募公社債投信
上場新株予約権付社債
外国上場株式
特定公社債
公募または上場された社債的受益権 など

「上場株式等」に対する課税の概要

上場　一般

上場株式等に対する課税は、それが配当、利子、分配金であろうと、譲渡・償還による利益であろうと、税率20.315%（所得税15.315%、住民税５%）で課税されるというのが大原則です。外国の商品など、外貨で受け取るものについても、円換算した上で税率20.315%（所得税15.315%、住民税５%）が課税されることに変わりありません。

もっとも、その所得区分が「譲渡所得等」、「配当所得」、「利子所得」のいずれであるかにより扱いは異なります。

▶主な商品の所得区分

	利子・配当・分配金	譲渡損益	償還損益
上場株式	上場株式等の「配当所得」 ⇒源泉徴収あり、確定申告不要 （確定申告することも可能）	上場株式等の「譲渡所得等」 ⇒原則として源泉徴収なし、確定申告が必要 （源泉徴収ありの特定口座の場合、申告不要とすることが可能）	
公募株式投信			
ETF			
上場REIT			
特定公社債	上場株式等の「利子所得」 ⇒源泉徴収あり、確定申告不要 （確定申告することも可能）		
公募公社債投信			

▶上場株式等の所得区分別の課税概要

所得区分		源泉徴収	確定申告の要否	所得税・住民税の課税方式
上場株式等の譲渡所得等	原則	なし	必要	申告分離課税
	源泉徴収ありの特定口座の場合	あり	不要	・申告不要制度（注１） ・申告分離課税 から納税者が選択
上場株式等の配当所得	原則	あり	不要	・申告不要制度（注１） ・申告分離課税 ・総合課税 から納税者が選択
	大口株主（発行済株式の３%以上保有（注２））の場合	あり（注３）	必要	総合課税
上場株式等の利子所得		あり	不要	・申告不要制度（注１） ・申告分離課税 から納税者が選択

（注１）2025年分の所得以降は、基準所得金額が３億3,000万円超の納税者に限り、ミニマムタックスの対象となり確定申告が必要となる場合があります。詳細は、📖39ページを参照してください。

（注２）2023年10月１日以後支払いを受けるべき上場株式等の配当所得については、その個人が同族株主となる同族会社を通じた間接保有分も含めて「３%以上」であれば、確定申告が必要となり、かつ、総合課税が適用されます。

（注３）大口株主等が受け取る上場株式等の配当所得は、源泉徴収税率が20.42%（所得税のみ）となり、確定申告と総合課税の適用が求められます。

特定公社債と一般公社債

公社債のうち、公募のものや上場されているもの、国や地方自治体が発行しているものなど、下表のいずれかに該当するものが特定公社債、下表のいずれにも該当しないものが一般公社債です。特定公社債は上場株式等に含まれ、一般公社債は一般株式等に含まれます。

▶**特定公社債の範囲**

① 金融商品取引所または外国金融商品取引所に上場されている公社債
② 国債、地方債
③ 外国国債、外国地方債
④ 会社以外の法人が特別の法律により発行する社債（外国法人に係るもの並びに投資法人債および特定目的会社の特定社債を除く）
⑤ 公募公社債
⑥ 発行日の前9ヵ月（外国法人は12ヵ月）以内に有価証券報告書等（半期報告書を含む）を提出している法人が発行する社債
⑦ 金融商品取引所または外国金融商品取引所において公表されたプログラム（一定の期間内に発行する公社債の上限額、発行者の財務状況等その他その公社債に関する基本的な情報をいう）に基づき発行される公社債
⑧ 国外において発行された公社債で、次に掲げるもの（取得後引き続き保護預りがされているものに限る）
  a 国内において売出しがされたもの
  b 国内における私売出しの日前9ヵ月（外国法人は12ヵ月）以内に有価証券報告書等（半期報告書を含む）を提出している法人が発行する社債
⑨ 次に掲げる外国法人が発行し、または保証する債券
  a 出資金額または拠出金額の50％以上が外国の政府により出資または拠出されている外国法人
  b 外国の特別の法令の規定に基づき設立された外国法人で、その業務が当該外国の政府の管理の下に運営されているもの
  c 国際間の取極に基づき設立された国際機関が発行し、または保証する債券（世銀債等）
⑩ 国内または外国の法令に基づいて銀行業または第一種金融商品取引業を行う法人またはその100％子会社等が発行する社債（発行時にその取得者が1人またはその関係者のみであるものを除く）
⑪ 2015年12月31日以前に発行された公社債（発行時に同族会社であった会社が発行した社債を除く）

（注）これらに該当しても、預金保険法の対象となっている金融債および農水産業協同組合貯金保険法の対象となっている農林債、2015年12月31日以前に発行され発行時に償還差益の源泉徴収を受けた割引債は「特定公社債」にも「一般公社債」にもなりません。

上場株式等の「譲渡所得等」に対する課税の概要

上場　一般

上場株式等の「譲渡所得等」とは

上場株式等の「譲渡所得等」には、上場株式・公募投資信託・特定公社債などの「譲渡」による損益のほか、公募投資信託・特定公社債などの「償還」による損益も含まれます。現物取引だけでなく信用取引による譲渡損益も、上場株式等の「譲渡所得等」となります。

厳密には、その上場株式等の取引頻度等により、上場株式等の譲渡・償還による損益は、「譲渡所得」、「雑所得」、「事業所得」のいずれかに区分されます（詳細は📖59ページ）。しかし、上場株式等の譲渡・償還による損益がたとえ「雑所得」や「事業所得」に区分されたとしても、他の雑所得や事業所得などと通算できるわけではなく、かつ上場株式等の譲渡による損益は「譲渡所得」、「雑所得」、「事業所得」の区分をまたいで通算できます。したがって、通常、上場株式等の譲渡・償還による損益についてその所得区分が何であるかを意識する必要はありませんので、本書では、これらをまとめて「上場株式等の譲渡所得等」と呼んでいます（例外的に、上場株式等の譲渡損益の所得区分を意識する必要がある場合については、📖**59ページを参照**してください）。

上場株式等の譲渡所得等に対する課税

上場株式等の譲渡所得等については、原則として源泉徴収は行われず、確定申告を行う必要があります（**申告分離課税**）。税率は20%★（所得税15%★、住民税５%）です。

ただし、源泉徴収ありの特定口座においては、上場株式等の譲渡の都度、取扱いの証券会社や銀行などによって税率20.315%（所得税15.315%、住民税５%）の源泉徴収が行われるので、確定申告をする必要はありません（**申告不要制度***）。もっとも、源泉徴収ありの特定口座で取引されたものも確定申告を行うことはできるので、上場株式等の配当所得や利子所得と損益通算ができる場合など、納税者にとって有利なときは確定申告を行うとよいでしょう。

上場株式等の配当所得に対する課税の概要

上場　一般

上場株式の配当、公募株式投資信託の普通分配金、ETF・上場REITの収益分配金などは、**上場株式等の配当所得**として課税されます。

上場株式等の配当所得は、上場株式等の発行体、または、当該配当等の支払いを取り扱う証券会社や銀行などによって当該配当等が支払われる際に税率20.315%（所得税15.315%、住民税５%）の源泉徴収が行われ、原則として確定申告は不要となります（**申告不要制度***）。

上場株式等の配当所得につき確定申告を行うことも可能です。確定申告を行うか否かは、原則として、１回に受ける配

（注）★印の付いている所得税については、別途復興特別所得税の課税も行われます。復興特別所得税の税率は基準所得税額の2.1%です。詳細は、📖**41ページを参照**してください。

（注）＊印のついている申告不要制度について、2025年分の所得以降は、基準所得金額が３億3,000万円超の納税者に限り、ミニマムタックスの対象となり確定申告が必要となる場合があります。詳細は、📖**39ページを参照**してください。

当ごとに選択することができますが、源泉徴収ありの特定口座に受け入れたものは特定口座単位で（上場株式等の利子所得も含めて）申告の有無を選択します。確定申告する上場株式等の配当所得は、その全部について「申告分離課税」か「総合課税」のいずれかを選択します。

申告分離課税を選択した場合、税率は20％（所得税15％、住民税５％）であり、税額控除や損益通算等がなければ、この所得税額に2.1％の復興特別所得税が課されるので、計20.315％（所得税および復興特別所得税15.315％、住民税５％）となり、源泉徴収時と同じになります。また、上場株式等の「譲渡所得等」の当年分の損失との損益通算および過去３年以内に繰り越された損失による繰越控除を受けることができます。

総合課税を選択した場合、課税所得金額によって適用税率が異なり、商品によっては配当控除を受けることができます（上場株式等の「譲渡所得等」の当年分の損失との損益通算および過去３年以内に繰り越された損失による繰越控除を受けることはできません）。

納税者にとって有利となる課税方式の選択については**75ページ**で検討します。

上場株式等の利子所得に対する課税の概要

上場　一般

特定公社債の利子、公募公社債投資信託の分配金などは、**上場株式等の利子所得**として課税されます。

上場株式等の利子所得は、上場株式等の発行体、または、当該利子等の支払いを取り扱う証券会社や銀行などによって当該利子等が支払われる際に税率20.315％（所得税15.315％、住民税５％）の源泉徴収が行われ、原則として確定申告は不要となります（**申告不要制度***）。

上場株式等の利子所得につき確定申告を行い**申告分離課税**を選択することも可能です（総合課税を選択することはできません）。確定申告を行うか否かは、原則として、１回に受ける利子ごとに選択することができますが、源泉徴収ありの特定口座に受け入れたものは特定口座単位で（上場株式等の配当所得も含めて）申告の有無を選択します。なお、利子所得は申告分離課税となりますが、配当所得については総合課税を選択することも可能です。

確定申告を行い申告分離課税を選択した上場株式等の利子所得は、税率は20％（所得税15％、住民税５％）であり、税額控除や損益通算等がなければ、この所得税額に2.1％の復興特別所得税が課されるので、計20.315％（所得税および復興特別所得税15.315％、住民税５％）となり、源泉徴収時と同じになります。また、上場株式等の「譲渡所得等」の当年分の損失との損益通算および過去３年以内に繰り越された損失による繰越控除を受けることができます。

（注）＊印のついている申告不要制度について、2025年分の所得以降は、基準所得金額が３億3,000万円超の納税者に限り、ミニマムタックスの対象となり確定申告が必要となる場合があります。詳細は、**39ページを参照**してください。

上場株式等の譲渡所得等・配当所得・利子所得の計算

上場株式等の譲渡所得等の計算

（上場）株式等の譲渡益の所得区分

上場 一般

株式等の譲渡・償還による損益は、厳密にはその株式等の取引頻度等により、「譲渡所得」、「雑所得」、「事業所得」のいずれかに区分されます。

税法上は、その株式等の譲渡が営利を目的として継続的に行われているかどうかによって判定することとされています。

具体的には、売買の回数、数量・金額、取引の種類、資金の調達方法などの状況から、営利を目的として継続的に行われていると判定された場合は、事業所得または雑所得となります。

ただし、次の①・②の所得については譲渡所得として差し支えないこととされています。

①上場株式等で所有期間が１年を超えるものの譲渡による所得
②一般株式等の譲渡による所得
※　上場株式等に係る譲渡所得等の金額の計算上、信用取引等の方法による上場株式等の譲渡による所得など上記①に掲げる所得以外の上場株式等の譲渡による所得がある場合には、当該部分は事業所得または雑所得として取り扱って差し支えないこととされています。

株式等の譲渡による所得は、譲渡所得・雑所得・事業所得のいずれの所得に区分されたとしても、最終的には１年間の「上場株式等の譲渡所得」と「上場株式等の雑所得」と「上場株式等の事業所得」はすべて通算され「上場株式等の譲渡所得等」として扱われ、損益通算や特別控除などでは他の譲渡所得・雑所得・事業所得とは異なる扱いとなります（一般株式等についても同様に、「一般株式等の譲渡所得」と「一般株式等の雑所得」と「一般株式等の事業所得」はすべて通算され「一般株式等の譲渡所得等」として扱われます）。

もっとも、下記の場合については、どの所得に区分されるかによって、所得の計算が変わってくるので注意してください。

▶**所得区分により所得の計算方法が異なる場合**

口座管理料や投資顧問料の必要経費への算入（📖次ページ）	事業所得または雑所得では可能 譲渡所得では不可
相続により取得した株式等を譲渡した場合における相続税額の取得費への算入（📖62ページ）	譲渡所得では可能 事業所得または雑所得では不可
同一銘柄を2回以上購入した場合の単価計算（📖65ページ）	事業所得では総平均法 雑所得または譲渡所得では「総平均法に準ずる方法」 （特定口座ではいずれも「総平均法に準ずる方法」、信用取引の場合はいずれも「個別対応」）
公社債のデフォルト時に元本の一部損失が確定した場合（📖68ページ）	「事業所得または雑所得」か譲渡所得かで算出方法が異なる

所得金額の計算の原則 上場 一般

上場株式等の譲渡による所得金額の計算は、基本的に、上場株式等の譲渡による収入金額から、当該上場株式等の取得に要した費用および譲渡に要した費用などを控除して算出します（一般株式等である場合も同じです）。

▶株式等の所得金額の計算式

株式等の譲渡による収入金額 －（株式等の取得価額または取得費 ＋ 株式等を取得するために要した負債の利子の額 ＋ 株式等の譲渡のために要した委託手数料 ＋ 管理費※1 ＋ その他経費 ＋ 手数料等各種経費に係る消費税等※2）

※１　**口座管理料**などの管理費を控除できるのは、事業所得または雑所得に該当する場合です。
※２　株式等を購入した際の委託手数料やそれにかかる消費税などは取得価額または取得費に含まれます。

株式等の譲渡損益の帰属時期は原則として受渡日ですが、約定日を用いて確定申告をすることもできます（ただし、特定口座内の取引については約定日を選択することはできません）。

１回の譲渡ごとに所得（または損失）金額を計算し、最終的には、１年間すべての上場株式等の譲渡に係る所得（または損失）の金額を通算して「上場株式等の譲渡所得等」の金額を求めます（一般株式等についても、同様に、１年間すべての一般株式等の譲渡に係る所得（または損失）の金額を通算して「一般株式等の譲渡所得等」の金額を求めます）。

株式等を取得するために要した負債の利子 上場 一般

Check Point!

借入金で株式等を購入した場合には、その年に支払った負債の利子を、配当収入か株式等の譲渡による収入金額のいずれかから控除することができます。配当収入から控除するか、譲渡による収入金額から控除するかは次によります。

①その年中に譲渡しなかった株式等を取得するために要した負債の利子	配当等の収入金額から控除
②譲渡した株式等を取得するために要した負債の利子	譲渡にかかる必要経費（譲渡費用）に算入

※　負債の利子を配当等の収入金額から差し引く際には、借入金で取得した株式だけでなく自己資金で取得した株式の配当からも差し引くことができます。

配当等の額から差し引くことができる負債の利子の額が配当等の額を超えるとき（配当所得が赤字のとき）は、その超える部分のうち一定額を株式等に係る譲渡所得等の金額の計算において差し引くことができます。

負債の利子を配当収入から控除するのか、譲渡による収入金額から控除するのかを区分することが困難な場合は、次の式によって区分することができます。

① 配当所得の金額の計算上控除すべき負債の利子の金額 ＝ 株式等[※1]を取得するために要した負債の利子の総額 × $\frac{\text{配当所得の収入金額}}{A}$

② 株式等に係る譲渡所得等の金額の計算上控除すべき負債の利子の金額 ＝ 株式等[※1]を取得するために要した負債の利子の総額 × $\frac{\text{負債の利子を差し引く前の株式等に係る譲渡所得等の金額}}{A}$

A＝ 配当所得の収入金額 ＋ 負債の利子を差し引く前の株式等に係る譲渡所得等の金額 ＋ 負債の利子を差し引く前の総合課税の株式等[※2]に係る事業所得等の金額

※1　申告分離課税の対象とならない株式等も含みます。例えば、株式形態のゴルフ会員権の譲渡による所得の基因となる株式等などです。

※2　株式形態のゴルフ会員権の譲渡による所得の基因となる株式等などで、事業所得または雑所得に区分されるものをいいます。

※3　①により算出された金額が、配当所得の金額の計算上控除すべき負債の利子の金額となりますが、配当等の収入について申告不要制度の適用を受ける上場株式等を取得するために要した負債の利子に相当する部分の金額は除かれます。

株式等の取得価額

上場　一般

株式等の譲渡による所得金額を算出する際には、譲渡した株式等の取得価額を計算する必要があります。取得価額は株式等を取得した方法により、次のようになります。

▶株式等の取得価額の算定方法

	取得の方法	算定方法	備　考
1	購入した株式等	取得単価×取得した数量＋取得に要した費用※	―
2	金銭の払込みにより取得した株式等	原則として、「払い込んだ金銭の額＋取得に要した費用※」	―
3	新株予約権・新投資口予約権の行使により取得した株式等	新株予約権・新投資口予約権の取得価額＋払い込んだ金銭の額＋取得に要した費用※	―
4	有利な払込金額により株式等を取得する権利の行使により取得した株式等	当該権利に係る払込期日または給付期日における当該株式等の価額	―
5	税制適格ストック・オプションの行使により取得した株式等	当該税制適格ストックオプションにおける当該株式等の権利行使価額	権利行使時に課税は行われない。詳細は📖163ページ参照。
6	税制非適格ストック・オプションの行使により取得した株式等	当該税制非適格ストックオプションの権利行使時の当該株式等の価額	権利行使時に権利行使価格と取得価額の差額が課税対象となる。詳細は📖165ページ参照。
7	新株予約権付社債の権利行使により取得した株式	取得した株式1株当たりの取得価額は以下の算式により算出する。 株式1株につき払い込むべき金額 ＋ $\frac{\text{新株予約権付社債の権利行使直前の取得価額が新株予約権付社債額面金額を超える場合のその超える部分の金額}}{\text{権利行使により取得した株式の数}}$	

	取得の方法	算定方法	備　考
8	リストリクテッド・ストック（特定譲渡制限付株式）の譲渡制限の解除により取得した株式	譲渡制限が解除された日の当該株式の価額	リストリクテッド・ストックの交付時点では当該株式を取得したものとみなさない（課税しない）。詳細は**📖167ページ参照。**
9	株主等として新たな払込み等を要しないで取得した株式等	0円	他の株主に損害を及ぼさないと認められる場合に限る。同一銘柄の株式を既に保有している場合は、平均単価を修正する（詳細は**📖65ページ参照**）。
10	相続や贈与により取得した株式等	原則として、被相続人または遺贈者、贈与者の当該株式等の取得価額を引き継ぐ	相続によって取得した株式等を相続開始日の翌日から相続税の申告書の提出期限の翌日以後３年を経過する日までに譲渡し、所得区分が「譲渡所得」となる場合は、譲渡した株式等に対応する相続税額を取得費に加算できる。
11	上記1～10にあてはまらない場合	原則として、取得時におけるその株式等の取得のために通常要する費用	他社株転換可能債（EB債）の償還により取得した株式等はこの規定を用い、償還日における当該株式等の価額とする。

※ 「取得に要した費用」には、購入手数料、購入のために要した通信費、名義書換料、購入手数料にかかる消費税を含みます。

ポイントを使用して株式等を購入した場合の取得価額　上場　一般

Check Point!

ポイントを使用して株式等を購入した場合、一般的には、その株式等の取得価額（取得費等）はポイント使用前の支払金額（ポイント使用相当額を含めた支払金額）を基に計算するとともに、ポイント使用相当額は一時所得の総収入金額に算入します。

譲渡した株式等が相続等により取得したものである場合の取得費加算の特例　上場　一般

Check Point!

譲渡した株式等が相続等により取得したものである場合には、相続等の時に納付した相続税額を取得費に加算できる特例があります。すなわち、**相続等によって取得した株式等を、相続開始の翌日から相続税の申告期限の翌日以後３年以内に譲渡し、その所得区分が「譲渡所得」であるとき（事業所得または雑所得の場合には不可）**には、次の算式で計算される金額を通常の取得費に加算することが認められています。ただし、加算する金額は、この特例を適用しない場合の譲渡益が上限となります。

取得費に加算できる額＝確定している相続税額

$$\times \frac{\text{譲渡した株式等の相続税の評価額}}{\text{債務控除の適用がないものとした場合の相続税の課税価格}}$$

Q 取得価額がわからない場合　上場　一般

購入時の取引報告書などを処分してしまったため取得価額がわかりません。このような場合には、どのようにして取得価額を計算すればいいのですか？

A　取引報告書などがなく取得価額がわからない場合、上場株式等であれば、まずは購入した証券会社に問い合わせてみましょう。証券会社では、取引記録の10年間の保存が義務づけられています。

証券会社に問い合わせてもわからない場合は、取得価額を証明できるような周辺資料（例えば買付け時の代金の振込みを証明する預金通帳や振込票など）から、取得価額を計算することも認められます。周辺資料もない場合には、名義書換日から取得価額を確定することも可能です。つまり、名義書換日を取得日とみなし、当時の株価を調べることにより取得価額を確定するわけです。

長期間にわたり株式等を保有している場合や、取得の時期・価額に関する書類が見つからず取得価額を推認できる資料がない場合など、取得価額がどうしても不明な場合は、上場株式等と一般株式等のいずれも、譲渡による収入金額の５％を取得価額として計算することが認められています。

▶上場株式等の取得価額の確定方法

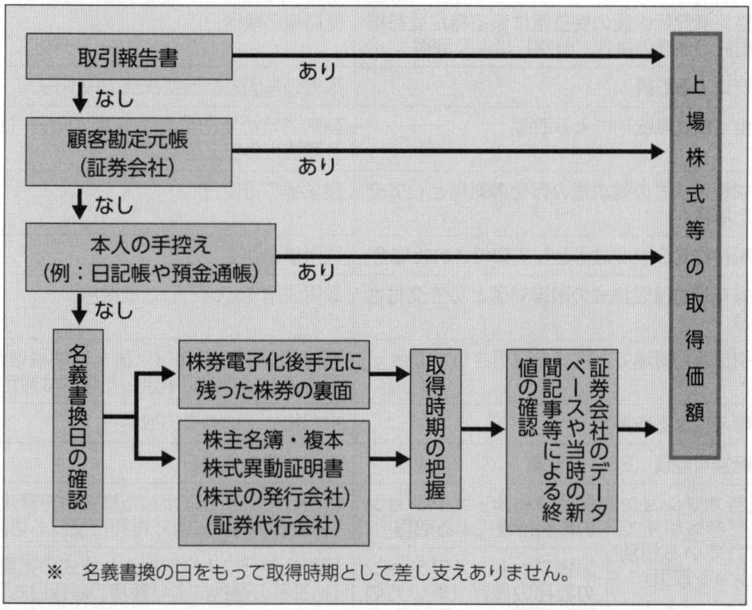

（出所）国税庁資料を基に作成

（注）株式等の譲渡による所得が譲渡所得に当たる場合で、1952（昭和27）年12月31日以前から引き続き所有している株式等が含まれているときは、上場株式等であればその取得費は1952年12月の公表最終価格等とするなどの特例があります。

株式の取得形態と取得日

上場　一般

Check Point!

証券会社を通じて購入した場合をはじめ、株式の取得形態と取得日の関係は次のようになっています。

<table>
<tr><th colspan="2">取得形態</th><th>取得日</th></tr>
<tr><td colspan="2">①他から取得</td><td>受渡日（納税者が約定日を取得日として確定申告した場合は約定日も可能※1）</td></tr>
<tr><td colspan="2">②払込みによる取得</td><td>払込期日</td></tr>
<tr><td colspan="2">③新株予約権の行使（新株予約権付社債の新株予約権の行使を含む）による取得</td><td>新株予約権の行使日</td></tr>
<tr><td colspan="2">④株式の分割・併合による取得および株主割当てによる取得</td><td>取得の基因となった株式の取得日</td></tr>
<tr><td colspan="2">⑤株式無償割当てによる取得※2</td><td>取得の基因となった株式の取得日（基因となった株式と異なる種類の株式が割り当てられた場合は、株式無償割当ての効力を生ずる日）</td></tr>
<tr><td colspan="2">⑥新株予約権無償割当てにより取得した新株予約権</td><td>新株予約権無償割当ての効力を生ずる日</td></tr>
<tr><td colspan="2">⑦株式分配による取得</td><td>取得の基因となった株式の取得日</td></tr>
<tr><td colspan="2">⑧法人の合併（分割）による取得</td><td>取得の基因となった株式の取得日</td></tr>
<tr><td colspan="2">⑨投資信託の受益権に係る投資信託の信託の併合による取得</td><td>受益権の取得日</td></tr>
<tr><td colspan="2">⑩特定受益証券発行信託の受益権に係る特定受益証券発行信託の信託の併合（分割）による取得</td><td>受益権の取得日</td></tr>
<tr><td colspan="2">⑪組織変更による取得</td><td>取得の基因となった株式の取得日</td></tr>
<tr><td colspan="2">⑫株式交換（株式移転）による取得</td><td>契約で定めたその効力を生ずる日（株式移転完全親法人の設立登記の日）</td></tr>
<tr><td colspan="2">⑬取得請求権付株式の請求権の行使の対価として交付された場合</td><td>請求権の行使日</td></tr>
<tr><td colspan="2">⑭取得条項付株式の取得対価として交付された場合</td><td>取得事由が生じた日</td></tr>
<tr><td colspan="2">⑮全部取得条項付種類株式の取得対価として交付された場合</td><td>取得決議で定められた取得日</td></tr>
<tr><td colspan="2">⑯信用取引により買建てた株式を現引きした場合</td><td>買建ての際の受渡日（または納税者が約定日を取得日として確定申告した場合は約定日）</td></tr>
<tr><td colspan="2">⑰相続・贈与による取得</td><td>被相続人、贈与者の取得日</td></tr>
<tr><td colspan="2">⑱他社株転換可能債（EB）の償還</td><td>当該社債の償還日</td></tr>
<tr><td rowspan="2">⑲有価証券オプション取引（証券取引所で取引されている個別株オプション取引）</td><td>買建コール・オプションの権利行使による取得</td><td>権利行使により取得した株式の売買決済日（納税者の選択により権利行使日も可能）</td></tr>
<tr><td>売建プット・オプションの義務の履行（買い方の権利行使）による取得</td><td>義務の履行により取得した株式の売買決済日（納税者の選択により義務の履行日も可能）</td></tr>
</table>

※1　ただし、特定口座を利用している場合、約定日を選択することはできません。

※2　特定口座に受け入れる株式無償割当てにより取得した上場株式等について、取得の基因となった株式等の取得日がわからない場合で、①特定口座内保管上場株式等以外の株式等を基因として割り当てられた上場株式等である場合、または、②特定口座内保管上場株式等および当該特定口座内保管上場株式等と同一銘柄の特定口座内保管上場株式等以外の株式等の双方に基因して割り当てられた上場株式等の場合については、株式無償割当ての効力を生ずる日。

同一銘柄を複数回取得した場合の平均単価の算定

上場　一般

同一銘柄の株式等を２回以上にわたって取得した場合には、銘柄ごとに１単位当たりの取得価額を算出し、この金額をもとに所得金額を計算します。１単位当たりの取得価額は、所得の区分に応じて、総平均法または総平均法に準ずる方法により算出します。

いずれの方法も、取得価額の総額を譲渡直前の保有株式数で割って算出しますが、計算の基礎となる期間が異なるほか、総平均法に準ずる方法では、譲渡の都度、取得価額を算出します。

特定口座で保有する上場株式等を譲渡した際は、「総平均法に準ずる方法」で１単位当たりの取得価額を算出します。

▶株式等の平均取得価額（取得費）の算出方法（現物取引の場合）

	算出方法
①所得区分が「譲渡所得または雑所得」となる場合	**総平均法に準ずる方法** その株式等を最初に取得したとき（その後既にその株式等の一部を譲渡している場合には、直前の譲渡のとき）から譲渡のときまでの期間を基礎とし、最初に取得したとき（または直前の譲渡のとき）に有していたものの取得価額の総額とその期間内に取得したものの取得価額の総額との合計額を、その株式等の総数（譲渡直前の保有数）で割って計算した金額を１単位当たりの取得価額とする方法
②所得区分が「事業所得」となる場合	**総平均法** 譲渡のあった年（１月～12月）を基礎として、年初に有していたものの取得価額の総額と年中に取得したものの取得価額の総額との合計額を、その株式等の総数で割って計算した金額を１単位当たりの取得価額とする方法

※　信用取引の場合は、所得区分によらず、個別対応で計算します（次ページ参照）。

▶取得価額および税額の計算例

売買年月日等	売買の別	数　量	単　価	金　額
①2024年１月×日	取得	3,000株	1,680円	5,040,000円
②2024年３月×日	株式分割	300株 （１：1.1）	—	—
③2024年６月×日	譲渡	2,000株	1,750円	3,500,000円
④2024年７月×日	取得	5,000株	1,700円	8,500,000円
⑤2024年10月×日	取得	3,000株	1,760円	5,280,000円
⑥2024年12月×日	譲渡	5,000株	1,790円	8,950,000円

総平均法に準ずる方法

⑴③で譲渡した2,000株の取得価額および譲渡益

$$\frac{5{,}040{,}000円}{3{,}000株+300株}\times 2{,}000株=1{,}528円（端数切上げ）\times 2{,}000株=3{,}056{,}000円$$

譲渡益＝3,500,000円－3,056,000円＝444,000円

⑵③の譲渡後の1,300株の取得価額

1,528円×1,300株＝1,986,400円

(3)⑥で譲渡した5,000株の取得価額および譲渡益

$$\frac{1,986,400円+8,500,000円+5,280,000円}{1,300株+5,000株+3,000株}×5,000株=1,696円(端数切上げ)×5,000株$$

=8,480,000円

譲渡益=8,950,000円−8,480,000円=470,000円

(4)③および⑥で譲渡したことによる税額

所得税額=(444,000円+470,000円)×15%★=137,100円

住民税額=(444,000円+470,000円)×5%=45,700円

総平均法

(1)③で譲渡した2,000株・⑥で譲渡した5,000株の取得価額

$$\frac{5,040,000円+8,500,000円+5,280,000円}{3,000株+300株+5,000株+3,000株}×(2,000株+5,000株)$$

=1,666円(端数切上げ)×7,000株

=11,662,000円

(2)③および⑥で譲渡したことによる譲渡益および税額

譲渡益=(3,500,000円+8,950,000円)−11,662,000円=788,000円

所得税額=788,000円×15%★=118,200円

住民税額=788,000円×5%=39,400円

★　このほか、基準所得税額の2.1%の復興特別所得税が課されます。

※　購入の際の委託手数料やそれにかかる消費税等は取得価額に含まれますが、上記の例では便宜上これらの金額を考慮していません。

信用取引における所得計算

上場　一般

信用取引とは、投資家が証券会社から資金や株式を借りて上場株式、ETF、上場REITなど、「上場株式等」の売買をする取引をいいます。信用取引の決済方法には、反対売買による**差金決済**と現物株式の受渡しを行う**現物決済**がありますが、いずれにしても上場株式等の取引であることに変わりないため、税制上、その損益は、現物取引と同様に「上場株式等の譲渡所得等」として扱われます。

ただし、現物株式の譲渡益に対する課税方法とは異なる点があります。具体的には、信用取引による株式の取得価額は、**個別対応により計算**することとされています。すなわち、複数回の買建(または売建)があっても単価は平均せず、1回の反対売買ごとにどの建玉を決済したのか個別に判断して、差損益を計算します。また、信用取引から生じる所得は、買い方・売り方ともその決済(反対売買)の日の属する年分の所得になります。

決済をした場合の差損益の計算方法

差金決済をした場合の計算式は、次のページのようになります。

現引きをした上場株式等の譲渡、または保有している上場株式等の現渡しを行った場合は、現物の譲渡と同じ取扱いになります。

信用取引で買い付けた上場株式等は担保として証券会社(または証券金融会社。

以下同じ）に預けられ、その名義にされます。したがって、発行会社等は名義人である証券会社に配当や分配金を支払います。証券会社は、税引後配当相当額を**配当落調整額**として売り方より徴収して買い方に支払います。

この場合、投資家が支払いを受けた税引後配当相当額は、配当所得ではなく、譲渡所得等の損益計算時に買付株式の取得価額から控除されます。したがって、信用取引にかかる差益を計算する場合には、この分だけ取得価額が引き下げられ、信用取引で買い付けた株式を譲渡するときに譲渡益として現れてくるわけです。

信用取引の決済日後に配当落調整額の授受が行われた場合には、その金額をその授受が行われた年の収入金額に加算（買い方の場合）または取得価額に加算（売り方の場合）します。

▶信用取引の差金決済時の譲渡所得等の損益計算方法

所得金額＝収入金額－取得価額－管理費※1－譲渡費用等

（買い方）収入金額＝売却価格＋品貸料
取得価額＝購入価格－配当落調整額※2－権利処理価額※3
譲渡費用等＝委託手数料＋委託手数料等にかかる消費税等＋名義書換料＋金利

（売り方）収入金額＝売却価格＋金利－配当落調整額※2－権利処理価額※3
取得価額＝購入価格
譲渡費用等＝委託手数料＋委託手数料等にかかる消費税等＋品貸料

※1　所得区分が事業所得または雑所得となる場合に限ります。
※2　**配当落調整額**とは、信用取引の対象となる株式に対して配当が行われた場合に、証券会社が売り方から徴収する、または買い方に支払う配当に相当する金額をいいます。
※3　**権利処理価額**とは、信用取引の対象となる株式に対して株式の割当てを受ける権利が付与された場合などに、証券会社が売り方から徴収する、または買い方に支払うこれらの権利に相当する金額をいいます。

割引債の償還時源泉徴収

上場　一般

割引債は利子がつかない代わりに額面から割り引かれて発行される公社債で、発行価額と額面の差額が実質的な利子になります。税制上、取得価額と償還金額の差額は、当該割引債が特定公社債であれば上場株式等の譲渡所得等、一般公社債であれば一般株式等の譲渡所得等として扱われます（利子所得にはなりません）。

次ページの表の割引債および割引債類似の債券の償還が行われる際には、一般公社債は必ず、特定公社債は特定口座で受け取る場合を除き、償還時に「みなし償還差益」に対して税率20.315％（所得税15.315％、住民税５％）の源泉徴収が行われます。この「みなし償還差益」はあくまで仮払いにすぎないので、確定申告の際には実際の償還損益に基づいて上場株式等または一般株式等の譲渡所得等を計算する必要があります。

特定口座においては、発行価額（または取得価額）が管理されているため、利付債と同様に実際の償還損益に基づいて所得計算（源泉徴収ありの口座ではこれに加え源泉徴収）が行われます。

▶償還時源泉徴収の対象となる「割引債および割引債類似の債券」

・割引債	・分離元本公社債
・額面の90%以下の価額で発行された利付債	・分離利子公社債

※　上記のうち国外発行で償還金が国内で支払われるもの、および国内の支払いの取扱者を通じて受け取るものを含みます。

▶みなし償還差益

発行から償還までの期限が1年以内の割引債（分離利子公社債を除く）	償還金額の0.2%
発行から償還までの期限が1年超の割引債および分離利子公社債	償還金額の25%

公社債のデフォルト損失が発生した場合

上場　一般

元本の全額の損失が確定した場合

特定口座で管理している国内法人発行の特定公社債について、発行会社の清算結了等の事実が生じて公社債としての価値を失った場合（元本の全額の損失が確定した場合）、確定申告時に所定の書類を添付することにより、その損失は上場株式等の譲渡損失とみなされます（詳細は📖126ページ参照）。

一般公社債または特定口座で管理していない特定公社債につき、元本の全額の損失が確定した場合の税制上の扱いは明らかになっていません。

元本の一部の損失が確定した場合

特定公社債または一般公社債につき、発行会社による債務不履行が生じ、元本につき一部しか支払われなかった場合、支払われた金額の法的な性質により、税制上の扱いが異なります。

発行会社から支払われた金額が公社債の元本の償還金として位置づけられる場合は、当該償還金と取得価額との差額につき、特定公社債であれば上場株式等の譲渡損失と、一般公社債であれば一般株式等の譲渡損失とみなされます。

もっとも、発行会社の倒産手続き等において、公社債の元本につき一般的な債権に権利変更される可能性があり、その場合の税制上の扱いについては必ずしも明らかになっていません。

民事再生法による再生計画に基づいて、社債の元本につき指名債権に権利変更された上で、一部について弁済される一方で残額については無償で消滅させられた事例においては、当該弁済金は公社債の元本の償還金ではないものとされています。その上で、当該社債を保有する投資家において当該社債をもし譲渡していた場合でその譲渡が事業所得または雑所得の所得区分になるものであったとするならば、当該債権が無償で消滅されることにより生じる損失の金額につき、当年分の上場株式等の事業所得または雑所得の範囲内で、売上原価または必要経費として控除できるものとされています（当該社債をもし譲渡していた場合でその譲渡が譲渡所得となるものであった場合は、当該債権の消滅による損失を上場株式等の譲渡所得から控除することはできないものとされています）。なお、上場株式等の譲渡に係る所得区分の考え方については📖59ページを参照してください。

株式等の配当所得・利子所得の計算

株式等の配当所得の計算

上場　一般

配当所得の計算

株式の配当、投資信託の分配金などによる配当所得の金額は、原則として、その年に受け取った配当の収入金額がそのまま配当所得の金額となります。

ただし、株式等を取得するために要した借入金の利子（譲渡した株式等を取得するために要した借入金の利子は除きます。📖60ページ参照）がある場合には、確定申告において、その借入金の利子のうちその年に元本を有していた期間に対応する金額を控除して、配当所得を計算することができます。

配当所得の収入の時期

上場株式等の配当所得の金額は、それぞれ以下の日に収入があったものとします。

	上場株式等の配当等の種類	収入の時期
1	国内の上場株式・ETF・上場REITの配当金	支払開始日
2	国内の公募株式投資信託の期中分配金	決算日
3	外国の上場株式（記名式）の配当金	現地支払開始日
4	外国の上場株式（無記名式）の配当金	現地保管機関の受領日
5	外国の公募株式投資信託（記名式）の期中分配金	基準日
6	外国の公募株式投資信託（無記名式）の期中分配金	現地保管機関の受領日

※　ただし、源泉徴収ありの特定口座に受け入れたものについては「交付日」となります。

株式等の利子所得の計算

上場　一般

利子所得の計算

公社債の利子、公社債投資信託の分配金などによる利子所得は、その年に受け取った利子の収入金額がそのまま利子所得の金額となり、経費の控除は一切認められません。

利子所得の収入の時期

上場株式等の利子所得の金額は、それぞれ以下の日に収入があったものとします。

	上場株式等の利子等の種類	収入の時期
1	国内の特定公社債の利子	支払開始日
2	国内の公募公社債投資信託の期中分配金	決算日
3	外国の特定公社債（記名式）の利子	現地支払開始日
4	外国の特定公社債（無記名式）の利子	現地保管機関の受領日
5	外国の公募公社債投資信託（記名式）の期中分配金	基準日
6	外国の公募公社債投資信託（無記名式）の期中分配金	現地保管機関の受領日

※　ただし、源泉徴収ありの特定口座に受け入れたものについては「交付日」となります。

3-3

損益通算・繰越控除と配当控除

上場株式等に係る譲渡損失と配当所得・利子所得の損益通算 上場 一般

損益通算の対象となる上場株式等の譲渡損失

1年間の上場株式等の譲渡について、譲渡所得・雑所得・事業所得に区分されるものすべてを合算して、「上場株式等の譲渡所得等」を算出します。その結果、損失が残った場合は、その損失が下記の譲渡によるものである場合に限り、申告分離課税を選択した上場株式等の配当所得および利子所得との損益通算の対象となります。

▶損益通算の対象となる譲渡とは

①証券会社等への売委託による譲渡
②証券会社等への譲渡
③公募株式投資信託・公募公社債投資信託の解約請求・買取請求
④公募株式投資信託・公募公社債投資信託の償還
⑤一定の組織再編に伴う譲渡等
⑥特定公社債の元本の償還（買入れ消却を含む）
⑦単元未満株式の買取請求による譲渡
⑧新株予約権付社債・新株予約権等の発行会社への譲渡
⑨一株または一口に満たない端数に係る上場株式等の競売等による譲渡
⑩信託されている上場株式等の外国証券業者等への売委託による譲渡
⑪信託されている上場株式等の外国証券業者等への譲渡
⑫国外転出をする場合の譲渡所得等の特例によるみなし譲渡(※)

※　国外転出時みなし課税制度は住民税には適用されません。

損益通算の対象となる上場株式等の配当所得・利子所得

上場株式等の譲渡損失との損益通算の対象となる上場株式等の配当所得・利子所得は申告分離課税を選択したものに限られます。すなわち、総合課税を選択した上場株式等の配当所得は損益通算の対象外となり、確定申告を行わない場合も原則として損益通算は行われません（特定口座内での損益通算については📖119ページ参照）。

上場株式等の譲渡損失の繰越控除

上場 ~~一般~~

繰越控除を受けるための手続き

上場株式等の譲渡損失につき、申告分離課税を選択した上場株式等の配当所得・利子所得と損益通算してもなお損失が残る場合、その損失を翌年以後に繰り越すことができます。

繰越控除を受ける際には、譲渡損失が生じた年から当該損失を控除する年まで、確定申告書に「株式等に係る譲渡所得等の金額の計算明細書」と「確定申告書付表（上場株式等に係る譲渡損失の損益通算及び繰越控除用)」を添付し続ける必要があります。

繰越控除の順序

繰り越した上場株式等の譲渡損失は、損失が発生した年の翌年以後3年間に生じる上場株式等の譲渡所得等および申告分離課税を選択した上場株式等の配当所得・利子所得から控除することができます。

繰り越された損失が複数年分あるときは、より古い年に発生したものから順に利用します。

上場株式等の譲渡所得等と申告分離課税を選択した上場株式等の配当所得・利子所得の両方があるときは、まず上場株式等の譲渡所得等から控除し、次に申告分離課税を選択した上場株式等の配当所得・利子所得から控除します。実際の計算例は次のCheck Point!を参照してください。

繰越控除の計算例

上場 ~~一般~~　Check Point!

2021～2023年については上場株式等の譲渡損失が生じたものの、2024年については上場株式等の譲渡所得等と、申告分離課税を選択した上場株式等の配当所得・利子所得を得ていて、それぞれ次の金額であるとします。このとき、どのように繰越控除を行うのかを考えます。

▶計算例の前提

本年まで繰り越された上場株式等の損失		本年分（2024年分）の所得	
2021年分	▲50万円	上場株式等の譲渡所得等	70万円
2022年分	▲20万円	申告分離課税を選択した上場株式等の配当所得・利子所得	25万円
2023年分	▲10万円		

繰り越された損失が複数年分あるときは、より古い年に発生したものから順に利用しますので、まず2021年に生じた損失から順に計算していきます。上場株式等の譲渡所得等と申告分離課税を選択した上場株式等の配当所得・利子所得の両方があるときは、まず上場株式等の譲渡所得等から控除しますので、2021年分の▲50万円の損失は、2024年分の上場株式等の譲渡所得等の70万円から控除し、2024年分の上場株式等の譲渡所得等は残り20万円となります（以下の①）。

次に2022年分の▲20万円の損失を2024年分の上場株式等の譲渡所得等の残り20万円

から控除し、2024年分の上場株式等の譲渡所得等はゼロになります（以下の②）。

最後に2023年分の▲10万円の損失を2024年分の申告分離課税を選択した上場株式等の配当所得・利子所得の25万円から控除します（以下の③）。これらの繰越控除の適用後は、2024年分の申告分離課税を選択した上場株式等の配当所得・利子所得の15万円が残りました。

▶**繰越控除の計算例**

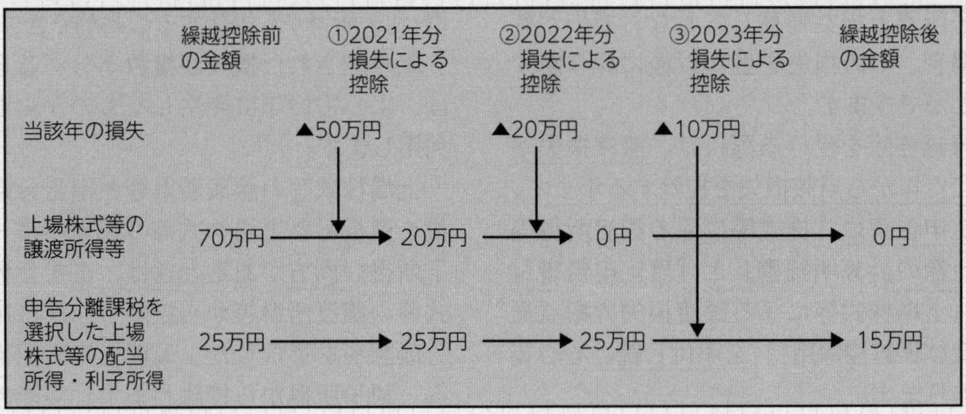

配当控除

配当控除とは

上場　一般

株式等の配当所得につき総合課税が適用される場合、商品の種類により、税額控除として配当控除を受けられる場合があります。上場株式等について申告不要や申告分離課税を適用する場合は配当控除の対象になりません。一般株式等の少額配当について所得税につき申告不要を適用する場合配当控除の対象になりません。住民税においては少額配当も総合課税され、配当控除の対象になります。

株式等の配当は、企業が法人税を支払った後の収益から分配するものですので、その配当に所得税をそのまま課税すると、投資家は法人税と所得税を二重に負担することになります。この二重課税の負担に配慮する観点から、税額控除として配当控除が設けられています。したがって、どの程度配当控除を受けられるかは、その商品の配当所得の源泉となる収益につきどの程度日本の法人税が課税されているかに左右されます。

外国株式や上場REITについては、原則として日本の法人税が課税されていませんので、配当控除の対象になりません。株式投資信託については、国内株式だけでなく外国資産や（法人税の計算上利子を損金算入できる）債券に投資することもできますので、これらに投資する割合によって配当控除の対象となるか否か、および配当控除の割合が異なります。

また、配当控除の割合は課税総所得金額等（詳細は📖次ページ参照）が1,000

万円を超えているか否かによっても異なります。

商品別、および課税総所得金額等別の配当控除の有無と配当控除率は次の通りです。

▶商品類型・課税総所得金額等別の配当控除率

商品類型	商品の種類	配当控除率			
		課税総所得金額等1,000万円以下		課税総所得金額等1,000万円超	
		所得税	住民税	所得税	住民税
Ⅰ	国内株式、国内株式のみに投資する国内ETF（特定株式投資信託のうち外国株価指数連動型特定株式投資信託でないもの）	10%	2.8%	5%	1.4%
Ⅱ	株式投資信託のうち株式以外の割合・外貨建資産の割合がいずれも50％以下のもの（特定証券投資信託のうち外貨建等証券投資信託でないもの）	5%	1.4%	2.5%	0.7%
Ⅲ	株式投資信託のうちⅡ・Ⅳのいずれにもあてはまらないもの（外貨建等証券投資信託）	2.5%	0.7%	1.25%	0.35%
Ⅳ	株式投資信託のうち株式以外の割合・外貨建資産の割合のいずれかまたは両方が75％超のもの（特定外貨建等証券投資信託）	配当控除の適用なし（0%）			
Ⅴ	外国株式、REIT、ETN、「国内ETFで上記Ⅰ～Ⅳに該当しないもの」、外国ETFなど				

課税総所得金額等が1,000万円を超える場合の配当控除の計算　上場　一般

課税総所得金額等

課税総所得金額等とは課税総所得金額に、土地・建物等の課税譲渡所得金額、一般株式等の課税譲渡所得等、上場株式等の課税譲渡所得等、申告分離課税を選択した上場株式等の課税配当所得および、先物取引の課税雑所得等を加えた合計額のことです。課税所得金額のうち、課税退職所得と課税山林所得は含まれません。

配当控除の計算例

配当控除率は、配当所得を含む課税総所得金額等が1,000万円を超えるか否かにより変わります。課税総所得金額等のうち、配当所得を除くと1,000万円以下で配当所得を加えると1,000万円を超えるときは、次の例のように配当所得のうち課税総所得金額等が1,000万円以下となる部分と1,000万円超となる部分に按分します。

配当控除の計算例　上場　一般

Check Point!

Aさん、Bさん、Cさんはいずれも国内株式の配当所得150万円を得て、これを総合課税としました。Aさん、Bさん、Cさんの配当所得以外の課税総所得金額等が次の通りのとき、配当控除額がそれぞれいくらになるでしょうか。

▶計算例の前提

- ・Aさん、Bさん、Cさんのいずれも国内株式の配当所得が150万円で、総合課税を適用
- ・配当所得以外の課税総所得金額等は、Aさんが800万円、Bさんが930万円、Cさんが1,050万円

Aさんは配当所得を足しても課税総所得金額等が1,000万円以下ですので、配当控除率は所得税10%・住民税2.8%です。

Cさんは、配当所得以外の課税総所得金額等が1,000万円を超えていますので、配当控除率は所得税５%・住民税1.4%です。

Bさんは、配当控除以外の課税総所得金額等は1,000万円以下ですが、配当所得を足すと1,000万円を超えますので、配当所得のうち課税総所得金額等1,000万円以下の部分（次の図のⓐの部分）と1,000万円超の部分（次の図のⓑの部分）に分けて配当控除の計算を行います。

Aさん・Bさん・Cさんの配当控除額は次の表の通り、それぞれ異なります。

▶配当控除額の計算例

課税総所得金額等※	1,000万円	配当控除率	配当控除額
Aさん： 配当所得を加えても 1,000万円以下	その他の所得 800万円 ／ 配当 150万円	所得税 10% 住民税 2.8%	所得税 15万円 住民税 4.2万円 合計 19.2万円
Bさん： 配当所得を除くと 1,000万円以下だが、 配当所得を足すと 1,000万円超	その他の所得 930万円 ／ 配当 150万円 ⓐ ⓑ ⓐ＝70万円 ⓑ＝80万円	所得税 ⓐについて 10% ⓑについて 5% 住民税 ⓐについて 2.8% ⓑについて 1.4%	所得税 ⓐについて 7万円 ⓑについて 4万円 住民税 ⓐについて 1.96万円 ⓑについて 1.12万円 合計 14.08万円
Cさん： 配当所得を除いても 1,000万円超	その他の所得 1,050万円 ／ 配当 150万円	所得税 5% 住民税 1.4%	所得税 7.5万円 住民税 2.1万円 合計 9.6万円

※　所得税と住民税では、扶養控除などの人的控除額に差があることから、同じ収入金額でも住民税の方が、通常、課税総所得金額等は大きくなりますが、ここでは、便宜的に同じ金額として取り扱っています。

Q

総合課税と申告不要の選択

上場　一般

上場株式の配当について、総合課税とすべきか申告不要とすべきか迷っています。どのようにして判断すればよいのでしょうか？　また、投資信託やETFの分配金は、上場株式の配当の場合と同じと考えてよいのでしょうか？

A

上場株式等の配当所得については、総合課税・申告分離課税・申告不要の選択制になっています。

申告分離課税を選択した場合、その年の上場株式等の譲渡損と損益通算ができ、また、過年度の上場株式等の譲渡損は繰越控除ができます。

いずれの適用も受けない場合は、上場株式等の配当所得について、総合課税か申告不要のいずれかを選択することが有利になるものと考えられます。ここでは、総合課税と申告不要の２つの課税方式について、商品別にどの方式がより税率が低くなるかを検討します。

なお、ここでは単純な税率の比較を紹介しますが、申告不要を選択した配当所得が合計所得金額などに含まれないのに対し、総合課税を選択した配当所得はこれに含まれる点にも注意が必要です（📖33ページ参照）。

◆正味税率の比較

配当控除率（表１）を考慮して、商品の類型ごとに課税総所得金額等別に課税方式による正味税率を試算したものが表２～表５です。これらをまとめた表が表６です。

表６を見ると、課税総所得金額等が330万円以下の場合は、上場株式等となるすべての商品の配当所得について、総合課税を選択すると正味税率がより低くなります。

他方、課税総所得金額等が695万円超の場合は、上場株式等となるすべての商品の配当所得について、申告不要を選択することで正味税率がより低くなります。

悩ましいのが、課税総所得金額等が330万円超695万円以下の場合です。この場合は、商品類型ごとに、課税方式の有利・不利が変わってきます。配当所得は原則として１銘柄・１回の配当・分配金ごとに申告の有無を選択できますが、源泉徴収ありの特定口座に配当所得を受け入れている場合は、当該配当所得は特定口座単位で申告の有無を選択しなければなりません。

また、2025年分の所得以降は、基準所得金額が３億3,000万円超の納税者に限り、ミニマムタックスの対象となり申告不要を選択できず確定申告が必要となる場合があります。詳細は、📖39ページを参照してください。

▶[表１]商品類型・課税総所得金額等別の配当控除率

商品類型	商品の種類	配当控除率			
		課税総所得金額等1,000万円以下		課税総所得金額等1,000万円超	
		所得税	住民税	所得税	住民税
Ⅰ	国内株式、国内株式のみに投資する国内ETF（特定株式投資信託のうち外国株価指数連動型特定株式投資信託でないもの）	10%	2.8%	5%	1.4%
Ⅱ	株式投資信託のうち株式以外の割合・外貨建資産の割合がいずれも50％以下のもの（特定証券投資信託のうち外貨建等証券投資信託でないもの）	5%	1.4%	2.5%	0.7%
Ⅲ	株式投資信託のうちⅡ・Ⅳのいずれにもあてはまらないもの（外貨建等証券投資信託）	2.5%	0.7%	1.25%	0.35%
Ⅳ	株式投資信託のうち株式以外の割合・外貨建資産の割合のいずれかまたは両方が75％超のもの（特定外貨建等証券投資信託）	配当控除の適用なし（0%）			
Ⅴ	外国株式、REIT、ETN、国内ETFで上記Ⅰ～Ⅳに該当しないもの、外国ETFなど				

▶[表２]配当所得の課税方式の選択（商品類型Ⅰの場合）

課税総所得金額等	申告不要			総合課税								より税率の低い課税方式
	所得税・復興特別所得税（①）	住民税（②）	合計（①+②）	所得税（復興特別所得税除く） 税率	所得税 配当控除率	所得税 正味税率	復興特別所得税込みの所得税の正味税率（③）	住民税 税率	住民税 配当控除率	住民税 正味税率（④）	正味税率の合計（③+④）	
195万円以下	15.315%	5%	20.315%	5%	10%	0%	▲5%	10%	2.8%	7.2%	2.2%※1	総合課税
195万円超330万円以下				10%		0%	0%				7.20%	
330万円超695万円以下				20%		10%	10.21%				17.41%	
695万円超900万円以下				23%		13%	13.273%				20.473%	申告不要
900万円超1,000万円以下				33%		23%	23.483%				30.683%	
1,000万円超1,800万円以下				33%	5%	28%	28.588%		1.4%	8.6%	37.188%	
1,800万円超4,000万円以下				40%		35%	35.735%				44.335%	
4,000万円超				45%		40%	40.84%				49.44%	

※1　配当所得に係る税額から控除しきれない分は、他の所得に係る税額から控除する形となります。
※2　配当控除以外の税額控除はないものとして計算しています。
※3　0.001％未満の端数が出る場合は四捨五入により0.001％単位で表示しています。

▶[表3]配当所得の課税方式の選択（商品類型Ⅱの場合）

課税総所得金額等	申告不要			総合課税								より税率の低い課税方式
	所得税・復興特別所得税（①）	住民税（②）	合計（①+②）	所得税（復興特別所得税除く）			復興特別所得税込みの所得税の正味税率（③）	住民税			正味税率の合計（③+④）	
				税率	配当控除率	正味税率		税率	配当控除率	正味税率（④）		
195万円以下	15.315%	5%	20.315%	5%	5%	0%	0%	10%	1.4%	8.6%	8.6%	総合課税
195万円超 330万円以下				10%		5%	5.105%				13.705%	
330万円超 695万円以下				20%		15%	15.315%				23.915%	申告不要
695万円超 900万円以下				23%		18%	18.378%				26.978%	
900万円超 1,000万円以下				33%		28%	28.588%				37.188%	
1,000万円超 1,800万円以下				33%	2.5%	30.5%	31.141%		0.7%	9.3%	40.441%	
1,800万円超 4,000万円以下				40%		37.5%	38.288%				47.588%	
4,000万円超				45%		42.5%	43.393%				52.693%	

※1　配当控除以外の税額控除はないものとして計算しています。
※2　0.001%未満の端数が出る場合は四捨五入により0.001%単位で表示しています。

▶[表4]配当所得の課税方式の選択（商品類型Ⅲの場合）

課税総所得金額等	申告不要			総合課税								より税率の低い課税方式
	所得税・復興特別所得税（①）	住民税（②）	合計（①+②）	所得税（復興特別所得税除く）			復興特別所得税込みの所得税の正味税率（③）	住民税			正味税率の合計（③+④）	
				税率	配当控除率	正味税率		税率	配当控除率	正味税率（④）		
195万円以下	15.315%	5%	20.315%	5%	2.5%	2.5%	2.553%	10%	0.7%	9.3%	11.853%	総合課税
195万円超 330万円以下				10%		7.5%	7.658%				16.958%	
330万円超 695万円以下				20%		17.5%	17.868%				27.168%	申告不要
695万円超 900万円以下				23%		20.5%	20.931%				30.231%	
900万円超 1,000万円以下				33%		30.5%	31.141%				40.441%	
1,000万円超 1,800万円以下				33%	1.25%	31.75%	32.417%		0.35%	9.65%	42.067%	
1,800万円超 4,000万円以下				40%		38.75%	39.564%				49.214%	
4,000万円超				45%		43.75%	44.669%				54.319%	

※1　配当控除以外の税額控除はないものとして計算しています。
※2　0.001%未満の端数が出る場合は四捨五入により0.001%単位で表示しています。

▶[表５]配当所得の課税方式の選択（商品類型Ⅳ・Ⅴの場合）

課税総所得金額等	申告不要			総合課税								より税率の低い課税方式
	所得税・復興特別所得税（①）	住民税（②）	合計（①+②）	所得税（復興特別所得税除く）			復興特別所得税込みの所得税の正味税率（③）	住民税			正味税率の合計（③+④）	
				税率	配当控除率	正味税率		税率	配当控除率	正味税率（④）		
195万円以下	15.315%	5%	20.315%	5%	0%	5%	5.105%	10%	0%	10%	15.105%	総合課税
195万円超 330万円以下				10%		10%	10.210%				20.21%	
330万円超 695万円以下				20%		20%	20.420%				30.42%	申告不要
695万円超 900万円以下				23%		23%	23.483%				33.483%	
900万円超 1,000万円以下				33%		33%	33.693%				43.693%	
1,000万円超 1,800万円以下				33%		33%	33.693%				43.693%	
1,800万円超 4,000万円以下				40%		40%	40.840%				50.84%	
4,000万円超				45%		45%	45.945%				55.945%	

※1　配当控除以外の税額控除はないものとして計算しています。
※2　0.001％未満の端数が出る場合は四捨五入により0.001％単位で表示しています。

▶[表６]配当所得の課税方式の選択（商品類型Ⅰ～Ⅴのまとめ）

課税総所得金額等	より税率の低い課税方式	
	商品類型Ⅰ	商品類型Ⅱ・Ⅲ・Ⅳ・Ⅴ
195万円以下	総合課税	総合課税
195万円超　330万円以下		
330万円超　695万円以下		申告不要
695万円超　900万円以下	申告不要	
900万円超 1,000万円以下		
1,000万円超 1,800万円以下		
1,800万円超 4,000万円以下		
4,000万円超		

みなし配当・組織再編等の税制上の扱い

みなし配当

上場　一般

みなし配当とは

株式の配当は、通常、法人がその期、または以前の期に稼いだ利益を株主に分配するものです。しかし、「配当」の名目でなくとも法人の利益が実質的に株主に分配される場合があります。

この場合、税制上は、法人が配当を支払ったものとみなして、「みなし配当」の金額を算出して、配当と同様の課税が行われます。具体的には、次の表に掲げる事由が発生した場合、「みなし配当」への課税が行われます。

なお、合併や分割型分割などがあっても、税制適格である場合は、「みなし配当」への課税は行われません（詳細は📖85ページ参照）。

▶みなし配当課税が行われる場合

①合併（適格合併を除く）※
②分割型分割（適格分割型分割を除く）※
③株式分配（適格株式分配を除く）
④資本の払い戻し（剰余金の配当のうち分割型分割によるもの以外のもの）または解散による残余財産の分配
⑤自己の株式の取得（金融商品取引所の開設する市場における購入による取得および下記Check Point!の相続した非上場株式の特例を除く）
⑥社員の退社または脱退による持分の払い戻し
⑦組織変更（組織変更をした法人の株式以外の資産が交付されるものに限る）
※　対価の交付が省略されたと認められる非適格合併または非適格分割型分割の場合も、その省略された対価を配当等とみなして、みなし配当を計算します。

相続した非上場株式のみなし配当課税の特例

Check Point!

株式を発行会社に譲渡した場合、通常はみなし配当課税が行われます。しかし、相続または遺贈（相続等）により取得した非上場株式を発行会社へ譲渡し、かつ、次の条件に該当する場合には、特例として、みなし配当課税は行われません。すなわち、取得価額との差額につき、一般株式等の譲渡所得等として課税されます。

▶相続した非上場株式のみなし配当課税の特例の適用条件

・相続開始日の翌日から相続税の申告書の提出期限の翌日以後３年を経過する日までの間に発行会社に譲渡するものであること

「みなし配当」と「資本の払い戻し部分」の按分

みなし配当課税が行われる場合、株主が法人から交付を受けた金銭等を、「資本の払い戻し部分」と「みなし配当部分」に按分します。

▶「みなし配当」が生じた場合の課税の概要

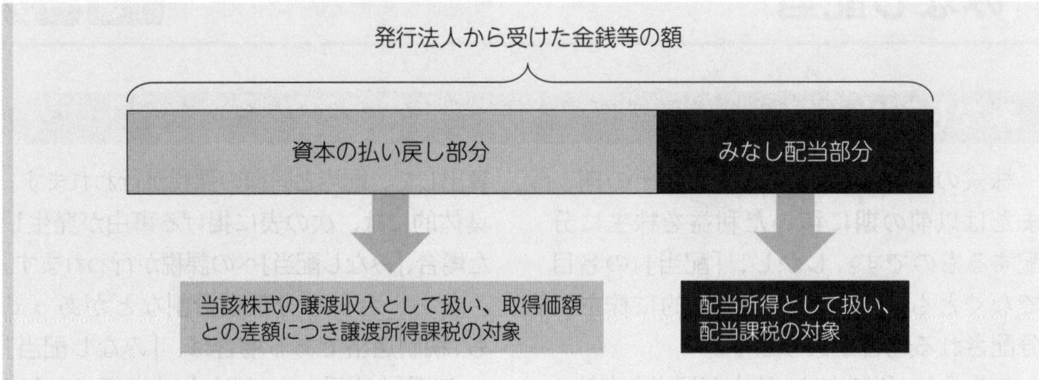
発行法人から受けた金銭等の額
資本の払い戻し部分
みなし配当部分
当該株式の譲渡収入として扱い、取得価額との差額につき譲渡所得課税の対象
配当所得として扱い、配当課税の対象

このうち、「資本の払い戻し部分」については、当該株式の譲渡収入として扱い、当該株式の取得価額との差額を、当該株式の譲渡所得等として扱います（当該金銭等の交付を受けた時点で上場株式であれば上場株式等の譲渡所得等、非上場株式であれば一般株式等の譲渡所得等となります）。資本剰余金を原資とする配当が支払われた場合など、当該株式の保有が継続する場合においては、当該株式の取得価額についても、譲渡が行われたものとみなす部分と、保有が継続しているものとみなす部分に按分して計算します。

「みなし配当部分」については、配当所得として扱い源泉徴収も行われます（当該金銭等の交付を受けた時点で上場株式であれば上場株式等の配当所得として税率20.315％、非上場株式であれば一般株式等の配当所得として税率20.42％の源泉徴収が行われます）。

通常の配当と同様に、みなし配当についても総合課税を選択すれば配当控除の対象となります。非上場株式の「みなし配当」については1回当たりのみなし配当金額が10万円以下であれば所得税につき申告不要を選択することが可能です。

「みなし配当」と「資本の払い戻し部分」の計算と課税

（1）「資本の払い戻し部分」の計算

発行法人から交付を受けた金銭等のうち、「その法人の資本金等の額のうち、金銭等の交付の起因となったその法人の株式に対応する部分」が、資本の払い戻し部分として扱われます。

株式につき「みなし配当課税」が行われる主な場合の「資本の払い戻し部分」の具体的な計算式は、次の通りです。実際にみなし配当が支払われる場合は、発行会社等から、純資産減少割合などの情報が株主に通知されますので、株主はこれに基づいて計算を行います。

▶「資本の払い戻し部分」の計算式（いずれも税制非適格でみなし配当課税が行われる場合）

1	合併	被合併法人の資本金等の額×（被合併法人の株主等が有していたその被合併法人の株式の数）／（被合併法人の発行済株式等の総数）
2	分割型分割	分割法人の資本金等の額×純資産減少割合×（分割法人の株主等が有していたその分割法人の分割型分割に係る株式の数）／（分割法人の分割型分割に係る株式の総数）
3	株式分配	現物分配法人の資本金等の額×純資産減少割合×（現物分配法人の株主等が有していたその現物分配法人の株式分配に係る株式の数）／（現物分配法人の株式分配に係る株式の総数）
4	資本の払い戻し・解散	法人の資本金等の額×純資産減少割合×（法人の株主等が有していたその払い戻し等に係る株式の数）／（法人の資本の払い戻し等に係る株式の総数）
5	自己株式の取得	（1）発行している株式が１種類のみの場合 法人の資本金等の額×（自己株式の取得に応じた株主等が有していたその自己株式の取得に係る株式の数）／（発行済株式等の総数） （2）発行している株式が２種類以上の場合 法人の自己株式の取得に係る株式と同一の種類の株式に係る種類資本金額×（自己株式の取得に応じた株主等が有していた取得を行う株式と同じ種類の株式の数）／（法人のその種類の株式の総数）

※　純資産減少割合とは、分割型分割、株式分配、資本の払い戻し、解散などにより法人の簿価純資産が減少（または移転）する割合です。

（2）「みなし配当」の計算

発行法人から交付を受けた金銭等のうち、「資本の払い戻し部分」を除いた部分が「みなし配当」となります。

自己株式の取得に応じた場合の「みなし配当」の計算例

Check Point!

公開買付け（TOB）などによる自己株式の取得が行われたとき、これに応じた場合の株主への課税について以下のＡ社の例を基に考えてみます。

発行済株式数が4,000万株(すべて普通株)で次の表のような財務状況の上場企業Ａ社が、１株1,000円で600万株の自己株式を取得したとします。

Ａ社の純資産の部の株主資本

	自己株式取得直前	自己株式取得直後
１資本金	200億円	200億円
２資本剰余金		
⑴資本準備金	80億円	80億円
⑵その他資本剰余金	20億円	20億円
３利益剰余金		
⑴利益準備金	40億円	40億円
⑵その他利益剰余金		
任意積立金		
繰越利益剰余金	160億円	160億円
４自己株式	0	▲60億円
株主資本合計	500億円	440億円

(注) 設例の簡素化のため、当期利益や配当の支払いは考慮していません。

この場合、自己株式の取得に応じた株主に交付される１株当たり1,000円の金銭は、次の計算式により、「資本の払い戻し部分」と「みなし配当部分」に按分されます。

$$\text{1株当たりの「資本の払い戻し部分」} = \text{法人の資本金等の額} \times \frac{\text{1株}}{\text{発行済株式等の総数}}$$

$$= (\text{200億円} + \text{80億円} + \text{20億円}) \times \frac{\text{1株}}{\text{4,000万株}} = \underline{\text{750円}}$$

１株当たりの「みなし配当部分」＝交付を受けた金銭等の額－資本の払い戻し部分

＝1,000円－750円＝<u>250円</u>

例えば、1,000株を保有し自己株式の取得に応じたＡ社株主の取得価額が１株当たり600円だとすると、この株主の課税の扱いは次の通りとなります。

譲渡所得=収入金額－取得価額

＝「資本の払い戻し部分」－取得価額

＝750円×1,000株－600円×1,000株

＝<u>15万円</u>　⇒　上場株式等の譲渡所得等として申告分離課税の対象

（源泉徴収ありの特定口座内であれば税率20.315％の源泉徴収が行われた後、申告不要も可能）

配当所得＝「みなし配当部分」
＝250円×1,000株
＝25万円　⇒　上場株式等の配当所得として税率20.315％の源泉徴収が行われた後、申告分離・総合課税・申告不要を選択可能

資本剰余金を原資とする配当が支払われた場合の「みなし配当」の計算例

Check Point!

通常、配当は発行会社の利益剰余金を原資として支払われますが、まれに資本剰余金（その他資本剰余金）を原資とした配当が支払われることもあります。

資本剰余金を原資とした配当が支払われた場合、税制上、配当は「資本の払い戻し部分」と「みなし配当部分」に按分されます。

例えば、以下の条件で上場企業Ｂ社につき資本剰余金を原資とした配当が支払われた場合の税制の扱いについて考えてみましょう。

資本金等の額：500億円　発行済株式総数：2,000万株 その他資本剰余金からの配当金の支払額：50億円（１株当たり250円） この配当による純資産減少割合：0.03

この場合、配当として支払われる１株当たり250円の金銭は、次の計算式により、「資本の払い戻し部分」と「みなし配当部分」に按分されます。

１株当たりの「資本の払い戻し部分」

$$=\frac{\text{法人の}}{\text{資本金等の額}}\times\text{純資産減少割合}\times\frac{\text{1株}}{\text{法人の資本の払い戻し等に係る株式の総数}}$$

$$=500\text{億円}\times0.03\times\frac{\text{1株}}{\text{2,000万株}}$$

＝75円

１株当たりの「みなし配当部分」＝交付を受けた金銭等の額－資本の払い戻し部分
＝250円－75円＝175円

例えば、１万株を保有しているＢ社株主の取得価額が１株当たり2,000円だとすると、この株主の課税の扱いは次の通りとなります。

資本剰余金配当により譲渡が行われたものとみなす分の取得価額
＝株式の取得価額×純資産減少割合
＝2,000円×１万株×0.03
＝60万円

資本剰余金配当後も保有が継続しているとみなす分の取得価額
＝株式の取得価額－「資本剰余金配当により譲渡が行われたものとみなす分の取得価額」
＝１万株×2,000円－60万円
＝1,940万円　⇒　１万株の保有は継続しているので、この株主のＢ社株式の１株当たりの取得価額は1,940万円／１万株＝1,940円に修正します。

譲渡所得＝収入金額－取得価額
＝「資本の払い戻し部分」－「資本剰余金配当により譲渡が行われたものとみなす分の取得価額」
＝75円×１万株－60万円
＝15万円　⇒　上場株式等の譲渡所得等として申告分離課税の対象
（源泉徴収ありの特定口座内であれば税率20.315％の源泉徴収が行われた後、申告不要も可能）

配当所得＝「みなし配当部分」
＝175円×１万株
＝175万円　⇒　上場株式等の配当所得として税率20.315％の源泉徴収が行われた後、申告不要・総合課税・申告不要を選択可能

コーポレートアクション・組織再編の税制上の扱い

株式を発行している企業における、株式分割、株式併合、株式移転・交換、組織再編などの財務上の決定のことを総称して、コーポレートアクションと呼びます。コーポレートアクションが行われ、株式数が増減したり、新たな株式等の交付を受けたりした場合、投資家には、税制上、みなし配当課税等や譲渡所得への課税が行われたり、保有している株式の取得価額を修正したりする必要がある場合があります。

増資・株式分割等による株式数の増減　上場　一般

株主割当て有償増資

株主割当て有償増資とは、既存の株主が持株数に応じて有償で新株を取得できる増資をいいます。株主割当て有償増資では、一般に時価より低い価額で新株が発行されます。この場合、株主は時価よりも低い価額で新株を取得することになるわけですが、いわゆる権利落ちによって旧株と新株の株価が平均化されますので課税の対象とはなりません。ただし、旧株と新株の取得価額を平均化し、１株当たりの取得価額を修正する必要があります。

株式無償割当て

株式無償割当てとは、既存の株主に対して、新たに払込みをさせずにその会社

の株式を割り当てるものです。株式無償割当てが行われた場合も、原則として課税は行われません。株式無償割当てにより取得した株式の取得価額は０円ですが、既存の保有株式と合わせて１株当たりの取得価額を修正する必要があります。

株式分割・株式併合

株式分割とは、１株を10株にするなど、既存の株式を細分化して従来よりも多数の株式とすることです。**株式併合**はその逆で、10株を１株にするなど、既存の複数の株式を統合して従来よりも少数の株式とすることです。株式分割・株式併合が行われても株主としての株式の価値は変わらないため、課税の対象とはなりません。ただし、保有する株式数が増減するため、１株当たりの取得価額を修正する必要があります。

▶株主割当て増資等に伴う取得価額の修正

①株主割当て増資の場合（金銭の払込みを要するものに限る）

$$\text{修正後の1株当たり取得価額} = \frac{\text{旧株1株の従前の取得価額} + \left\{\text{新株1株の払込金額} \times \text{旧株1株につき取得した新株の数}\right\}}{\text{旧株1株につき取得した新株の数} + 1}$$

②株式分割、株式併合、株式無償割当ての場合（株式無償割当てに関しては、旧株と同一種類の株式を取得した場合に限る）

$$\text{株式分割・株式併合・株式無償割当て後の所有株式1株当たり取得価額} = \frac{\text{旧株1株の従前の取得価額} \times \text{旧株の数}}{\text{株式分割・株式併合・株式無償割当て後の所有株式の数}}$$

組織再編

上場　一般

会社が合併などの組織再編を行った場合、被合併会社などの株主には原則として、みなし配当が発生し、保有株式を譲渡したとみなされ譲渡益課税が行われます。課税方法は通常の配当や譲渡益と同じです。

ただし、組織再編が「適格組織再編」に該当するか、株主に交付された資産が何かによって、課税が行われない場合があります。適格組織再編は、組織再編により資産を移転する前後で経済実態に実質的な変更がない場合であり、企業グループ内の組織再編、共同事業を行うための組織再編のほか、独立して事業を行うための会社分割・株式分配（スピンオフ）の３パターンがあります。適格組織再編は、対価として合併会社等の株式のみを交付することのほか、一定の条件を満たすことが必要です。

▶組織再編が行われた場合の被合併会社等の株主に対する課税

適格組織再編	非適格組織再編	
合併会社等の株式のみの交付※1	合併会社等の株式のみの交付※1	左記以外
課税なし	みなし配当課税※2	みなし配当課税※2＋譲渡益課税

※１　合併については合併会社の100％親会社の株式のみを交付する場合を、分割型分割については分割承継会社の100％親会社の株式のみを交付する場合を含みます。また、無対価の場合を含みます。

※２　株式交換・株式移転の場合は、みなし配当は生じません。

合併

合併が行われた場合、非適格合併であれば、被合併会社の株主に対してみなし配当課税が行われます。合併に際して合併会社から交付された資産の合計額のうち、資本金等の額に対応する金額を超える部分が配当とみなされます（計算方法については、📖81ページ参照）。

一方、適格合併の場合はみなし配当は生じません。

また、合併が行われた場合、被合併会社の株主は、原則として被合併会社株式を時価で譲渡したものとして譲渡益課税が行われます。ただし、譲渡対価の額からみなし配当の金額が控除されます。

一方、合併に際して交付された対価（剰余金の配当として交付される金銭等は除きます）が、合併会社の株式のみ、または合併会社の全株式を直接または間接的に保有する会社の株式のみ（いわゆる「三角合併」）の場合、および無対価の場合は、譲渡益課税は行われません（課税の繰延べ）。この場合、取得した合併会社等の株式の取得価額は、被合併会社株式の取得価額を引き継ぎます（ただし、みなし配当等があれば加算します）。

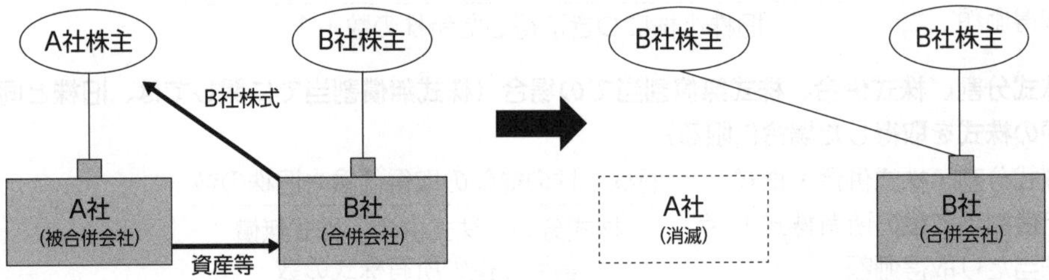

会社分割（分割型分割）

会社（分割会社）が事業を他の会社（分割承継会社）に承継させる会社分割のうち、その対価を分割会社が株主に交付するものを分割型分割と呼びます。

分割型分割が行われた場合、非適格分割型分割であれば、分割会社の株主に対してみなし配当課税が行われます。分割型分割に際して会社から交付された資産の合計額のうち、資本金等の額に対応する金額を超える部分が配当とみなされます（計算方法については、📖81ページ参照）。

一方、適格分割型分割の場合はみなし配当は生じません。

また、分割型分割が行われた場合、分割会社の株主は、原則として、所有株式のうち分割型分割により移転した資産等に対応する部分を時価で譲渡したものとして譲渡益課税が行われます。ただし、譲渡対価の額からみなし配当の金額が控除されます。

一方、分割型分割に際して交付された対価（剰余金の配当として交付される金銭等は除きます）が、分割承継会社の株式のみ、または分割承継会社の全株式を直接または間接的に保有する会社の株式のみ（いわゆる「三角分割」）が持分割合に応じて交付された場合、および無対価の場合は、譲渡益課税は行われません（課税の繰延べ）。この場合、取得した分割承継会社等の株式の取得価額は、所有していた分割会社株式の取得価額に、分割会社の純資産のうち移転した資産等が占める割合をかけた額です（ただし、みなし配当等があれば加算します）。

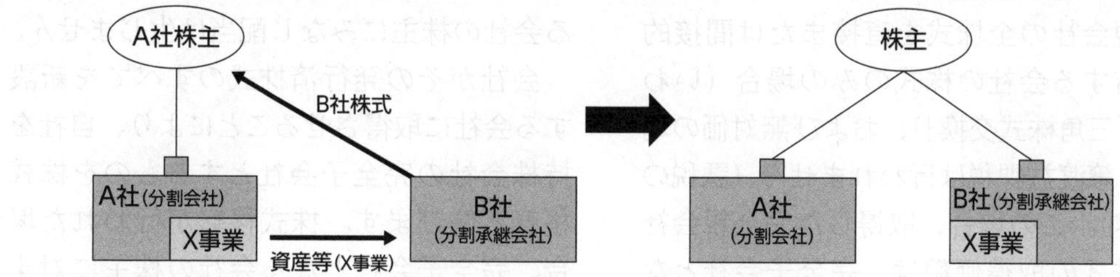

株式分配

会社（親会社）がその株主に対して、保有している完全子会社の株式のすべてを現物分配するものを株式分配と呼びます。

株式分配が行われた場合、株主は、原則として所有株式のうち完全子会社の株式に対応する部分を時価で譲渡したものとして譲渡益課税が行われます。ただし、譲渡対価の額からみなし配当の金額が控除されます。

一方、株式分配に際して交付された資産が、完全子会社の株式のみの場合は、譲渡益課税は行われません（課税の繰延べ）。この場合、取得した完全子会社の株式の取得価額は、所有していた親会社株式の取得価額に、親会社の純資産のうち完全子会社の株式が占める割合をかけた額です（ただし、みなし配当等があれば加算します）。

株式分配が行われた場合、非適格株式分配であれば、株主に対してみなし配当課税が行われます。株式分配に際して会社から交付された資産の合計額のうち、資本金等の額に対応する金額を超える部分が配当とみなされます（計算方法については、📖81ページ参照）。

一方、適格株式分配の場合はみなし配当は生じません。さらに、2023年４月１日から2028年３月31日までの間に産業競争力強化法の事業再編計画の認定を受けた会社（親会社）の場合、完全子会社の株式の一部（20%未満）を親会社に残して現物分配を行っても適格株式分配とされ、みなし配当は生じません。

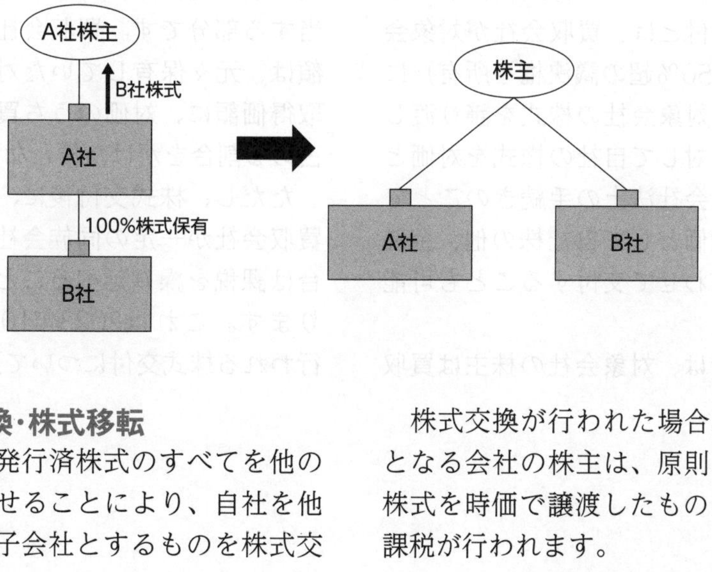

株式交換・株式移転

会社がその発行済株式のすべてを他の会社に取得させることにより、自社を他の会社の完全子会社とするものを株式交換と呼びます。

株式交換が行われた場合、完全子会社となる会社の株主は、原則として、所有株式を時価で譲渡したものとして譲渡益課税が行われます。

ただし、株式交換に際して交付された

資産が、完全親会社の株式のみ、または完全親会社の全株式を直接または間接的に保有する会社の株式のみの場合（いわゆる「三角株式交換」）、および無対価の場合は、譲渡益課税は行われません（課税の繰延べ）。この場合、取得した完全親会社等の株式の取得価額は、完全子会社となる会社の株式の取得価額を引き継ぎます。

一方、株式交換では、完全子会社となる会社の株主にみなし配当は生じません。

会社がその発行済株式のすべてを新設する会社に取得させることにより、自社を持株会社の完全子会社とするものを株式移転と呼びます。株式移転が行われた場合、完全子会社となる会社の株主に対する税務上の取扱いは、株式交換と同様です。

〈株式交換〉

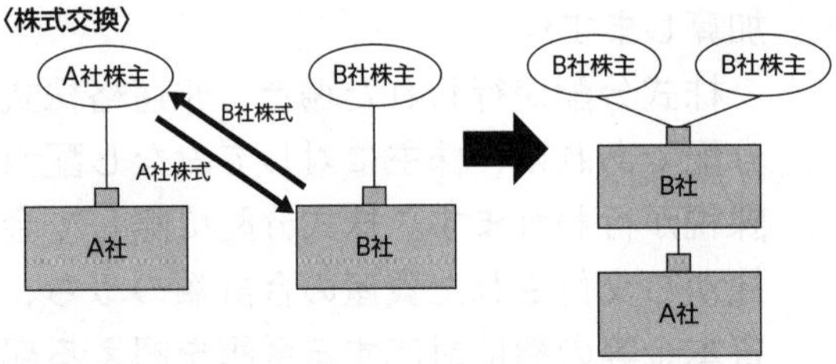

〈株式移転〉

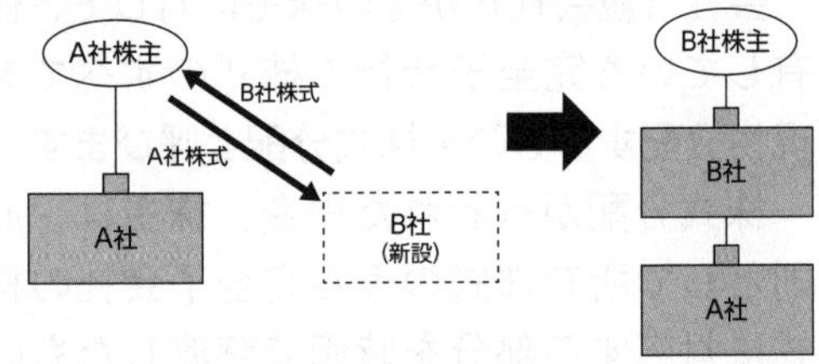

自社株対価の買収

上場 一般

ある会社（買収会社）が他の会社（対象会社）を買収（子会社化）する場合、対象会社の株主から株式を取得することで買収することができます。買収の際、通常、買収会社が対象会社の株主に支払う対価は金銭ですが、対価を買収会社自身の株式とすることも可能です。このような買収手続きの一つに株式交付があります。株式交付とは、買収会社が対象会社を子会社（50%超の議決権を所有）にするために、対象会社の株式を譲り渡してくれた者に対して自社の株式を対価として交付する会社法上の手続きのことです。買収の対価として自社株の他、金銭等の資産をあわせて交付することも可能です。

株式交付では、対象会社の株主は買収会社の株式を対価として対象会社株式を譲渡することになります。この場合、対価のうち、買収会社株式以外の資産（金銭等）の占める割合が20%未満であれば、譲渡による利益は譲渡時に課税されず、課税が繰り延べられます。課税が繰り延べられるのは、利益のうち、買収会社株式の額が対価全体の額に占める割合に相当する部分です。買収会社株式の取得価額は、元々保有していた対象会社株式の取得価額に、対価のうち買収会社株式が占める割合をかけた額となります。

ただし、株式交付後に、親会社である買収会社が一定の同族会社に該当する場合は課税を繰り延べることができなくなります。これは2023年10月１日以後に行われる株式交付について適用されます。

投資信託・上場 REIT における「元本の払い戻し」と取得価額の修正

追加型株式投資信託における元本払戻金（特別分配金）

上場　一般

追加型投資信託では、ファンド全体の1万口当たりの信託金額である**基準価額**の他に、投資家ごとに投資した1万口当たりの信託金額として**個別元本**が管理されています（個別元本には手数料等を含みません）。ファンドの期中収益分配金は、ファンド全体の運用状況を踏まえて決定されますが、ファンドの設定時期により投資家それぞれの個別元本は異なります。このため、ファンド全体としては収益を分配しているつもりであっても、個別の投資家からみると単に元本を払い戻しているだけという状況も生じます。

このため、追加型投資信託の期中収益分配金の課税においては、分配後の基準価額が投資家ごとの個別元本を下回ることとなる場合、分配前の個別元本と分配後の基準価額との差額に相当する部分を**元本払戻金（特別分配金）**として扱い、課税対象から除外します。期中収益分配金のうち元本払戻金（特別分配金）を除く分を**普通分配金**と呼び、普通分配金のみが所得税・住民税の課税対象となります。

保有する追加型投資信託につき元本払戻金（特別分配金）が支払われた場合、当該投資信託の取得価額（個別元本に取得時の手数料等を加算した金額）は元本払戻金（特別分配金）の分だけ引き下げる必要があります。

▶追加型株式投資信託の課税の例

[前提] 収益分配金支払前の基準価額が12,000円である追加型株式投資信託が、1口当たり2,000円の分配金を支払い、基準価額が10,000円に下がりました。投資家A・B・Cの個別元本は、それぞれ9,000円、10,500円、12,000円とします。

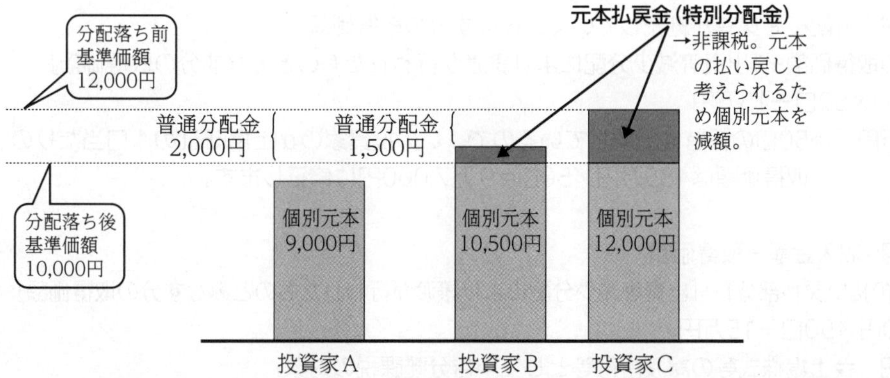

⇒ 上記の場合、投資家Bの500円分、投資家Cの2,000円分が元本払戻金（特別分配金）。

上場REITにおける出資等減少分配

上場 一般

上場REITは、通常、各期の利益の範囲内で分配金を支払いますが、株式でいう「資本の払い戻し」に相当する**出資等減少分配**を行う場合もあります。

出資等減少分配の支払いがあった場合、税制上、株式において資本剰余金を原資とする配当があった場合と同様に、出資等減少分配を「資本の払い戻し部分」と「みなし配当部分」に按分し、「資本の払い戻し部分」については譲渡所得等として、「みなし配当部分」については配当所得として課税が行われます。

もっとも、上場REITはその商品の性質上、毎期の利益のほぼ全額を分配金として投資家に払い出しているため、出資等減少分配が行われる場合はその全額が「資本の払い戻し部分」となり、みなし配当が生じないことが多いようです。全額が「資本の払い戻し部分」となる場合、次の例のように譲渡損益の計算と取得価額の修正を行います。

▶保有している上場REITに出資等減少分配が行われた場合の計算例

保有しているα上場REITの第X期分配金のうち、1口当たり4,000円が出資等減少分配として支払われ、その全額が「資本の払い戻し部分」として扱われることとなりました。払い戻し等割合は0.03です。このα上場REITを50口、1口当たりの取得価額10万円で保有している投資家の課税の扱いを考えます。

出資等減少分配により譲渡が行われたものとみなす分の取得価額
＝上場REITの取得価額×払い戻し等割合
＝10万円×50口×0.03
＝15万円

出資等減少分配後も保有が継続しているとみなす分の取得価額
＝株式の取得価額－「出資等減少分配により譲渡が行われたものとみなす分の取得価額」
＝10万円×50口－15万円
＝485万円　⇒50口の保有は継続しているので、この投資家のα上場REITの1口当たりの取得価額は485万円／50口＝9万7,000円に修正します。

譲渡所得=収入金額－取得価額
＝「資本の払い戻し部分」－「出資等減少分配により譲渡が行われたものとみなす分の取得価額」
＝4,000円×50口－15万円
＝5万円　⇒上場株式等の譲渡所得等として申告分離課税の対象
（源泉徴収ありの特定口座内であれば税率20.315％の源泉徴収が行われた後、申告不要も可能）

外国証券投資・外貨建取引・外国税に係る調整

外国税の徴収と二重課税の調整

外国での税金の概要

上場 一般

利子・配当への課税

日本国内の居住者が、外国の株式や債券などに投資を行う場合、日本での税金だけでなく、その株式や債券などの発行地国でも税金が課される場合があります。

もっとも、投資家の居住地国と投資先国で二重に税金が課されると、税負担が重くなり、対外投資を阻害する要因になります。このため、日本はなるべく多くの国と租税条約を締結し、日本国内居住者が外国に投資を行う場合の外国での税負担を抑えるようにしています。

租税条約では、証券の発行者の国（所得の源泉地国）で課税することができる税率の上限（制限税率）を定めています。法律よりも条約が優先されますので、現地国内法における税率が日本との租税条約における税率を上回る場合、日本国内居住者への配当や利子の支払いに対する源泉徴収税率は、原則として租税条約の制限税率までとなります。

しかし、国によっては、租税条約の制限税率を超える税率で税金の徴収が行われ、制限税率との差額は投資家が相手国の税務当局に請求することによって初めて還付されるという場合もあります。主要国の配当・利子に対する租税条約上の制限税率は下の表の通りです。

▶主要国の配当・利子に対する課税の概要（2024年５月現在）

国　名	配　当	利　子
	租税条約による制限税率	租税条約による制限税率
アメリカ	10%	0%
カナダ	15%	10%
イギリス	10%	＊0%
フランス	＊10%	10%
ドイツ	＊15%	0%
イタリア	＊15%	＊10%
オランダ	＊10%	10%
スイス	＊10%	＊0%
オーストラリア	10%	10%

（注１）＊の国々については、非居住者に対する原則の源泉徴収税率が制限税率を上回っており、いったん制限税率を上回る源泉徴収税率で外国税が課される場合があります。この場合、払い過ぎている外国税については、それぞれの政府に対して還付申請手続きが必要です。

（注２）中国株（上海B株、深圳B株、香港H株）の配当に対しては10%の源泉徴収税率が課されます。

譲渡益への課税

日本の居住者（外国にとっての非居住者）が外国の株式や債券などを譲渡してもその譲渡益に現地国で税金が課されることはほぼありません。

取得額・売却額への課税

国・地域によっては、イギリスや香港の印紙税、フランスのFTT（金融取引税）など、その国・地域の有価証券の取得額や売却額を課税標準とした税を日本の居住者（外国にとっての非居住者）にも課している場合があります。このような外国税は所得を課税標準とした税ではないため、外国税額控除の対象にはなりません。

国内での外国税の調整

上場　一般

日本国内の居住者が、外国で税金を支払った場合、国内で所得税・住民税を課される際に、外国で支払った税額が調整されます。そのしくみは、投資を行う商品により次のように異なり、主に「外国税額控除」、「分配時調整外国税相当額控除」、「差額徴収方式」の３種類があります。

▶商品の種類別の外国税の調整の有無と調整の方式

商品の種類			外国税の調整の有無		調整の方式
			所得税	住民税	
外国籍商品に直接投資	外国株式		○	○	外国税額控除
	外国債券	特定公社債	○	○	外国税額控除
		一般公社債	○	○	差額徴収方式※
	外国籍投資信託		○	○	外国税額控除
国内籍商品を通じた投資	公募投資信託（ETF・上場REIT・上場JDRを除く）		○	×	分配時調整外国税相当額控除
	私募投資信託		○	×	分配時調整外国税相当額控除
	ETF・上場REIT・上場JDR	株式数比例配分方式	○	×	分配時調整外国税相当額控除
		株式数比例配分方式以外	○	×	分配時調整外国税相当額控除

※外国での徴収税額と合わせて復興特別所得税加算前で20%となるように国内での徴収分を調整する方法。

外国税額控除（外国籍商品に直接投資する場合）

上場　一般

外国株式の配当、外国の特定公社債の利子、外国籍投資信託の分配金などについて外国税が課されている場合は所得税・住民税において外国税額控除の対象となります。もっとも、外国税額控除には控除限度額があり、必ずしも外国税額の全額が控除されるとは限りません。外国税額控除や控除限度額などの計算については📖37ページを参照してください。

外国株式の配当、外国の特定公社債の利子、外国籍投資信託の分配金などについて、国内の支払いの取扱者を経由して受け取る場合、支払いの取扱者によって国内の源泉徴収が行われます。その際には、外国税額を差し引いた「国内受取額」に対して税率を乗じて源泉徴収が行われます。

非上場株式について所得税につき申告不要とできる基準の受取配当が10万円（年１回配当の場合）を超えるか否かも国内受取額に基づいて判定します。

もっとも、確定申告では、国内受取額ではなく、外国税額を含んだ配当・利子等の金額を配当所得や利子所得の収入金額として課税所得を計算した上で、税額控除として外国税額控除を受けることとなります。

例えば、次の表のように、外国上場株式の配当金50,000円を国内の証券会社を通じて受け取る場合、国内源泉徴収時は、外国税額の5,000円を差し引いた国内受取額の45,000円に対して税率20.315％を乗じた9,141円が源泉徴収されます。しかし、確定申告時には、この配当金につき国内受取額の45,000円ではなく、外国税額の5,000円を含めた50,000円を配当所得の収入金額とし、外国税額の5,000円は外国税額控除の対象となり、所得税・復興特別所得税・住民税から控除できます。

▶外国上場株式の配当金に外国で源泉徴収がされた場合の国内源泉徴収の例

○前提	
外国上場株式の配当金	50,000円
外国所得税	10%
○計算例	
外国所得税額	50,000円×10％＝5,000円（外国税額控除の対象）
証券会社の発行者からの受取額	50,000円－5,000円＝45,000円
所得税額	45,000円×15.315％＝6,891.75円 ≒6,891円（１円未満切捨て）
住民税額	45,000円×５％＝2,250円
国内源泉徴収税額	6,891円＋2,250円＝9,141円
投資家の受取額	45,000円－9,141円＝35,859円

分配時調整外国税相当額控除（国内籍商品を通じた外国投資の場合）　上場　一般

国内籍の投資信託等（公募投資信託、ETF・上場REIT・上場JDR、など）が海外の資産に投資している場合、ファンドへの配当金や利子などの支払いの際、外国で源泉徴収が行われることがあります。

これらは、分配時調整外国税相当額控除の対象となります。具体的には、国内籍投資信託等が源泉徴収された外国税額について、国内籍投資信託等が投資家に収益分配金を支払う際にかかる所得税額から控除できます。

▶分配時調整外国税相当額控除とは

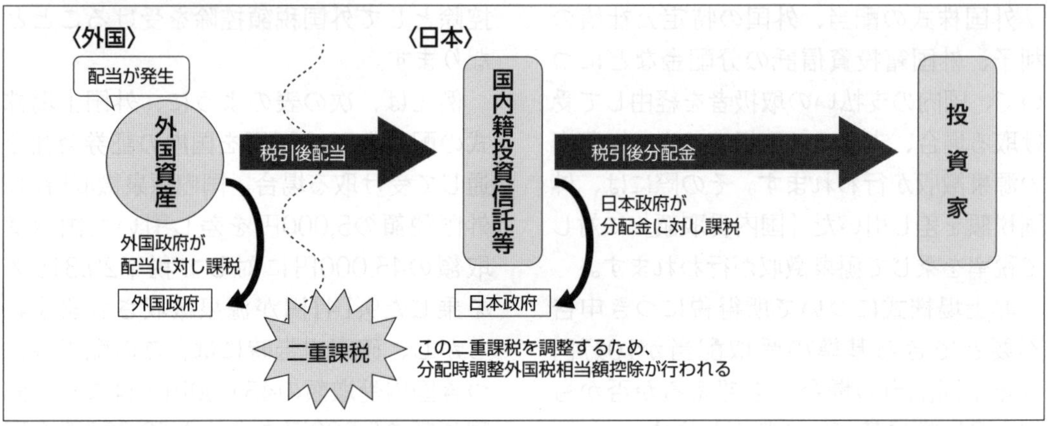

分配金支払時の控除額の計算

外国税額を支払った国内籍投資信託は、決算の都度、「普通分配金１円当たり外国税額」と「外貨建資産割合」を支払の取扱者（販売会社である証券会社や銀行など）に通知し、支払の取扱者が次の図表の算式に基づいて源泉徴収を行います。

もし外国で税金がかからなかったとしたならば、本来分配金に国内でいくら課税すべきかを計算した上で、その金額から外国税額を控除するため、普通分配金額に外国所得税額を加算した金額を課税標準とし（この外国税額の加算のことを**グロスアップ**といいます）、課税標準に税率15.315％を乗じた金額から外国税額を控除して所得税額を求めます。

もっとも、必ずしも外国税額の全額が控除できるとは限らず、実際の外国税額と、次の図表の②で求めた控除限度額のいずれか少ない金額が実際に控除される外国税額（**控除外国所得税額**）となります。

外国税額の控除は所得税のみで行われ、住民税からの控除は行われません。ただし、住民税においても課税標準への外国税額のグロスアップは行われます。

▶分配金支払時の分配時調整外国税相当額控除の計算式（公募株式投資信託の場合）

①外国所得税額＝普通分配金額×普通分配金１円当たり外国税額
②控除限度額＝（普通分配金額＋①外国所得税額）×15.315％×外貨建資産割合
③控除外国所得税額＝［①外国所得税額と②控除限度額のいずれか少ない額］
④課税標準＝普通分配金額＋①外国所得税額

所得税額＝④課税標準×15.315％－③控除外国所得税額
住民税額＝④課税標準×５％

▶計算例

> β公募株式投資信託の第X期決算が行われ、普通分配金５万円を受け取りました。第X期決算における普通分配金１円当たり外国税額は0.03円、外貨建資産割合は80%でした。

①外国所得税額＝５万円×0.03＝1,500円
②控除限度額＝（５万円＋1,500円）×15.315%×80%≒6,309円（円未満切捨て）
③控除外国所得税額＝1,500円（①と②の少ない方）
④課税標準＝５万円＋1,500円＝５万1,500円

所得税額＝（５万1,500円）×15.315%－1,500円≒6,387円（円未満切捨て）
住民税額＝（５万1,500円）×５%＝2,575円

よって、投資家の手取り額は、５万円から所得税6,387円と住民税2,575円を控除した４万1,038円となります。

▶年間取引報告書の表示

配当等の額	源泉徴収税額（所得税）	配当割額（住民税）	上場株式配当等控除額	外国所得税の額
51,500	6,387	2,575	1,500	—

特定口座での扱い

国内籍投資信託等の分配金を特定口座に受け入れている場合、当該分配金に対して分配時調整外国税相当額控除が行われた場合であっても、当該特定口座における上場株式等の年間の譲渡損益がマイナスであれば､損益通算の対象となります。

確定申告時の扱い

国内籍投資信託等の外国税額控除が行われた利子所得・配当所得につき確定申告を行った場合、選択した課税方式にかかわらず、分配金の支払時に控除された外国税額（📖前ページの計算式における③控除外国所得税額）は、納税者のその年分の所得税額および復興特別所得税額から、**分配時調整外国税相当額控除**として税額控除されます（📖前ページ参照）。その際には、確定申告書に「分配時調整外国税相当額控除に関する明細書」を添付する必要があります。

分配時調整外国税相当額控除を所得税額および復興特別所得税額から控除しきれない場合は切り捨てられ、住民税からの控除や還付は行われません。

なお、分配金の支払の取扱者（販売会社である証券会社や銀行など）は、個人投資家に対し、支払通知書などで確定申告の際に必要な外国税額等の情報を通知します。

みなし外国税額控除

Check Point!

発展途上国には、海外からの投資を促進するため、利子・配当の課税上、減免措置を設けている国があります。しかし、海外の投資家はその居住地国でも課税されるため、外国税額控除制度の下では、投資先国で減免された税額は、居住地国の税額を増加させてしまいます。結果として、投資先国と居住地国の税額の合計額は変わらず、このままでは発展途上国への投資が促進されません。

そこで、課税の減免という目的が達成されるため租税条約で認められた制度が**みなし外国税額控除**です。

外国債券についてみなし外国税額控除を利用すると、投資先国において利子の源泉税が減免されていても、外国で課税されたものとみなして外国税額が計算されます。結果として、国内で納めるべき所得税額および住民税額から控除されます。もっとも、みなし外国税額も、実際に外国で納付した外国税額と合わせて控除限度額の範囲内で控除されます（控除限度額は**38ページ参照**）。このため、必ずしもみなし外国税額の全額が所得税額や住民税額から控除できるとは限りません。

現在、みなし外国税額控除の規定を置いている国（利子に関する規定を有しないものも含む）の外国公社債で一般に流通しているものとしては、中国（10%）、ブラジル（20%）の発行者によって発行された公社債があります。

外国の特定公社債の利子、および外国株式の配当のみなし外国税額控除は、確定申告によって行います（確定申告を行わないと「みなし外国税額控除」を受けることはできません）。

▶みなし外国税額控除の計算例（特定公社債の利子の場合）

○前提	
外国債券の利子	12,000円
外国源泉所得税	なし
○計算例	
国内源泉徴収税額 **（所得税・復興特別所得税15.315％、住民税５％）**	12,000円×20.315％＝2,437.8円≒2,437円 （１円未満切捨て）
投資家の受取額	12,000円－2,437円＝9,563円
みなし外国所得税額（20％の例） **※確定申告で還付請求等**（注）	12,000円×20％＝2,400円
最終的な投資家の受取額 **（みなし外国税額控除額を全額控除できた場合）**	9,563円＋2,400円＝11,963円

（注）外国税額控除には控除限度額があります。**38ページ参照。**

外貨建取引の円換算

外国証券の配当・利子の源泉徴収と円換算

上場　一般

外国証券の配当・利子等について、国内の支払いの取扱者を経由して受け取る場合の国内の所得税・住民税の源泉徴収税額は、外貨建ての金額をいったん円換算した上で計算されます。

円換算に当たっては、実際に配当を外貨で受け取るか円貨で受け取るかに関係なく、下の表に掲げる円換算日における対顧客直物電信買相場（TTB）により換算し、配当所得または利子所得の収入金額が算出されることになります。

▶外国証券の配当・利子等の円換算日

	商品の種類	円換算日
1	外国の上場株式（記名式）の配当金	現地支払開始日
2	外国の上場株式（無記名式）の配当金	現地保管機関の受領日
3	外国の公募株式投資信託（記名式）の期中分配金	基準日
4	外国の公募株式投資信託（無記名式）の期中分配金	現地保管機関の受領日
5	外国の特定公社債（記名式）の利子	現地支払開始日
6	外国の特定公社債（無記名式）の利子	現地保管機関の受領日
7	外国の公募公社債投資信託（記名式）の期中分配金	基準日
8	外国の公募公社債投資信託（無記名式）の期中分配金	現地保管機関の受領日

※　ただし、源泉徴収ありの特定口座に受け入れたものについては「交付日」となります。

なお、実際に配当や利子等が入金されるのは、円換算日からしばらく経ってからですから、その間に為替変動が起こることがあります。この為替変動による為替差損益は雑所得となるので、源泉徴収の対象とはなりません。

外国株式の配当に対する源泉徴収についての計算例

・A社株100株
・配当　1ドル（1株当たり）
・外国での徴収税率　10%
・支払開始日の為替レート（TTB）　124円
・入金日の為替レート（TTB）　125円

（注）A社株式は上場株式等に該当するものとしています。

配当所得	100ドル×124円＝12,400円
外国税額	（円換算額）100ドル×0.10×124円＝1,240円
源泉徴収対象額	12,400円－1,240円＝11,160円
国内源泉徴収額	11,160円×20.315％（所得税15.315％・住民税５％）＝2,267円
手取額	（100－10）ドル×125円－2,267円＝8,983円
配当	（100－10）ドル×124円－2,267円＝8,893円
為替差益（雑所得）	（100－10）ドル×（125－124）円＝90円

外貨建て証券取引の譲渡所得の計算

上場 一般

外貨建ての証券取引を行った際の譲渡所得の計算は、「取得費」と「譲渡の対価」につき、いずれも円換算して計算します。

外貨建ての有価証券の取得費は、約定日における東京市場の対顧客直物電信売相場（TTS）により円換算します。

一方、外貨建ての有価証券の譲渡の対価は、約定日における東京市場の対顧客直物電信買相場（TTB）により円換算します。

外国株式の譲渡益に対する課税の計算例

・A社株100株を、1株300ドルで購入（約定日のTTS：1ドル=130円）
・A社株100株を、1株350ドルで売却（約定日のTTB：1ドル=120円）

取得費	300ドル×100株×130円=3,900,000円
譲渡の対価	350ドル×100株×120円=4,200,000円
譲渡益	4,200,000円−3,900,000円=300,000円
税額（所得税・住民税計）	300,000円×20%（所得税15%★・住民税5%）=60,000円

（注）A社株式は上場株式等に該当するものとします。また、外国における譲渡益課税は行われないものとします。

Q 外国株式の売却代金を外貨で受け取り、その外貨で他の外国株式を購入した場合

米国のA社上場株式の売却代金10万ドルを米ドルで受け取り、この10万ドルを使ってB社上場株式を購入しました。A社上場株式を売却したときの為替相場が1ドル=120円だったので、B社上場株式の取得価額もこの1ドル=120円で換算して、1,200万円としてよいですか？

A

A社上場株式の売却代金を米ドルで受け取り、その米ドルを使ってB社上場株式を購入したとしても、これらは別々の取引として考え、それぞれの「譲渡」と「取得」の時点で別々に円換算を行います。

例えば、この投資家のA社上場株式とB社上場株式の取引がそれぞれ次のようだったとしましょう。

A社上場株式の売却時（5月10日）
A社上場株式を1株100ドルで1,000株売却、TTB：1ドル=120円
（この投資家のA社上場株式の取得価額は700万円）

B社上場株式の購入時（6月12日）
B社上場株式を1株250ドルで400株購入、TTS：1ドル=125円

※便宜上、手数料等は考慮していません。

まず、Ａ社上場株式の売却時のTTBは１ドル120円ですので、Ａ社上場株式の「譲渡の対価」は、100ドル×1,000株×120円＝1,200万円です。Ａ社上場株式の取得価額は700万円ですので、差益の500万円が上場株式等の譲渡所得等として申告分離課税の対象となります（源泉徴収ありの特定口座であれば源泉徴収が行われた後、申告不要とすることも可能です）。

この投資家はＡ社上場株式の売却代金の10万ドルをそのままＢ社上場株式の購入代金に充てていますが、だからといって、Ａ社上場株式の「譲渡の対価」がそのままＢ社上場株式の「取得価額」となるわけではありません。

Ｂ社上場株式の購入時のTTSは１ドル125円ですので、Ｂ社上場株式の「取得価額」は、250ドル×400株×125円＝1,250万円となります。Ａ社上場株式の売却時からＢ社上場株式の購入時にかけての為替差益の50万円は、雑所得として総合課税の対象となります。

3-6

有価証券投資と税務調査

告知と支払調書

告知と本人確認

上場 一般

投資家が、株式・債券・投資信託などの有価証券の譲渡の対価や利子・配当等を受領する際には、適切な税務処理を行うため、その都度受領者の氏名、住所、マイナンバーなどの告知が必要です。一般的には、あらかじめ、証券会社などで口座開設を行う際などに、本人確認書類を提示して、氏名、住所などを告知をしておけば都度の告知を行ったものとみなされます（みなし告知）。

一般公社債の利子（同族株主等が支払いを受けるものを除く）および私募公社債投資信託の分配金については、源泉分離課税が適用されるため法令上は告知が不要となっていますが、証券会社などにおいては、これらを取引する方も含めて、口座開設時に告知を求めることが一般的です。

支払調書

上場 一般

支払調書とは、個人投資家に有価証券の譲渡代金、利子・配当等などが支払われる際、発行会社や取扱いの証券会社などから、受け取った人の氏名、住所、マイナンバー、金額などにつき、税務署に提出されるものです。

税務署は、個人投資家から提出された確定申告書等につき、発行会社などから交付された支払調書と突合して確認したり、確定申告が必要であるのに申告が漏れている場合などを把握したりすることができます。

なお、特定口座内の取引については支払調書に代えて特定口座年間取引報告書が税務署に提出されますが、いずれにしても、受領金額などが税務署に通知されることに変わりはありません。

支払調書の提出の有無

主な金融商品ごとの支払調書の提出の有無は次の表の通りです。

「上場株式等」（上場株式、特定公社債、公募投資信託など）について、投資家が受け取る利子・配当・譲渡代金は、すべて税務署への支払調書（または特定口座年間取引報告書）の提出の対象となります。

「一般株式等」（非上場株式、一般公社債、私募投資信託など）についても、譲渡代金については、すべて税務署への支払調書の提出の対象となります。

一般公社債（同族株主等が支払いを受けるものを除く）および私募公社債投資信託の分配金については、源泉分離課税が適用されるため、支払調書は提出されません。

非上場株式の配当および私募株式投資信託の分配金については、少額配当に該当する場合を除き、支払調書が提出されます。

▶主な金融商品の支払調書提出の有無（株式・債券・投資信託等）

商品の分類			支払調書提出の有無 配当所得	利子所得	譲渡代金等
国内発行	株式	上場株式	提出される		提出される
		非上場株式	原則提出される(注1)		
	債券	特定公社債		提出される	
		一般公社債（原則）		提出されない	
		一般公社債（同族株主等）		原則提出される(注2)	
	投資信託等	公募株式投資信託	提出される		
		ETF			
		上場REIT			
		公募公社債投資信託		提出される	
		私募株式投資信託	原則提出される(注1)		
		私募公社債投資信託		提出されない	
国外発行(注3)	株式	上場株式	提出される		
		非上場株式	原則提出される(注1)		
	債券	特定公社債		提出される	
		一般公社債		提出されない	
	投資信託	公募株式投資信託	提出される		
		公募公社債投資信託		提出される	
		私募株式投資信託	原則提出される(注1)		
		私募公社債投資信託		提出されない	

（注１）少額配当（下記の基準額以下の配当）に該当する場合または、投資信託の償還時の分配金については５万円以下である場合は支払調書は提出されません。

$$\text{基準額}=10\text{万円}\times\frac{\text{配当の計算期間の月数（月未満切上げ、最長12ヵ月）}}{12\text{ヵ月}}$$

※みなし配当の場合、配当の計算期間の月数は12ヵ月とみなします。

（注２）提出義務者が、同一人に対する年間支払総額によって支払調書提出の有無を判定する場合においては、１人につき年間３万円以下である場合は支払調書は提出されません。他方、提出義務者が、１回の利払いごとに支払調書提出の有無を判定する場合においては、利子等の計算期間が１年以上であれば１回１万円以下、６ヵ月以上１年未満であれば１回5,000円以下、６ヵ月未満であれば１回2,500円以下である場合は支払調書は提出されません。

（注３）国外発行の有価証券で、利子･配当等につき国外で支払われ、国内の支払いの取扱者を経由して受け取るものに限ります。

（注４）特定口座に受入れた配当所得・利子所得および特定口座における譲渡代金等については、上記の支払調書に代えて、特定口座年間取引報告書が提出されます。

外国の有価証券・外国の証券会社などの取引の場合

外国の有価証券であっても、国内の支払いの取扱者を通じて受け取る利子・配当・譲渡代金は、国内の有価証券と同様に支払調書の対象となります。

国内の証券会社などを介さずに、外国の証券会社などを通じて株式等の売買を行い、配当等や売却代金などを外国の証券会社などの口座で（国内における支払いの取扱者を通じずに）受け取る場合は、支払調書の対象とはなりませんが、非居住者の金融口座の自動的交換（📖338ページ参照）によって、外国の税務当局を通じて日本の税務署に口座情報が提供される場合があります。

調書が提出される主な取引内容

有価証券につき支払調書が提出される主な取引内容は📖次ページの表の通りです。利子・配当・分配金・譲渡代金・償還代金の支払いのほか、みなし配当や組織再編に伴う金銭等の交付、新株予約権の権利行使などについても調書が提出されます。

▶**有価証券に関する主な調書**

	調書の名称	取引の内容	提出時期 (注)
1	株式等の譲渡の対価等の支払調書	株式・債券・投資信託などの譲渡代金・償還代金の支払い	支払確定日の翌年1月31日まで（年間一括方式）、または支払確定日の翌月末まで（都度方式）
2	配当、剰余金の分配、金銭の分配及び基金利息の支払調書	国内株式の配当などの支払い	支払確定日から1ヵ月以内（株式投資信託や特定受益証券発行信託については、支払確定日の翌月末までとすることも可）
3	オープン型証券投資信託収益の分配の支払調書	追加型株式投資信託の分配金の支払い	支払確定日から1ヵ月以内、または支払確定日の翌月末まで
4	投資信託又は特定受益証券発行信託収益の分配の支払調書	単位型株式投資信託など3に該当しない投資信託（公社債投資信託を除く）や特定受益証券発行信託の分配金の支払い	支払確定日から1ヵ月以内、または支払確定日の翌月末まで
5	利子等の支払調書	特定公社債の利子、公募公社債投資信託の分配金、同族株主等に支払われる一般公社債の利子などの支払い	支払確定日の翌年1月31日まで（年間一括方式）、または支払確定日の翌月末まで（都度方式）
6	国外投資信託等又は国外株式の配当等の支払調書	外国株式の配当、外国株式投資信託の分配金の国内の支払いの取扱者を通じた支払い	支払確定日から1ヵ月以内（株式投資信託については、支払確定日の翌月末までとすることも可）
7	国外公社債等の利子等の支払調書	外国債券の利子、外国公募公社債投資信託などの分配金の支払い	支払確定日の翌年1月31日まで（年間一括方式）、または支払確定日の翌月末まで（都度方式）
8	配当等とみなす金額に関する支払調書	みなし配当の支払い	支払確定日から1ヵ月以内
9	交付金銭等の支払調書	組織再編による金銭等の支払い	支払確定日の翌年1月31日まで（年間一括方式）、または支払確定日の翌月末まで（都度方式）
10	新株予約権の行使に関する調書	新株予約権の権利行使（税制適格ストックオプションによるものを除く）	権利行使日の翌年1月31日まで
11	特定新株予約権等の付与に関する調書	税制適格ストックオプションの付与	付与日の翌年1月31日まで
12	特定株式等の異動状況に関する調書	税制適格ストックオプションの異動（権利行使、失権など）	各年分につき翌年1月31日まで
13	株式無償割当てに関する調書	株式無償割当ての実施	効力発生日の翌年1月31日まで

(注) 支払調書の提出時期は、発行会社や取扱いの証券会社や銀行などが選択するもので、投資家が選択できるものではありません。

支払通知書

上場　一般

支払通知書は、確定申告の際に投資家が配当所得や利子所得の金額を計算しやすいようにするため、発行会社や取扱いの証券会社や銀行などから投資家に交付されるものです。

支払通知書そのものは税務署には提出されませんが、支払通知書に記載された配当所得や利子所得の金額は、支払調書または特定口座年間取引報告書によって税務署にも提出されています。支払通知書には以下の３種類があります。

なお、当該支払通知書は投資家の承諾の下、電子交付されることがあります。2024年４月１日以後は、証券会社などが支払通知書の電子交付を行う旨を投資家に通知し、一定期間内に投資家が拒否する旨の回答をしない場合には、電子交付の承諾をしたものとみなされます。

▶有価証券に関する支払通知書

	支払通知書の名称	交付される場合	交付時期※1
1	オープン型証券投資信託の収益の分配の支払通知書	追加型株式投資信託の分配金の支払い	支払確定日の翌年１月31日まで（年間一括方式）、または支払確定日から１ヵ月以内（都度方式）
2	上場株式配当等の支払通知書	上場株式等の配当所得・利子所得の支払い（上記１を除く）	支払確定日の翌年１月31日まで（年間一括方式）、または支払確定日から１ヵ月以内（都度方式）
3	配当等とみなす金額に関する支払通知書	みなし配当の支払い	支払確定日から1ヵ月以内

※1　支払通知書の交付の時期は、発行会社や取扱いの証券会社や銀行などが選択するもので、投資家が選択できるものではありません。
※2　源泉徴収ありの特定口座に受け入れたものは特定口座年間報告書に記載され、上記の支払通知書は交付されません。

国外送金・国外証券移管等の告知と調書

上場　一般

国外送金

国外送金または、国外からの送金の受領（以下、国外送金等）を行う場合は、原則として、国外送金等を行う国内の金融機関に対して、本人確認書類を提示し、氏名・住所・マイナンバーなどを記載した告知書を提出しなければなりません。

１件当たり100万円超の国外送金等が行われた場合、当該国外送金等を行った国内の金融機関から、税務署に**国外送金等調書**が提出されます。国外送金等調書には、氏名、住所、マイナンバー、国外送金等の金額、通貨などが記載されます。

国外証券移管等

国内証券口座から国外証券口座に有価証券を移管する場合、または国外証券口座から国内証券口座に有価証券を受け入れる場合、原則として、当該移管・受入れを行う国内の証券会社などに対して、本人確認書類を提示し、氏名、住所、マイナンバーなどを記載した告知書を提出しなければなりません。

国内証券口座から国外証券口座に有価証券を移管した場合、または国外証券口座から国内証券口座に有価証券を受け入れた場合、当該移管・受入れを行った国内の証券会社などから、税務署に**国外証券移管等調書**が提出されます。国外証券移管等調書には、氏名、住所、マイナンバー当該移管・受入れを行った有価証券の種類、銘柄などが記載されます。

異動調書

上場　一般

異動調書は、株式の購入資金が、納めるべき税金を納めた後の資金かどうかを調べるためのものです。この調書は正式には「株式の取得に関する資料せん」と呼ばれています。

異動調書は、税務署が発行会社に対し個別的に、例えば1万株や2万株といった具体的な株数を指定し、その株数以上の株式を取得などした株主について、その株主の住所、氏名、取得株数などを税務署あてに報告するように求めるものです。したがって、税務署によって指定される株数は、各発行会社によってまちまちです。また同一の発行会社であっても、決算期ごとに「指定株数」が異なる例もみられます。

異動調書と支払調書とは全く別のものです。したがって、配当の支払調書が提出されない場合でも、取得した株数が税務署の指定株数を上回っていれば異動調書が提出されます。

異動調書が税務署に提出されると、税務署はこれを基に資金源を調査するため、「お買いになった資産の買入価額などについてのお尋ね」あるいは「贈与税の税務相談について」などの書類を送付してくる場合があります。これらの資料の記入に当たっては、次ページの記載例などを参考にしてください。

お買いになった資産の買入価額などについてのお尋ね【記載例】

○　記載に当たってのお願い

1　同封の「お尋ね」の照会文に表示された有価証券を、項目2の「取得年月日」、「銘柄」及び「数量」欄に記入するとともに、表示された以外の有価証券で同年中に取得されたものがあれば、同じく項目2の「取得年月日」、「銘柄」及び「数量」欄に追記した上、併せてご回答ください。

2　各欄に記入しきれない場合は、適宜の用紙に記入して添付してください。
　なお、書き方などについてお分かりにならないことがありましたら、当署資産課税部門にお問い合わせください。

（有価証券等用）

番号	K						

1　あなたの職業、年齢などについて記載してください。

職業	会社役員		年齢	44　歳
株式等を取得した年の前年の所得	所得の種類（○で囲む）	事業、農業、不動産、（給与）その他（　）	年間収入金額	15,000,000　円
			年間所得金額	12,900,000　円

2　あなたが取得した株式等の取得年月日、数量等をご記入の上、例えば①売買、②贈与又は相続などの理由別に、該当する欄へ記載してください。

取得年月日	(1)　R 5・7・×	(2)　R 5・8・×	(3)　R 5・9・×
銘柄	東西鉄道	千代田商事	富士生命
数量	5,000 株（口）	2,000 株（口）	2,000 株（口）

①売買	約定日	決済日	購入価額	購入数量	売主又は取引証券会社の住所、氏名（名称・続柄）	
	(1)について　R5・7・×	R5・7・×	2,500,000 円	5,000 株（口）	○○区○○町×-×-×	大和証券△△支店　（－）
	約定日	決済日	購入価額	購入数量	売主又は取引証券会社の住所、氏名（名称・続柄）	
	(2)について　R5・8・×	R5・8・×	5,630,000 円	2,000 株（口）	○○市○○町△△△	大和証券△△支店　（－）

②贈与又は相続	贈与又は相続を受けた日	贈与者又は被相続人の住所／贈与者又は被相続人の氏名（続柄）	贈与又は相続を受けた株数	申告の有無	申告先税務署名
	（贈与）・相続　(3)について　R5・9・×	○○区○○町△－△－△／大和　一郎　（父）	2,000 株（口）	有・無（予定）	○○　税務署

③設立	設立をした日	設立により取得した株数	払込額	代表者の氏名（続柄）
	・　・	株（口）	円	（　）

④増資	増資をした日	増資の割当	増資前の所有株数	増資による取得株数	払込金額
	・　・	:	株（口）	株（口）	円

項目1の「年間収入金額」及び「年間所得金額」欄

① あなたの所得が給与所得のみの場合は、源泉徴収票の「支払金額」及び「給与所得控除後の金額」を、それぞれ各欄にご記入ください。
② ①以外の場合は、あなたの収入（売上）金額等の合計額及びその合計額から必要経費等を差し引いた金額を､､それぞれ各欄にご記入ください。
　なお、給与所得もある場合には、それぞれの金額に源泉徴収票の「支払金額」及び「給与所得控除後の金額」を加えてご記入ください。

項目2の「購入価額」欄

約定金額（契約金額）をご記入ください。
（支払った諸費用の金額を含めずに記入してください。）

（記載例は次ページに続きます）

3　売買・設立・増資により取得した場合は、資金の調達方法について記載してください。

	金額	預貯金等の種類	預入先	名義人氏名	続柄
預貯金等から	2,500,000 円	普通預金	○○銀行△△支店	大和　太郎	本人
	円				

	金額	借入先住所氏名等				借入名義人の氏名（続柄）
借入金から	5,000,000 円	住所	○○区△△町×－×－×			大和　太郎　（－）
		氏名	○○銀行△△支店	続柄	－	
	円	住所				（　）
		氏名		続柄		

	売却年月日	金額	売却資産の名義人	売却資産の所在地	種類	数量	譲渡所得申告の有無	申告先税務署名
資産の売却代金から	R5・8・×	630,000 円	大和　太郎	東西化学（大和証券△△支店）	上場株式	2,000株	有・無（予定）	○○　税務署
	・　・	円					有・無	税務署

	受贈年月日	金額	贈与者 住所	贈与者 氏名	贈与者 続柄	贈与税申告の有無	申告先税務署名
贈与を受けた資金から	・　・	円				有・無	税務署
	・　・	円				有・無	税務署

その他から	円	給与　・　賞与　・　手持現金　・　その他（　　　　）
合計	8,130,000 円	
備考		

以上のとおり回答します。　　　　令和　6 年 × 月 × 日

住所　○○区○○町△－△－△　　　フリガナ　ダイワ　タロウ　氏名　大和　太郎

電話　03（×××）××××

作成税理士	氏名		電話	（　　　）

項目3の「預貯金等から」欄

借入金や資産の売却代金等を一時預け入れたものから支出した場合は、この欄に記入しないで次の「借入金から」欄から「資産の売却代金から」欄までのそれぞれの該当欄にご記入ください。

項目3の「借入金から」欄

住宅金融公庫等からの借入れや、他から一時的に資金を借入れた場合には、そのいずれもご記入ください。

なお、借入金が金融機関の場合は、「続柄」欄の記入は不要です。

4

特定口座における株式・債券・投資信託と税金

「上場株式等」（上場株式、公募投信、特定公社債など）は、特定口座で取引を行うことができます。

特定口座は、上場株式等の譲渡益に関する確定申告の手続きを不要とする、または簡便なものとするための仕組みです。特定口座内の上場株式等の取引については、証券会社などが取得価額の管理や譲渡損益の計算を行います。「源泉徴収ありの特定口座」では譲渡所得等に対する税金の徴収・納付も証券会社などが代行します。

4-1

特定口座の仕組み

特定口座とは

上場株式等の譲渡益には、申告分離課税が適用されます。譲渡益については投資家自身が確定申告を行うことが原則となるため、例えば、通常は確定申告が不要となる給与所得者や年金生活者であっても、上場株式等の譲渡益を得た場合は確定申告を行わなくてはなりません。確定申告に不慣れな方にとっては、手間がかかります。このような投資家の申告負担を軽減するため、**特定口座**という制度が設けられています。

証券会社などに特定口座を開設して特定口座内で上場株式等の取引を行った場合、投資家は、毎年、１年間の損益が集計された**特定口座年間取引報告書**を受け取ることができ、自分で譲渡損益の計算を行う必要はありません。

さらに、投資家が特定口座内での源泉徴収を行うことを申し込んだ場合（**源泉徴収ありの特定口座**（源泉徴収口座））は、上場株式等の譲渡益が発生する都度、税金の源泉徴収も行われ、確定申告が不要となります（源泉徴収は行わず、証券会社などが譲渡損益の計算のみを行う特定口座を**源泉徴収なしの特定口座**（簡易申告口座）と呼びます）。

上場株式等の配当所得・利子所得は、支払時に源泉徴収が行われ確定申告は不要ですが、上場株式等の譲渡損と損益通算を行うためには原則として確定申告が必要です。ただし、源泉徴収ありの特定口座において上場株式等の配当所得・利子所得を受け入れた場合は、特定口座内で自動的に上場株式等の譲渡損との損益通算が行われ、確定申告を行わずに税金の還付を受けることが可能になります。

特定口座ではない証券口座のことを**一般口座**と呼びます。

▶特定口座・一般口座の特徴

			確定申告	特徴	調書
特定口座	源泉徴収ありの特定口座	配当等の受入れあり	不要※1 （確定申告することも可能）※2	・特定口座内の上場株式等の譲渡で譲渡益が発生した場合、譲渡の都度、税金が源泉徴収される。 ・特定口座内で上場株式等の譲渡損と配当等の損益通算が自動的に行われる。	特定口座年間取引報告書が税務署と投資家に交付される （支払調書は提出されない）
		配当等の受入れなし		・特定口座内の上場株式等の譲渡で譲渡益が発生した場合、譲渡の都度、税金が源泉徴収される。 ・上場株式等の譲渡損と配当等の損益通算を行うには確定申告が必要。	
	源泉徴収なしの特定口座		原則必要	・年間を通じて上場株式等の譲渡で譲渡益が発生した場合、確定申告を行い原則として自分で税金を納める必要がある。	
一般口座					支払調書が税務署に提出される

※１　2025年分以降は、基準所得金額が３億3,000万円超の納税者に限り、ミニマムタックスの対象となり確定申告が必要となる場合があります。詳細は、📖39ページを参照してください。
※２　確定申告をすることにより還付等が受けられるケースは📖119ページ参照。

源泉徴収ありの特定口座のメリットと注意点

確定申告不要となることのメリット

一般口座や源泉徴収なしの特定口座を利用する場合、上場株式等の譲渡益について原則として確定申告をしなければなりません。これに対して、源泉徴収ありの特定口座の場合、確定申告が不要となります（確定申告が必要な場合は📖39ページ参照）。

確定申告が不要となることは、納税や申告の手間がかからないことだけでなく、投資家にとって金銭的なメリットをもたらす場合もあります。

上場株式等の譲渡益について確定申告をした場合、株式等の譲渡益は合計所得金額に含まれ、投資家の世帯構成や加入している社会保険等によっては下図のように社会保険料や扶養者の税金などに影響が出る可能性があります（詳細は📖50ページ参照）。

しかしながら、源泉徴収ありの特定口座を利用した場合（確定申告をしない限り）これらの影響が生じません。この点も源泉徴収ありの特定口座を利用することのメリットといえます。

▶確定申告による影響として注意すべき点（詳細は📖50ページ）

投資家（申告者）の属性・世帯構成 ＼ 申告による影響		① 国保・後期高齢の保険料が上がる	② 配偶者控除・扶養控除・基礎控除等の適用除外になる	③ 住宅ローン減税等の適用除外になる	④ 年金・健康保険で扶養から外れ、新たに国保の加入・国民年金保険料の支払いが求められる	⑤ 医療介護の自己負担割合・自己負担額の上限が上がる
高齢者（給与所得者※4除く）	世帯主である	○	△※1	△※2	×	○
	夫(妻)や子に扶養されている	△	○	×	△※3	△
自営業者	世帯主である	○	△※1	△※2	×	△
給与所得者※4		×	△※1	△※2	×	×
専業主婦(夫)・パート主婦(夫)（高齢者除く）	夫(妻)が給与所得者※4	×	○	×	○	×
	夫(妻)が自営業者	○	○	×	×	△

記号の意味は、影響を受ける可能性が、○は高い、△は低い、×はないことを示します。

※1　配偶者控除・配偶者特別控除について、納税者本人の合計所得金額が900万円超である場合は、その金額に応じて控除額が減額されます（📖28ページ参照）。
※2　項目により、合計所得金額1,000万円～3,000万円の所得制限を超えると適用除外になります。
※3　本人が60～74歳で、かつ扶養者が給与所得者※4である場合に限り、国保のみ影響を受ける可能性があります。
※4　ここでは、年金は厚生年金、健康保険は組合健康保険または協会けんぽに加入している給与所得者をさしています。

源泉徴収ありの特定口座の注意点

税務上、給与所得者や年金生活者で「給与所得、退職所得および公的年金等の雑所得」以外の所得が20万円以下などの条件を満たす場合、所得税の確定申告が不要です（ただし、住民税の申告は必要です）。このため、一般口座や源泉徴収なしの特定口座を利用した場合、年間の譲渡益が20万円以下であれば所得税がかからない可能性があります。

一方、源泉徴収ありの特定口座を利用した場合、年間の譲渡益がたとえ20万円以下であったとしても源泉徴収により課税が行われる点が注意点といえます。

特定口座の開設と上場株式等の受入れ、引出し

特定口座の開設手続き

特定口座は、国内居住者（または国内に恒久的施設を有する非居住者）1人につき、原則として証券会社など1社ごとに1口座のみ設けることができます。特定口座を設けるためには、氏名、住所、生年月日、マイナンバー(注)などを記載した**特定口座開設届出書**を、特定口座を開設する証券会社などに提出する必要があります。提出の際には、記載内容を確認するため本人確認書類を提示する必要があります。その際に、現物取引については上場株式等保管委託契約、信用取引は上場株式等信用取引契約を証券会社などとの間で取り交わすことになります。

特定口座の開設時に、源泉徴収の有無および配当等の受入れの有無を選択し、特定管理口座（**📖126ページ参照**）の開設も行うことが一般的です。

特定口座はすべての証券会社などに導入が義務付けられているわけではありません。したがって、特定口座を設けるにあたっては、取引先の証券会社などが特定口座を導入しているかどうかを確認しておく必要があります。

特定口座に入れられる上場株式等の取得方法

特定口座で管理することができるのは、上場株式等（**📖54ページ参照**）に限定されます。

上場株式等を特定口座に入れるには、以下の方法で取得した上場株式等でなければなりません。

▶特定口座に入れることができる上場株式等の取得方法

①証券会社などへの買付けの委託（委託の媒介、取次ぎまたは代理を含む）または証券会社などとの相対取引により取得した上場株式等でその取得後直ちに特定口座に受け入れるもの
②特定口座を開設している証券会社などを通じて**募集**により取得した上場株式等
③他の証券会社等の特定口座から**保管振替機構を通じて移管**する上場株式等
④特定口座の特定信用取引勘定で買い付けた上場株式等で**現引き**したもの（証券会社などの口座から現引きした投資家の特定保管勘定への振替により受け入れるものに限る）
⑤**相続・遺贈または贈与**により取得した上場株式等（**📖113ページ参照**、被相続人のNISA口座からの場合は**📖145ページ参照**）

（注）特定口座を開設する証券会社などが、既に本人からマイナンバーの告知を受け、本人のマイナンバーその他の事項を記載した帳簿を備えているときは、特定口座開設届出書へのマイナンバーの記載を要しません。

⑥特定口座内の上場株式等について、株式または投資信託もしくは特定受益証券発行信託の受益権の**分割や併合により取得**した上場株式等
⑦**株式無償割当て、新株予約権無償割当てまたは新投資口予約権無償割当てにより取得**した上場株式等（ⓐ特定口座内の上場株式等に対して割り当てられた上場株式等、ⓑ特定口座以外の口座（NISA口座を除く）の上場株式等に対して割り当てられた上場株式等でその割当ての際に特定口座に受け入れるもの）
⑧一定の**合併、会社分割、株式交換、株式移転または株式分配（完全子会社の株式のすべてを株主に現物分配すること）**※により、特定口座内の株式または出資に対し割り当てられる株式または出資
⑨一定の**合併、会社分割、株式交換または株式移転**※により、特定口座内の新株予約権または新株予約権付社債に対して割り当てられる新株予約権または新株予約権付社債
⑩特定口座内の上場株式等について、⑴取得請求権付株式の請求権の行使、⑵取得条項付株式の取得事由の発生、⑶全部取得条項付種類株式の取得決議、⑷取得条項付新株予約権が付された新株予約権付社債の取得事由の発生のいずれかにより取得する上場株式等
⑪**新株予約権等の行使により取得**する上場株式等（ⓐ特定口座内の新株予約権・新投資口予約権・株式の割当てを受ける権利の行使により取得する上場株式等、ⓑ特定口座内の取得条項付新株予約権の取得事由の発生もしくは権利の行使により取得する上場株式等、ⓒ税制非適格ストック・オプションの行使により取得する上場株式等）
⑫特定口座を開設している証券会社などで取得した**他社株転換可能債（EB）の償還により取得**した上場株式等
⑬特定口座を開設している証券会社などで行った**有価証券オプション取引（株券（個別株）オプション取引）の権利行使等により取得**した上場株式等
⑭特定口座を開設する証券会社などに開設した出国口座（特定口座開設届出書の提出後、出国した後に証券会社などに開設されている口座）で保管されている上場株式等
⑮特定口座を開設している証券会社などに特定口座内にある上場株式等を貸し付け、**貸付期間後に返還される上場株式等**（特定口座に保管されていた上場株式等と同銘柄のもの）
⑯**金融商品取引所に上場する日の前から引き続き所有していた株式等**で、その上場の際に当該株式等と同一銘柄の株式のすべてを特定口座に受け入れるもの
⑰上場株式等以外の株式等を発行した法人の一定の**合併、会社分割、株式交換、株式移転または株式分配**※によりその株主が取得する株式または出資でその取得の日に当該株式または出資のすべてを特定口座に受け入れるもの
⑱上場株式等以外の株式である取得請求権付株式の請求権の行使、取得条項付株式の取得事由の発生、全部取得条項付種類株式取得決議により取得する上場株式等
⑲**生命保険会社の相互会社から株式会社への組織変更**に伴いその社員に割り当てられる株式等（ⓐその株式等の上場の日にその割当てを受ける株式等のすべてを特定口座に受け入れるもの、ⓑその割当てを受けた株式が特別口座に預け入れられている場合でその特別口座に預けられている株式のすべてを特別口座から特定口座への移管により受け入れるもの）
⑳**従業員持株会等を通じて取得した上場株式等**で、当該従業員持株会等の事務の委託を受けている証券会社などの営業所に開設する特定口座に振替により受け入れるもの
㉑**株式付与信託契約（いわゆるESOP）**に従って従業員等が取得した上場株式等で当該契約に基づき特定口座に受け入れるもの
㉒**事後交付型の株式報酬**として、⑴役職員等の役務の提供の対価として給付される金銭報酬債権の現物出資と引換えに交付される上場株式等、もしくは、⑵⑴のほか、実質的に役職員等の役務の提供の対価として認められる上場株式等で、そのすべてを取得時に特定口座に受け入れるもの

㉓譲渡制限が解除されたときに、特定口座以外の口座から、同一の証券会社などの営業所に開設された特定口座にすべて移管される**譲渡制限付株式（いわゆるリストリクテッド・ストック）**
㉔**NISA口座**・ジュニアNISA口座から特定口座に移管する上場株式等（ⓐ非課税期間の満了時の移管、ⓑ移管依頼書の提出による任意時点の移管）（**149ページ参照**）
㉕**NISA口座**内の上場株式等に係る新株予約権付社債に付された新株予約権の行使、株式割当を受ける権利の行使、新株予約権の行使、取得条項付新株予約権の取得事由の発生又は行使によって取得した上場株式等
㉖**NISA口座**と特定口座で同一銘柄を保有しているときに、株式分割等のコーポレートアクションによって両口座で端数が生じた場合、その端数を足して１株になった上場株式等
㉗非課税口座開設届出書の提出により設定された口座で、当該届出書の記載に間違いがある等の理由で非課税口座に該当しないこととされたものにおいて管理されている上場株式等で、その金融商品取引業者等の営業所に開設されている特定口座にそのすべてを受け入れるもの

※　合併、会社分割、株式交換、株式移転または株式分配により被合併法人等となる法人の株主に譲渡益課税が行われない場合をさします。

発行日決済取引の現引きにより取得した上場株式等は、証券会社を通じて取得した上場株式等と同様に取り扱われるため、特定口座に入れることができます。また、株式累積投資により購入した上場株式等も、特定口座に入れられます。

上場株式でも特定口座の計算対象にならず確定申告が必要な場合

Check Point!

上場株式であっても、以下の場合は特定口座での所得計算の対象とならないため、譲渡所得等につき確定申告が必要です。

税制適格ストック・オプションの権利行使により取得した上場株式	当該株式は一般口座に受け入れることになります。当該株式を譲渡した場合、「上場株式等の譲渡所得等」として申告分離課税の対象となります。
被相続人が特別口座で保有していた上場株式を相続により取得した場合	当該株式は一般口座に受け入れることになります。当該株式を譲渡した場合、「上場株式等の譲渡所得等」として申告分離課税の対象となります。
株式公開買付け（TOB）が成立し、TOBに応募しなかった株主の株式が、上場廃止後、買付者に買い取られた場合	上場廃止となった時点で、「上場株式」ではなくなり、当該株式は特定口座から一般口座に払い出されます。当該株式の買付者による買い取りにより交付される金銭は、「一般株式等の譲渡所得等」の譲渡収入となります。

他の口座からの上場株式等の移管

投資家は、ある証券会社などの特定口座で保管している上場株式等を、その証券会社などの営業所の長に**特定口座内保管上場株式等移管依頼書**を提出することで、別の証券会社などの特定口座に移管することができます。移管は特定口座内の上場株式等の全部または一部について行うことができます。ただし、同一銘柄については、一部ではなく全部を移管しなければなりません。

相続・遺贈または贈与により被相続人・遺贈者または贈与者（以下、被相続人等）の特定口座内の上場株式等を、同じ証券会社などの相続人・受遺者または受贈者（以下、相続人等）の特定口座に移管する場合や、被相続人等の特定口座内の上場株式等を別の証券会社などにある相続人等の特定口座に移管する場合も、同様の手続きによります。ただし、相続・遺贈または贈与について、それぞれ、次の枠内の条件を満たすことが必要です。

また、一般口座で管理されていた被相続人等の上場株式等についても、特定口座に受け入れることができます。被相続人等と異なる証券会社などに開設している特定口座に受け入れることも可能です。この場合でも、条件や手続きは特定口座で管理されていた上場株式等の移管の場合と実質的に変わりません。

▶相続・遺贈・贈与により上場株式等を特定口座に移管するための条件

◇相続・遺贈による場合
　→同一銘柄のすべてを被相続人等の口座から相続人等の特定口座に移すこと
　（例えば、相続人等が相続した銘柄の一部を特定口座に、残りを一般口座に移管するといったことはできません）
◇贈与の場合
・贈与者の口座にある同一銘柄の全部を贈与する場合
　→受贈者が贈与を受けた銘柄のすべてを受贈者の特定口座に移すこと
　（例えば、受贈者が贈与を受けた銘柄の一部を特定口座に、残りを一般口座に移管することはできません）
・贈与者の口座にある同一銘柄の一部を贈与する場合
　→受贈者の特定口座に同一銘柄の株式を保有していないこと
　（例えば、受贈者が非課税口座（NISA）に同一銘柄の株式を保有していても移管できます）

特定口座からの引出し

特定口座内の上場株式等は全部または一部を引き出すこともできます。この場合、特定口座から引き出した上場株式等の取得費・取得日と取得日にかかる株式数が書面により通知されます。取得費は特定口座での総平均法に準ずる方法で計算された取得費をそのまま引き継ぎ、取得日も特定口座での取得日を引き継ぎます。同一銘柄の一部を引き出した場合は、先に取得したものから先に引き出したものと考えて取得日を決定することになります（先入先出法）。

特定口座から引き出した銘柄と同じ銘柄が、特定口座外において、その引出し前に譲渡されている場合は、特定口座から引き出した銘柄の取得日がその譲渡前であっても、その譲渡における譲渡原価の再計算は行いません。

Q 「みなし取得費」で特定口座に受け入れた上場株式等の引出し

「みなし取得費」で特定口座に受け入れていたA社株式（上場株式）を、一般口座に引き出した後に譲渡しました。この場合のA社株式の取得価額はどうなりますか？

A 特定口座から引き出した上場株式等については、特定口座での取得価額を引き継ぐため、「みなし取得費」が取得価額となります。

「みなし取得費」の特例は、2001年9月30日以前に取得した上場株式等の譲渡について、2001年10月1日の公表最終価格の80％相当額を取得額とみなすことができるという特例（この金額を「みなし取得費」といいます）で、2010年12月31日までの譲渡をもって廃止されました。

2004年12月31日までは、この「みなし取得費」を用いて上場株式等を特定口座に受け入れることができました。この適用を受けて特定口座に受け入れた上場株式等については、2011年以後も取得価額は「みなし取得費」のままです。

特定口座の諸手続き

源泉徴収の有無の変更

特定口座における源泉徴収の有無の変更（源泉徴収なしの特定口座から源泉徴収ありの特定口座への変更、または源泉徴収ありの特定口座から源泉徴収なしの特定口座への変更）は、**特定口座ごと**（証券会社等の１社ごと）**に年単位で変更可能**です。

源泉徴収の有無を変更するには、特定口座内で**その年の最初の上場株式等の譲渡**（信用取引による差金決済を含みます）**を行うときまで**に、投資家は証券会社などに特定口座源泉徴収選択（変更）届出書を提出する必要があります。年の途中で源泉徴収の有無を変更することはできません。

配当所得・利子所得の受入れ

配当所得・利子所得の受入れの開始・終了手続き

源泉徴収ありの特定口座における上場株式等の配当所得・利子所得の受入れの有無は、**特定口座ごと**（証券会社等の１社ごと）**に選択可能**です。配当所得・利子所得の受入れの有無は口座単位で選択しますので、例えば配当については受け入れ、利子については受け入れないというようなことはできません。

配当所得・利子所得の受入れの有無を変更するには、投資家は証券会社などに源泉徴収選択口座内配当等受入開始届出書または源泉徴収選択口座内配当等受入終了届出書を提出する必要があります。これらの書類を提出した日以後に支払いが確定する上場株式等の配当等から、源泉徴収ありの特定口座への配当等の受入れが開始または終了します。

受入れ対象となる配当所得・利子所得

特定口座には、取扱いの証券会社などを通じて受け取る上場株式等の配当所得・利子所得を受け入れることができます。

国内上場株式（国内上場外国株式を含みます）、国内ETF、国内上場REITについては、購入した証券会社を経由しなくとも配当金領収証や銀行振込などによっても配当（分配金）を受け取ることが可能ですが、この場合は特定口座への受入れ対象とはなりません。すなわち、国内上場株式（国内上場外国株式を含みます）、国内ETF、国内上場REITの配当（分配金）

を特定口座に受け入れるためには、株式数比例配分方式（下記**Check Point！を参照**）を選択し、証券会社を通じて配当（分配金）を受け取っている必要があります。

なお、特定口座を開設している証券会社などを通じて受け取る配当所得・利子所得であれば、一般口座で保有している上場株式等の配当所得・利子所得であっても、特定口座に受け入れることができます。

配当等の受取方法

Check Point!

国内の上場株式（国内上場外国株式を含みます）・国内ETF・国内上場REITの配当（分配金）の受取方法は、下記の４方式があります。

国内の上場株式（国内上場外国株式を含みます）・国内ETF・国内上場REITの配当（分配金）につき特定口座に受け入れるため、および、NISA口座にて非課税で受領するためには、株式数比例配分方式を選択する必要があります。

なお、上場株式等のうち１銘柄でも**特別口座**(注)に預けているものがある場合などは、株式数比例配分方式を選択することができません。この場合、株式数比例配分方式を選択するためには、当該特別口座に預けられている株式を証券会社の口座に振り替え、特別口座を廃止する手続きを行う必要があります。

▶配当金の受取方法

①株式数比例配分方式	「国内の上場株式（国内上場外国株式を含みます）・国内ETF・国内上場REITの配当（分配金）」の**すべて**について証券会社を通じて受け取る方法。 複数の証券会社で同一銘柄を保有している場合、それぞれの口座での株式数に比例して配当（分配金）が配分される。
②登録配当金受領口座方式	「国内の上場株式（国内上場外国株式を含みます）・国内ETF・国内上場REITの配当（分配金）」の**すべて**について指定した銀行口座で受け取る方法。
③個別銘柄指定方式	保有する銘柄ごとに、配当（分配金）を受け取る銀行口座を投資家が指定する方法※。
④配当金領収証方式	株式の発行会社等から郵送される配当金領収証を指定金融機関（ゆうちょ銀行を含む）の窓口で換金する方法。

※　同一銘柄を複数の証券会社で保有している場合、証券会社ごとに異なる銀行口座を指定することはできません。

（注）特別口座とは、2009年に実施された株券電子化の際などに、株式の権利を保全するために信託銀行などに開設された口座です。特別口座に入っている株式は端数を除きそのままでは譲渡できず、証券会社の口座に移す手続きが必要です。

特定口座の廃止と出国時の手続き

特定口座の廃止手続きと出国による廃止

特定口座を廃止したいときは、取扱いの証券会社などに**特定口座廃止届出書**を提出する必要があります。特定口座が廃止されると特定口座内の上場株式等は、取扱いの証券会社の一般口座に移管されます。

また、特定口座は国内居住者（および国内に恒久的施設を有する非居住者）が開設できるものですので、特定口座の開設者が出国して非居住者となる場合は特定口座を廃止しなければなりません。もし、特定口座の開設者が特定口座廃止届出書を提出せずに出国した場合は、当該開設者が特定口座廃止届出書を提出したものとみなされ、特定口座が廃止されます。

出国口座と帰国後の特定口座への再移管

出国予定の特定口座の開設者が国内に戻ってきた後に継続して特定口座を利用したいときは、出国をする日までに**特定口座継続適用届出書**を取扱いの証券会社などに提出し、特定口座内の上場株式等を当該証券会社の**出国口座**に移管することができます。

出国口座に上場株式等を移管した人が帰国した後、特定口座開設届出書とともに**出国口座内保管上場株式等移管依頼書**を提出すると、出国口座内の上場株式等を再び特定口座に移管することができます。ただし、出国中に出国口座への受入れまたは払出し（ただし、株式分割等の一定のコーポレートアクションによるものを除きます）を行った銘柄については、特定口座に戻すことができません。

氏名・住所・営業所等の変更

特定口座の開設者が、氏名、住所またはマイナンバーを変更した場合や、下表の取扱いを変更する場合は、取扱いの証券会社などに**特定口座異動届出書**を提出する必要があります。特定口座異動届出書にマイナンバーの記載が必要か否かは行う手続きなどにより異なります。

▶**特定口座異動届出書の提出が必要になる手続き**

手続き	マイナンバーの記入
住所・氏名の変更	既にマイナンバーを告知している場合は不要（未告知の場合は必要）
マイナンバーの変更・告知	必要
営業所の変更	不要
信用取引の取扱いの開始・終了	不要

4-4

特定口座における所得計算と源泉徴収

特定口座における所得計算

特定口座における所得の計算は、原則として、特定口座内で取引する商品の種類により、それぞれ、株式、債券、投資信託などの取得費や譲渡損益などの計算方法に従います。ただし、下記のいくつかの点で特定口座特有の取扱いがあります。

特定口座における取得日・収入すべき時期の特例

取得・譲渡は必ず受渡日ベース

上場株式等の取得日および譲渡収入の収入すべき時期は、原則として受渡日によりますが、一般口座の場合、約定日をもとに確定申告を行うことも認められています（**📖64ページ参照**）。

特定口座では受渡日ベースで上場株式等の取得日および譲渡収入の収入すべき時期を判定し、所得計算が行われます。特定口座内で一度受渡日ベースで計算された所得は、納税者が確定申告時に約定日ベースに修正して申告することはできません。

特定口座に受入れた配当所得・利子所得は交付日による

上場株式等の配当所得・利子所得の収入すべき時期は、有価証券の種類によりそれぞれ定められています（**📖69ページ参照**）が、特定口座に受入れたものはすべて「交付日」になります。

特定口座内での所得計算の特例

特定口座での取得費は別計算

１人の投資家が同じ銘柄の株式等を別々の口座で保有している場合、これらを合算した上で取得費を計算するのが原則です（**📖65ページ参照**）。

ただし、特定口座内で保有する上場株式等は、同じ銘柄を他の特定口座や一般口座で保有していたとしてもこれらとは区分して別々に取得費が計算されます。

取得費は「総平均法に準ずる方法」で計算

１人の投資家が同じ銘柄の株式等を２回以上取得した場合、取得費（取得価額）を通算した上で１単位あたりの単価を算出します。単価の算出方法は、譲渡した株式等の所得区分によって総平均法または「総平均法に準ずる方法」によります（**📖65ページ参照**）。

ただし、特定口座で保有する上場株式等を譲渡した際は、その所得区分にかかわらず、「総平均法に準ずる方法」で１単位あたりの単価を算出します。

１日に２回以上売買した場合

特定口座において同一銘柄の上場株式等を１日に２回以上売買した場合、１日ごとに、まず、その日のすべての取得が行われた後で、その日のすべての譲渡が行われたとみなして取得費（取得価額）や損益の計算が行われます。くわしくは取扱いの証券会社などにお問い合わせください。

他の証券会社などの特定口座から移管した上場株式の取得費

譲渡原価の計算のもととなる取得費は、移管元の特定口座の移管日における取得費を引き継ぎます。なお、当該銘柄の取得日は移管元の特定口座の移管前の譲渡実績に基づき、先入先出法により判定した取得日を引き継ぎます。

源泉徴収ありの特定口座での源泉徴収と還付

譲渡損益に係る源泉徴収と還付

源泉徴収ありの特定口座において上場株式等の譲渡または信用取引における差金決済が行われると、そのたびに、証券会社などはその投資家について年初から今回の取引までの累計の譲渡損益を計算します（ただし、累計の譲渡損益がマイナスとなったときは、０円として計算します）。

今回の取引によって累計の譲渡損益が取引前よりも増加したとき（すなわち、今回の取引で譲渡益が生じたとき）は、その増加した累計の譲渡損益の金額に対して**税率20.315％**（所得税15.315％、住民税５％）を乗じた金額を、証券会社などが源泉徴収し、上場株式等の売却代金等から差し引きます。

他方、今回の取引によって累計の譲渡損益が取引前より減少したとき（すなわち、今回の取引で譲渡損が生じたとき）は、その減少した累計の譲渡損益の金額に対して**税率20.315％**（所得税15.315％、住民税５％）を乗じた金額を、証券会社などが還付し、上場株式等の売却代金等に加えて投資家に返金します。

配当所得・利子所得に係る源泉徴収

特定口座に受け入れる上場株式等の配当所得・利子所得については、これらを受け入れる都度、特定口座を開設している証券会社などが**税率20.315％**（所得税15.315％、住民税５％）で源泉徴収します。

なお、公募投資信託等の分配金の受け取りの際、公募投資信託等が支払った外国税額があるときは、分配時調整外国税相当額の控除が行われ、分配金にかかる税額が調整されます（**📖93ページ参照**）。

年間の譲渡損と配当所得・利子所得との損益通算

年末時点において、源泉徴収ありの特定口座における累計の譲渡損益がマイナスとなり、かつ特定口座に配当所得・利子所得を受け入れている場合、特定口座内での譲渡損と配当所得・利子所得との損益通算が行われます。具体的には、次ページの算式に基づいて還付税額を計算し、証券会社などが翌年の年初に投資家に返金します。

▶特定口座における配当所得・利子所得に係る税額の還付

損益通算後の税額①＝(特定口座に受け入れた配当所得・利子所得－累計の譲渡損) ×20.315%
損益通算後の税額②＝損益通算後の税額①－控除外国所得税額の総額※(ただし、0が下限)
還付税額　＝配当所得・利子所得に係る源泉徴収税額－損益通算後の税額②

※　公募投資信託等の外国税額控除（93ページ参照）における控除外国所得税額をさします。

なお、証券会社が投資家から譲渡益や配当所得・利子所得につき源泉徴収した税額は、１年間のすべての計算を終えた後に、翌年１月10日までに国または都道府県に納付されます。

特定口座での源泉徴収と還付の計算例

Check Point!

源泉徴収ありの特定口座内での投資家の取引例と、源泉徴収および還付の計算例を示したものが次の図表です（外国税額控除がない場合を示しています）。

①・③の取引では、その取引により累計の譲渡損益が取引前よりも増加していますので、その増加した累計の譲渡損益の金額に対して税率20.315%の源泉徴収が行われています。

②の取引では、その取引により累計の譲渡損益が取引前よりも減少していますので、その減少した累計の譲渡損益の金額に対して税率20.315%の還付が行われています。

④の取引では、取引後の累計の譲渡損益がマイナスとなっていますが、還付税額の計算上は累計の譲渡損益はゼロとし、減少した累計の譲渡損益の金額（60万円－０円）に対して税率20.315%の還付が行われています。すなわち、年の途中では源泉徴収ありの特定口座で譲渡損が発生してもその年に生じた譲渡益の範囲でしか損益通算が行われません。

⑤の取引では、取引前も取引後も累計の譲渡損益がマイナスであるため、計算上は取引前も取引後も累計の譲渡損益は０円とみなされ、源泉徴収も還付も行われません。すなわち、累計の譲渡損益がマイナスである限り、源泉徴収ありの特定口座で譲渡益が生じても源泉徴収は行われません。

この投資家がこの年に特定口座に配当所得・利子所得を計50万円受け入れている場合、年末に累計の譲渡損40万円と配当所得・利子所得の計50万円が損益通算され、翌年の年初に８万1,260円（＝40万円×20.315%）が還付されます。

▶特定口座での源泉徴収と還付（2024年の計算例）

	譲渡代金	譲渡原価	譲渡損益（差損益）	譲渡損益（累計）	源泉徴収（還付）額	源泉徴収額（累計）
①２月Ｘ日（Ａ株式）	350万円	270万円	80万円	80万円	162,520円	162,520円
②５月Ｘ日（信用取引）			▲70万円	10万円	▲142,205円（還付）	20,315円
③６月Ｘ日（Ｂ株式）	230万円	180万円	50万円	60万円	101,575円	121,890円
④７月Ｘ日（Ｃ株式）	100万円	220万円	▲120万円	▲60万円	▲121,890円（還付）	0円
⑤10月Ｘ日（信用取引）			20万円	▲40万円	0円	0円
年間合計			▲40万円	▲40万円	0円	0円

4-5

特定口座年間取引報告書と特定口座の確定申告

特定口座年間取引報告書

特定口座内の取引については、年間の譲渡損益、源泉徴収ありの特定口座で受け入れた上場株式の配当等の額等を記載した**特定口座年間取引報告書**（以下、年間取引報告書）が、証券会社などから翌年1月31日までに交付（電子交付(注)）されます。税務署提出分の年間取引報告書にはマイナンバーが記載されます。なお、特定口座開設者本人に交付される年間取引報告書には記載されません。

年間取引報告書は年間の取引状況の確認のために使われるほか、支払調書に代わる役割も果たします。そのため、その証券会社などの営業所所在地の所轄税務署長には、支払調書に代え年間取引報告書が提出されます。

また、年間取引報告書は、確定申告の際に必要となる「株式等に係る譲渡所得等の金額の計算明細書」に代わる役割も有しており、源泉徴収ありの特定口座、源泉徴収なしの特定口座いずれの場合も、年間取引報告書を用いた簡易な確定申告を行うことが可能となります。

源泉徴収ありの特定口座と確定申告

源泉徴収ありの特定口座の場合、特定口座内の譲渡（解約・償還を含みます。以下同じ）益については、確定申告は不要です。つまり、投資家が特定口座内の取引を確定申告しなければ、源泉徴収だけで納税が完了するわけです。いくつかの証券会社などに特定口座を開設している場合、源泉徴収ありの特定口座内の取引について確定申告するか否かは、1つの特定口座ごとに選択することができます。

ただし、源泉徴収ありの特定口座の場合でも、次ページの①～⑤のケースでは、確定申告を行う必要があります。

(注) 2024年4月1日以降、証券会社などが特定口座年間取引報告書の電子交付を通知し、それに対して開設者が拒否する旨の回答をしない場合には電子交付の承諾を得たものとみなされます。

▶**源泉徴収ありの特定口座でも確定申告が必要な場合**

①源泉徴収ありの特定口座の譲渡益を他の口座の譲渡損と通算する場合
②源泉徴収ありの特定口座の譲渡損を他の口座の譲渡益や上場株式等の配当所得・利子所得と通算する場合
③源泉徴収ありの特定口座の譲渡損を他の口座の譲渡益や上場株式等の配当所得・利子所得と通算した後、なお残る損失を翌年に繰り越す場合
④前年以前から繰り越された譲渡損を控除する場合
⑤相続税額の取得費加算の特例を適用する場合（📖**62ページ「譲渡した株式等が相続等により取得したものである場合の取得費加算の特例」参照**）
⑥2025年分以降について、基準所得金額が３億3,000万円超の納税者でミニマムタックスの対象となる場合（📖**39ページ参照**）

源泉徴収ありの特定口座に配当所得・利子所得が受け入れられている場合

源泉徴収ありの特定口座に配当所得・利子所得が受け入れられている場合、特定口座年間取引報告書には譲渡損益と配当所得・利子所得の両方が記載されています。確定申告の際には原則として「譲渡益」と「配当所得および利子所得」のそれぞれについて、確定申告するか申告不要とするかを選ぶことができます。

ただし、源泉徴収ありの特定口座内の譲渡損益がマイナスの場合、すなわち譲渡損が発生している場合は、その譲渡損について確定申告するならば、必ず配当所得および利子所得についても申告しなければなりません。

これは、源泉徴収ありの特定口座で配当所得・利子所得との損益通算が行われた後の譲渡損につき、他の口座の配当所得や譲渡所得と損益通算することで、源泉徴収あり特定口座の配当所得・利子所得について、本来納付すべき額が源泉徴収されない場合があるからです（📖次ページ、**「上場株式等の譲渡損失と配当所得・利子所得の損益通算の例」参照**）。

▶**源泉徴収ありの特定口座に配当所得・利子所得を受け入れた場合の確定申告の有無の組合せ**

譲渡損益がプラスの場合		配当所得・利子所得		譲渡損益がマイナスの場合		配当所得・利子所得	
		申告する	申告しない			申告する	申告しない
譲渡益	申告する	○	○	譲渡損	申告する	○	×
	申告しない	○	○		申告しない	○	○

○…この組合せの申告が可能、×…この組合せの申告は不可

Q 複数の証券会社で源泉徴収ありの特定口座を開設している場合の損益通算の方法

私は、A証券会社とB証券会社に開設した源泉徴収ありの特定口座で上場株式等の配当所得・利子所得を受け取っています。A証券会社の源泉徴収ありの特定口座で上場株式等の配当所得・利子所得と通算し、控除しきれない譲渡損があるため、B証券会社の源泉徴収ありの特定口座で受け入れた上場株式等の配当所得・利子所得と損益通算したいのですが、確定申告を行う必要がありますか？

A

源泉徴収ありの特定口座における上場株式等の譲渡損失（上場株式・特定公社債・公募株式投資信託・公募公社債投資信託の譲渡損益・解約損益・償還損益と通算後。以下同じ）と上場株式等の配当所得・利子所得との損益通算は当該口座でのみ行われます。

したがって、A証券会社の源泉徴収ありの特定口座にある上場株式等の譲渡損失とB証券会社の源泉徴収ありの特定口座にある上場株式等の配当所得・利子所得との損益通算を行う場合には、確定申告を行う必要があります。

なお、上場株式等の配当所得・利子所得は、原則として各銘柄の1回の支払いごとに、申告するかしないかを選択することができます。

ただし、源泉徴収ありの特定口座で受け取る上場株式等の配当所得・利子所得については、当該口座で受け入れた配当所得および利子所得の全額について、申告するかしないかのいずれかを選択しなければなりません。

▶上場株式等の譲渡損失と配当所得・利子所得の損益通算の例

① 源泉徴収ありの特定口座内の譲渡損を申告不要とする場合

源泉徴収ありの特定口座
配当所得・利子所得 200 ⇒ 配当所得・利子所得 100
↕（源泉徴収税額計算上控除）
譲渡損▲100

一般口座
譲渡益 300 ──→ **申告** 譲渡益 300

② 源泉徴収ありの特定口座内の譲渡損を申告する場合（配当所得・利子所得との損益通算なし）

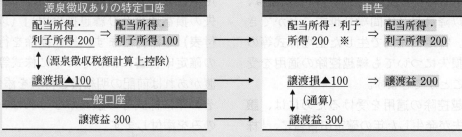

源泉徴収ありの特定口座
配当所得・利子所得 200 ⇒ 配当所得・利子所得 100
↕（源泉徴収税額計算上控除）
譲渡損▲100

一般口座
譲渡益 300

申告
配当所得・利子所得 200 ※ ⇒ 配当所得・利子所得 200
譲渡損▲100 ⇒ 譲渡益 200
↕（通算）
譲渡益 300

※　申告をする場合は、所得金額を通算前にリセットして計算しなおします。

③　源泉徴収ありの特定口座内の譲渡損を申告する場合（配当所得・利子所得との損益通算あり）

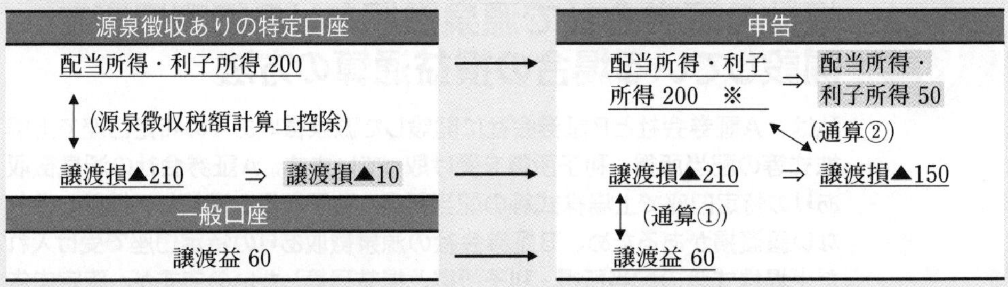

※　申告をする場合は、所得金額を通算前にリセットして計算しなおします。

確定申告の添付書類等

確定申告書を提出する際には、譲渡損益の計算の明細を記載した「株式等に係る譲渡所得等の金額の計算明細書」（以下、明細書）などを添付する必要があります。しかし、特定口座以外で株式や公社債などの譲渡がない場合は、明細書に代えて年間取引報告書を添付することができ、譲渡損益の計算の手間を省くことができます。

特定口座以外にも株式や公社債などの譲渡益がある場合には明細書には特定口座と一般口座の上場株式等および一般株式等の譲渡に係る金額を合わせて記載します。この場合、特定口座内の上場株式等の譲渡に関する事項は、年間取引報告書を添付することにより、明細の記入が不要となります。

なお、特定口座が複数ある場合は、各特定口座の年間取引報告書に加え、その合計表を添付する必要があります。

確定申告書を国税電子申告・納税システム（e-Tax）で提出する場合は、年間取引報告書の提出に代えて記載内容を入力送信することができます。この場合、確定申告期限から５年間、年間取引報告書を手元に保存しておく必要があります。

特定口座内の譲渡損失に繰越控除を適用する場合の手続き

上場株式等の譲渡損失で、申告分離課税を選択した上場株式等の配当所得および利子所得から控除しきれなかった額は、翌年以降最長３年間繰り越すことができます。特定口座内で生じた上場株式等の譲渡損失についても繰越控除の適用を受けることができます。

繰越控除の適用を受けるためには、譲渡損失が発生した年の確定申告書に、「株式等に係る譲渡所得等の金額の計算明細書」と「所得税及び復興特別所得税の確定申告書付表（上場株式等に係る譲渡損失の損益通算及び繰越控除用）」（以下、付表）を添付します。繰越控除を行う年の確定申告書には、その年に株式等の譲渡があれば前記の明細書と付表を添付し、その年に株式等の譲渡がなければ、付表のみを添付します。

資本の払戻しがあった場合の確定申告

Check Point!

上場株式等に対して、資本の払戻しやコーポレートアクションが行われ、取得価額を修正しなければならないことがあります。

この場合、特定口座では、国内上場株式であれば原則として証券会社などが自動的に取得価額の調整などを行います。

ただし、外国上場株式などについて資本の払戻しなどが行われた場合、特定口座を管理する証券会社などが金額を把握することができない場合があります。

この場合、資本の払戻しに伴って発生した当該譲渡所得等は、特定口座内の上場株式に係るものについても一般口座における譲渡所得等とみなされ、原則として確定申告が必要になります。

Q

特定口座と配偶者控除等の関係

私は専業主婦で、夫の納税額の計算において配偶者控除の対象者となっています。特定口座内の上場株式等を譲渡したことにより、50万円の譲渡益が出ましたが、配偶者控除の対象から外れてしまうのでしょうか？　特定口座では、源泉徴収ありの特定口座を選択しています。

A

このケースでは、確定申告をしなければ配偶者控除の対象からは外れません。配偶者控除の対象となるのは合計所得金額（📖33ページCheck Point!を参照）が48万円以下の配偶者ですが、源泉徴収ありの特定口座で生じた譲渡所得等について確定申告をしないものは、譲渡を行った投資家の「合計所得金額」には含まない取扱いとなっているためです。

一方、源泉徴収なしの特定口座で生じた上場株式等の譲渡所得等については確定申告を行うため、合計所得金額に含まれることとなります。そのため、配偶者の合計所得金額が48万円を超えると、配偶者控除の対象から外れてしまいます。そのほか、「合計所得金額」が一定額以下であることを適用条件としている配偶者特別控除・扶養控除・ひとり親控除・寡婦控除・住宅ローン減税等に関しては、上場株式等の譲渡所得等が一定額を超えると影響が及ぶこととなります。

なお、源泉徴収ありの特定口座を利用している場合でも、源泉徴収ありの特定口座内の譲渡所得等について確定申告を行うと、その金額が合計所得金額に含まれるので注意が必要です。

また、株式譲渡益・配当の申告により国民健康保険料（税）等や医療費の自己負担割合などにも影響が及ぶ可能性があります（📖50ページ参照）。

特定管理株式等の価値喪失に伴うみなし譲渡損の特例

◆株式の場合

発行会社の倒産などにより株式等が価値を失った場合でも、原則としてその損失は株式等の譲渡損失とはみなされず、株式等の譲渡益と通算することができません。

しかし、特定口座で保有していた国内法人の上場株式の場合については、次の①～③の条件をすべて満たし、**特定管理株式等が価値を失った**ものとして扱われた場合は、倒産などによる価値の喪失につき上場株式等の譲渡損とみなされます。

▶「特定管理株式等が価値を失った」と扱われるための条件（株式の場合）

①**特定口座内で保有していた**国内法人の上場株式であったこと
②上場廃止日に当該株式が特定口座を開設していた証券会社の**特定管理口座**※1に移管され、当該特定管理口座の**振替口座簿に引き続き記載または記録**されていること
③**清算結了等の事実**※2が生じて株式としての価値を失ったこと

※1　特定口座で保有していた上場株式等につき、上場廃止等により上場株式等でなくなったものを管理するための口座で、特定口座の開設者が開設することができます。
※2　清算結了、破産手続開始の決定、会社更生計画・民事再生計画に基づく100%減資、預金保険法の規定による特別危機管理開始の決定が該当します。

▶特定口座で管理されていた株式の価値喪失に伴うみなし譲渡損の特例

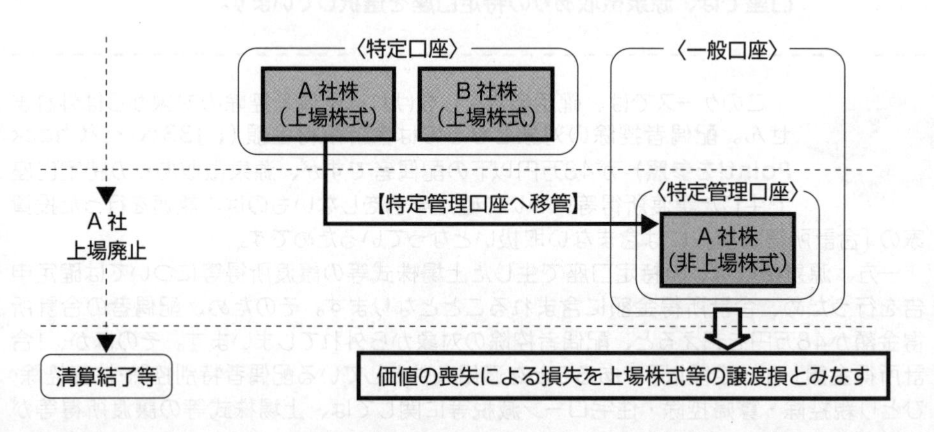

特定口座で保有していた上場株式が上場廃止されても、必ずしも「特定管理株式等が価値を失った」と扱われるとは限りません。また、上場廃止の際に同時に証券保管振替機構（ほふり）における取扱いも廃止される場合があり、この場合は特定管理口座に係る振替口座簿に記載または記録を行うことができません。そもそもすべての証券会社が特定管理口座を取り扱っているわけではありません。

保有する上場株式が監理銘柄や整理銘柄に指定されるなど、上場廃止が見込まれる状況となった場合、取引をしている証券会社における特定管理口座の取扱いの有無や、ほふりにおける取扱い継続の有無などを確認するとよいでしょう。

◆**社債の場合**

社債につき発行会社の債務不履行が生じ、元本の全額の損失が確定した場合の税制上の扱いは必ずしも明らかになっていません（元本の一部の損失が確定した場合は**📖68ページ参照**）。

しかし、国内法人が発行した社債のうち、特定口座で保有しているもの、または特定管理口座で管理されているものにつき清算結了等の事実※が生じ、公社債としての価値が喪失した場合には、「特定管理株式等が価値を失った」としてその損失は上場株式等の譲渡損とみなされます。

※　清算結了のほか、破産手続廃止・破産手続終結の決定を受けて同一銘柄の社債の債権の全部について弁済を受けられないことが確定した場合、更生計画・再生計画の認可を受けて同一銘柄の社債を無償で消滅させた場合が該当します。

◆**申告手続**

この特例の適用を受けるためには、清算結了等の事実が発生した日の属する年の確定申告書に、特例の適用を受ける旨を記載の上、損失の金額の計算に関する計算書などの必要書類を添付して提出します。

5

NISA（少額投資非課税制度）

NISAとは、少額投資非課税制度のことで、金融機関にNISA専用の口座を設け、その口座内で取得した上場株式や公募株式投資信託などの配当・分配金、譲渡益が非課税となります。

NISAは2023年度税制改正により抜本的に拡充され、2024年の投資分より、制度実施期間・非課税保有期間が無期限化され、年間投資限度額も大幅に拡大された「新しいNISA」に移行しました。

本章では2024年投資分以後の「新しいNISA」を中心に、2023年投資分までの「旧NISA」（一般NISA・つみたてNISA・ジュニアNISA）も含めたNISA制度を解説します。

5-1 NISAの改正概要と全体像（旧NISAと新しいNISA）

NISAは、家計の安定的な資産形成の支援と経済成長に必要な成長資金の供給拡大の両立を図ることを目的に2014年に創設された少額投資非課税制度です。金融機関にNISA専用の口座を設け、その口座内で取得した上場株式や公募株式投資信託などの配当・分配金、譲渡益が非課税となります。

政府は、2023年度税制改正にて、中間層の安定的な資産形成を実現するためにNISAの抜本的拡充を行い、2024年投資分から「新しいNISA」に移行することとなりました。「新しいNISA」の主な改正点は、①制度実施期間・非課税保有期間の無期限化、②年間投資限度額の拡大と成長投資枠・つみたて投資枠の併用、③非課税保有限度額の設定、④投資対象の制限の４点です。

制度実施期間・非課税保有期間の無期限化

2023年度税制改正前までは一般NISAは2023年まで、つみたてNISAでは2042年まで実施予定（投資可能）でした。一度購入した商品を非課税で保有できる期間も、一般NISAでは５年、つみたてNISAでは20年と有限となっていました。

2023年度税制改正後は、法律上のNISAの制度実施期間の定めがなくなりました。また、2024年投資分からの「新しいNISA」においては、非課税保有期間も無期限となりました。非課税保有期間が無期限化するため、「新しいNISA」にはロールオーバーという制度はありません。

年間投資限度額の拡大と成長投資枠・つみたて投資枠の併用

2023年投資分までの旧NISAは、年間投資限度額120万円の一般NISAか、年間投資限度額40万円のつみたてNISAのいずれかの選択制でした。

これに対し、2024年投資分からの「新しいNISA」では、一般NISAを踏襲する「成長投資枠」と、つみたてNISAの機能を持つ「つみたて投資枠」の２本建てとなり、年間投資限度額は、成長投資枠が240万円、つみたて投資枠が120万円となります。成長投資枠とつみたて投資枠は併用可能で、合計で年360万円まで投資可能となります。

非課税保有限度額の設定

2024年投資分からの「新しいNISA」では、非課税保有期間の無期限化を受け、累計投資額が青天井となり、富裕層優遇とならないよう、非課税保有限度額が設定されます。非課税保有限度額とは、「新しいNISA」で保有する上場株式等の簿価残高につき、生涯にわたり、「新しいNISA」の全体（つみたて投資枠と成長投資枠の合計）で1,800万円、成長投資枠はNISA制度全体の内枠として1,200万円の上限を設けるものです。

簿価残高により限度額を判定するため、時価が値上がりしても売却・払出しをする必要はありません。また、保有する商品を売却すれば、その分だけ簿価残高は減少し、枠の再利用が可能となります。

投資対象の制約

2023年投資分までの旧NISAにおける一般NISAでは、上場株式やETF、公募株式投信、上場REITなどであれば、銘柄の特性や商品性にかかわらず投資対象となっていました。これに対し、2024年投資分からの新しいNISAにおいて、一般

NISAを踏襲する成長投資枠では、上場銘柄については整理・監理銘柄が除外され、公募株式投信やETFにおいても①信託期間が無期限または20年以上、②ヘッジ目的以外でデリバティブを用いない、③決算期間が１ヵ月以下でない、④販売会社が顧客に対して信託報酬の実額通知を行うこととされている（公募株式投資信託のみ）、の４点の条件をいずれも満たす商品に限定されます。なお、つみたて投資枠の対象商品は、つみたてNISAと同じく、長期投資に適し金融庁に届出がされた公募投資信託とETFに限定されています。

新しいNISAの利用手続き

旧NISAの利用者は特に手続きを行うことなく、新しいNISAを利用できるようになっています。一般NISA・つみたてNISAの利用者は2024年１月１日から、ジュニアNISAの利用者は18歳になった年の翌年１月１日から、各制度を利用していた金融機関において新しいNISAを利用できるようになります。

▶旧NISAと新しいNISAの制度概要（2023年度税制改正後）

<table>
<tr><th colspan="2" rowspan="2"></th><th colspan="3">旧NISA
（2023年投資分まで）</th><th colspan="2">新しいNISA
（2024年投資分～）</th></tr>
<tr><th>ジュニアNISA</th><th>一般NISA</th><th>つみたてNISA</th><th>成長投資枠</th><th>つみたて投資枠</th></tr>
<tr><td colspan="2">対象年齢</td><td>18歳未満</td><td colspan="4">18歳以上</td></tr>
<tr><td colspan="2">制度間の関係</td><td></td><td colspan="2">一般NISAかつみたてNISAの
いずれかを選択</td><td colspan="2">成長投資枠とつみたて投資枠の
両方を併用可能</td></tr>
<tr><td colspan="2">投資対象</td><td colspan="2">上場株式、公募株式投信、
上場REIT、ETF等の全般</td><td>金融庁に届出された長期投資に向く公募株式投信、ETFのみ</td><td>上場株式、公募株式投信、上場REIT、ETF等のうち一部銘柄を除外（注）</td><td>金融庁に届出された長期投資に向く公募株式投信、ETFのみ</td></tr>
<tr><td colspan="2">投資手法</td><td colspan="2">自由</td><td>積立投資のみ</td><td>自由</td><td>積立投資のみ</td></tr>
<tr><td colspan="2">制度実施期間
（投資可能な期間）</td><td colspan="3">2023年末まで</td><td colspan="2">無期限</td></tr>
<tr><td colspan="2">非課税保有期間</td><td>５年間
（18歳に達するまでの延長あり）</td><td>５年間</td><td>20年間</td><td colspan="2">無期限</td></tr>
<tr><td rowspan="6">非課税枠
（投資上限）</td><td rowspan="3">年間投資
限度額</td><td rowspan="2">80万円</td><td>120万円</td><td>40万円</td><td>240万円</td><td>120万円</td></tr>
<tr><td colspan="2">併用は不可</td><td colspan="2">併用すれば合計360万円</td></tr>
<tr><td colspan="5">年間投資限度額は売却しても復活しない</td></tr>
<tr><td rowspan="3">非課税
保有
限度額</td><td colspan="3" rowspan="3">非課税保有限度額の設定なし
（旧NISAの保有額は非課税保有限度額の
計算対象に含めない）</td><td colspan="2">「新しいNISA」全体で1,800万円</td></tr>
<tr><td>1,800万円の
内枠で
1,200万円</td><td>（1,800万円全額
つみたて投資枠
利用も可）</td></tr>
<tr><td colspan="2">簿価残高で計算
（売却したら復活する）</td></tr>
<tr><td colspan="2">払出し制限</td><td>あり</td><td colspan="4">なし</td></tr>
</table>

（注）整理銘柄・監理銘柄および信託期間20年未満の投信、レバレッジ投信、毎月分配型投信については対象から除外されます。

5-2

新しいNISA（2024年投資分〜）

制度間の関係と旧NISA（一般NISA・つみたてNISA・ジュニアNISA）と共通する規定

５－２では、2024年投資分からの新しいNISAの制度を中心に説明しますが、2023年投資分までの旧NISA（一般NISA・つみたてNISA・ジュニアNISA）と共通している規定についても説明します。

旧ＮＩＳＡと共通する規定は 新しいNISA 旧NISA のマーク、旧NISAには適用されない規定は 新しいNISA ~~旧NISA~~ のマークを付けています。

口座と勘定の関係

新しいNISA 旧NISA

NISA制度で使われる口座と勘定の関係は、次の図表のようになっています。

▶NISAの口座・勘定間の関係

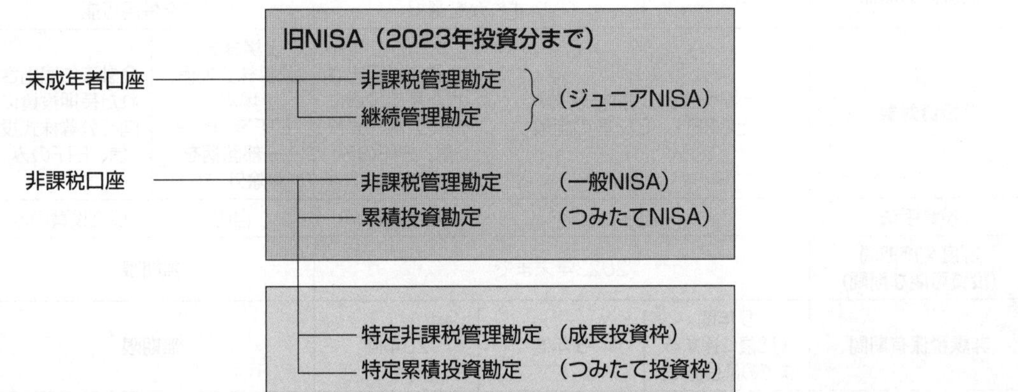

・非課税口座の開設は、１年ごとに１人１金融機関限り（開設年が異なれば複数金融機関での口座保有は可能）。
・非課税口座の中に「勘定」を設定できるのは、１年ごとに１人１口座（１金融機関）限り。
・複数の非課税口座を保有していても、新たにNISAに上場株式や公募株式投資信託などを受け入れることができる「勘定」を持つアクティブな非課税口座は１人１口座限り。

NISA制度で使われる口座の種類は、ジュニアNISAのみで用いる「**未成年者口座**」（詳しくは**146ページ参照**）と、一般NISA・つみたてNISA・新しいNISAで用いる「**非課税口座**」の２種類です。（金融機関を変更しない限り）**旧NISAと新しいNISAでは同じ１つの「非課税口座」を使います。**

2023年投資分までの旧NISAにおいては、毎年、（金融機関変更を行うまで）非課税口座の中に、一般NISA用の非課税管理勘定か、つみたてNISA用の累積投資勘定のいずれかが設定されます。

2024年投資分以後の新しいNISAにおいては、毎年、（金融機関変更を行うまで）非課税口座の中に、成長投資枠用の特定非課税管理勘定と、つみたて投資枠用の特定累積投資勘定の両方が設定されます。

2023年以前に非課税口座を開設し、2024年以後も利用する場合、１つの非課税口座の中で「旧NISA」と「新しいNISA」の両方の勘定が管理されることとなります。

これらの勘定の中に受け入れた上場株式や公募株式投資信託などにつき配当・分配金・譲渡益が非課税となります。

非課税口座は、18歳以上の国内居住者（または国内に恒久的施設を有する非居住者）１人につき、年間１口座に限り開設することができます。同一の人が、同一の年に、複数の金融機関で非課税口座を開設することはできません。また、同一の人が、同一の金融機関の中での複数の支店等で非課税口座を開設することもできません。

金融機関ごとに非課税口座を開設する年を変えれば、同一の人が複数の金融機関で非課税口座を保有することは可能です。ただし、この場合であっても、**同一の人が同一年に「勘定」を設定できる非課税口座は１口座だけ**です。すなわち、新たにNISAに上場株式や公募株式投資信託などを受け入れることができる「勘定」を持つ**アクティブな非課税口座は１人１口座だけ**であり、その他の非課税口座（その年の「勘定」が設定されていない口座）では過去に受け入れた上場株式や公募株式投資信託につき非課税の取扱いが継続するのみで、新たに上場株式や公募株式投資信託を受け入れることはできません。

次の図表は、ある個人投資家Ｘさんの NISAの利用例です。例を見ると、同一の人が複数の金融機関で非課税口座を保有することができること、勘定が設定されている非課税口座は１年に１口座限りであること、同一の非課税口座の中に「旧NISA」と「新しいNISA」の両方の勘定が設定されていることが分かります。

▶NISAの非課税口座・勘定の保有例

●ある個人投資家ＸさんのNISAの利用例

- 2018年にＡ証券会社で非課税口座を開設し「つみたてNISA」を利用開始。
- 2020年に「つみたてNISA」から「一般NISA」に変更（勘定変更）。
- 2021年にＡ証券会社からＢ証券会社に取扱金融機関を変更（勘定廃止）。
- 2024年から「新しいNISA」の制度がスタート。

●Ｘさんが保有する非課税口座・勘定の一覧

口座開設手続きと勘定の設定

新しいNISA 旧NISA

非課税口座は、**18歳以上の国内居住者（または国内に恒久的施設を有する非居住者）１人につき、年間１口座**に限り開設することができます。非課税口座開設の可否を判定する上では**その年の１月１日時点で18歳以上であるか否かで判断**されます（法律上、誕生日の前日に年齢が加算されますので、2007年１月２日生まれの人は、法律上2025年１月１日に18歳になり、2025年から非課税口座を利用することができます）。

同一の人が、同一の年に、複数の金融機関で非課税口座を開設することはできません。また、同一の人が、同一の金融機関の中での複数の支店等で非課税口座を開設することもできません。

重複して口座開設がされないよう、非課税口座を開設する際には、口座開設後に税務署による確認を受ける必要があります。

初めてNISAを利用する人

（他の金融機関を含めて）初めてNISAを利用する人は、NISAの開設を希望する金融機関に**非課税口座開設届出書**を提出して口座開設手続きを行います。また、2017年以前にNISAを利用していたが、2018年以後にNISAを利用していない（2018年以後の勘定が設定されたことがない）人も非課税口座開設届出書を用いて口座開設手続きを行います。

非課税口座開設届出書には、申請者の氏名、生年月日、住所、マイナンバーを記入し、本人確認書類を添付します。

非課税口座開設届出書を金融機関に提出した後、当該金融機関における手続きが完了すれば、当該金融機関に非課税口座が開設されます。非課税口座開設届出書を提出した当日に非課税口座を利用することも制度上可能です（金融機関により手続きに要する日数は異なります）。

当該非課税口座の開設後、金融機関は税務署に申請者の情報を送付し、税務署はその情報等をもとに他の金融機関で非課税口座を開設していないかを確認します。もし、他の金融機関で二重に非課税口座を開設していることが判明した場合は、税務署が金融機関にその旨を通知し、当該金融機関は当該非課税口座を廃止するとともに、当該非課税口座内で買い付けた上場株式等について、買付け当初に遡及して課税口座（一般口座または特定口座）に移管します。

他の金融機関でNISAを利用している人・利用したことがある人

同じ年に「勘定」が設定できる非課税口座は１口座限りです。このため、いずれかの金融機関でNISAを利用している人が他の金融機関でNISAを利用したい場合は、まず、現在NISAを利用している金融機関において「勘定」を廃止する手続きが必要です。この場合、本年分または次年度以後の「勘定」だけを廃止して非課税口座自体は残す「勘定廃止」の手続き（📖143ページ参照）と、非課税口座ごと廃止する「口座廃止」の手続き（📖143ページ参照）の２通りがあります。これらの手続きが終了すると、変更前の金融機関から勘定廃止通知書もしくは非課税口座廃止通知書が書面により交付されるか、これらの廃止通知書に記載すべき事項が電子交付されます。

新たにNISAの口座を開設したい金融

機関に、**非課税口座開設届出書に加えて「勘定廃止通知書または非課税口座廃止通知書」**を書面にて提出するか、もしくはこれらの廃止通知書に記載すべき事項を電子的な手段で提供することで、変更後の金融機関でNISAを利用できるようになります(注)。この手続きを1月1日から9月30日までに行った場合は当年分から変更後の金融機関の「勘定」を利用することができ、10月1日から12月31日までに行った場合は翌年分から変更後の金融機関の「勘定」を利用することができます。

以前にNISAを利用していた金融機関から交付された勘定廃止通知書または非課税口座廃止通知書を紛失してしまった場合、当該金融機関に対し**廃止通知書等再交付申請書**を提出することで、勘定廃止通知書または非課税口座廃止通知書の再交付を受けることができます。

勘定への金融商品の受入れ

NISAの各勘定に金融商品を受け入れるには、①対象の金融商品であること、②対象となる取得方法であること、③**受渡日**が各勘定設定年の1月1日から12月31日までの範囲であること、④年間投資限度額以内であること、⑤非課税保有限度額以内であること、の5つの条件をすべて満たす必要があります。

勘定の受入れ対象となる金融商品　新しいNISA　旧NISA

NISAの各勘定に受け入れることができる金融商品の条件は次の表の通りです。新しいNISAの成長投資枠に受け入れられる商品は原則として旧NISAにおける一般NISA・ジュニアNISAと同様です。ただし、新しいNISAの成長投資枠では上場銘柄においては整理銘柄・監理銘柄、投資信託等においては信託期間20年未満のもの・レバレッジ型・毎月分配型は除外されています。

新しいNISAのつみたて投資枠に受け入れられる商品の条件は、旧NISAのつみたてNISAと同じです。

（注）変更後の金融機関に既に非課税口座がある場合には、非課税口座開設届出書の提出は不要です。この場合、既存の非課税口座に勘定を**再設定**することになります。また、金融機関が電子交付に対応していない場合は、廃止通知書に記載すべき事項を非課税口座開設届出書に記載することや、廃止通知書に記載すべき事項を記載した書面を非課税口座開設届出書に添付することも可能になります。

▶NISAの各勘定に受け入れることができる商品の条件

<table>
<tr><th>制度</th><th>成長投資枠</th><th>つみたて投資枠</th></tr>
<tr><th>勘定</th><th>特定非課税管理勘定</th><th>特定累積投資勘定</th></tr>
<tr><td>商品の種類</td><td>下記のいずれかに該当するもの（外国法人に係るものを含む）
・上場株式、上場新株予約権、上場新株予約権付社債
・ETF、ETN、上場REIT
・公募株式投資信託
・日銀出資証券
・上場優先出資証券</td><td>下記のいずれかに該当するもの
(外国法人に係るものを含む)
・公募株式投資信託
・ETF</td></tr>
<tr><td rowspan="3">商品性の条件</td><td>公募株式投資信託・ETF・ETN・上場REITである場合は、下記の①～③の条件をすべて満たすもの。ただし、④の条件は公募株式投資信託のみ満たす必要がある。</td><td>下記の①～⑦の条件をすべて満たすもの
(ETFは④の条件を除く)</td></tr>
<tr><td colspan="2">①信託契約期間が無期限または20年以上であること
②下記のa）～c）の目的を除きデリバティブ取引を行わないこと
a）投資対象とする現物資産を保有する場合と同様の損益を実現する目的
b）価格変動・金利変動により生じるリスクを減らす目的
c）先物外国為替取引により、為替相場の変動により生じるリスクを減らす目的
③収益の分配を一月以下の期間ごとに行わないこととされていること
④当該商品の販売を行う金融機関が、商品の保有者に対して、特定非課税管理勘定または特定累積投資勘定での保有期間を通じて通知する（信託報酬の実額通知を行う）こととされていること（公募株式投資信託のみ）</td></tr>
<tr><td>上場銘柄である場合は、整理銘柄・監理銘柄に指定されていないこと</td><td>⑤当該商品の販売を行う金融機関が、特定累積投資勘定の口座管理手数料等を徴収しないとされていること
⑥商品類型ごとに📖次ページの「つみたて投資枠で受け入れ可能な商品類型ごとの条件」を満たすものであること
⑦①～⑥を満たすことにつき運用会社より金融庁に届出が行われていること</td></tr>
</table>

▶つみたて投資枠で受け入れ可能な商品類型ごとの条件

		① 国内型インデックス投資信託	② 海外型インデックス投資信託	③ 国内型一般公募株式投資信託	④ 海外型一般公募株式投資信託	⑤ 国内上場ETF	⑥ 外国上場ETF
コスト	信託報酬※1（税抜き）	0.5%以下	0.75%以下	1%以下	1.5%以下	0.25%以下	
	売買手数料※2（税抜き）	ゼロ				1.25%以下	
投資対象	国	日本のみ	海外を含む	国外20%未満	国外20%以上	日本、米国、全世界、先進国全体、新興国全体、のいずれか	
	アセットクラス	以下のいずれか a)株式、b)株式と公社債、c)株式とREIT、d)株式と公社債とREIT				株式のみ	
	指数	内閣府告示で指定された指数に連動するものに限る（複数の指数の組み合わせも一定の条件の下で可能）		—		内閣府告示で指定された指数のうち１つに連動するものに限る	
最低投資単位		—				１口（または共有持分の１単位）1,000円以下	
実績要件		—		届出時点において、以下のすべてを満たす ・純資産額50億円以上 ・信託開始以降５年以上経過 ・信託期間の２/３以上で資金流入超		円滑な流通のための措置が講じられているとして取引所から指定を受ける	純資産額１兆円以上

※１　純資産に対する年率の割合です。
※２　売買代金に対する割合です。

対象となる取得の方法（買付けによる取得の場合）

新しいNISA　旧NISA

NISAの各勘定に受け入れることができる取得の方法は次の表の通りです。買付けによる場合、取得後直ちに各勘定に受け入れる必要があり、一度特定口座や一般口座に受け入れた商品を後からNISAの各勘定に受け入れることはできません。

つみたて投資枠においては、年２回以上の頻度による定期定額買付である必要があります。

▶NISAの各勘定に受け入れることができる取得の方法（買付けによる場合）

制度	成長投資枠	つみたて投資枠
勘定	特定非課税管理勘定	特定累積投資勘定
取得の方法	金融機関を通じて買付けを行い、取得後直ちに各勘定に受け入れること	
		年２回以上の頻度による定期定額買付であること

対象となる取得の方法（コーポレートアクション発生時） 新しいNISA 旧NISA

NISAの各勘定で保有する金融商品につき発生する一定のコーポレートアクションに伴って取得するものも、次の表の条件を満たす場合は受け入れることができます。

例えば、非課税口座内で保有している上場株式につき、株式分割が行われた場合、株式分割によって新たに取得する上場株式も非課税口座に受け入れることができます（図表の①）。この場合、新たに取得する上場株式は、原則として、元々当該上場株式を保有していた年の非課税口座に受け入れられます。これらのコーポレートアクションによる金融商品の取得は、新規投資を行ったわけではないので、その価額については各勘定の年間投資限度額の計算対象にはなりません。ただし、新たに払込みを行って取得する上場株式等については、2024年4月以降、年間投資限度額の範囲内である等の条件を満たせば、年間投資枠を費消したうえで非課税口座に受け入れることが可能になります。

▶**新規取得以外でNISAの各勘定に金融商品を受け入れるための条件（コーポレートアクション発生時）**

以下の①～⑪のいずれかにより取得するもので、各勘定に受け入れられる金融商品の種類（**136ページの表**）に該当するもの

①非課税口座※1で保有する上場株式等について行われた株式・投資信託・特定受益証券発行信託の受益権の**分割・併合**により取得するもの

②非課税口座※1で保有する上場株式等について行われた**株式無償割当て**・新株予約権無償割当て・**新投資口予約権無償割当て**により取得するもの

③非課税口座※1で保有する上場株式等を発行した法人の**合併**により取得する合併法人（または合併親法人）の株式

④非課税口座※1で保有する上場株式等で投資信託の受益権であるものに係る投資信託の**併合**により取得する新たな投資信託の受益権

⑤非課税口座※1で保有する上場株式等を発行した法人の**分割**により取得する分割承継法人（または分割承継親法人）の株式

⑥非課税口座※1で保有する上場株式等を発行した法人の行った**株式分配**（完全子会社の株式のすべてを株主に現物分配すること）により取得する完全子法人の株式

⑦非課税口座※1で保有する上場株式等を発行した法人の行った**株式交換**により取得する株式交換完全親法人（もしくはその親法人）の株式または**株式移転**により取得する株式移転完全親法人の株式

⑧非課税口座※1で保有する新株予約権を発行した法人の行った法人の合併、分割、株式交換または株式移転により取得する**合併法人等の新株予約権**

⑨非課税口座※1で保有する上場株式等で**取得請求権付株式、取得条項付株式、全部取得条項付種類株式または取得条項付新株予約権が付された新株予約権付社債**であるものに係る請求権の行使、取得事由の発生または取得決議により取得するもの

⑩次に掲げる行使または取得事由の発生により取得するもの※2

・非課税口座※1で保有する上場株式等である新株予約権付社債に付された新株予約権（従来の転換社債の転換権を含む）の行使

・非課税口座※1内上場株式等について与えられた株式の割当てを受ける権利（株主等とし

て与えられた場合に限る）の行使
・非課税口座※1内上場株式等について与えられた新株予約権の行使
・非課税口座※1内上場株式等について与えられた取得条項付新株予約権に係る取得事由の発生または行使
⑪同一の非課税口座※1に設けられた２以上の勘定に係る同一銘柄の非課税口座※1内の上場株式等について生じた上記①から⑩までの事由により取得するもの（上記①から⑩までにより各勘定に受け入れ可能なもの、および新NISAのみの勘定に係るものを除く）で、その２以上の勘定のうち最も新しい年に設定された旧NISAの非課税管理勘定・累積投資勘定・継続管理勘定へ受け入れるもの

※1　ジュニアNISAの場合、「非課税口座」を「未成年者口座」に読み替えます。
※2　このうち、新たに払込みを行って取得する上場株式等については、従来は年間投資限度額の計算対象にならずNISAの各勘定に受け入れることができました。しかし、2024年４月以後の取得分については、「買付け」と同様に扱われることとなりました。すなわち、非課税口座が現在開設されている金融機関を経由して払込みを行い、年間投資限度額かつ新しいNISAの非課税保有限度額の範囲内であれば、非課税口座に受け入れることができます。

なお、非課税口座と特定口座で同一銘柄を保有している場合で、コーポレートアクション（株式分割等）によって両口座でそれぞれ取得する株式に端数が生じたとき、この端数を足して１株になった株式については、従来は一般口座へと払い出されることとなっていました。しかし、2024年４月以後は、当該株式については特定口座への受け入れも可能となっています。

年間投資限度額

新しいNISA　旧NISA

NISAの各勘定の年間投資限度額は成長投資枠（特定非課税管理勘定）で240万円、つみたて投資枠（特定累積投資勘定）で120万円です。年間投資額には、買付けの累計額により算出し、手数料等を含めません。外国上場株式など外貨建て金融商品を購入した場合、外貨での購入代金を購入時の為替レートで円貨に換算して年間投資額を計算します。

年の途中でNISAの各勘定で保有する金融商品を売却したとしても、一度計上された年間投資額は減少しません（**年間投資限度額は再利用不可です**）。なお、分配金再投資は新規の買付けと同様に扱われます。すなわち、分配金再投資により取得した投資信託のNISAの各勘定への受け入れは、その年のその勘定の年間投資限度額の範囲内で可能です。

年末時点で各勘定の年間投資限度額に残余があったとしても、翌年に繰り越すことはできません。また、成長投資枠とつみたて投資枠の年間投資限度額を相互に融通し合うこともできません。

非課税保有限度額

新しいNISA ~~旧NISA~~

新しいNISAにおいては、金融商品の保有限度額が定められています（非課税保有限度額）。勘定の年間投資限度額に残余があったとしても、その買付けにより非課税保有限度額を超えることとなるときは、勘定への金融商品の受入れはできません。

非課税保有限度額は次の表の通りで、新しいNISA全体で1,800万円、成長投資枠はうち1,200万円です（1,800万円全額を「つみたて投資枠」で使うことも可能です）。

▶新しいNISAの非課税保有限度額

制度	新しいNISA	
	成長投資枠	つみたて投資枠
勘定	特定非課税管理勘定	特定累積投資勘定
非課税保有限度額	「新しいNISA」全体で1,800万円	
	1,200万円	

非課税保有限度額は、簿価残高により算出します。つまり、新しいNISAで保有している金融商品を売却したり課税口座に払出したりすれば、簿価残高は減少することとなります。したがって、その分だけ、また新たに金融商品を新しいNISAに受け入れることができます。すなわち、**非課税保有限度額は再利用が可能です。**

非課税保有限度額による新規買付けの制約条件の詳細は次の表の通りです。すなわち、**非課税保有限度額の復活は年単位**であり前年末の簿価残高と当年中の投資額の合計が1,800万円以内または1,200万円以内となる必要があります。当年中に前年末までに保有していた金融商品を売却したり当年中に買付けた金融商品を売却したりしても、当年中にその枠が空くわけではありません。すなわち、翌年以降に、売却した商品の簿価の分だけ非課税保有限度額が復活します。

なお、複数の金融機関で「新しいNISA」の非課税口座を保有している場合でも、**非課税保有限度額は名寄せして管理**されます（2026年以後、現在勘定を設定している金融機関より、他の金融機関分も含めた新しいNISA全体における前年末の保有額が投資家に毎年通知されることとなる予定です）。他の金融機関における「新しいNISA」の非課税口座も含めて、保有額は１人1,800万円以内または1,200万円以内とする必要があります。

▶非課税保有限度額による新規買付けの制約条件の詳細

- **特定非課税管理勘定（成長投資枠）**
  前年末の特定非課税管理勘定の簿価残高＋当年の特定非課税管理勘定での年間投資額が1,200万円以内であること
- **特定累積投資勘定（つみたて投資枠）**
  前年末の特定非課税管理勘定の簿価残高＋前年末の特定累積投資勘定の簿価残高＋当年の特定非課税管理勘定での年間投資額＋当年の特定累積投資勘定での年間投資額が1,800万円以内であること

譲渡所得・配当所得の取扱い　新しいNISA 旧NISA

非課税が適用される金融商品の譲渡　新しいNISA 旧NISA

NISAの各勘定で保有する金融商品を次に掲げる方法で譲渡した場合、譲渡益は非課税となり、譲渡損失はないものとみなされます。したがって、これらの各勘定で生じた譲渡損失を他の口座で生じた譲渡益や配当と損益通算を行うことはできません。当該損失の繰越控除を行うこともできません。

なお、NISAの各勘定で保有している金融商品の取得費や譲渡損益は、特定口座や一般口座の取得費や譲渡損益の計算に影響を及ぼしません。

▶NISAの各勘定で保有する金融商品に譲渡益非課税が適用される譲渡の方法

①証券会社等への売委託による譲渡
②証券会社等に対する譲渡
③発行法人に対して行う単元未満株式の買取請求による譲渡で、非課税口座※を開設する証券会社等の営業所を経由して行う方法
④資本の払戻し、残余財産の分配に伴う金銭等の交付で、非課税口座※を開設する証券会社等の営業所を経由して行われる方法
⑤株式投資信託の解約または一部解約で、非課税口座※を開設する証券会社等の営業所を経由して行われる方法

※　ジュニアNISAの場合、「非課税口座」を「未成年者口座」に読み替えます。

各勘定から金融商品を払出した場合　新しいNISA 旧NISA

次の①から⑤により、NISA各勘定の非課税口座（または未成年者口座）から上場株式等の一部または全部の払出しがあった場合には、その払出し事由が生じた時に、その払出し時の金額（価額）により譲渡があったものとみなされます（みなし譲渡）。

みなし譲渡損益については、譲渡益は非課税、譲渡損はないものとみなされます。

非課税口座（または未成年者口座）から払出された上場株式等の取得価額は払出し日における取引所の最終価格（株式投資信託の場合は払出し日における基準価額）に数量を乗じた額になります。

なお、非課税口座（または未成年者口座）から株式投資信託が払出された場合には、その個別元本は非課税口座（または未成年者口座）から払出される前の金額が引き継がれます。

▶「みなし譲渡」とされるNISAの各勘定からの払出し

①非課税口座※から他の口座への移管
②非課税口座※内上場株式等に係る有価証券の（その非課税口座※を開設した個人への）返還
③非課税口座※の廃止
④贈与、相続、遺贈
⑤非課税が適用される譲渡の方法（上記を参照）以外の譲渡

※　ジュニアNISAの場合、「非課税口座」を「未成年者口座」に読み替えます。なお、ジュニアNISAには払出し制限の規定があり、詳細は📖148ページを参照してください。

Q NISAの各勘定から特定口座への移管

NISAの各勘定で保有している金融商品を特定口座に移管することはできますか。また、移管した場合の税制上の扱いはどうなりますか。

A

まず、ジュニアNISAは取扱いが異なりますので、📖149ページを参照ください。

それ以外のNISA（一般NISA・つみたてNISA・新しいNISA）の非課税口座内の各勘定で保有している上場株式等を特定口座に移管する際には、証券会社等に対して「**非課税口座内上場株式等の非課税口座から特定口座への移管依頼書**」を提出する必要があります（ただし、一般NISA・つみたてNISAにおける非課税期間の満了時については書類提出不要です）。

ただし、同一年分の同じ勘定で保有している同一銘柄は、すべて特定口座に移さなければならず、一部のみを特定口座に移すことはできません。例えば、2024年分特定非課税管理勘定でA社株式を3,000株保有している場合、そのうち1,000株だけを特定口座に移すということはできず、3,000株すべてを特定口座に移さなければなりません。

非課税口座から特定口座に金融商品を移管した場合、「みなし譲渡」となり、それまでの間に発生した譲渡益は非課税、譲渡損はなかったものとされます。その上で、特定口座において移管日の終値に相当する金額で再取得したものとして扱われます。

非課税となる金融商品の配当・分配金

新しいNISA 旧NISA

NISA各制度において金融商品の配当・分配金を非課税とするためには、**当該配当・分配金を非課税口座（または未成年者口座）で受領する**必要があります。

すなわち、上場株式やETF、上場REITなどの配当・分配金を非課税とする場合には、権利確定日までに、配当等の受け取り方法を「株式数比例配分方式（配当等が証券会社等に入金される受け取り方法）」に変更する手続きが必要です。この手続きを行わず上場株式やETF、上場REITなどの配当等が配当金領収証または預金口座への直接振り込みにより支払われるなど、証券会社等の非課税口座に入金されない場合は、非課税とはならず、上場株式等の配当所得として課税されます。

公募株式投資信託については、取扱金融機関を通じて分配金を受け取りますので、分配金を非課税とするための特段の手続きは必要ありません。

なお、発行済株式の３％以上を有する大口株主が受ける配当はNISA制度における非課税の対象外となります。また、非課税口座内で保有している外国株式の配当については、国内では非課税の扱いになる一方、現地での課税分は非課税の対象外となります。そのため、二重課税とはならず、外国税額控除の適用を受けることはできません。

取扱金融機関の変更・口座廃止の手続き 新しいNISA 旧NISA

1年単位でNISAの勘定を設定する金融機関を変更できます。

この場合、原則として勘定廃止または口座廃止の手続きが必要となります（ただし、2018年以後一度も非課税管理勘定または累積投資勘定を設定したことがない非課税口座は、既に口座が廃止されていますので、勘定廃止・口座廃止の手続きは不要です。この場合、今後利用する金融機関において新規口座開設と同様の手続きを行うことができます）。

なお、その年分の勘定に既に上場株式等の受入れを行っている場合（再投資買付を含みます）は、その年には取扱金融機関を変更できません。

勘定廃止 新しいNISA 旧NISA

ジュニアNISA以外のNISA(一般NISA・つみたてNISA・新しいNISA）の各勘定で取得した金融商品を金融機関の非課税口座に残したまま、新たに取得する金融商品を他の金融機関の非課税口座に受け入れたい場合は、**金融商品取引業者等変更届出書**を使った「**勘定廃止**」の手続きを行います。

この場合、変更前の金融機関に非課税口座は残りますので、既に非課税口座で購入した金融商品は引き続き変更前の金融機関で保有することができ、配当・譲渡益について引き続き非課税とすることができます。

金融商品取引業者等変更届出書は、現在非課税口座を開設している（変更前の）金融機関の営業所の長に、変更したい年の前年10月１日から、変更したい年の９月30日までに提出します。

金融商品取引業者等変更届出書の提出を受けた金融機関は、当該投資家に**勘定廃止通知書**を交付するか、もしくは電子交付により勘定廃止通知書に記載すべき事項を通知します。変更後の金融機関における手続きは**📖135ページを参照**してください。

口座廃止 新しいNISA 旧NISA

今の金融機関の非課税口座を完全に廃止したい場合は、「**口座廃止**」の手続きを行います。ここでは、ジュニアNISA以外のNISA（一般NISA・つみたてNISA・新しいNISA）における口座廃止の手続きを説明します（ジュニアNISAにおける手続きは**📖148ページ参照**）。

NISAの口座廃止を行う場合は、金融機関に**非課税口座廃止届出書**を提出します。非課税口座廃止届出書の提出を受けた金融機関は、非課税口座を廃止し、当該投資家に**非課税口座廃止通知書**を交付するか、もしくは電子交付により非課税口座廃止通知書に記載すべき事項を通知します。非課税口座で購入した金融商品は非課税口座から払出され、特定口座や一般口座に移管されます。その後に譲渡した場合や配当等を受けた時は非課税の扱いを受けることができません。

口座廃止後、また新たにNISAを利用す

るときの手続きは134ページを参照してください。

住所・氏名等の変更、出国時・死亡時の扱い 新しいNISA 旧NISA

住所・氏名等の変更 新しいNISA 旧NISA

氏名・住所・マイナンバーを変更する場合にはNISAの口座を開設している金融機関に非課税口座異動届出書（または未成年者口座異動届出書）を提出する必要があります。

出国時の扱い 新しいNISA 旧NISA

NISAの制度は原則として国内居住者のための制度ですので、出国して非居住者となる場合はNISA制度を利用できなくなります。ただし、ジュニアNISA以外のNISA（一般NISA・つみたてNISA・新しいNISA）においては、海外転勤などのやむを得ない事由により出国して非居住者となる場合は、出国日の前日までに取扱いの金融機関の営業所に**継続適用届出書**を提出することで、非課税口座内で残高を継続保有できます。継続適用届出書を提出しない場合は、出国する旨などを記載した**出国届出書**を提出しなければなりません。

継続適用届出書を提出した場合は、引き続き非課税口座内で残高を保有することができますが、帰国するまでは非課税口座内に新たに金融商品を受け入れることはできません。金融商品の受入れを再開するには、継続適用届出書を提出した日から起算して５年を経過する日の属する年の12月31日までに、帰国した旨などを記載した帰国届出書を提出する必要があります。

継続適用届出書を提出せずに出国した場合は、当該開設者が非課税口座廃止届出書を提出したものとみなされ、非課税口座が廃止されます（当該開設者の出国後に金融機関が出国した旨を把握し、出国後にその非課税口座で支払われた配当等がある場合には、その配当等に対して遡及して課税されます）。また、継続適用届出書を提出した場合でも、提出日から起算して５年を経過する日の属する年の12月31日までに帰国届出書を提出しなかった場合は、その12月31日に非課税口座は廃止されます。

非課税口座が廃止されると、非課税口座内の金融商品は口座廃止時点の時価で譲渡したものとみなされます。みなし譲渡益は非課税、みなし譲渡損はないものとされ、当該金融商品の取得価額は非課税口座の廃止時の時価となります。

口座開設者が死亡した場合（相続・遺贈）

新しいNISA　旧NISA

NISA各制度の口座開設者（以下、被相続人といいます）が死亡した場合、相続人は、被相続人が死亡したことを知った日以後遅滞なく、非課税口座開設者死亡届出書（または未成年者口座開設者死亡届出書）を、被相続人のNISA口座を開設している金融機関に提出しなければなりません。

被相続人が死亡した日から非課税口座開設者死亡届出書（または未成年者口座開設者死亡届出書）を提出するまでの間に、そのNISA口座で支払われた配当等がある場合には、さかのぼって課税されます。

被相続人がNISA口座で金融商品を保有していた場合、被相続人が死亡した日に相続人がその金融商品を相続したことになります。また、被相続人が死亡した日にNISA口座から払出されたこととされ、みなし譲渡となります（**141ページ参照**）。

相続人は、相続により取得する金融商品を相続人自身のNISA口座に受け入れることはできず、相続人の特定口座か一般口座のいずれかに受け入れることになります。受け入れる上場株式等の取得日は相続発生日となり、取得価額は相続発生日の時価となります。

相続人が相続した金融商品を特定口座に受け入れる場合は、相続・遺贈時の特定口座への受入れルールに従います（**110ページ参照**）。

非課税口座年間取引報告書

新しいNISA　旧NISA　Check Point!

非課税口座（一般NISA・つみたてNISA・新しいNISA）内の金融商品の配当・譲渡益は非課税です。ただし、金融機関はその取引実績等について、特定口座と同様に、毎年、非課税口座年間取引報告書を作成し、税務署に提出しています。

非課税口座年間取引報告書には、当該口座開設者の住所・氏名・マイナンバーのほか、その者が取得した銘柄、取得・譲渡の額、受け取った配当等の額につき記載されています。

非課税口座年間取引報告書は、確定申告等に利用することはないため、特定口座年間取引報告書と違い、投資家には交付されません。

5-3

旧NISA（一般NISA・つみたてNISA・ジュニアNISA）特有の規定

５－３では、2023年投資分までの旧NISA（一般NISA・つみたてNISA・ジュニアNISA）に特有の規定について解説します。ジュニアNISAについては、継続管理勘定や払出し制限という独特の仕組みがあり、注意が必要です。

このほか、旧NISAには、非課税保有期間の期限がありますので、非課税期間終了時の扱いについても５－３で解説します。

これ以外の規定は「新しいNISA」と共通している部分が多いですので、５－２で解説しています。

ジュニアNISA特有の仕組み

ジュニアNISAは未成年者のための少額投資非課税制度ですが、2023年12月31日をもって新規投資が終了となりました。2024年１月１日以後は、（法律が改正されない限り）既にジュニアNISAの口座を開設している人が既に購入した金融商品を保有し続けることのみ可能で、新規口座開設や新規投資はできません。

ジュニアNISAの口座・勘定の構成

ジュニアNISAには、その他のNISAと異なり、18歳に達するまで（正確には📖131ページ参照）の払出し制限があります。

このため、ジュニアNISAの未成年者口座を（18歳未満で（注））開設した際には、同時に未成年者口座から得た売却代金や配当等、未成年者口座から払出した金融商品などをプールするための「**課税未成年者口座**」も開設されました。

（注）2022年12月31日までは20歳未満がジュニアNISAの未成年者口座を開設することができたため、18歳以上20歳未満で未成年者口座を開設すると、当初から払出し制限がなく、課税未成年者口座が開設されない場合がありました。

▶ジュニアNISAの構成

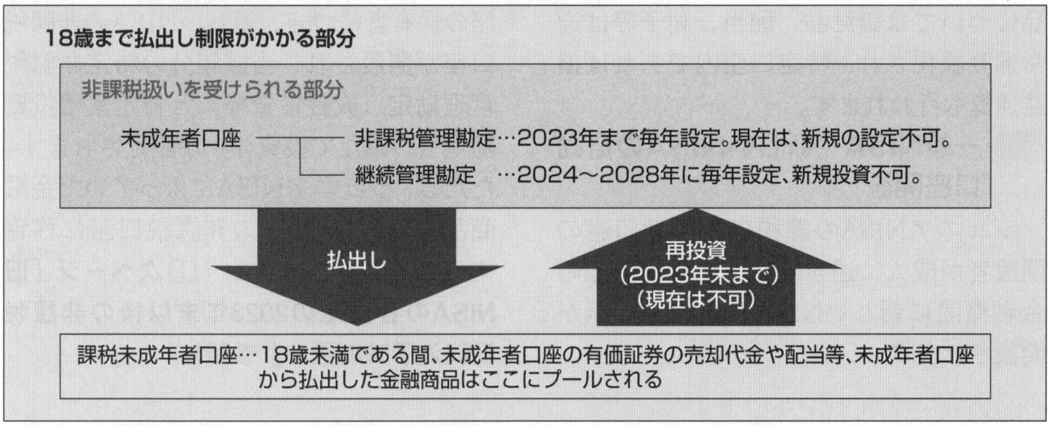
18歳まで払出し制限がかかる部分
非課税扱いを受けられる部分
未成年者口座
非課税管理勘定…2023年まで毎年設定。現在は、新規の設定不可。
継続管理勘定　…2024～2028年に毎年設定、新規投資不可。
払出し
再投資
(2023年末まで)
(現在は不可)
課税未成年者口座…18歳未満である間、未成年者口座の有価証券の売却代金や配当等、未成年者口座から払出した金融商品はここにプールされる

非課税管理勘定

ジュニアNISAの非課税管理勘定は未成年者口座開設時と、以後の2023年までの毎年1月1日に、その年の1月1日時点で18歳未満である間に未成年者口座に設定されました。ジュニアNISAの非課税管理勘定の非課税保有期間は5年間です。

継続管理勘定

2024年以後は、新たな非課税管理勘定が設定されなくなり、ジュニアNISAでの新規投資ができなくなります。ただし、これまでのジュニアNISAの非課税管理勘定で購入し保有を続けている金融商品については、口座開設者が18歳になるまで継続して非課税扱いを受けることができます。

継続管理勘定は、ジュニアNISAの非課税管理勘定につき5年間の非課税保有期間が切れる金融商品を受け入れて非課税保有期間を延長（ロールオーバー）するための勘定です。継続管理勘定では新規投資を行うことができません。

継続管理勘定は、2023年までに開設された未成年者口座につき、口座開設者がその年の1月1日時点で18歳未満である場合、2024年から2028年まで、各年の1月1日に設けられます。各年の継続管理勘定は口座開設者が18歳に達する年の12月31日まで存続します（5年の制限はありません）。

課税未成年者口座

未成年者口座内の金融商品を売却した際の売却代金や、配当・分配金等は、未成年者口座とは別途設けられる、課税未成年者口座に受け入れられます。原則として特定口座や預金口座などが用いられます（注1）。

課税未成年者口座は、ジュニアNISAの口座開設者が18歳に達する年度の12月31日まで存続し、翌1月1日からは通常の特定口座や預金口座などに変わります（注2）。

課税未成年者口座で保有する預り金などで、金融商品を購入することも可能で

（注1）特定口座は原則として1人1金融機関につき1口座しか開設できません（📖**110ページ参照**）が、ジュニアNISAの未成年者口座を開設する場合、特定口座たる課税未成年者口座（払出し制限あり）を通常の特定口座（払出し制限なし）とは別に開設することができます。

（注2）その際には、特定口座は1人1金融機関につき1口座の原則が適用されるため、特定口座たる課税未成年者口座と通常の特定口座が統合されて1つの特定口座となります。

す。課税未成年者口座で保有する金融商品については譲渡益、配当、利子等は通常通り課税され、特定口座内であれば損益通算も行われます。

一般NISA・新しいNISAの自動口座開設

ジュニアNISAの課税未成年者口座の開設者が成人に達すると、自動的にその金融機関に新しいNISAの非課税口座が開設されます。

1月1日時点で18歳である未成年者口座の保有者につき、新しいNISAの非課税口座が開設され、当該年分の特定非課税管理勘定（成長投資枠）と特定累積投資勘定（つみたて投資枠）が設定されます。ただし、ジュニアNISAに入っていた金融商品を新しいNISAの非課税口座に移管することはできません（📖次ページ「旧NISAの各勘定の2023年末以後の非課税期間満了時の扱い」参照）。

払出し制限と払出し制限の解除

ジュニアNISAにおいては、未成年者口座（非課税管理勘定・継続管理勘定）および課税未成年者口座から、金融商品や預貯金などを払出すことができません。また、これらの金融商品の売却代金を払出すこともできません。

これらの払出し制限は、**18歳に達する年度の12月31日**（高校３年時の年末）まで適用され、18歳に達する年度の１月１日に解除されます。すなわち、一般的には高校を卒業する年の１月１日に払出し制限が解除されることとなり、ジュニアNISAで形成した資金を大学等の入学金や授業料等に充てることが可能となっています。

また、これまで災害等事由以外の事由での払出し（要件外払出し）を行いたい場合は遡及課税が行われておりましたが、2024年１月１日以後は、遡及課税が廃止されました。ただし、ジュニアNISAからの一部の金融商品や金銭の払出しを行うことはできず、払出しをしたい場合は、保有する口座内のすべての金融商品や金銭を払出し、口座廃止をする必要があります。

2023年末以後の非課税期間終了時の扱い

非課税保有期間

旧NISA（一般NISA・つみたてNISA・ジュニアNISA）の各勘定には次のページの表の通り、非課税保有期間が定められています。非課税保有期間は勘定ごとに年単位で計算します。例えば、一般NISAの非課税管理勘定の場合、非課税保有期間が５年間というのは、投資した年の４年後の12月末まで非課税になるという意味です。

▶旧NISAの非課税保有期間

制度	一般NISA	つみたてNISA	ジュニアNISA	
勘定	非課税管理勘定	累積投資勘定	非課税管理勘定	継続管理勘定
非課税保有期間	5年間	20年間	5年間	18歳に達する年まで

譲渡益については、受渡日が非課税保有期間内にある場合非課税となります。配当・分配金については、下表の収入の時期が非課税保有期間内にある場合非課税となります。

▶配当・分配金の収入の時期

	上場株式等の配当等の種類	収入の時期
1	国内の上場株式・ETF・上場REITの配当金	支払開始日
2	国内の公募株式投資信託の期中分配金	決算日
3	外国の上場株式（記名式）の配当金	現地支払開始日
4	外国の上場株式（無記名式）の配当金	現地保管機関の受領日
5	外国の公募株式投資信託（記名式）の期中分配金	基準日
6	外国の公募株式投資信託（無記名式）の期中分配金	現地保管機関の受領日

旧NISAの各勘定の2023年末以後の非課税期間満了時の扱い

一般NISAの非課税管理勘定

一般NISAの非課税管理勘定の非課税期間満了時には、非課税管理勘定に入っている金融商品は**原則として特定口座に移管**されます（ただし、特定口座を開設していない場合は一般口座に移管されます）。一般口座に移管するためには、事前に金融機関にて手続きが必要です。

ジュニアNISAの非課税管理勘定

ジュニアNISAの非課税管理勘定の非課税期間満了時には、非課税管理勘定に入っている金融商品は**原則として継続管理勘定に移管（ロールオーバー）**されます。課税未成年者口座に移管するためには、事前に金融機関にて手続きが必要です。

ジュニアNISAの継続管理勘定

ジュニアNISAの口座開設者が18歳になると、その年の年末に継続管理勘定の非課税期間が満了となり、継続管理勘定に入っている金融商品は**原則として特定口座に移管**されます。一般口座に移管するためには、事前に金融機関にて手続きが必要です。

つみたてNISAの累積投資勘定

つみたてNISAの累積投資勘定の非課税期間満了時には、累積投資勘定に入っている金融商品は**原則として特定口座に移管**されます（ただし、特定口座を開設していない場合は一般口座に移管されます）。一般口座に移管するためには、事前に金融機関にて手続きが必要です。

6

資産形成にまつわる各種制度

NISAのほかにも、資産形成を支援する制度が設けられています。確定拠出年金は、各種税制優遇の下で、自らの運用により老後の資産作りを行う年金制度です。財形貯蓄は、勤務先を通じて給与や賞与から天引きし積み立てる制度です。マル優・特別マル優は、障害者等に限り利用することができる預貯金や公社債などの利子の非課税制度です。

このほか、本章では、ストック・オプションや譲渡制限付株式など勤務先企業の株式に係る制度や、ベンチャー企業への投資に対する税制優遇制度（エンジェル税制）なども解説します。

確定拠出年金

確定拠出年金とは

確定拠出年金は、拠出額が確定している一方、給付額は運用成果によって変動する年金です。英語のDefined Contributionの頭文字をとって**DC**とも呼ばれます。

確定拠出年金には企業型と個人型があります。**企業型確定拠出年金**は、企業が従業員のために掛金を拠出する企業年金の一種です。企業型の掛金の拠出は原則として企業だけですが、規約によっては従業員も任意で掛金を拠出することができます（マッチング拠出）。企業型には、70歳未満の厚生年金被保険者であれば加入することができます（実際の加入可能な年齢は企業により異なります）。

一方、**個人型確定拠出年金**（愛称：**iDeCo、イデコ**）は、加入者自身が掛金を拠出し、自助努力で老後のための資金を積み立てて運用することができる制度です。iDeCoに加入できるのは65歳未満の公的年金の被保険者となっています。

iDeCoの掛金の拠出は原則として加入者自身が行いますが中小企業に勤めているiDeCo加入者について、加入者に加えて事業主も掛金を拠出できる中小事業主掛金納付制度（愛称：iDeCo+、イデコプラス）もあります。

加入対象者と拠出限度額

現在の確定拠出年金の加入対象者と拠出限度額は、国民年金の加入者種別および企業年金の有無等により、次ページの表のようになっています。

拠出限度額は年額で定められており、月によって拠出額を変えることも可能です。ただし、iDeCoにおいて月ごとに拠出額を変えるためには、月別の拠出額の計画を定めて加入者月別掛金額登録・変更届に記載し、運営管理機関（金融機関等）に提出する必要があります。

運用方法の指図

運営管理機関は、投資信託、預貯金、保険商品などの中から運用商品を選定します。その際には、原則としてリスク・リターン特性の異なる３本～35本の運用商品を選定することとなっています。加入者は、選定された運用商品の中から商品を選び、運用を指図します。

加入者は、保有している運用商品を他の運用商品に預け替える（スイッチングする）指図を行うことが可能で、スイッチングの回数や金額には制度上の上限はありません。

なお、加入者から個人別の管理資産に対する運用の指図がない場合に、加入者から運用の指図があるまで運営管理機関が運用方法を指定する（指定運用方法を定める）ことができます。指定運用方法を定めるにあたっては、企業型においては労使協議の実施、iDeCoにおいては運営管理機関から国民年金基金連合会への選定した商品とその理由の届出などの手続きが必要となっています。

▶確定拠出年金の加入対象者と拠出限度額

国民年金の資格区分	企業年金の加入状況	企業型確定拠出年金			個人型確定拠出年金（iDeCo）	
		加入可否	加入者がマッチング拠出をするか否か※1	拠出限度額	加入可否※2	拠出限度額
国民年金第1号被保険者※3	—	×			○	月額6.8万円※4
国民年金第2号被保険者※5	① 国家公務員共済・地方公務員共済のいずれかに加入	×			○	月額1.2万円※8
	② 確定給付企業年金・厚生年金基金・私学共済・石炭鉱業年金基金のいずれかに加入	○	マッチング拠出をする場合	月額2.75万円※6、7	×	
			マッチング拠出をしない場合	月額2.75万円※6	○	月額2.75万円－各月の企業型DCの掛金額（ただし、月額1.2万円を上限）※8
		左記、②で企業型確定拠出年金に加入していない場合			○	月額1.2万円※8
	③ ①・②のいずれにも該当しない	○	マッチング拠出をする場合	月額5.5万円※6	×	
			マッチング拠出をしない場合	月額5.5万円	○	月額5.5万円－各月の企業型DCの掛金額（ただし、月額２万円を上限）※8
		左記、③で企業型確定拠出年金に加入していない場合			○	月額2.3万円※9
国民年金第３号被保険者	—	×			○	月額2.3万円

※１　マッチング拠出を導入している企業の企業型DC加入者のみが、マッチング拠出を選択することができます。
※２　企業型DCの事業主掛金とiDeCoの掛金が各月の拠出限度額の範囲内での各月拠出となっていない場合は、加入できません。
※３　農業者年金基金の加入者、および国民年金保険料につき免除を受けているか未納である者を除きます。国民年金任意加入被保険者を含みます。
※４　国民年金基金の掛金または国民年金の付加保険料を支払う者は、拠出限度額はそれらとの合算で月額6.8万円です。
※５　企業型には70歳未満の者が加入できます。ただし、規約で定める企業型年金加入者となる資格により、企業によって加入できる年齢は異なり得ます。iDeCoには65歳未満まで加入することができます。
※６　マッチング拠出を行う場合は、企業と従業員の拠出額の合計額が表記の金額以内であり、かつ、従業員の拠出額が、企業の拠出額の同額以下である必要があります。
※７　2024年12月１日より、月額5.5万円から確定給付企業年金（DB）等の他制度掛金相当額を控除した額となる予定です。
※８　2024年12月１日より、月額5.5万円－（各月の企業型DCの事業主掛金＋DB等の他制度掛金相当額）（ただし、月額２万円を上限）となる予定です。
※９　iDeCo＋に加入している場合は、企業と従業員の拠出額の合計額が月額2.3万円以内です（ただし、企業のみの拠出とすることはできません）。

年金資産の持ち運び（ポータビリティ）と任意脱退の原則不可

確定拠出年金の企業型・iDeCo、および確定給付企業年金の間では、相互に年金資産を持ち運ぶ（移す）ことが可能です。

一方、確定拠出年金の「年金」という性質上、加入者の意思で制度を脱退することは原則できません。

給付

確定拠出年金からの給付には、老齢給付金（年金または一時金）、障害給付金（年金または一時金）、死亡一時金があります。また、例外的に脱退が認められる場合には脱退一時金が給付されます。いずれの場合でも、確定拠出年金の個人別資産の残高から給付を受けるため、その金額は保証されたものではなく、運用の成果によって変動します。

老齢給付金の受給を開始できる年齢は、加入期間に応じ、次の通りです。

▶確定拠出年金の老齢給付金を受給開始できる年齢

加入期間※	受給開始できる年齢
1ヵ月以上2年未満	65歳以上75歳未満
2年以上4年未満	64歳以上75歳未満
4年以上6年未満	63歳以上75歳未満
6年以上8年未満	62歳以上75歳未満
8年以上10年未満	61歳以上75歳未満
10年以上	60歳以上75歳未満

※　確定拠出年金（企業型またはiDeCo）の「加入者等」であった期間（60歳未満の期間に限る）を指します。通算加入者等期間を有しない60歳以上の方が加入者となった場合、加入者となった日から５年を経過した日より老齢給付金を請求することができます。

確定拠出年金の加入可否・拠出限度額の改正

Check Point!

2022年10月１日から企業型確定拠出年金の加入者につき、規約にかかわらずiDeCoにも加入することができるようになりました。マッチング拠出を認める企業型確定拠出年金に加入する加入者は、マッチング拠出を行うかiDeCoに加入するかいずれかを選べるようになりました。

また、2024年12月１日から国民年金第２号被保険者に係る確定拠出年金の拠出限度額につき、確定給付企業年金等の拠出額を考慮した上で以下のように制度の統一を行うとしています。

▶国民年金第２号被保険者に係る確定拠出年金の拠出限度額の改正（2024年12月１日施行）

①企業型確定拠出年金の拠出限度額は、（確定給付企業年金等の拠出相当額と合わせ）年額66万円とする。

②iDeCoの拠出限度額は、年額24万円（ただし、企業型確定拠出年金の拠出額および確定給付企業年金等の拠出相当額と合わせて年額66万円以内）とする。

確定拠出年金の税制

確定拠出年金の拠出時・運用時の税制

拠出時の税制

確定拠出年金への拠出額は、全額が所得税・住民税の課税対象から除外されます。企業による拠出額は給与所得に算入されず、加入者個人による拠出額は小規模企業共済等掛金控除として全額所得控除の対象となります。

なお、小規模企業共済等掛金控除は本人分の掛金のみが控除対象で、同一生計であっても家族分の掛金の控除は認められません。例えば、専業主婦の妻の分のiDeCoの掛金を実際に夫が負担しているとしても、夫が妻の分のiDeCoの掛金につき小規模企業共済等掛金控除を受けることはできません。

運用時の税制

確定拠出年金の加入者は、制度内で金融商品を運用しますが、この際に商品の運用益が出ても所得税・住民税は課税されません。また、運用商品に利子・配当等が支払われても所得税・住民税は課税されません。

なお、運用資産の残高に対して課税する特別法人税の制度が法律上措置されていますが、確定拠出年金制度の導入以来これまで一度も課税が行われたことはなく、現行法では2026年３月31日まで課税が凍結されています。

確定拠出年金の給付時の税制

確定拠出年金からの給付時の課税の扱いは、その種類により、次の表のようになります。

▶確定拠出年金からの給付時の課税の扱い

給付の種類		課税の扱い（所得区分）
老齢給付	年金	所得税・住民税の課税対象（雑所得）
	一時金	所得税・住民税の課税対象（退職所得）
障害給付	年金	非課税
	一時金	非課税
死亡一時金		みなし相続財産として相続税の課税対象
脱退一時金		所得税・住民税の課税対象（一時所得）

老齢年金に対する課税

確定拠出年金から受け取った老齢年金は、所得税・住民税の課税の対象となり、その全額が公的年金等の雑所得の収入金額となります。確定拠出年金制度内の運用で増やした部分（運用益部分）だけでなく、拠出額（元本部分）も含めて、雑所得を計算する上での収入金額とする点に注意が必要です。

公的年金等の雑所得の所得金額を計算する際には、確定拠出年金からの老齢給付に加え、老齢基礎年金や老齢厚生年金などの他の公的年金等の受取金額と合算して収入金額を求めた上で公的年金等控除額（📖次ページの表を参照）を控除し、公的年金等の雑所得の所得金額を計算します。

▶公的年金等控除額の計算式

公的年金等の収入金額（A）		公的年金等控除額		
		公的年金等以外の合計所得金額		
		1,000万円以下	1,000万円超 2,000万円以下	2,000万円超
65歳未満	130万円以下	60万円	50万円	40万円
65歳未満	130万円超　410万円以下	A×25%＋27.5万円	A×25%＋17.5万円	A×25%＋7.5万円
65歳未満	410万円超　770万円以下	A×15%＋68.5万円	A×15%＋58.5万円	A×15%＋48.5万円
65歳未満	770万円超　1,000万円以下	A×5%＋145.5万円	A×5%＋135.5万円	A×5%＋125.5万円
65歳未満	1,000万円超	195.5万円	185.5万円	175.5万円
65歳以上	330万円以下	110万円	100万円	90万円
65歳以上	330万円超　410万円以下	A×25%＋27.5万円	A×25%＋17.5万円	A×25%＋7.5万円
65歳以上	410万円超　770万円以下	A×15%＋68.5万円	A×15%＋58.5万円	A×15%＋48.5万円
65歳以上	770万円超　1,000万円以下	A×5%＋145.5万円	A×5%＋135.5万円	A×5%＋125.5万円
65歳以上	1,000万円超	195.5万円	185.5万円	175.5万円

※　受給者の年齢が65歳未満かどうかは、その年の12月31日の年齢により判断されます。

老齢一時金に対する課税

確定拠出年金から受け取った老齢一時金は、所得税・住民税の課税の対象となり、その全額が退職所得の収入金額となります。老齢年金の場合と同様に、運用益部分だけでなく、元本部分も含めて、退職所得を計算する上での収入金額とします。退職所得の計算式は次の表の通りです。

▶退職所得の計算式

退職所得の金額＝（一時金・退職金の収入金額－退職所得控除額）×１／２

▶退職所得控除額の計算式

勤続年数または 加入期間等	退職所得控除額
２年以下	80万円
２年超20年以下	40万円×勤続年数
20年超	800万円＋70万円×（勤続年数－20年）

確定拠出年金の老齢一時金と退職金の両方を受給する場合

確定拠出年金の一時金を受け取る人が、他にも退職所得となる退職金を受け取る場合は、退職金や一時金を受け取る年ごとに退職所得を計算します（同じ年に受け取る場合は合算します）。

退職所得控除額を計算する上では、同じ年に複数の退職金や一時金を受け取る場合は、それらの勤続年数（加入期間）を通算します。ただし、同一の期間について重複計上することはできません。

退職金や一時金を受け取る年が異なる場合は、退職金については前年以前４年以内に他の退職金または確定拠出年金の一時金の受取りがある場合、以前に受け取った退職金・一時金の勤続年数（加入期間）と重複する期間につき、退職所得控除額の減額が行われます。確定拠出年金の一時金については前年以前19年以内（2022年３月31日以前の支払を受けるべきものは14年以内）に退職金の受取りがある場合、以前に受け取った退職金の勤続年数（加入期間）と重複する期間につき、退職所得控除額の減額が行われます。

死亡一時金

確定拠出年金の死亡一時金は、税制上、死亡退職金等として扱われ、みなし相続財産として相続税の課税対象になります。

死亡退職金等には非課税枠があり、（確定拠出年金の死亡一時金以外にも死亡退職金等がある場合はそれらと合算の上）「法定相続人数×500万円」が課税対象から控除されます。

財形貯蓄

財形貯蓄と税制の概要

財形貯蓄は、勤務先を通じて給与や賞与から天引きし、積み立てる貯蓄です。積み立てた額は、勤務先が契約している証券会社、銀行、生命保険会社などの取扱機関に預け入れられ、投資信託や預貯金等となります。

財形貯蓄には、一般財形貯蓄、財形年金貯蓄、財形住宅貯蓄の３種類があり、概要は下記の通りです。

一般財形貯蓄（一般財形）は、貯蓄の目的を限定しない一般的な資産形成制度です。勤務先が取り扱っている範囲で１人で複数の金融機関と契約でき、積立限度額に上限もなく、原則として任意の時期に払い出すことができます。ただし、非課税となることはなく、分配金や利子等には所得税・住民税が課税されます。

財形年金貯蓄（財形年金）は、在職中に積み立てたお金を60歳以降に年金として払出しを受ける制度で、１人１契約に限り締結でき、元利合計550万円（生命保険の保険料、損害保険の保険料等については385万円）までの分配金や利子等は非課税となります。積立期間だけでなく、年金の受取りが終わるまで、非課税措置が継続されます。

財形住宅貯蓄（財形住宅）は、勤労者の住宅取得促進を目的とした制度で、１人１契約に限り締結でき、元利合計550万円までの分配金や利子等は非課税となります。財形住宅貯蓄で蓄えた資金は、原則として住宅取得資金として払い出さなければなりません。なお、住宅取得とは、住宅の建設、新築住宅または中古住宅の購入のことをいい、別荘の取得や簡易な改築は含まれません（ただし、工事費75万円超などの要件を満たす大規模な増改築は含まれます）。

財形年金貯蓄と財形住宅貯蓄において満たすべき条件は、📖次ページの表の通りです。なお、１人の勤労者が財形年金貯蓄と財形住宅貯蓄の両方を契約することも可能ですが、非課税となる積立限度額は合計で元利合計550万円までです。

▶財形貯蓄の概要

<table>
<tr><th colspan="2"></th><th>一般財形貯蓄</th><th>財形年金貯蓄</th><th>財形住宅貯蓄</th></tr>
<tr><td colspan="2">貯蓄の目的</td><td>自由</td><td>年金受給のため</td><td>住宅取得のため</td></tr>
<tr><td colspan="2" rowspan="2">利用できる人の条件</td><td colspan="3">勤め先の事業主が制度を導入していること</td></tr>
<tr><td>年齢上限なし</td><td colspan="2">55歳未満（契約締結日時点）</td></tr>
<tr><td colspan="2">積立方法</td><td colspan="3">給与や賞与の支給時に天引きで積立</td></tr>
<tr><td colspan="2">積立限度額</td><td>制限なし</td><td>元利合計550万円まで（ただし、保険は385万円まで）※1</td><td>元利合計550万円まで※1</td></tr>
<tr><td colspan="2">分配金・利子等の所得税・住民税</td><td>課税（20.315%）</td><td colspan="2">非課税</td></tr>
<tr><td colspan="2">契約締結時点の想定積立期間</td><td>３年以上</td><td>５年以上※2</td><td>５年以上※3</td></tr>
<tr><td rowspan="3">払出し</td><td>原則</td><td rowspan="3">資金使途を問われない</td><td>60歳到達以後に５年以上20年以内の有期年金として払い出す</td><td>住宅取得費用に充てる証明書等を提出して払い出す</td></tr>
<tr><td>災害時</td><td colspan="2">税務署から交付される書類を提出して払い出せる</td></tr>
<tr><td>上記以外の払出し</td><td colspan="2">過去５年以内に非課税とされた分配金・利子等につき所得税・住民税を遡及課税</td></tr>
<tr><td colspan="2">その他の要件</td><td></td><td>積立終了から年金受取り開始までの据置期間は５年以内であること</td><td>住宅取得時に融資を受けることをあらかじめ定めておくこと※4</td></tr>
</table>

※１　限度額を超過した場合、課税扱いとなります。財形年金貯蓄と財形住宅貯蓄を併用する人は、合計で元利合計550万円が限度です。
※２　積立期間５年未満で払い出す場合は、遡及課税の対象となります。
※３　住宅取得費用に充てる場合、結果的に積立期間が５年以内となっても遡及課税はされません。
※４　住宅取得時に結果的に融資が不要となっても遡及課税はされません。

財形貯蓄における公募投資信託の換金時の税制の特例

通常、公募投資信託を換金した場合、買取請求であるか解約請求であるかにかかわらず、受取代金を譲渡収入とみなし、取得価額との差額が上場株式等の譲渡所得等となります（📖57ページ参照）。

しかし、財形貯蓄制度で保有している場合は、解約請求をした場合、解約金額と個別元本（注）との差額が、公募株式投資信託であれば上場株式等の配当所得、公募公社債投資信託であれば上場株式等の利子所得となり、税率20.315%の源泉徴収が行われます（譲渡所得等とはならないため、確定申告は不要です）。買取請求を選んだ場合は、財形貯蓄制度であっても差損益は上場株式等の譲渡所得等となり、源泉徴収は行われず原則として確定申告が必要となります。

その上で、財形年金貯蓄および財形住

（注）2024年５月現在、財形制度において購入時手数料を徴収している投資信託はないため、取得価額＝個別元本となっています。

宅貯蓄において生じる配当所得および利子所得は原則として非課税となります（譲渡所得等は非課税とされません）。

財形年金貯蓄および財形住宅貯蓄において換金時に運用益の非課税扱いを受けるためには解約請求をする必要があります。

▶財形貯蓄における公募投資信託の換金時の税制

		通常の口座	一般財形貯蓄	財形年金貯蓄・財形住宅貯蓄	
				原則	要件外払出し
解約請求	公募株式投資信託	上場株式等の譲渡所得等	上場株式等の配当所得	非課税	上場株式等の配当所得
解約請求	公募公社債投資信託	上場株式等の譲渡所得等	上場株式等の利子所得	非課税	上場株式等の利子所得
買取請求	公募株式投資信託	上場株式等の譲渡所得等	上場株式等の譲渡所得等	上場株式等の譲渡所得等	上場株式等の譲渡所得等
買取請求	公募公社債投資信託	上場株式等の譲渡所得等	上場株式等の譲渡所得等	上場株式等の譲渡所得等	上場株式等の譲渡所得等

財形年金・財形住宅において課税が行われる場合

積立の中断時の課税

財形年金貯蓄および財形住宅貯蓄では、積立を中断した場合、最後の払込みをしてから２年を経過する日以後は原則として非課税扱いを受けられなくなり、分配金・利子等には所得税・住民税が課税されます（２年以内の中断であれば中断回数に制限はありません）。

もっとも、３歳未満の子について育児休業等を取得する場合は、所定の手続きを行うことで、当該育児休業等の間、非課税の扱いを受けたまま積立を中断することができます。

積立限度額超過時の課税

財形年金貯蓄および財形住宅貯蓄において元利合計550万円の積立限度額を超過した場合、以後は元本全て非課税扱いを受けられなくなり、分配金・利子等には所得税・住民税が課税されます。

要件外払出し時の遡及課税

財形年金貯蓄において年金目的以外の払出し、または財形住宅貯蓄において住宅取得目的以外の払出しを行い、かつ、災害等の事由にも該当しない場合、要件外払出しとして、原則として遡及課税が行われます。

この場合、要件外払出しを行った日からさかのぼって**過去５年間**に非課税で受け取った分配金や利子等につき要件外払出しを行った日に受け取ったものとみなし、配当所得または利子所得として税率20.315％（所得税15.315％・住民税５％）の源泉徴収が行われます。払出し時に生じる公募投資信託の差益にかかる課税は、解約請求か買取請求かにより異なります（上記の図表参照）。

もっとも、財形年金貯蓄において年金支給開始から５年超が経過している場合、払出し時の課税は行われますが、過去５年間の遡及課税は行われません。

マル優・特別マル優（障害者等非課税貯蓄制度）

マル優・特別マル優の概要

一定の障害者等に該当する方に対しては非課税貯蓄制度が設けられています。預貯金・公社債の利子や契約型の公社債投資信託の収益分配金は通常、課税されますが、非課税貯蓄制度の対象者は、少額預金（**マル優**）、少額公債（**特別マル優**）のそれぞれについて、**元本350万円**を限度に、これらの利子や収益分配金が非課税となります。

非課税貯蓄制度が適用されるのは以下の方です。

▶障害者等非課税貯蓄制度の対象者

- 身体障害者手帳の交付を受けている人
- 遺族基礎年金または寡婦年金を受けることができる妻
- その他これらの人に準ずる人

ただし、マル優・特別マル優は公社債・公社債投資信託の譲渡益を非課税とするものではありません。もし、公社債の譲渡や公社債投資信託の買取請求を行った場合は、譲渡益には税率20％（所得税15％★・住民税５％）の申告分離課税が適用されます。

マル優貯蓄の種類と対象となる有価証券

少額預金の非課税扱い（マル優）を受けられるのは、預貯金・合同運用信託・一定の有価証券の利子や収益分配金です。有価証券のうちマル優の対象となるのは📖**次ページ**の表の通りです。

少額公債の非課税扱い（特別マル優）を受けられるのは国債と地方債のみです。非課税扱いを受けるためには、原則としてこれらの購入・預入の都度、（特別）非課税貯蓄申込書を取扱金融機関に提出する必要があります。

（注）★印の付いている所得税については、別途復興特別所得税の課税も行われます。復興特別所得税の税率は基準所得税額の2.1％です。詳しくは、📖**41ページを参照**してください。

▶マル優・特別マル優が適用される有価証券

	マル優		特別マル優
	利付公社債	公社債投資信託	利付公債
共通の条件	・買付と同時に証券会社等の振替口座簿に記載または記録されること ・国内において円建てで発行または募集されたもの		
その他の条件	国内法人発行の社債や外国公社債については、金融商品取引業者が引き受けたものであること	信託の設定（追加設定を含む）時に購入したものであること	国債または公募の地方債であること（社債や外国の公債は不可）

※　このほか、マル優については公募公社債等運用投資信託のうち設定日に購入したもの、特定目的信託の社債的受益権で公募によるものも対象となります。

マル優・特別マル優の非課税枠の管理

マル優・特別マル優は、対象者１人当たり、各350万円の非課税枠の範囲内であれば、複数の金融機関において貯蓄を行うことが可能です。なお、債券においては、非課税枠の利用額（貯蓄額）は購入金額ではなく額面金額で計算します。

マル優・特別マル優の貯蓄を行う時には、最初に購入･預入をする時までに、**（特別）非課税貯蓄申告書**を取扱金融機関に提出し、本人確認を受ける必要があります。

（特別）非課税貯蓄申込書には、その金融機関に設定するマル優・特別マル優の非課税枠（最高限度額）と、もし他の金融機関で既にマル優・特別マル優の非課税枠を設定していればそれらの金額も記入します。（特別）非課税貯蓄申告書に記載された情報は税務署に提出され、350万円を超過していないかの確認を受けます。

もし、複数の金融機関を通じて350万円の非課税枠を超えてマル優・特別マル優の非課税枠を設定していたことが判明した場合、後から提出した（特別）申告書は無効となり、利子は課税対象となります。

（特別）非課税貯蓄申告書によって当該金融機関に設定した非課税枠を超えて当該金融機関で購入･預入した場合は、以後、その金融機関における貯蓄すべての利子が課税扱いとなります。

勤務先企業の株式に係る制度

ストック・オプション

ストック・オプションとは、会社の役職員等に新株予約権を付与する制度のことです。

ストック・オプションは無償で付与されることが多く、税制上は、権利行使時に課税が繰り延べられる**税制適格ストック・オプション**と、権利行使時に課税が行われる**税制非適格ストック・オプション**が一般的です。もっとも、一部には新株予約権が付与される際に公正な発行価額を役職員等が会社に払込みを行う、**有償ストック・オプション**もあります。

税制適格ストック・オプション

会社法に基づき無償で付与されるストック・オプション（旧商法の規定に基づき付与されたストック・オプションを含みます）のうち、📖**次ページ**の表の要件を満たすものを**税制適格ストック・オプション**といいます。

税制適格ストック・オプションは、役職員等が**権利を行使した時には課税されません**。一般的には、権利行使時の株式の時価は権利行使価額を上回り、権利行使時には役職員等には含み益が生じていることになりますが、課税は取得した株式を譲渡する時まで繰り延べられます。

税制適格ストック・オプションの権利行使により取得した株式は特定口座に入れることができず、譲渡した際には、上場株式等または一般株式等の譲渡所得等として税率20％（所得税15％★・住民税５％）の申告分離課税の対象となります。

この場合の譲渡所得等の額は、「**売却価格－権利行使価額**」により算出します。

なお、税制適格ストック・オプションの権利行使により取得した株式と同一銘柄の株式がある場合には、総平均法に準ずる方法ではなく、それぞれ異なる銘柄として取得価額等を算出します。

▶税制適格ストック・オプションの要件

<table>
<tr><td rowspan="1">対象者</td><td colspan="3">次のいずれかに該当する者
・自社の取締役、執行役または使用人（およびその相続人）
・発行済株式総数の50％超を直接または間接に保有する法人の取締役、執行役または使用人（およびその相続人）
・中小企業等経営強化法の認定事業者が行う新事業分野開拓計画に従事する「社外高度人材」※1</td></tr>
<tr><td>権利行使期間</td><td colspan="3">付与決議の日後２年を経過した日から付与決議の日後10年を経過する日までの間
※設立の日以後５年未満の非上場会社であること等の要件を満たした会社が2023年４月１日以後に付与した税制適格ストック・オプションについては、付与決議の日後２年を経過した日から付与決議の日後15年を経過するまでの間</td></tr>
<tr><td>権利行使価額</td><td colspan="3">ストック・オプションに係る契約締結時の時価（株価）以上</td></tr>
<tr><td rowspan="4">権利行使価額の年間限度額</td><td rowspan="2">付与決議の日において、設立以後５年以上20年未満</td><td>非上場</td><td rowspan="2">3,600万円※2</td></tr>
<tr><td>上場以後５年未満</td></tr>
<tr><td colspan="2">付与決議の日において、設立以後５年未満</td><td>2,400万円※2</td></tr>
<tr><td colspan="2">上記以外</td><td>1,200万円</td></tr>
<tr><td>譲渡制限</td><td colspan="3">あり</td></tr>
<tr><td>新株発行・株式譲渡</td><td colspan="3">権利行使に係る新株の発行、または株式の譲渡が株主総会の決議によって定めた募集要項に反しないこと</td></tr>
<tr><td>株式保管委託要件</td><td colspan="3">次のいずれかに該当する方法
・発行会社と証券会社等の間であらかじめ締結される株式の保管委託等に関する取決めに従い、一定の方法で証券会社等に保管委託等がなされること※3
・権利行使により取得した株式が譲渡制限株式であり、発行会社によって一定の方法で株式の管理等がなされること※4</td></tr>
<tr><td>権利者の誓約</td><td colspan="3">権利者が付与決議の日に当該株式会社の大口株主、またはその特別関係者でないこと</td></tr>
<tr><td>権利者が発行会社に提出する書面の記載事項</td><td colspan="3">権利行使の年における当該権利行使者の他の権利行使の有無など</td></tr>
</table>

※1　計画の実施開始日から新株予約権の行使までの間、居住者である者に限ります。当該社外高度人材が、権利行使をして取得した株式を譲渡するまでに国外転出した場合、権利行使日の株価で譲渡したものとみなして、その価額と権利行使価額との差額が譲渡益課税の対象となります。その後、実際に譲渡した場合、権利行使日の株価を取得価額として、その価額と譲渡価額との差額が譲渡益課税の対象となります。

※2　2023年分の所得税については、権利行使価額の限度額は1,200万円となります。

※3　当該証券会社等を通じた譲渡が行われず、他の証券会社等に移管等がされた場合、その時点で譲渡があったとみなされ、時価と権利行使価額との差額が譲渡益課税の対象となります。その後、実際に譲渡した場合、移管等を行った日の時価を取得価額として、その価額と譲渡価額との差額が譲渡益課税の対象となります。

※4　2024年分の所得以後について適用されます。

設例による解説

例えば、次の図表のように、上場企業Ａ社において、権利行使価額600円の税制適格ストック・オプションが付与された従業員の課税の例を考えます。まず、税制適格ストック・オプションですので付与時は課税されません。この従業員は時価700円の時に権利行使し、時価700円のＡ社株式を600円の払込みで取得していますが、この時点でも課税は行われません。この従業員が株価1,000円でＡ社株式を譲渡した際には、「売却価格（1,000円）－権利行使価額（600円）」の400円が上場株式等の譲渡所得等として課税されます。

▶税制適格ストック・オプションの課税の例（上場株式の場合）

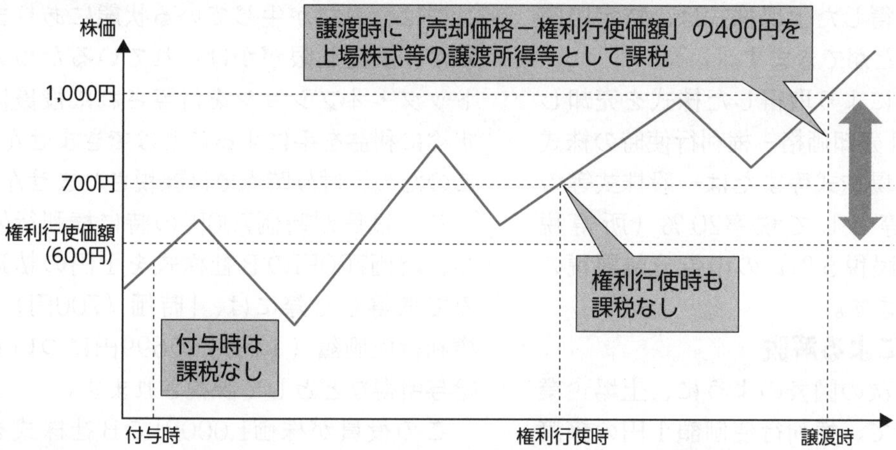

株価
譲渡時に「売却価格－権利行使価額」の400円を
上場株式等の譲渡所得等として課税
1,000円
700円
権利行使価額
(600円)
権利行使時も
課税なし
付与時は
課税なし
付与時
権利行使時
譲渡時
時点

税制非適格ストック・オプション

無償で付与されるストック・オプションのうち、税制適格ストック・オプション以外のものを税制非適格ストック・オプションといいます。

税制非適格ストック・オプションも通常、権利付与時は非課税です（ただし、譲渡制限がない場合には、権利付与時に課税されます）。税制非適格オプションは税制適格オプションと異なり、権利行使価額をストック・オプションに係る契約締結時の時価以上にする要件はないため、例えば１円などの低価格に設定することも可能です。

税制非適格ストック・オプションの権利行使時には、「権利行使により取得した株式の権利行使日の時価－権利行使価額」が総合課税の対象となります。

この場合の所得区分は、次の表の通りとなり、発行法人とストック・オプションの付与を受けた者との間に雇用関係が認められる場合は給与所得(注)、雇用関係はないものの、業務に関連して付与されるような場合には事業所得または雑所得とされます。

▶税制非適格ストック・オプションの権利行使時の所得区分

種　類	例	所得区分
① 発行法人と付与を受けた者との間の雇用契約等に基因して付与	自社の取締役、使用人や子会社の取締役に付与	給与所得※
② 付与を受けた者の営む業務に関連して付与	融資先や仕入先、経営コンサルタント、顧問弁護士、取引先の取締役に付与	事業所得または雑所得
③ ①または②以外	付与対象者の相続人が権利行使	原則として雑所得

※　主として職務の遂行に関連しない利益が提供されている場合には雑所得、退職に基因して権利行使が可能となっていると認められる場合には退職所得として課税されます。

(注) 外国親会社から日本子会社の取締役に付与されたストック・オプションについても、雇用契約に類する関係に基因して受け取るものとして給与所得に該当する旨の最高裁判所の判決が下されています。

税制非適格ストック・オプションの行使により取得した上場株式は、特定口座に入れることができます。

権利行使により取得した株式を売却した場合は、「売却価格－権利行使時の株式時価」が上場株式等または一般株式等の譲渡所得等として税率20％（所得税15％★・住民税５％）の申告分離課税の対象となります。

設例による解説

例えば、次の図表のように、上場企業Ｂ社において、権利行使価額１円の譲渡制限のある税制非適格ストック・オプションが付与された役員の課税の例を考えます。

権利行使価額が１円であるため、付与時点において既にこのストック・オプションには含み益が生じている状態にありますが、譲渡制限がかけられているためストック・オプションを付与された役員はすぐに利益を手にすることはできません。このため、付与時点では課税されません。

この役員が時価700円の時に権利行使し、時価700円のＢ社株式を１円の払込みで取得した際には、「時価（700円）－権利行使価額（１円）」の699円について給与所得などとして課税されます。

この役員が株価1,000円でＢ社株式を譲渡した際には、「売却価格（1,000円）－権利行使時の時価（700円）」の300円が上場株式等の譲渡所得等として課税されます。

▶税制非適格ストック・オプションの課税の例（上場株式の場合）

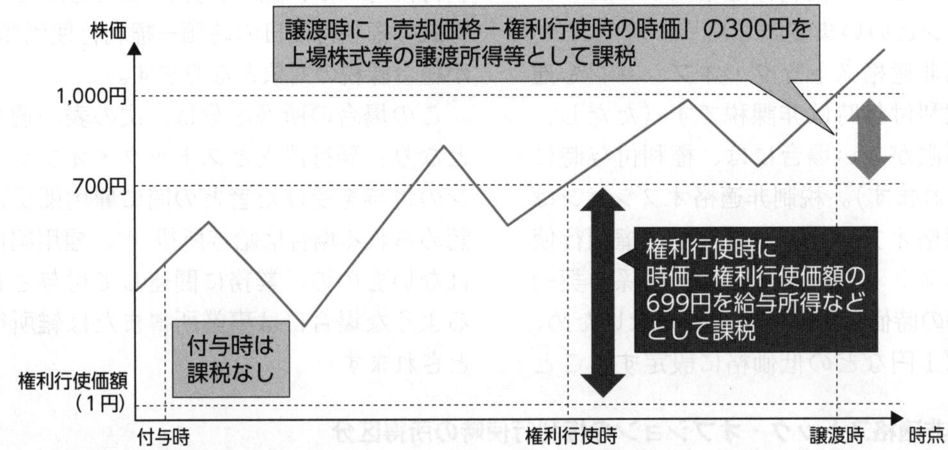
株価
1,000円
700円
権利行使価額
（1円）
付与時
権利行使時
譲渡時
時点
譲渡時に「売却価格－権利行使時の時価」の300円を
上場株式等の譲渡所得等として課税
権利行使時に
時価－権利行使価額の
699円を給与所得など
として課税
付与時は
課税なし

新株予約権のまま譲渡した場合

税制非適格ストック・オプションを権利行使前に新株予約権のまま発行会社に譲渡した場合、その対価は税制非適格ストック・オプションの権利行使時と同様に課税されます。

すなわち、株式等の譲渡の対価として申告分離課税になるのではなく、事業所得、給与所得、退職所得、一時所得または雑所得に係る（総）収入金額となり、課税されます。

有償ストック・オプション

有償ストック・オプションとは、新株予約権が付与される際に、オプション評価モデルで算出した公正な発行価額を役職員等が会社に払い込むものです。

役職員等が公正な対価を支払って新株予約権を取得している場合は、ストック・オプションとしての課税ではなく、「新株予約権」として、一般株式等または上場株式等の譲渡所得等として税率20％（所得税15％★・住民税５％）の申告分離課税の対象となるものとされています。

すなわち、新株予約権の取得時に課税は行われず、払い込んだ金額を当該新株予約権の取得価額とするものとされています。新株予約権の権利行使時にも課税は繰り延べられ、取得した株式の取得価額は権利行使時の払込金額と当該新株予約権の取得時の払込金額の合計となるとされています。

当該株式を譲渡した場合、譲渡収入から当該株式の取得価額を差し引いた金額が、一般株式等または上場株式等の譲渡所得等となるものとされています。

譲渡制限付株式(リストリクテッド・ストック)・株式交付信託(ESOP)

譲渡制限付株式（リストリクテッド・ストック）

譲渡制限付株式（リストリクテッド・ストック）とは、一定期間譲渡制限が付された株式で、役職員等の勤務状況や会社の業績が一定の基準を達成しない場合は、没収されるという条件が付されているものです。

譲渡制限付株式のうち、税法上の要件を満たすものを特定譲渡制限付株式といいます。

特定譲渡制限付株式は付与された時点では課税関係は生じず、譲渡制限が解除された日に、その日における株式の価額が、会社との関係に応じて給与所得、退職所得、事業所得または雑所得として課税対象となります（所得区分は、📖**165ページ**の税制非適格ストック・オプションと同様に考えます）。

その株式を売却した際には、「売却価格－譲渡制限解除時の時価」について、上場株式等または一般株式等の譲渡所得等として税率20％（所得税15％★・住民税５％）の申告分離課税の対象となります。

設例による解説

例えば、次の図表のように、上場企業C社において、譲渡制限付株式が無償で付与された役員の課税の例を考えます。

譲渡制限がかけられているため当該株式を付与された役員はすぐに利益を手にすることはできません。このため、付与時点では課税されません。

時価700円の時にこの株式の譲渡制限が解除されたとすると、その時点の時価である700円について給与所得などとして課税されます。

この役員が株価1,000円でC社株式を譲渡した際には、「売却価格（1,000円）－譲渡制限解除時の時価（700円）」の300円が上場株式等の譲渡所得等として課税されます。

▶特定譲渡制限付株式の課税の例（上場株式の場合）

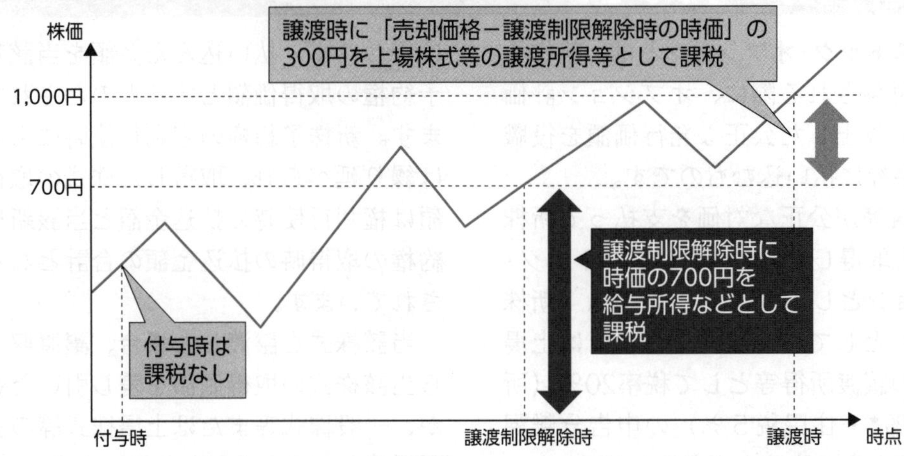

株価
1,000円
700円
譲渡時に「売却価格－譲渡制限解除時の時価」の300円を上場株式等の譲渡所得等として課税
譲渡制限解除時に時価の700円を給与所得などとして課税
付与時は課税なし
付与時
譲渡制限解除時
譲渡時
時点

株式交付信託（ESOP）

株式交付信託（Employee Stock Ownership Plan、ESOP）とは、会社が金銭を信託に拠出し、その資金を元に市場等から株式を取得するなどの方法で信託が自社の株式を取得し、一定期間経過後にその会社の役職員に株式を交付するものをいいます。

ESOPにおいては、一般的に、実際に役職員に株式が交付されるまでは、役職員はその信託の受益者とはみなされず、役職員への課税は行われません。役職員に株式が交付された際には、その日における株式の価額が、会社との関係に応じて給与所得または退職所得として課税対象となります。

その株式を売却した際には、「売却価格－株式交付時の時価」について、上場株式等または一般株式等の譲渡所得等として税率20％（所得税15％★・住民税５％）の申告分離課税の対象となります。

エンジェル税制

エンジェル税制（スタートアップ株式に係る特例）

スタートアップ企業への投資を促進させるための税制優遇措置（エンジェル税制）が設けられています。個人投資家は投資時点、株式売却時点のそれぞれの時点において、この優遇措置を受けることができます。

エンジェル税制は、投資時点の税制優遇措置（課税繰延または非課税措置）と、株式売却時点の税制優遇措置からなります。投資時点の優遇措置は、自らも事業に携わるか否か、および設立後の年数等の違いにより４種類の措置があります（複数の措置の条件を満たす場合は、いずれかの措置を選択適用できます）。2024年４月１日から、払込みにより株式を直接取得した場合だけでなく、払込みにより取得していた新株予約権を行使することで株式を取得した場合についても、優遇措置Bまたはプレシード・シード特例を適用できるようになりました。

これらの投資時点の４種類のうち、いずれかの要件を満たすスタートアップ株式については、当該投資に損失が生じた場合においても、株式売却時点の優遇措置が受けられます。

▶エンジェル税制の概要

①投資時点						
措置の種類	控除対象	控除先	措置内容	控除上限額	設立年数	外部資本比率
起業特例	自己資金による起業時の出資額	その年の株式譲渡益から控除	非課税	非課税枠は20億円まで。それを超える分は課税繰延	１年未満	1/100以上
優遇措置Ａ	対象企業への投資額－2,000円	その年の所得金額から控除	課税繰延	総所得金額×40％と800万円のいずれか低い方	５年未満	1/6以上※1
優遇措置Ｂ	対象企業への投資額	その年の株式譲渡益から控除	課税繰延	上限なし	10年未満	1/6以上
プレシード・シード特例	対象企業への投資額	その年の株式譲渡益から控除	非課税	非課税枠は20億円まで。それを超える分は課税繰延	５年未満	1/20以上

②株式売却時点
株式の上場前の売却や破産・解散等により生じた損失は、その年の他の株式譲渡益と通算（相殺）できるだけでなく、その年に通算しきれなかった損失は、翌年以降３年にわたって、順次株式譲渡益と通算ができる。

※1　プレシード・シード特例の企業要件（営業損益０未満等）を追加で満たす場合、外部資本比率の要件が1/6以上から1/20以上に緩和されます。

※2　優遇措置A、優遇措置B、プレシード・シード特例のうち複数の条件を満たす場合は、いずれかの措置を選択適用することが可能です。

投資時点の優遇措置

投資時点の優遇措置は、①対象企業への投資額をその年の他の株式譲渡益から控除（起業特例、優遇措置Ｂ、プレシード・シード特例）、②対象企業への投資額をその年の総所得金額から控除（寄付金控除）（優遇措置Ａ）に分かれます。出資先の企業要件（財務諸表や事業計画、設立経過年数など）により、個人投資家が利用可能な優遇措置は異なります（詳しくは📖次ページのCheck Point!参照）。

なお、投資時の特例は所得税のみの規定であり、住民税では適用がありません。したがって、投資時に特例を受けたスタートアップ株式を譲渡した際には、所得税と住民税で所得金額が異なることとなりますので、所得税の確定申告書とは別に住民税の申告も必要となります（📖49ページ参照）。

投資額の譲渡所得等からの控除

起業特例、優遇措置Ｂ、プレシード・シード特例のいずれかの適用を受ける場合、払込みにより取得したスタートアップ株式の取得価額（注１）を、その年の上場株式等の譲渡所得等および一般株式等の譲渡所得等から控除することができます。つまり、スタートアップ株式（その年の12月31日時点に保有するものに限る）に投資した金額だけ、その年の株式等の譲渡所得等を圧縮できます（注２）。

優遇措置Ｂの適用を受けたスタートアップ株式の取得価額は、以下のように特例の適用を受けた金額に準じて引き下げられます。すなわち、譲渡所得等からの控除額の分だけ株式の取得価額が減額されることになるため、課税繰延に過ぎません。将来、当該株式を譲渡する際に課税される譲渡益が控除額分だけ大きくなります。

$$\text{スタートアップ株式の１株当たりの取得価額} = \text{12月31日時点でのスタートアップ株式１株当たりの取得価額} - \frac{\text{控除の適用を受けた金額}}{\text{12月31日時点で有するスタートアップ株式の数}}$$

一方で、起業特例またはプレシード・シード特例の適用を受けたスタートアップ株式を譲渡した場合、20億円を上限に譲渡益の非課税措置を適用できます。20億円を超える金額については、その分だけスタートアップ株式の取得価額が引き下げられます（課税繰延となります）。

スタートアップ等への再投資に係る非課税措置

一定の要件を満たすプレシード・シード期のスタートアップ企業の株式を譲渡した場合、20億円を上限に譲渡益の非課税措置を適用できます。なお、20億円を超える金額については、従来通り課税繰延が可能です。さらに、保有株式の譲渡

（注１）優遇措置Ｂおよびプレシード・シード特例において、2024年４月１日以後に取得した新株予約権を権利行使して株式を取得する場合は、新株予約権の取得費用も控除の対象となります。
（注２）2025年分所得から導入されるミニマムタックスの適用を判断する際の「基準所得金額」（📖39ページ参照）は、譲渡所得等からの控除後の所得金額を用います。

益を元手に個人が起業した場合についても、前述と同様の非課税措置を受けられます。

▶スタートアップ等への再投資に係る非課税措置の仕組み

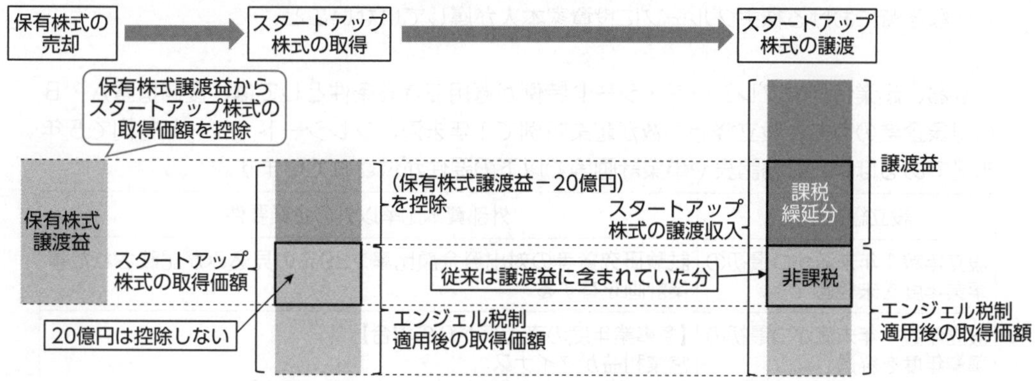

※　上記の図表は、「保有株式譲渡益＞20億円」で非課税措置を適用した場合。

エンジェル税制の適用条件

Check Point!

2024年５月現在、エンジェル税制のうち優遇措置Ａ・優遇措置Ｂを適用するための条件の概要は下記の通り（Ⅰ・Ⅱ・Ⅲすべてを満たすもの）です。

もっとも、実際のエンジェル税制の適用条件はかなり複雑ですので、適用を受ける際には、中小企業庁のウェブサイトに掲載されている「エンジェル税制 要件判定シート」を利用したり、税理士に相談したりするなど、入念な確認を行うとよいでしょう。

Ⅰ　会社が下記のいずれかに当てはまること

優遇措置Ａ	優遇措置Ｂ
• 創業５年未満の中小企業者で、財務諸表や事業計画等が所定の要件を満たす会社であること • 沖縄振興特別措置法の指定会社※1 • 国家戦略特別区域法の指定会社※2 • 地域再生法の指定会社※2	• 創業10年未満の中小企業者で、財務諸表や事業計画等が所定の要件を満たす会社であること • 沖縄振興特別措置法の指定会社※1

※１　2025年３月31日までに同法の指定を受けたものに限ります。
※２　2026年３月31日までに発行される株式に限ります。

Ⅱ　株式の取得方法が以下の方法のいずれかであること

- 会社が発行する株式を直接取得するもの
- 認定投資事業有限責任組合の契約に従って取得するもの
- 認定少額電子募集取扱業者の募集によって取得するもの

Ⅲ　**投資家本人が同族要件に該当しないこと（以下のいずれかを満たすこと）**

- 投資先の企業が法人税法に規定される同族会社でないこと
- 投資先の企業が法人税法に規定される同族会社である場合、持株割合が大きいものから第３位までの株主グループの持株割合を順に加算し、その割合が初めて50％超になる時における株主グループに投資家本人が属していないこと

なお、起業特例やプレシード・シード特例が適用できる条件としては、優遇措置Ａ・Ｂの対象企業のうち、設立経過年数が起業特例で１年未満、プレシード・シード特例で５年未満であるほか、財務諸表や事業計画等で以下の要件が付されています。

設立経過年数	外部資本比率以外の企業要件
設立年数１年未満かつ最初の事業年度を未経過	試験研究費等の対出資金額比率＞30％の見込みが記載された事業計画を有する
設立年数１年未満かつ最初の事業年度を経過	【各事業年度の売上高が０の場合】営業利益がマイナス 【各事業年度のいずれかの売上高＞０の場合】営業利益がマイナスかつ前事業年度の試験研究費等の対出資金額比率＞30％
設立年数１年以上～５年未満	

投資額からの寄付金控除

優遇措置Ａの適用を受ける場合、金銭の払込みにより取得したスタートアップ株式の取得価額について寄附金控除を適用することができます。控除額の上限は、総所得金額等×40％と800万円のいずれか低い方になります（寄附金控除については📖26ページ参照）。

エンジェル税制における寄附金控除は所得控除なので、上場株式等や一般株式等の譲渡所得だけでなく、総合課税の所得など他の課税所得からも控除できます。他の株式譲渡益がなくても投資時点で、出資金額から2,000円を控除した金額が総所得金額等から控除されます（注）。

総所得金額等から控除された金額は、取得したスタートアップ株式の取得価額から控除されます。つまり、取得時の寄附金控除額は、優遇措置Ｂと同様に課税繰延に過ぎず、譲渡時に譲渡益課税の対象になります。

なお、外部資本比率の基準（１/６以上）については、プレシード・シード特例の企業要件（営業損益０未満等）の条件を満たす企業の場合、１/20以上に緩和されます。

（注）2025年分所得から導入されるミニマムタックスの適用を判断する際の「基準所得金額」（📖39ページ参照）は、寄附金控除を含む所得控除適用前の所得金額を用いるため、優遇措置Ａの適用を受けることで「基準所得金額」が減ることはありません。

株式売却時点の優遇措置

価値喪失に係る「みなし譲渡」

税制の原則としては、発行会社の倒産等により株式等の価値が喪失した場合でも、その損失は譲渡損失とは認められません(注)。

ただし、エンジェル税制（起業特例、優遇措置A、優遇措置B、プレシード・シード特例のいずれか）の適用対象となるスタートアップ株式に関しては、その株式の上場の前に、次のいずれかの事実により株式としての価値を失った場合は、その事実の発生をもって特定中小会社株式の譲渡があったものとみなすとともに、株式の価値が喪失したことによる損失を譲渡損失とみなす特例が設けられています。

①発行法人の解散に伴う清算の結了をしたこと
②破産手続開始の決定を受けたこと

譲渡損失等の損益通算と繰越控除

一般株式等の譲渡損失は、原則として一般株式等の譲渡所得の範囲内でのみ内部通算が可能であり、その年の一般株式等の譲渡所得から控除しきれない損失を翌年以後に繰り越すことはできません。

しかし、エンジェル税制（起業特例、優遇措置A、優遇措置B、プレシード・シード特例のいずれか）の適用対象となるスタートアップ株式を上場の日の前日までの間に譲渡した場合に生じた譲渡損失、および前述の価値喪失に伴う「みなし譲渡」による損失については、**一般株式等の譲渡所得等と上場株式等の譲渡所得等のいずれとも損益通算が可能**です。さらに、その年の一般株式等および上場株式等のいずれの譲渡所得等からも控除しきれない損失は、翌年以降最長3年間の繰越しが認められ、**翌年以後3年以内に生じる一般株式等の譲渡所得等および上場株式等の譲渡所得等から控除**することができます。

一般株式等の譲渡所得等と上場株式等の譲渡所得等の両方がプラスである時は、まず一般株式等と損益通算し、残る損失につき上場株式等と損益通算します。ただし、優遇措置を受けた場合には、その控除対象金額のうち課税繰延分を取得価額から差し引いて譲渡損失を計算します。

(注) 特定口座で管理されている国内法人の上場株式等が上場廃止となり、その後、清算結了等により上場株式等の価値が喪失した場合には、譲渡損失とみなす特例があります（📖126ページ参照）。

7

デリバティブ取引と税金
ー先物、オプション、FXー

本章では、様々なデリバティブ取引の仕組みとその税金のポイントについて説明します。

デリバティブ取引の代表例としては、日経平均株価（日経225）先物取引などの有価証券指数等先物取引や有価証券オプション取引があげられます。

本章では、これらに加えて、外国為替証拠金取引（FX）や暗号資産デリバティブ取引の税金についても解説しています。暗号資産デリバティブ取引に関連して、暗号資産取引についても説明します。

デリバティブ取引に関して差金等決済をしたことにより生じた所得（雑所得等）については、原則として税率20%の申告分離課税とされています。

なお、本章の商品は、特定口座の対象になりません。

7-1

デリバティブ取引の税金の基本

デリバティブ取引の類型

デリバティブ取引には、以下の図表のようなものがあります。

デリバティブ取引を行った場合の所得は**雑所得（または事業所得）**に区分され(注)、「先物取引の雑所得等」に係る課税の対象となる取引については原則として申告分離課税となり、それ以外の取引は総合課税(累進税率)の対象となります。

以下では、「先物取引の雑所得等」として申告分離課税の対象となるものを中心に解説します。

▶デリバティブ取引の類型

市場デリバティブ取引
(国内取引所における取引)

- **先物取引**
  取引所の株価指数先物取引、取引所の債券先物取引
  取引所の商品先物取引、取引所FX、取引所証券CFDなど
- **オプション取引（スワップション等を除く）**
  取引所の有価証券オプション取引、取引所の商品先物オプション取引など
- **スワップション、クレジット・デリバティブなど**

店頭デリバティブ取引

- **先渡取引**※1、2
  店頭FX、店頭証券CFD、店頭商品CFDなど
- **オプション取引（スワップション等を除く）**※1
  店頭有価証券オプション取引など
- **スワップション、クレジット・デリバティブ、暗号資産デリバティブ取引など**

外国市場デリバティブ取引（外国の取引所における取引）

■灰色網かけは、総合課税の対象となる取引
それ以外は、「先物取引の雑所得等」に係る課税の対象となる（申告分離課税となる）取引

※1　「商品先物取引業者または第一種金融商品取引業者等」以外の者を相手方とするものなどは、総合課税の対象です。
※2　便宜上、次ページ以降では先物取引と先渡取引は区別せず、「先物取引」で統一しています。

(注) 事業所得となるのは、取引の営利性・有償性・継続性・反復性、自己の危険と計算による企画遂行性、資金調達方法、その取引のための施設、その人の職業、収益の安定性、その他の諸事情からみて事業として取引を行っている場合に限られます。したがって、通常はデリバティブ取引による所得は雑所得として扱われます。

「先物取引の雑所得等」の対象となるデリバティブ取引の税金

デリバティブ取引のうち、「先物取引の雑所得等」に係る課税の対象となる取引については、原則として雑所得（または事業所得）として申告分離課税の対象となります。この「先物取引の雑所得等」に係る課税の対象となる取引とは、取引所の株価指数先物取引や有価証券オプション取引などです（📖**前ページの図を参照**してください）。

この「先物取引の雑所得等」の対象となる取引について、「**差金等決済**」をした場合には、**税率20%（所得税15%★**[注1]**・住民税５%）の申告分離課税**となります。「差金等決済」とは、反対売買による差金決済、オプションの権利行使・権利放棄、カバードワラントの譲渡・権利行使・権利放棄をいいます。

また、「先物取引の雑所得等」の対象となる取引の中での損益通算や、損失発生の翌年以後３年間の繰越控除ができます。ただし、「先物取引の雑所得等」の対象とならないデリバティブ取引や、現物株式の譲渡・配当による所得など他の所得との間での損益通算は認められません。

一方、「先物取引の雑所得等」の対象となる取引であっても、現物の株式や債券などの金融商品、商品などを受渡しする決済は「差金等決済」に含まれないため、税制上の扱いが異なります（**債券先物は📖180ページ、有価証券オプション取引は📖183ページを参照**してください）。

「先物取引の雑所得等」の対象とならないデリバティブ取引の税金

「先物取引の雑所得等」の対象とならない取引については、その差金決済・権利行使などにより発生した所得について、雑所得（または事業所得）として**総合課税（累進税率）**の対象となります。この「先物取引の雑所得等」の対象とならない取引とは、スワップション、クレジット・デリバティブのほか、商品先物取引業者以外の者を相手方とする店頭商品デリバティブ取引および第一種金融商品取引業者等以外の者を相手方とする店頭デリバティブ取引などです（📖**前ページの図を参照**してください）。また、暗号資産取引や暗号資産デリバティブ取引は「先物取引の雑所得等」の対象となりません。

「先物取引の雑所得等」の対象となる取引との間での損益通算は行えず、損失の繰越控除の対象にもなりません。

もちろん、現物株式の譲渡・配当による所得と通算することもできません。

損益発生日の基本的な考え方

デリバティブ取引における損益は、原則として**差金等決済を行った日**に発生します[注2]。

したがって、先物取引については、反対売買または最終清算指数（SQ）による決済が行われた日に損益が発生すること

（注１）★印の付いている所得税については、別途復興特別所得税の課税も行われます。復興特別所得税の税率は基準所得税額の2.1%です。くわしくは、📖**41ページを参照**してください。
（注２）「先物取引の雑所得等」の対象とならない取引については、損益発生日について明確な規定はありません。

になります。
オプションについては、反対売買または権利行使による決済が行われた日に損益が発生することになります（当初取引時に受払いするプレミアムについては、当初取引時点では損益として扱いません）。
したがって、例えば2023年12月×日に取引を開始し、2024年１月×日に反対売買による差金決済を行った場合は、「差金等決済」の日は2024年１月×日になり、2024年分の所得税の対象となります。
なお、現物の現渡しまたはオプションの権利行使による現物の譲渡を行った場合は原則として受渡日に損益が発生したものとします。

告知と本人確認

デリバティブ取引の差金等決済（差金決済、権利行使、権利放棄、カバードワラントの譲渡・権利行使・権利放棄）による所得を受領する際には、受領者の氏名、住所、マイナンバーなどの**告知**が必要となります。
ただし、証券会社などで口座開設を行う際などに**本人確認書類**を提示して、氏名、住所、マイナンバーなどを告知しているときは、上記の受領の都度の告知を行ったものとみなされます（**みなし告知**）。

支払調書

デリバティブ取引により差金等決済（差金決済、権利行使、権利放棄、カバードワラントの譲渡・権利行使・権利放棄）を行った場合は、所轄の税務署に支払調書が提出されます。
これは、取引所・店頭であるか否か、取引の種類（先物、オプション、FXなど）、現物の受渡しがあったか否かなどにかかわらず、例外なく適用されます。
支払調書の記載事項は、デリバティブ取引を行った者の氏名・住所、マイナンバー、取引業者の名称・所在地、取引の種類、決済を行った日、限月等、決済の方法、数量、約定価格、手数料の額、損益の額などです。
支払調書は、１年間の取引についてまとめて翌年１月31日までに、または、１回の差金等決済ごとに、差金等決済のあった日の属する月の翌月末日までに所轄の税務署に提出されます。
なお、現渡しまたはオプションの権利行使による現物の譲渡により、株式等の譲渡を行った場合は、株式等の譲渡としての支払調書が所轄の税務署に提出されます。

先物取引と税金

先物取引の仕組み

先物取引とは、将来の一定の期日に特定の商品を契約時に決めた価格で取引することなどを約束する契約をいいます。

期日までにいつでも反対売買による差金決済ができること、取引の条件があらかじめ規格化されていること、取引所において売買されることなどがその特徴です。

有価証券を対象商品とする先物取引には、株式や債券の現物を対象とする**有価証券先物取引**と、抽象的な有価証券指数や有価証券の価格等の数値を対象とする**有価証券指数等先物取引**があります。

有価証券先物取引の代表的なものには**株式先物取引**や**債券先物取引**があります。また有価証券指数等先物取引の代表的なものには**株価指数先物取引**があります。

これらのうち、実際に個人投資家が取引を行うものは主に株価指数先物取引だと思われます。

以下では、その仕組みについて説明します。

株価指数先物取引の仕組み

株価指数先物取引とは、株価指数を対象とした先物取引で、株価指数を将来の一定の日に、契約の時点で取り決めた値段で取引することを約束する契約のことです。

主な商品として、大阪取引所のTOPIX（東証株価指数）先物取引、日経225（日経平均株価）先物取引などがあります。

株価指数先物取引には二つの決済方法があります。一つは**反対売買**です。取引最終日までに買建ての場合は転売、売建ての場合は買戻しによる反対売買を行うことにより先物契約を解消し、売値と買値の差額を授受して差金決済を行う方法です。

もう一つは**最終決済**です。新規取引を行った後、取引最終日までに反対売買をしなかった場合に、契約時の約定価格と最終決済価格の差額を決済する差金決済を行うこととなります。株価指数は抽象的な数値なので、取引最終日に一定の株式や有価証券などの現物を受け渡すことはできません。したがって、株価指数先物取引の決済は、反対売買による決済だけでなく、最終決済も差金決済となります。

先物取引の税金

原則的取扱い

有価証券先物取引や株価指数先物取引などの税金は、「『先物取引の雑所得等』の対象となるデリバティブ取引の税金」

▶**主な株価指数先物取引の仕組み（2024年５月時点）**

	TOPIX先物	日経225先物	日経225mini	日経225マイクロ先物
取引所	大阪取引所			
取引対象	東証株価指数〈TOPIX〉	日経平均株価〈日経225〉		
限月	３月、６月、９月、12月のうち直近５限月	四半期限月（最長８年） ①６・12月限 …直近の16限月 ②３・９月限 …直近の３限月	(1)四半期限月 （最長５年） ①６・12月限 …直近の10限月 ②３・９月限 …直近の３限月 (2)その他の限月 （最長５ヵ月） 直近の３限月	(1)四半期限月 直近の２限月 (2)その他の限月 直近の２限月
立会時間（取引時間）	８：45～15：15※1、2 16：30～翌６：00※1、2、3			
取引単位	東証株価指数×10,000円	日経平均株価×1,000円	日経平均株価×100円	日経平均株価×10円
呼値の単位	0.5ポイント	10円	５円	
証拠金所要額	VaR方式※4により計算した想定損失相当額－ネット・オプション価値の総額			
取引最終日	各限月の第２金曜日の前営業日			
決済方法	①転売または買戻しによる差金決済 ②転売または買戻しをしなかった建玉については最終清算数値（SQ値）に基づく差金決済			

※１　各立会時間終了時の板寄せ前５分間（プレ・クロージング時間）は、注文を受け付けますが取引は成立させません。引けの時点で、ザラ場で未約定であった注文とプレ・クロージング時間に受け付けた注文を合わせ、板寄せの方法により取引を成立させます。
※２　2024年11月５日から、現物立会市場の取引終了時刻の後ろ倒しにあわせて、指数先物・オプション取引の取引時間は８：45～15：45、17：00～翌６：00に変更されます。
※３　イブニング（ナイト）・セッション（当該取引に係る証拠金等の計算は、翌営業日の日中取引と合算して行います）。
※４　Value at Risk方式の略称で、現在保有している資産が保有期間中に一定の確率の範囲内で予想される最大損失額を統計的に計算する方法です。

の通りです（📖**177ページ参照**）。

すなわち、差金等決済による損益については、取引所取引・店頭取引ともに、原則として税率20％（所得税15％★・住民税５％）の申告分離課税となります。

差金等決済から生じた売買差損益から、取引に要した委託手数料や消費税などを控除した損益を年間で合算した額に対して課税されます。

他の差金等決済による利益から控除しきれなかった損失については、原則として翌年以降３年間にわたって繰越控除をすることができます。ただし、この適用を受けるためには、損失を計上した年およびその後の繰越期間中、連続して一定の書類を添付した確定申告書を提出しなければなりません。

なお、取引所および店頭のいずれの取引においても、損益にかかわらず、氏名、住所、マイナンバー、差金等決済の方法などを記載した支払調書が、その決済があった日の属する月の翌月末日までに、所轄の税務署に提出されます。

債券先物取引で現引き・現渡しを行った場合

債券先物取引では、反対売買による差金決済を行わない場合、最終決済として国債現物による受渡しが行われます。

債券先物取引で国債を現引きした際には所得は発生しません。その後、国債を譲渡した場合は、「上場株式等の譲渡所得等」として扱われます（📖**54ページ参照**）。

債券先物取引で現渡しした場合の所得については取扱いが明確ではないため、税理士などにご相談ください。

オプション取引と税金

オプション取引の仕組み

オプション取引とは、あらかじめ決められた期日までの期間内に、ある特定の商品を、あらかじめ決められた価格で買うことができる権利(コールオプション)、または売ることができる権利(プット・オプション)を売買する取引をいいます。オプションの対象となる商品のことを**原資産**といい、株式・債券などの現物や、株価指数などの抽象的な指数などのほか、先物取引を対象とするものもあります。有価証券を対象商品とするオプション取引には、現物を対象とする**有価証券オプション取引(個別証券オプション取引)**や、**株価指数オプション取引**などの有価証券指数を対象とする**有価証券指数等オプション取引**があります。買い方は、コール・オプションやプット・オプションの価値に見合う金額であるオプション料(プレミアム)を支払い、売り方はプレミアムを受け取ることで、権利の取引を行います。

オプション取引の決済方法には、反対売買(転売または買戻し)と権利行使(買い方が行う)があります。反対売買がなされた場合には、オプション契約は消滅し、プレミアムの受払いが行われ、取引は終了します。

一方、オプション取引は権利の取引なので、オプション料を支払い、その権利を取得した買い方は、権利行使期間中にその権利を行使することができます。売り方には、買い方の権利行使に応じる義務が発生します。権利行使が行われた場合、株価指数オプション取引は権利行使価格により差金決済されます。有価証券オプション取引の場合は権利行使価格による株式等の売買が行われます。

反対売買、権利行使のいずれも行わずに権利行使期間の満期を迎えると、権利は消滅します。

ただし、取引所のオプション取引の場合、取引最終日に残ったイン・ザ・マネー(権利行使した場合に利益が出る状態)の未決済建玉については、原則として、自動的に権利行使が行われます。

オプション取引の税金

有価証券指数等オプション取引の税金

株価指数オプション取引などの有価証券指数等オプション取引の税金は、「『先物取引の雑所得等』の対象となるデリバティブ取引の税金」の通りです(📖177ページ参照)。すなわち、原則として雑所得(または事業所得)として一律20%(所得税15%★・住民税5%)の申告分離課税となります。オプション取引による損益は先物取引の損益と通算できますが、現物株式等の取引の損益との通算はできません。ただし、利益から控除しきれない損失については、原則として翌年以降３年間にわたって繰越控除をすることができます。

▶主な株価指数オプション取引の仕組み（2024年５月時点）

	TOPIXオプション	日経225オプション	日経225ミニオプション
取引所	大阪取引所		
オプションの対象	東証株価指数〈TOPIX〉	日経平均株価〈日経225〉	
取引対象	東証株価指数プットおよびコール・オプション	日経平均株価プットおよびコール・オプション	
限月	⑴四半期限月（最長５年） ①6・12月限…直近の10限月 ②3・9月限…直近の３限月 ⑵その他の限月（最長９ヵ月） 直近の６限月	⑴四半期限月（最長８年） ①6・12月限…直近の16限月 ②3・9月限…直近の３限月 ⑵その他の限月（最長１年） 直近の８限月	７限月制 ⑴第２週に満期を迎える限月 直近３限月 ⑵第２週以外に満期を迎える限月 直近４限月
立会時間（取引時間）	8：45〜15：15※1、2 16：30〜翌6：00※1、2、3		
取引単位	オプション価格×10,000円	オプション価格×1,000円	オプション価格×100円
呼値の単位	オプション価格 20ポイント以下…0.1ポイント 20ポイント超　…0.5ポイント	オプション価格 100円以下　…１円 100円超　…５円	
証拠金所要額	VaR方式※4により計算した想定損失相当額－ネット・オプション価値の総額		
取引開始日	直近限月の取引最終日の翌営業日		
取引最終日	各月の第２金曜日の前営業日		各週の金曜日の前営業日
権利行使日	取引最終日の翌営業日		
決済方法	①転売または買戻しによる反対売買 ②転売または買戻しをしなかった建玉については、権利行使および割当てによる差金決済		

※１　各立会時間終了時の板寄せ前５分間（プレ・クロージング時間）は、注文を受け付けますが取引は成立させません。引けの時点で、ザラ場で未約定であった注文とプレ・クロージング時間に受け付けた注文を合わせ、板寄せの方法により取引を成立させます。

※２　2024年11月５日から、現物立会市場の取引終了時刻の後ろ倒しにあわせて、指数先物・オプション取引の取引時間は８：45〜15：45、17：00〜翌６：00に変更されます。

※３　イブニング（ナイト）・セッション（当該取引に係る証拠金等の計算は、翌営業日の日中取引と合算して行います）。

※４　Value at Risk方式の略称で、現在保有している資産が保有期間中に一定の確率の範囲内で予想される最大損失額を統計的に計算する方法です。

有価証券オプション取引の税金

有価証券オプション取引の損益については、所得税法上、次のように取り扱われます。

▶有価証券オプション取引の税金

		当初買付け・売付け	反対売買・権利放棄※3	権利行使
コール・オプション	買い方	所得は発生しない	雑所得等として申告分離課税※1（税率20％（所得税15％★・住民税5％））	所得は発生しない※2
	売り方			株式等の譲渡益として課税
プット・オプション	買い方			株式等の譲渡益として課税
	売り方			所得は発生しない※2

※1　当初買付時の支払オプション料は所得から控除し、当初売付時の受取オプション料は所得に加算します。株式等の譲渡所得等との通算はできません。損失は先物取引等による所得との通算ができ、なお損失が残る場合は翌年以降３年間にわたって繰越控除の適用を受けられます。
※2　権利行使により取得した株式等を譲渡した場合は、株式等の譲渡益として課税されます（取得価額や譲渡益の計算方法は、次の「権利行使した場合の株式等の取得価額・譲渡益の計算方法」を参照）。
※3　権利放棄を行った場合の取扱いについては、📖185ページを参照してください。

▶取引所における有価証券オプション取引の仕組み（2024年５月時点）

	有価証券オプション取引（個別証券オプション取引）
取引所	大阪取引所
取引対象	以下の条件を満たす上場銘柄のうち取引所が選択したもののプットおよびコール・オプション ・東証、名証上場株券等のうち一定のもの ・上場投資信託（ETF）のうち一定のもの ・上場優先出資証券および投資証券（REIT等）のうち一定のもの
限月	直近の２限月およびそれ以外の３・６・９・12月のうち直近２限月の４限月取引
立会時間（取引時間）	9：00～11：35※1　12：30～15：15※1、2
取引単位	オプション対象証券の売買単位（株式分割等が行われた場合は分割比率等で調整）
呼値の単位	プレミアムの水準に応じて、0.1円～5,000円まで８段階設定
証拠金所要額	VaR方式※3により計算した想定損失相当額－ネット・オプション価値の総額
取引開始日	直近限月の取引最終日の翌営業日
取引最終日	各限月の第２金曜日の前営業日
権利行使日	取引最終日
決済方法	①転売または買戻しによる反対売買 ②転売または買戻しをしなかった建玉については、権利行使および割当てにより成立するオプション対象証券の売買

※1　各立会時間終了時の板寄せ前５分間（プレ・クロージング時間）は、注文を受け付けますが取引は成立させません。引けの時点で、ザラ場で未約定であった注文とプレ・クロージング時間に受け付けた注文を合わせ、板寄せの方法により取引を成立させます。
※2　2024年11月５日から、現物立会市場の取引終了時刻の後ろ倒しにあわせて、有価証券オプション取引の取引時間（午後）は12：30～15：45に変更されます。
※3　Value at Risk方式の略称で、現在保有している資産が保有期間中に一定の確率の範囲内で予想される最大損失額を統計的に計算する方法です。

権利行使した場合の株式等の取得価額・譲渡益の計算方法

権利行使により取得した株式等を譲渡した場合は、通常の株式等の譲渡として課税されます。すなわち、当該株式等が上場株式等であれば、上場株式等の譲渡所得等として申告分離課税の対象となります。ただし特定口座の対象にはなりません。

支払調書は通常の株式等の譲渡と同様に提出されます。

コール・オプションの買い方・売り方、プット・オプションの買い方・売り方における譲渡益の計算方法は、原則として、次の表のようになります。

▶株式等の譲渡益の計算方法

コール・オプション	買い方※1	**株式等の譲渡益**　＝株式等の譲渡代金－株式等の取得価額（または取得費。以下同じ） **株式等の取得価額**＝株式等の買付代金（＝権利行使価格×株数）＋一連の取引により発生した委託手数料＋消費税等＋オプション取引の当初買付時の支払オプション料
	売り方※2	**株式等の譲渡益**　＝株式等の譲渡代金－株式等の取得価額 **株式等の譲渡代金**＝株式等の売付代金（＝権利行使価格×株数）＋オプション取引の当初売付時の受取オプション料 **株式等の取得価額**＝譲渡した株式等の取得価額＋一連の取引により発生した委託手数料＋消費税等
プット・オプション	買い方※2	**株式等の譲渡益**　＝株式等の譲渡代金－株式等の取得価額 **株式等の譲渡代金**＝株式等の売付代金（＝権利行使価格×株数）－オプション取引の当初買付時の支払オプション料 **株式等の取得価額**＝譲渡した株式等の取得価額＋一連の取引により発生した委託手数料＋消費税等
	売り方※1	**株式等の譲渡益**　＝株式等の譲渡代金－株式等の取得価額 **株式等の取得価額**＝株式等の買付代金（＝権利行使価格×株数）＋一連の取引により発生した委託手数料＋消費税等－オプション取引の当初売付時の受取オプション料

※1　オプションの対象となる株式等を権利行使価格で取得します。取得した株式等を売却した場合に株式等の譲渡益が生じます。
※2　オプションの対象となる株式等を権利行使価格で売却することになります。

カバードワラントの取引と税金

Check Point!

◆カバードワラントとは

カバードワラントとは、あらかじめ決められた期間内にあらかじめ決められた価格で、個別株や株価指数を売買する権利を表した有価証券です。満期前に譲渡し、譲渡益を得たり、満期時に権利行使し、差金決済による利益を得たりすることができます。

現物株の取引などよりも少額の資金で取引を開始することができる、先物取引と異なり最大損失額が買付代金に限られるといった特徴があります。

◆カバードワラントの税金

カバードワラントの譲渡による損益は譲渡所得（または事業所得または雑所得）(注)、権利行使･権利放棄による損益は雑所得（または事業所得）として税率20％（所得税15％★･住民税５％）の申告分離課税となります。

(注)　当該譲渡が営利を目的として継続的に行われている場合は、事業所得（または雑所得）に区分されます。

権利行使しなかった場合（権利放棄した場合）の取扱い

オプションの買い方が権利を行使しなかった場合（権利放棄した場合）、取引は終了し、売り方が当初に受け取ったオプション料は利益となり、買い方が当初に支払ったオプション料は損失となります。これらの損益は雑所得等として申告分離課税の対象となります。

外国為替証拠金取引（FX）の税金

外国為替証拠金取引（FX）の税金

外国為替証拠金取引（FX）とは

外国為替証拠金取引（FX）とは、外国為替（外国通貨）の売買を、一定の証拠金（保証金）を担保に、その証拠金の25倍以内（個人の場合）の金額で行うことができる取引です。

外国為替証拠金取引（FX）では、まず新規取引を行って外貨を保有します（これを「**ポジション**」などと呼びます）。そして、新規取引と反対の決済取引を行うことで、ポジションを決済し、新規取引と決済取引との差損益を得ることができます。

外国為替証拠金取引（FX）では売買差益（為替差益）だけではなく、取引した通貨ペアにおいて金利の高い方の通貨を買い、金利の低い方の通貨を売った場合、その金利差に相当する額（「**スワップポイント**」と呼びます）を受け取るケースがあります。なお、実際のスワップポイントは金利差を含む各通貨の需給により変動するため、高金利通貨を買っていてもスワップポイントが支払いになる場合もあります。

外国為替証拠金取引（FX）では、未決済のポジションについては自動的に受渡日が繰り延べされます。これを**ロールオーバー**などと呼び、これによりポジションの決済期限は原則として無期限となります。

通常、保有している未決済ポジションについて、ロールオーバーされることで繰り延べされた日数分、買っている通貨の金利相当額を受け取り、売っている通貨の金利相当額を支払います。

外国為替証拠金取引（FX）には金融商品取引業者や銀行等を通じて取引所で行われる取引所取引と、店頭で行われ取引所を介さない非取引所取引（店頭取引）があります。

外国為替証拠金取引（FX）の税金

原則的取扱い

外国為替証拠金取引（FX）の税金は、原則として「デリバティブ取引の税金の基本」（**📖176ページ参照**）と同じです。基本的に、差金決済時に、スワップポイントの受払いによる損益と為替差損益（譲渡差損益）を合算して損益を計算します（例外については、**📖次ページ参照**）。

差金決済による損益については、原則として**📖177ページ**の「先物取引の雑所得等」の対象となり、取引所取引・店頭取引ともに税率20％（所得税15％★・住民税５％）の申告分離課税となります。なお、FXには、特定口座での計算の対象にはなりません。

ロールオーバー時に差金決済が行われたとみなされる場合

外国為替証拠金取引（FX）では、一般的に、未決済のポジションについて受渡日が自動的に繰延されるロールオーバーが組み込まれています。ロールオーバーされた未決済ポジションについて発生した差損益金およびスワップポイントについては、その後の決済後に出金が可能とする扱いが一般的と思われます。

しかし、店頭取引の中には、ロールオーバー時点の差損益金等を反映した預託保証金が即時に出金可能となるものがあり、このような取引について、**ロールオーバー時点において権利が確定する**と判断された事例があります（国税不服審判所2017年８月２日裁決）。

この事例の取引は、ロールオーバーにより未決済ポジションの約定価格が更新され、差損益金が発生して金額が確定し、発生後直ちに預託保証金に加算または減算され、同時に預託保証金が出金可能となるというものでした。ロールオーバー時点において所得の実現があったものとして、同時点の年分の所得税の確定申告における申告が必要とされました。

この事例のような取引においては、ロールオーバー時点での所得の申告が求められる可能性があるため、注意が必要です。

証券CFD

Check Point!

証券CFDとは、金融商品や金融指標を参照原資産としたデリバティブ（金融派生）商品で、取引開始時の約定価格と取引終了時の約定価格との差額により決済が行われる差金決済取引です。

証拠金をもとにレバレッジ（てこ）を効かせることで、証拠金より大きな金額の取引が可能な点が特徴です。

◆証券CFDの税金

差金決済による損益については、取引所取引・店頭取引（商品先物取引業者または第一種金融商品取引業者等との取引に限る）ともに「先物取引の雑所得等」の対象となり、原則として税率20％（所得税15％★・住民税５％）の申告分離課税となります。商品先物取引業者または第一種金融商品取引業者等以外との間での店頭取引については、「先物取引の雑所得等」の対象とはならず、総合課税となります。

支払調書については、取引所取引・店頭取引のいずれも、決済の都度、証券CFD取引業者から税務署に支払調書が提出されます。この調書には、証券CFD取引を行った者の氏名および住所、マイナンバー、決済の方法、数量、決済損益の額などが記載されます。

暗号資産デリバティブ取引の税金

暗号資産の税金

暗号資産の税金

暗号資産は仮想通貨と呼ばれることもありますが、法令上は暗号資産と呼ばれています。

暗号資産を売却した場合や暗号資産で商品を購入した場合などは、その売却価額や商品価額が、暗号資産の取得価額を上回っていれば、その差額について、雑所得（または事業所得）として総合課税されます。総合課税となる雑所得は、損失が生じても、他の所得区分の所得との損益通算や、繰越控除は認められません。

暗号資産の取得価額は取得の方法ごとに、下記の通り算出します。

▶暗号資産の取得方法と取得価額

取得の方法	取得価額
①購入	購入代価＋購入手数料等の費用
②贈与・遺贈（③を除く）	贈与・遺贈時の価額（時価）
③死因贈与、相続または包括（特定）遺贈	被相続人死亡時に、被相続人が選択していた方法で評価した金額（被相続人が死亡時に保有する暗号資産の評価額）
④暗号資産の分裂による新たな暗号資産の取得	0円
⑤上記以外	取得時点の価額（時価）

継続して暗号資産の売買等を行う方がその売買等に係る所得金額を計算するには、暗号資産に係る年末時点での１単位当たりの取得価額が必要になります。年末時点での１単位当たりの取得価額を求める方法については、暗号資産の種類ごとに、総平均法または移動平均法のいずれかを選定する必要があります（選定しなかった場合、総平均法となります）。ただし、暗号資産交換業者から送付される年間取引報告書を用いて計算する場合は、総平均法となります。新たな種類の暗号資産を取得した場合は、その年分の所得税の確定申告期限までに、その種類の暗号資産について選定した評価方法を納税地の所轄税務署に届け出なければなりません。既に選定した評価方法を変更したい場合は、変更しようとする年の3月15日（土・日曜日・祝日等に当たる場合は、これらの翌日）までに納税地の所轄税務署に届け出なければなりません。

なお、現在は支払調書の対象とはなっていませんが、税務当局は暗号資産交換業者等に照会を行っています（なお、高額で悪質な無申告者等の情報について、税務当局が事業者に報告を求めることができます）。

暗号資産デリバティブ取引の税金

暗号資産デリバティブ取引とは

暗号資産デリバティブ取引とは、暗号資産を対象とする、または暗号資産に関する指標（暗号資産の価格および利率等並びにこれらに基づいて算出した数値）を対象とする先物取引、オプション取引、証拠金取引といったデリバティブ取引のことをいいます。

暗号資産先物取引は、将来の一定の日に、契約時点で取り決めた値段で特定の暗号資産を取引することを約束する契約のことです（先物取引については📖179ページ参照）。

暗号資産オプション取引は、あらかじめ決められた期日までの期間内に、特定の暗号資産を、あらかじめ決められた価格で買うことができる権利、または売ることができる権利を売買する取引のことです（オプション取引については📖181ページ参照）。

暗号資産証拠金取引は、暗号資産の売買を、一定の証拠金を担保に、その証拠金の最大２倍（個人の場合）の金額で行うことができる取引です（外国為替証拠金取引（FX）については📖186ページ参照）。

暗号資産デリバティブ取引の税金

暗号資産デリバティブ取引の税金は、「『先物取引の雑所得等』の対象とならないデリバティブ取引の税金」の通りです（📖177ページ参照）。

すなわち、差金決済・権利行使などにより発生した所得については、雑所得（または事業所得）として総合課税（累進税率）となります。総合課税となる雑所得は、「先物取引の雑所得等」の対象となる取引や現物株式の譲渡・配当による所得との間での損益通算を行うことはできず、損失の繰越控除の対象ともなりません。

また、暗号資産デリバティブ取引については、氏名、住所、マイナンバー、１年間の取引を合計した損益の額、手数料の額などを記載した支払調書が提出されています。

NFTやFTを用いた取引と税金

Check Point!

◆NFT・FTとは

一般的にNFT（非代替性トークン）やFT（代替性トークン）とは、ブロックチェーン上に保存されたデジタルトークンと呼ばれる電子的な証票のことです。この二つの違いは代替可能性にあります。つまり、トークン自体にオリジナル性がなく、同種同量のデジタルトークンとその実態を変えずに置き換えることができるものがFTと呼ばれています。一方、NFTについては、オリジナル性が証明でき、いわば「一点もの」のデジタルトークンのことだと言われています。なお、デジタルトークンのうち、支払手段としての性格を持つ暗号資産に該当するものについては**188ページを参照**してください。

◆NFT・FTの税金

NFTやFTが、金銭や暗号資産などの財産的価値を有する資産と交換できるものである場合、そのNFTやFTを用いた取引については所得税の課税対象になります。

NFTやFTの譲渡で得た所得が、そのNFTやFTの値上がり益（キャピタル・ゲイン）だと認められる場合、譲渡所得として総合課税の対象になります。

（注）NFTやFTの譲渡が、営利を目的として継続的に行われている場合は、譲渡所得ではなく、雑所得または事業所得に区分されます。

8

様々な投資商品における課税の扱い

　これまで紹介してきた、上場株式、公募投資信託、特定公社債、デリバティブなどの他にも、証券会社などで取り扱っている投資商品は多数あります。

　本章では、ラップ口座、仕組債、私募投資信託、外貨預金、変額年金保険などの税制について解説します。

8-1

ラップ口座の課税

ラップ口座とは

▶ラップ口座の仕組み

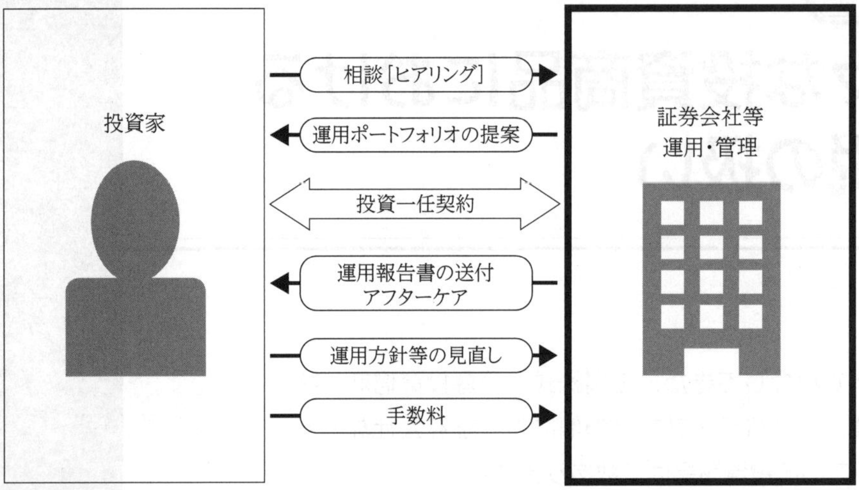

ラップ口座とは、証券会社などの金融商品取引業者が、投資家と投資一任契約を締結した上で、資産運用・管理、投資アドバイス、売買の執行、口座管理などを包括的に行うサービスです。

各種サービスに対する手数料等は、有価証券売買回数などとは関係なく、運用資産残高に応じて支払う報酬（フィー）に一括されます。

個別の取引ではなく、運用資産全体にかかるサービスを包括して提供することから「包み込む」という意味の「ラップ（wrap）」が呼称に用いられます。

ラップ口座の税制上の留意点

（1）口座全体ではなく個々の有価証券ごとに所得計算

ラップ口座においては、金融商品取引業者は運用資産全体にかかるサービスを提供しますが、税制上は、ラップ口座全体をひとつのかたまりとしてみるのではなく、ラップ口座内で保有する１つ１つの有価証券ごとに生じる利子所得・配当所得・譲渡所得等を計算します。

すなわち、ラップ口座を解約する時点で譲渡損益を計算するのではなく、ラップ口座内の有価証券それぞれの利子や配当の受け取りの都度、および口座内での有価証券の譲渡の都度、所得の計算を行います。

証券会社や銀行などで取り扱うラップ口座では上場株式等（📖54ページ参照）を投資対象とするものが一般的です。したがって、ラップ口座内で保有する上場株式の配当や公募株式投資信託の分配金などは上場株式等の配当所得として、公募公社債投資信託の分配金などは上場株式等の利子所得として、株式や投資信託などの譲渡損益は上場株式等の譲渡所得等として扱われます。

（2）ラップ口座における所得区分

上場株式等（または一般株式等）の譲渡に係る所得区分の考え方は📖59ページの通りですが、一般的に、ラップ口座において上場株式等を譲渡した場合の所得区分は、1年ごとの投資一任契約に基づき営利を目的として継続的に売買を行うものと認められることから、「上場株式等の雑所得」に分類されます(注)。

ラップ口座においては投資顧問料や口座管理料として報酬（フィー）が発生します。税制上、投資顧問料や口座管理料を必要経費に算入できるのは、その上場株式等（または一般株式等）の譲渡にかかる所得の所得区分が「上場株式等（または一般株式等）の事業所得」または「上場株式等（または一般株式等）の雑所得」である場合に限られます。

（3）ラップ口座の報酬（フィー）とその取扱い

一般に、ラップ口座における報酬（フィー）には、保有資産残高や契約資産額に対して一定率の基本報酬のみとする「固定報酬型」と、基本報酬および運用益部分に一定率を乗じた成功報酬からなる「成功報酬型」の2つがあります。

ラップ口座において発生した所得を雑所得として取り扱う場合、報酬（フィー）は必要経費に算入可能です。

固定報酬については、原則として契約期間のうち各年（1月から12月の暦年です）に対応する部分を按分して、その年の必要経費に算入しますが、前払いの場合は一括で計上することも可能です（継続適用が必要）。これに対して成功報酬の場合は、運用の実績に応じて報酬金額が変動するため、報酬金額が確定した年（例えば契約期間が満了した年）の必要経費に算入します。

（4）特定口座での取扱い

ラップ口座でも、特定口座を利用することができます。ただし、1人の投資家が同じ証券会社等において開設できる特定口座は1つだけですので、主口座（ラップ口座以外の取引口座）用とラップ口座用で別々の特定口座を開設することはできません。特定口座を利用した場合、それが主口座の取引であるかラップ口座の取引であるかを問わず、同一の特定口座内の譲渡損益の計算は合算されます。

ラップ口座は、会社ごとに、提供しているサービスの内容や仕組みが異なる点

(注) 国税庁ウェブサイト質疑応答事例「投資一任口座（ラップ口座）における株取引の所得区分」

にご留意ください。
税金についても、ラップ口座の仕組み、投資内容や所得区分により異なりますので、くわしくは最寄りの税務署または税理士などの専門家にお尋ねください。

非上場株式の課税

非上場株式の課税

株式の中でも、非上場株式は「上場株式等」ではなく、「一般株式等」に該当するため、特定口座に受け入れることはできません。

譲渡損益に対する課税

非上場株式の発行会社以外の第三者への譲渡による損益は「一般株式等の譲渡所得等」として、税率20%(所得税15%★、住民税5%)の申告分離課税の対象となります。「一般株式等の譲渡所得等」は「上場株式等の譲渡所得等」とは異なる所得区分であり、相互の損益通算はできません。

配当に対する課税

非上場株式の配当(発行会社への株式の譲渡などにより生じるみなし配当を含む)に対しては、所得税20.42%の源泉徴収が行われます。その上で、上場株式の配当と異なり、原則として総合課税(累進税率)の対象となり、確定申告が必要となります。

ただし、非上場株式の配当金額が少額配当(下記の基準額以下の配当)に該当する場合は、所得税についてのみ、源泉徴収のみで確定申告を不要とすることが可能です(この場合においても、住民税については申告が必要で、総合課税となります。📖101ページ参照)。

$$\text{基準額} = \text{10万円} \times \frac{\text{配当の計算期間の月数(月未満切上げ、最長12ヵ月)}}{\text{12ヵ月}}$$

(注) ★印の付いている所得税については、別途復興特別所得税の課税も行われます。復興特別所得税の税率は基準所得税額の2.1%です。くわしくは、📖41ページを参照してください。

様々な債券の課税

仕組債の税制の扱い

仕組債とは、一般的な債券にデリバティブを組み合わせた金融商品です。仕組債には、発行後の金利や為替、株価などの変動によって、利息や償還金の金額が変動したり、利息や償還金が支払われる通貨が変わったり、期限前に償還されたりするなど、特殊なキャッシュフローとなるものが様々あります。

仕組債は、個人投資家に対する課税においては、「特定公社債」として扱われるものがほとんどです。特定公社債は上場株式等に含まれます。

「特定公社債」である限り、たとえその利子の金額が変動しようと、外国通貨で支払われようと、税制上、それは「上場株式等の利子所得」として扱われます（したがって、上場株式等の譲渡所得等との損益通算も可能です）。また、「特定公社債」の償還金額と取得価額の差は「上場株式等の譲渡所得等」として扱われますので、「特定公社債」である仕組債の償還金額が変動したり外貨で支払われたりすることとなった結果として生じた損益も「上場株式等の譲渡所得等」として扱われます（したがって、譲渡所得等は「上場株式等」の範囲で通算され、上場株式等の利子所得、配当所得との損益通算や損失の繰越も可能です）。

「特定公社債」である仕組債の償還金が現金ではなく有価証券で支払われた場合も、いったんは「償還」がされていますので課税関係が生じ、当該仕組債の償還により生じた損益を「上場株式等の譲渡所得等」とします。その際は、受け取った有価証券の償還日の時価を収入金額とし、当該仕組債の取得価額を差し引くことによって「上場株式等の譲渡所得等」を計算します。その上で、償還により取得した有価証券の償還日の時価を、当該有価証券の取得価額とします。

「特定公社債」であれば、仕組債も特定口座への受入れが可能で、仕組債の償還により取得した有価証券（株式やETFなど）も、それが「上場株式等」に該当するならば特定口座への受入れが可能です。

他社株転換社債の課税の例

Check Point!

以下のような発行条件の「Ａ社株転換可能債」を100万円分購入した個人投資家の課税を考えます。

> 商品名：Ａ社株転換可能債
> 発行体：Ｂ社
> 発行価額：額面100円あたり100円
> 利率：年率５％（年１回・満期時支払）
> 期間：１年間
> 償還：償還日の10営業日前（判定日）において、
> 　　（１）Ａ社の株価≧1,000円の場合：　額面の100％の現金
> 　　（２）Ａ社の株価＜1,000円の場合：　額面1,000円あたり１株のＡ社株式
> ※　公募により発行されるため、「特定公社債」に該当するものとします。
> 　　また、Ａ社は上場株式であるとします。

（１）現金で償還された場合

- 判定日におけるＡ社の株価は1,200円だったため、「Ａ社株転換可能債」は額面の100％の現金で償還されることが決定しました。個人投資家は償還日に５万円の利子と、100万円の償還金を受け取ります。

上場株式等の利子所得　5万円　⇒税率20.315％の源泉徴収が行われた後、申告分離課税・申告不要（注）を選択可能

上場株式等の譲渡所得等　＝　償還金額　－　Ａ社株転換可能債の取得価額
＝　100万円　－　100万円
＝　0円

（２）Ａ社株式で償還された場合

- 判定日におけるＡ社の株価は900円だったため、「額面1,000円あたり１株のＡ社株式」で償還されることが決定しました。個人投資家は償還日に５万円の利子と、Ａ社株式1,000株を受け取ります。償還日のＡ社の時価は910円でした。

上場株式等の利子所得　5万円　⇒税率20.315％の源泉徴収が行われた後、申告分離課税・申告不要（注）を選択可能

「Ａ社株転換可能債」の償還に係る上場株式等の譲渡所得等
＝　償還日のＡ社株式の時価　－　Ａ社株転換可能債の取得価額
＝　910円×1,000株　－　100万円
＝　▲9万円　⇒申告分離課税の対象

Ａ社株式の１株あたりの取得価額　＝　償還日のＡ社株式の時価　＝　910円

- その後、Ａ社株式が値上がりし、1,070円となったときにＡ社株式1,000株を売却しました（ここでは売買手数料等は考慮していません）。

Ａ社株式等の譲渡に係る上場株式等の譲渡所得等
＝　譲渡代金　－　Ａ社株式の取得価額
＝　1,070円×1,000株　－　910円×1,000株
＝　16万円　⇒申告分離課税の対象

（注）2025年分以降は、基準所得金額が３億3,000万円超の納税者に限り、ミニマムタックスの対象となり確定申告が必要となる場合があります。くわしくは、📖**39ページを参照**してください。

一般公社債の課税

公社債のうち、「特定公社債」に該当しないものが「一般公社債」となります。

「一般公社債」が証券会社を通じて個人投資家に販売されることは稀で、事業会社が縁故者や取引先などから資金調達する際に発行することなどが想定されます。

一般公社債は「上場株式等」ではなく「一般株式等」です。このため、特定口座に受け入れることはできません。

利子に対する課税

一般公社債の利子に対する課税方式は税率20.315％（所得税15.315％、住民税５％）の源泉分離課税です（後述の同族会社の株主等に支払うものを除きます）。特定公社債の利子とは異なり、申告分離課税は選択できません。

譲渡損益に対する課税

一般公社債の譲渡による損益は「一般株式等の譲渡所得等」として、税率20％（所得税15％★、住民税５％）の申告分離課税の対象となります。

償還損益に対する課税

一般公社債の償還損益は「一般株式等の譲渡所得等」として、税率20％（所得税15％★、住民税５％）の申告分離課税の対象となります（後述する、同族会社の株主等に支払うものを除きます）。

割引債および割引債類似の債券である一般公社債については、みなし償還差益に対し税率20.315％（所得税15.315％、住民税５％）の償還時源泉徴収も行われます（📖67ページ参照）。

同族会社の株主等に支払うもの

一般公社債のうち、同族会社の株主等に支払う利子については、税率15.315％（所得税のみ）の源泉徴収後、確定申告し利子所得として総合課税されます。

一般公社債の償還差益のうち、同族会社の株主等に支払うものについては、申告分離課税が適用されず、雑所得として総合課税されます。

同族会社の株主等とは、「その支払の確定した日（無記名の公社債の利子については、その支払をした日）においてその者を判定の基礎となる株主として選定した場合に当該公社債の利子の支払をした法人が同族会社に該当する」こととなるときにおける「当該株主およびその親族・使用人等一定の者」をいい、「当該同族会社の株主である法人の特殊関係者である個人（法人との間に発行済株式等の50％超の保有関係がある個人等）およびその親族」もこれに含まれます。

様々な投資信託の課税

投資信託の分類

根拠法による分類

一般に「投資信託」と呼ばれているものは、大きく、投資信託法を根拠とするもの（契約型と会社型）、信託法を根拠とするもの、投資法人債型ETFの３種類に分かれます。

（1）投資信託法を根拠とするもの

国内籍の投資信託のほとんど（2024年３月現在、国内籍の投資信託のうち残高ベースで約95％、本数ベースで約99％）は**契約型**の**証券投資信託**です。

契約型投資信託とは、信託契約に基づき、投資信託委託会社などが信託銀行などに信託財産の運用を委託し、その運用益を投資家が受ける形の投資信託です。投資家は、投資信託委託会社などが発行する受益権を購入することとなります。

かつては金銭信託の信託受益権を主な投資対象とする「証券投資信託以外の投資信託」もありましたが、現存しません。

会社型投資信託は、資産運用を目的とする投資法人を設立することで組成される投資信託です。2024年３月現在、国内籍の投資法人のほとんどは**不動産投資法人（REIT）**または**インフラ投資法人（インフラファンド）**です。

（2）信託法を根拠とするもの

信託法を根拠とする特定受益証券発行信託の受益証券も「投資信託」と呼ばれることがあります。主に、貴金属等に投資するETFの一部や、ETNなどがこれに該当します。

（3）投資法人債型ETF

投資法人債型ETFは、他のETFと同様に金融商品取引所で売買することができますが、法律上は債券として位置付けられます。国内で上場されているものとしては、WisdomTree現物保有型貴金属上場投資信託およびWisdomTree商品上場投資信託が投資法人債型ETFに該当します。

投資法人債型ETFは、税制上、上場されている公社債なので「特定公社債」として扱われ「上場株式等」に含まれますが、他のETFと異なり「公社債」であるためにNISAの対象にはなりません。

投資信託の課税上の分類

投資信託は、上場株式等か一般株式等のどちらに分類されるかにより課税の扱いが大きく異なります。

公募または上場の投資信託は、上場株式等に分類されます。

私募かつ非上場の投資信託は、一般株式等に分類されます。

現存する主な投資信託の課税の扱いは次の図表に示されます。

▶現存する主な投資信託の種類別の課税方法

<table>
<tr><th colspan="5"></th><th>分配金等</th><th>解約・償還差益</th><th>譲渡益</th></tr>
<tr><td rowspan="6">投資信託法を根拠とするもの</td><td rowspan="4">契約型</td><td rowspan="4">証券投資信託</td><td rowspan="2">公募</td><td>公募公社債投資信託</td><td>利子所得
（上場株式等）</td><td colspan="2" rowspan="2">申告分離
（上場株式等）</td></tr>
<tr><td>公募株式投資信託
（大部分のETFを含む）</td><td>配当所得
（上場株式等）</td></tr>
<tr><td rowspan="2">私募</td><td>私募公社債投資信託</td><td>利子所得として
源泉分離
（税率20.315％）</td><td>償還差損は一般株式等の譲渡損失
償還差益は利子所得として源泉分離</td><td rowspan="2">申告分離
（一般株式等）</td></tr>
<tr><td>私募株式投資信託</td><td>配当所得
（一般株式等）</td><td>償還差損は一般株式等の譲渡損失
償還差益は配当所得（一般株式等）</td></tr>
<tr><td rowspan="2">会社型</td><td rowspan="2">投資証券</td><td colspan="2">上場REIT・上場インフラファンド
（公募・クローズドエンド型で上場されている投資証券）</td><td>配当所得
（上場株式等）</td><td>申告分離
（上場株式等）
配当課税部分あり</td><td>申告分離
（上場株式等）</td></tr>
<tr><td colspan="2">私募REIT
（私募の不動産投資法人の投資証券）</td><td>配当所得
（一般株式等）</td><td>申告分離
（一般株式等）
配当課税部分あり</td><td>申告分離
（一般株式等）</td></tr>
<tr><td>信託法を根拠とするもの</td><td colspan="3">特定受益証券発行信託</td><td>うち上場
（ETN、商品ETFの一部など）</td><td>配当所得
（上場株式等）</td><td colspan="2">申告分離
（上場株式等）</td></tr>
<tr><td colspan="5">投資法人債型ETF
（割引債以外で利子の支払われない債券で上場のもの）</td><td>利子は支払われない</td><td colspan="2">申告分離
（上場株式等）</td></tr>
</table>

配当所得（上場株式等）	…税率20.315％（所得税15.315％、住民税５％）で源泉徴収後申告不要(注)。確定申告し、申告分離課税または総合課税を選択可。
利子所得（上場株式等）	…税率20.315％（所得税15.315％、住民税５％）で源泉徴収後申告不要(注)。確定申告し、申告分離課税を選択可。
配当所得（一般株式等）	…税率20.42％（所得税20.42％）で源泉徴収。少額配当の場合などを除き、原則、確定申告し総合課税を適用。
申告分離（上場株式等）	…上場株式等の譲渡所得等として税率20％（所得税15％★、住民税５％）の申告分離課税。譲渡損失は３年の繰越控除可。申告分離課税を選択した上場株式等の配当所得・利子所得と損益通算可。
申告分離（一般株式等）	…一般株式等の譲渡所得等として税率20％（所得税15％★、住民税５％）の申告分離課税。譲渡損失の繰越控除不可。配当や利子との損益通算不可。

（注）2025年分以降は、基準所得金額が３億3,000万円超の納税者に限り、ミニマムタックスの対象となり確定申告が必要となる場合があります。くわしくは、📖**39ページを参照**してください。

私募投資信託の課税

分配金に対する課税

私募株式投資信託の分配金は、「一般株式等の配当所得」として税率20.42%（所得税のみ）で源泉徴収が行われ、少額配当に該当する場合を除き、原則として確定申告し総合課税となります（ただし、住民税においては少額配当も総合課税となります）。

私募公社債投資信託の分配金は、利子所得として税率20.315%（所得税15.315%、住民税５%）の源泉分離課税の対象となり、確定申告を行うことはできません。

換金時の課税

公募投資信託の換金においては解約請求でも買取請求でも課税の扱いは変わりませんが、私募投資信託では変わります。

私募投資信託について買取請求を行った場合は、譲渡代金のすべてにつき、「一般株式等の譲渡所得等」の収入金額として扱います。

他方、解約請求を行った場合、「一般株式等の譲渡所得等」の収入金額として扱うのは、解約価額のうち個別元本に達するまでの金額に限られます。解約価額が個別元本を上回っている場合は、その上回る部分は分配金として扱われます。すなわち、私募株式投資信託であれば「一般株式等の配当所得」として税率20.42%（所得税のみ）の源泉徴収が行われ、私募公社債投資信託であれば利子所得として税率20.315%（所得税15.315%、住民税５%）の源泉分離課税の対象となります。

私募投資信託の償還金が支払われる場合も、解約請求時と同様の課税が行われます。

8-5

外貨預金の課税

外貨預金の概要

外国資産を使って貯蓄・投資する方法は外国証券投資だけではありません。多くの銀行では外貨預金の取扱いを行っています。

外貨預金は、外国通貨ベースで元本が保証された商品ではありますが、為替相場の変動により為替差損が生じ、円ベースでは元本割れとなるリスクがあります。また、外貨預金は、円建ての預金と異なり預金保険制度の対象にはなりません。

▶**外貨預金の例と特徴**

外貨普通預金	• 米ドル、ユーロ、英ポンド、豪ドル、NZドル、カナダドル、香港ドル、シンガポールドル、中国元、南アフリカランド、メキシコペソ、トルコリラなど • 預入、引出は営業日にいつでも可能
外貨定期預金	• 米ドル、ユーロ、英ポンド、豪ドル、NZドル、カナダドル、香港ドル、シンガポールドル、中国元、南アフリカランド、メキシコペソ、トルコリラなど • 満期は1ヵ月、3ヵ月、6ヵ月、1年、2年、3年など • 外貨普通預金よりも金利が高い場合が多い • 最低預入額が定められている場合が多い • 満期前の中途解約に制約がある場合が多い

外貨預金と税金

利子

国内銀行に外貨預金を行った場合、円での預金と同様に、利子に**20.315%**（所得税15.315%、住民税5%）**の源泉分離課税**が行われます。支払調書は提出されません。

なお、居住者等が国外の銀行で外貨預金を行って利子を得た場合は、源泉徴収は適用されず**利子所得として総合課税**となります。

為替差損益

外貨預金を行った場合、利子のほかに為替変動による為替差損益が生じます。為替差損益は**雑所得として総合課税**となります。支払調書は提出されません。

所得税法の原則として、外貨により他の資産（外国株式、外国債券、外国投資信託、外貨ＭＭＦ等を含む）の購入や円を含む他通貨への両替等を行ったときは、その時点の為替相場で為替差損益を認識することとなっています。

ただし、外貨預金の元本について、同一の金融機関で、同一の通貨で、継続して預け入れる場合、預貯金の預入の時点では為替差損益を認識しないこととなっています。

また、A銀行に米ドル建てで預け入れていた定期預金の満期金の元本1万ドルを、米ドルのままB銀行に預け入れて再び米ドル建ての定期預金で運用するような場合も、B銀行への預け入れの時点では為替差損益を認識しないものと考えられます。その後、B銀行に預け入れた外貨預金を使ってほかの資産を購入するなどした場合は、その時点で為替差損益を認識しますが、その際の為替差損益はB銀行に預け入れた時との比較ではなく、当初A銀行に預け入れた時との比較によることになります。

為替差損益の計算は、円と外貨を両替したときはその際の為替レートを用います。外貨同士を両替（米ドルをユーロに両替など）したり、外貨を使って他の資産を購入したりした場合の円換算は、原則として取引日における東京市場の対顧客直物電信売相場と対顧客直物電信買相場の仲値（TTM）によります。ただし、継続適用を条件として、収入金額の計算は取引日における東京市場の対顧客直物電信買相場（TTB）、取得費の計算は取引日における東京市場の対顧客直物電信売相場（TTS）を用いることもできます。

20万円以下申告不要との関係

外貨預金の為替差益は雑所得として総合課税の対象で、原則として確定申告が必要です。ただし、一定の給与所得者で、給与所得・退職所得以外の所得が20万円以下であれば、所得税の確定申告は不要で課税されない取扱いとなっています（ただし、この場合でも住民税の申告は必要です）。一定の年金受給者についても同様の扱いとなります（📖43ページ参照）。

変額年金保険（投資型年金保険）の課税

変額年金保険の課税

変額年金保険とは、支払った保険料が特別勘定（ファンド）で運用され、その運用実績によって、将来受け取る年金額が決まる個人年金保険です。

変額年金保険には、年金資金の運用機能のほか、生命保険としての機能がついています。変額年金保険には平準払い（月払い・年払い等）の商品もありますが、証券会社が代理店として扱っている商品としては一時払いの商品が一般的です。証券会社が取り扱う商品では、運用期間中に被保険者（保険の対象者でその人の生死に基づいて保険金が支払われる者）が死亡した場合、運用実績にかかわらず死亡保険金として一時払保険料相当額が保証されるのが一般的です。

以下では、変額年金保険の税金について説明します。

なお、変額年金には様々な種類があり、個々のケースにより税金の取扱いも異なりますので、くわしくは、税理士等の専門家にお尋ねください。

保険料支払時の税制

変額年金保険の保険料は、所得税および住民税の生命保険料控除の対象になるものもあります。

もっとも、「個人年金保険料」として生命保険料控除を受けるためには、保険契約として下記の条件を満たす必要があり、これを満たさなければ「生命保険料（一般）」の枠での生命保険料控除となります。

一時払いの変額年金保険は下記の②を満たしませんので、生命保険料控除の対象になるとしても「個人年金保険料」としてではなく「生命保険料（一般）」となります。

生命保険料控除額については📖29ページを参照してください。

▶「個人年金保険料」として生命保険料控除の対象となる保険契約の条件

① 年金の受取人は、保険料もしくは掛金の払込みをする人、またはその配偶者となっている契約であること
② 保険料等は、年金の支払を受けるまでに10年以上の期間にわたって、定期に支払う契約であること
③ 年金の支払は、年金受取人の年齢が原則として満60歳になってから支払うとされている10年以上の定期または終身の年金であること※

※ 被保険者等の重度の障害を原因として年金の支払いを開始する10年以上の定期年金または終身年金であるものも対象となります。

運用中の税制

変額年金保険の中には、運用中に運用方法を変更（スイッチング）できる商品もありますが、スイッチングをしてもその時点の運用益に対する課税は行われません。

保険金を受け取る前に保険契約の契約者（保険契約に基づき保険料を支払う者）や受取人を変更した場合も、その時点では課税は行われません（契約者の死亡に伴って契約者を変更した場合を除きます）。

年金受取時の課税

年金の種類には、一定期間に一定金額の年金を受け取る**確定年金**や、**終身年金**のひとつで、保証期間中には被保険者の生死に関係なく年金を受け取り、保証期間終了後においては、被保険者が生存している限り生涯にわたって年金を受け取る**保証期間付終身年金**などがあります。

年金受取期間中の課税については、基本的に「雑所得」として総合課税の対象となります。雑所得の金額は、その年毎に受け取る年金額から払込保険料総額を基に計算した必要経費を差し引いた運用益部分となります。

もっとも、確定年金を選び、一括で受け取った場合には、運用益部分が「一時所得」として取り扱われます。

▶年金受取時の課税（保険料の負担者と年金の受取人が同一の場合）

年金の種類	確定年金	保証期間付終身年金
毎年の年金受取時	雑所得	雑所得
一括受取時	一時所得※	雑所得

※　一時所得の場合の所得金額は、他に一時所得がない場合、「受取金額－払込保険料総額－特別控除50万円」で計算されます。また、一時所得の課税対象額は所得金額の1/2です。

解約時の課税

解約時の差益は、原則、一時所得として課税されます。もっとも、確定年金を選び、契約後５年以内に解約した場合には、源泉分離課税（所得税15.315%・住民税５%）が適用されます。

▶解約時の課税

年金の種類	確定年金	保証期間付終身年金
契約後５年以内の解約	源泉分離課税 （所得税15.315%・住民税５%）	一時所得※
契約後５年を超える解約	一時所得※	一時所得※

※　一時所得の場合の所得金額は、他に一時所得がない場合、「解約払戻金額－払込保険料総額－特別控除50万円」で計算されます。また、一時所得の課税対象額は所得金額の1/2です。

被保険者死亡時の課税

年金受給開始前に死亡した場合

年金支払開始前に被保険者(注)が死亡した場合には、死亡給付金（一時金）が死亡保険金受取人に支払われます。課税については、契約形態や死亡保険金受取人の違いにより、以下のようになります。相続税の課税対象として取り扱われる場合で、法定相続人が受取人の場合、他の生命保険金と合わせて「500万円×法定相続人の数」まで非課税となります（📖214ページ参照）。

なお、死亡保険金受取人（相続人）が死亡給付金を一定の条件の下で年金形式で受け取る場合、年金受給権は相続税法に基づき評価され、相続税が課税されます。その後に受け取る年金については、雑所得として総合課税されます。ただし、相続税の課税対象となった部分については、所得税の課税対象になりません。

▶**被保険者死亡時の課税（年金支払開始前）**

例：父、母、子の３人家族

契約者（保険料を支払う者）	父	父	父	
被保険者（保険の対象者）	父	母 or 子	母	子
死亡保険金受取人	母 or 子	父	子	母
税金の種類	相続税	所得税（一時所得）	贈与税	

年金受給開始後に死亡した場合

年金支払開始後に被保険者(注)が死亡した場合、死亡一時金受取人（後継年金受取人）は、年金支払期間の残りの期間に対応する年金を死亡一時金または年金として受け取ることができます。年金として受け取る場合の課税は、保険料の負担者や年金の受取人の関係により、次の表のようになります。年金受給権の相続税課税の際の評価額は、下記①～③のいずれか高い額となります。年金の受取時には、雑所得として総合課税となります。ただし、相続税の課税対象となった部分については、所得税の課税対象になりません。

▶**被保険者死亡時の課税（年金受給開始後）**

例：父、母、子の３人家族

契約者（保険料を支払う者）	父	父
被保険者（元の年金受取人）	父	母
被保険者死亡後の年金受取人	母 or 子	子
税金の種類	相続税	贈与税

（注）ここでは被保険者と年金受取人が同一である場合を想定します。

▶確定年金の相続税の評価額

以下の①～③のいずれか高い額
① 解約返戻金相当額
② 年金に代えて一時金の給付を受けることができる場合には、一時金相当額
③ 予定利率等を基に算出した金額

外貨建て保険料・保険金の計算

外貨建ての保険料や保険金の支払い・受け取りについて課税を考える際には、円換算をして計算を行います。

外貨建ての保険料の支払いの際は、取引日における東京市場の対顧客直物電信売相場と対顧客直物電信買相場の仲値（TTM）により円換算します。

外貨建ての保険金の受け取りの際は、解約払戻金や契約者本人に支払われる生存給付金など、所得税の対象となるものについては、取引日における東京市場のTTMにより円換算します。

一方、契約者以外に支払われる死亡保険金や生存給付金など、相続税・贈与税の対象となるものについては、相続・贈与日における東京市場の対顧客直物電信買相場（TTB）により円換算します。

ただし、外貨建ての保険料・保険金であっても、特約などによって円で支払い・受け取りを行う場合には、実際に支払った、または受け取った円の金額に基づいて税金を計算します。

その他の投資商品の課税

預貯金と金融類似商品等の課税

預貯金の利子は税率20.315％（所得税15.315％・住民税５％）の源泉分離課税の対象となります。金融類似商品等とは、預貯金の利子と同じく、税率20.315％の源泉分離課税の対象となる金融商品であり、具体的には次のようなものが含まれます。

預貯金の利子および金融類似商品等の給付補てん金等については支払調書は提出されず､確定申告することもできません。

▶金融類似商品等として源泉分離課税の対象となるもの

- 定期積金または相互掛金の給付補てん金
- 抵当証券の利息
- あらかじめ売戻し条件を定めた場合の貴金属などの譲渡益（売戻し条件がない場合は譲渡所得総合課税、下記「金地金等の課税」参照）
- あらかじめ元利金につき為替予約を行った場合の外貨預金の為替差益（為替予約がない場合は雑所得として総合課税、📖202ページ参照）
- 一定の一時払保険の差益（保険期間５年以内のもの、または保険期間の開始日から５年以内に解約したもの、など）

金地金等の課税

現物である金地金等（金・白金の地金、金貨・白金貨）の譲渡に対する税金は、原則、譲渡所得として総合課税の対象となります。総合課税の譲渡所得の金額については、金地金等を含む「総合課税の譲渡所得」の対象となる譲渡益の合計額から譲渡所得の特別控除額（上限50万円）を差し引いたものとなります。総合課税の譲渡所得の計算方法については、📖13ページの表を参照してください。

≫ 告知と支払調書

金地金等を売買業者に譲渡し、譲渡の対価を受領する際には、原則として本人確認書類を提示し、氏名、住所、マイナンバー等を告知しなければなりません。

金地金等の譲渡の対価を支払った売買業者は、氏名、住所、マイナンバー、支払金額等を記載した支払調書をその支払の確定した日の属する月の翌月末日までに、その支払をする者の所在地の所轄税務署に提出します。

ただし、譲渡の対価の受領額が200万円以下である場合は告知は不要で、支払調書も提出されません（200万円以下の取引であっても、譲渡時に本人確認書類等の提示が求められることがあります）。

9

相続税のABC

相続税は、死亡した人の財産を相続または遺贈によって取得した場合に課され、相続税が課される財産には、相続時に所得税は課されません。

相続税の計算方法は、非常に複雑になっています。これは、遺産分割が被相続人の意思によって自由に行うことができることなどから、遺産総額が同じであるのに遺産分割の方法によって納める税金の総額に違いが生じることを防ぐためです。この章では、遺産分割の方法など、相続の際の手続きを含めて、相続税の計算方法について説明します。

相続税の仕組み

相続税の概要

相続税は、死亡した人の財産を相続した相続人等にかかる税金です。相続税のかかる場合として、まず、人の死亡によりその遺産を民法の定める**（法定）相続**により取得する場合があげられます。**遺言**によって財産を分与する**遺贈**というものもあります。そのほか、**死因贈与**というものがあります。これは死亡を効力発生の条件とする贈与契約で、例えば「自分が死んだらこの家をあげる」といった契約をする場合があげられます。

相続・遺贈（死因贈与を含む、以下同じ）いずれの場合にせよ、人が死亡することを原因として課税問題が発生するところに相続税の特徴があります。原則として、被相続人が死亡した日が**相続開始日**（注）となります。

相続によって遺産を取得した人（相続人）や、遺贈によって遺産を取得した人（受遺者）は、原則として相続税を納めなければなりません。

本章では、相続と遺贈を合わせて「相続等」といい、相続人と受遺者を合わせて「相続人等」といいます。

相続等は原則として個人間で起こるものであり、納税義務者である相続人等は自然人たる個人となります。しかし、代表者や管理者が定められている人格のない社団または財団、あるいは持分の定めのない法人が遺産を取得した場合にも相続税を納めなければならないことがあります。なぜならば、これらの社団・財団などを利用して相続税の不当な軽減を図るというケースがあるためです。

持分の定めのない法人を利用した課税逃れを防ぐための対策として、①持分の定めのない法人に財産を贈与・遺贈した場合に贈与者・遺贈者の親族等の贈与税・相続税の負担が「不当に減少する場合」には法人に課税される（📖241ページ）ほか、②同族理事が過半数を占める「特定一般社団法人等」の理事の相続について、相続税が課される制度が設けられています（📖次ページCheck Point！参照）。もっとも、これらの社団・財団などが取得した遺産に対して法人税がかかる場合には、法人税額に相当する額は相続税額から控除されます。

（注）失踪宣告によって死亡したとみなされる場合には、普通失踪では７年間の失踪期間満了の日、特別失踪では危難の去った日が相続開始日とされます。特別失踪では危難が去った時から１年経過後に申し立てることにより、一定の手続きを経て家庭裁判所より失踪宣告がされます。

特定一般社団法人等への相続税の課税

Check Point!

一般社団法人等、持分の定めのない法人を利用した課税逃れを防ぐため、「特定一般社団法人等」の理事を被相続人とする相続については、その法人等を個人とみなして相続税が課されます。

具体的には、下表の「特定一般社団法人等」について、その理事（理事でなくなった日から５年以内である者を含む）が死亡した場合に、その法人等がその理事から一定の財産を遺贈により取得したときはその法人等を個人とみなして算出した相続税額が課されます。

特定一般社団法人等	一般社団法人、一般財団法人（公益社団法人、公益財団法人、非営利型法人等を除く。以下、一般社団法人等）のうち次のいずれかの要件をみたす法人等 ①被相続人の相続開始直前において、理事の過半数が「同族理事」であること ②被相続人の相続開始前５年のうち３年以上において、理事の過半数が「同族理事」であること
同族理事	一般社団法人等の理事のうち次のいずれか ①被相続人 ②被相続人の特殊関係者 ・配偶者（内縁含む） ・３親等内の親族 ・被相続人の使用人または使用人以外の者で被相続人からの給与等で生計を維持しているもの ・被相続人が会社役員または同族会社である他の法人の会社役員または使用人等
遺贈により取得したものとみなされる財産の額	相続開始時の純資産額※1 ――――――――――― 相続開始時の同族理事※2の数＋1

※1　純資産額は次の①から②を控除した額となります。
①特定一般社団法人等が有する財産（信託の受託者として有するものおよび被相続人から遺贈により取得したものを除く）の価額の合計額
②債務（信託の受託者として有するものを除く）、国税・地方税、退職手当金、基金の額

※2　同族理事または理事でなくなった日から5年以内である特殊関係者で被相続人と同時に死亡した者がある場合、その者を含む。

相続税の基本的仕組み

（相続人が配偶者＋子２人の場合）

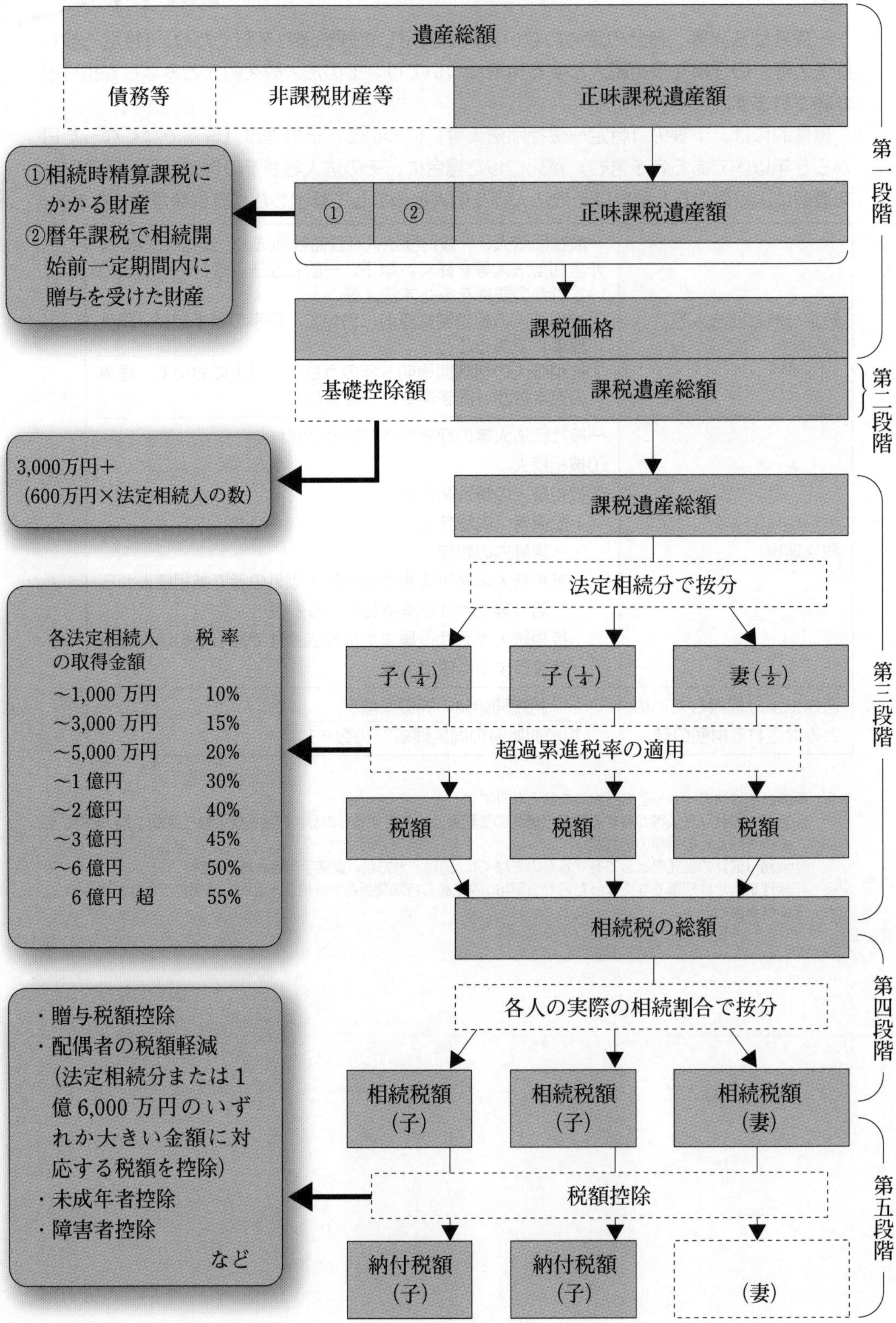

相続税の計算

相続税の計算は、次の５つの段階からなっています（前ページ参照）。

（1）課税価格の計算

遺産総額から、債務等や非課税財産等を控除し、それに相続時精算課税にかかる財産、暦年課税で相続開始前一定期間内に贈与を受けた財産を加え、課税価格を求めます。

（2）課税遺産総額の計算

（1）で求めた課税価格から基礎控除額を差し引いて、課税遺産総額を求めます。

（3）相続税の総額の計算

（2）で求めた課税遺産総額が法定相続人に法定相続分で按分されたと仮定して、各按分額に超過累進税率を適用して各相続人の相続税額を求め、各相続税額を合計したものを相続税の総額とします。

（4）各相続人等の相続税額の計算

（3）で求めた相続税の総額を、各相続人等に、実際の相続割合で按分して各相続人等の相続税額を算出します。

（5）各相続人等の納付税額の計算

（4）で求めた各相続人等の相続税額に控除等を適用し、各相続人等の納付税額を求めます。

課税価格の計算（第一段階）

ここでは、遺産総額から、債務等や非課税財産等を控除し、それに相続時精算課税にかかる財産、暦年課税で相続開始前一定期間内に贈与を受けた財産を加え、課税価格を求めます。課税価格の計算にあたっては、各相続人等の課税価格の1,000円未満の端数は切り捨てます。

課税価格 ＝ 相続等によって取得した財産の価額 ＋ みなし相続財産の価額 − 非課税財産 ＋ 相続時精算課税の適用を受けた財産の価額 −（債務 ＋ 葬式費用）＋ 暦年課税で相続開始前一定期間内に贈与を受けた財産の価額

（1）相続等によって取得した財産の価額

相続税は、原則として、死亡した人の所有していた財産で金銭に見積もることができる経済的価値のあるものすべてに対してかかります。そして、この財産は、原則として、相続時における時価によって評価されます。それぞれの財産の評価方法については、**11章「相続・贈与に欠かせない財産評価」**を参照してください。

（2）みなし相続財産

以下に掲げる財産は厳密には被相続人から相続等によって取得した財産ではありませんが、相続等により取得した財産とみなされます（みなし相続財産）。

①被相続人が保険料等を負担した**生命保険金等**
②被相続人の**死亡退職金等**で死亡後３年以内に支給が確定したもの
③被相続人が保険料または掛金を負担した一定の**生命保険契約に関する権利**または**定期金に関する権利**で、被相続人以外が契約者であるものなど
④**委託者の死亡に基因して効力が生じる信託**が行われた場合で、適正な対価を負担せずに信託の受益者等となる場合
⑤**遺言**により**著しく低い価額で財産の譲渡**を受けた場合
⑥**遺言**により**債務の免除**などを受けた場合
⑦**遺言**によりそのほか**実質的に利益**を享受した場合

①と②については、それぞれ非課税限度額が設けられています。相続人全員が受け取った保険金の合計額が非課税限度額（500万円×法定相続人の数）以下である場合には、各相続人が受け取った保険金は非課税となります。

保険金の合計額が非課税限度額を超える場合には、次の算式により算出した金額が各相続人における非課税金額となります。死亡退職金等の場合も同様です。

●保険金の合計額が非課税限度額を超える場合

$$\text{保険金の非課税限度額} \times \frac{\text{その相続人が取得した保険金の合計額}}{\text{すべての相続人（放棄した者等を除く）が取得した保険金の合計額}} = \text{その相続人の非課税金額}$$

（3）非課税財産

次のような財産は、相続財産に含まれていても相続税はかかりません。

①宗教・慈善・学術研究などの公益事業を行う一定の者が取得したもののうち、その公益事業に使うことが確実なもの
②墓所・祭具など
③条例による心身障害者共済制度に基づく給付金の受給権
④相続や遺贈によって取得した財産で、相続税の申告期限までに国または地方公共団体や公益を目的とする事業を行う特定の法人に寄附したもの
⑤相続や遺贈によって取得した金銭で、相続税の申告期限までに特定の公益信託の信託財産とするために支出したもの

（注）①・④・⑤において公益事業を行う者や一定の法人・特定公益信託が財産の取得の日から２年以内にその財産を公益事業に使用していないときなどには相続税が課されます。

（4）相続時精算課税の適用を受けた財産の価額

相続時精算課税制度（248ページ参照）を選択した場合には、相続時精算課税の適用を受ける贈与財産のすべてが贈与の時期にかかわらず相続財産に加算されます。その財産の評価額は原則として贈与時の時価（相続税評価額）です。ただし、2024年１月１日以後の贈与においては、年間110万円の控除適用後の金額となります。また、贈与後から相続税の期限内申告書の提出期限までの間に、災害によって2024年１月１日以後に一定以上の被害を受けた土地または建物を所有している場合は、その土地または建物については被害を受けた部分に相当する額が控除されます。なお、既に収めている贈与税額は相続税額から控除されます。

（5）債務と葬式費用

課税価格を求める際に、被相続人の債務と葬式費用のうち相続人等が負担した額は差し引かれます。

差し引かれる債務は、被相続人の債務で、相続開始の際に実際に存在し、確実と認められるものに限られます。

差し引かれる葬式費用は、葬儀にかかった費用、お通夜の飲食費用、お寺への支払いなどです。香典返しの費用、墓地や墓石の買入れ費用、法事に要した費用などは葬式費用とは認められません。

（6）生前に贈与を受けた財産の持ち戻し

被相続人から生前贈与を受けた財産については、民法上の遺産分割と税制で扱いが異なります。すなわち、遺産分割では原則として全期間の贈与（特別受益）が相続財産に持ち戻されて計算されます。

他方、税制上は、相続の開始（被相続人の死亡日）前の一定の期間内に贈与を受けた財産に限り、相続財産に持ち戻されます。相続税の課税計算において持ち戻された贈与財産の価額が加算されます（下記のCheck Point！参照）。

既に納めている贈与税額は相続税額から控除されます。

ただし、直系尊属からの住宅取得等資金の贈与の非課税制度（254ページ）および教育資金の一括贈与の非課税制度（255ページ）により贈与された財産については、扱いが異なります（253ページ参照）。

持ち戻しの対象となる生前贈与財産と経過措置

Check Point！

相続人が生前に贈与を受けた財産のうち、相続の開始（被相続人の死亡日）前の一定の期間内に贈与を受けた財産については、相続財産に持ち戻され、相続税の課税対象となります。これは、相続の開始（被相続人の死亡）直前に駆け込みで生前贈与を行うことによる、相続税の回避を防ぐことを目的としています。

生前贈与財産の持ち戻しに関して、詳しくは次ページの通り、贈与財産の取得時点によって、相続税の課税計算において贈与財産の価額が加算されます。

▶持ち戻しの対象となる贈与財産

贈与財産の取得時点	相続税の課税計算における扱い
(1) 2023年12月31日以前	相続開始前３年以内に贈与を受けた財産について、その価額を、贈与を受けた時点の評価額で加算
(2) 2024年１月１日以後	① 相続開始前３年以内に贈与を受けた財産について、その価額を、贈与を受けた時点の評価額で加算
	② ①以外の相続開始前７年以内に贈与を受けた財産については、当該財産の価額の合計額から100万円を控除した残額を加算

図表の通り、2023年12月31日以前に贈与を受けた財産については、相続発生日の３年前までさかのぼって持ち戻しされ、相続税の課税計算において相続財産の価額が加算されます。

一方、2024年１月１日以後に贈与を受けた財産については、まず相続発生日の３年前までの贈与につきさかのぼって持ち戻しされ、相続税の課税計算において相続財産の価額が加算されます。その上で、さらに相続開始日前３年超７年以内の贈与についても持ち戻しますが、この際には贈与を受けた財産の合計額から100万円を控除して、相続税の課税計算において相続財産の価額が加算されます。

では、今後数年以内に相続が発生した際に、具体的にどの期間の贈与財産につき持ち戻しの対象となるのでしょうか。次の図表は、相続発生日を各年の７月１日としたときに、それぞれどの期間の贈与財産が持ち戻しの対象になるのかを整理したものです。

2026年の相続までは、まだ2024年１月１日から３年が経過していませんので、持ち戻しの対象となるのは相続開始前３年以内の贈与のみです。

2027年以後の相続から、相続開始前３年超の財産につき、順次、持ち戻しの対象となっていきます。７年前の贈与財産につき持ち戻しの対象となるのは、2024年１月１日から７年が経過した2031年１月１日以後の相続からです。

▶持ち戻し期間の一覧表（各年７月１日に相続発生と仮定）

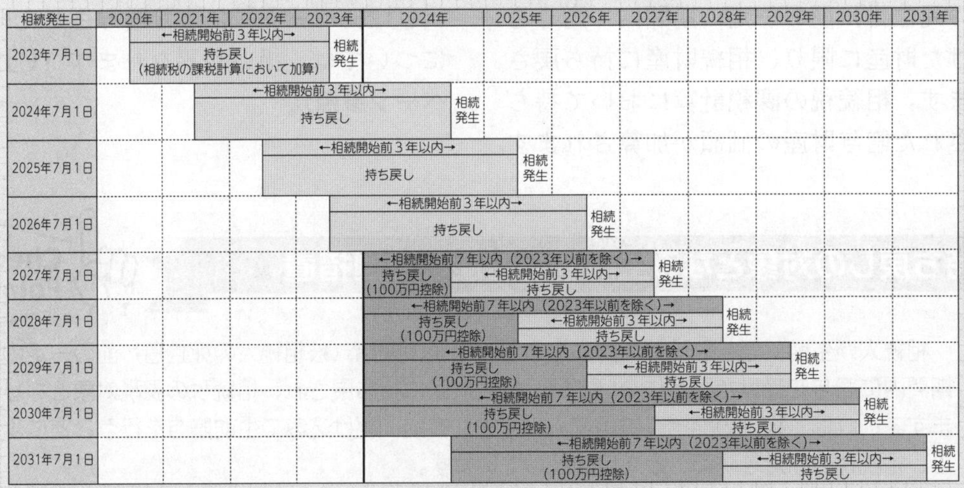

相続時精算課税制度と相続税

Check Point!

相続時精算課税制度は、贈与時の税負担を軽くすることで生前贈与を行いやすくするために設けられた制度です。この制度では、暦年課税の最高55％の累進税率ではなく、一律20％の税率が適用され、控除枠も大幅に拡大されています。ただしこの制度を利用すると、相続税額の計算において、生前贈与された贈与財産（110万円の控除額を除く）が贈与時の時価で相続財産に加算された上で相続税額が算出され、その相続税額から、生前贈与の際に既に納付した贈与税額が控除される、という計算方法になります（相続時精算課税制度について、くわしくは📖248ページを参照してください）。

Q 国外財産等が相続された場合

被相続人の相続財産の中に、国外の財産も含まれているのですが、これにも相続税はかかりますか？

A　日本国内に住所を有する者が相続等により財産を取得した場合、それが日本国内の財産か、国外の財産かを問わず、相続税の課税対象となります。また、被相続人が日本国内に住所を有する者である場合の相続等についても、日本国内の財産か、国外の財産かを問わず、相続税の課税対象となります。

一方、国内に居住する在留資格を有する者（居住期間の要件なし）から、国内に短期的に居住する在留資格を有する者や、国外に居住する外国人等が、相続により取得する国外財産については、相続税の課税対象から除外されます。

その他、課税関係は下の表の通りです。

相続人／被相続人		国内に居住		国外に居住		
				日本国籍あり		日本国籍なし
		原　則	一時居住者（※1）	10年以内に国内に住所あり	10年超国内に住所なし	
国内に居住	原　則	○	○	○	○	○
国内に居住	在住外国人（※2）	○	×	○	×	×
国外に居住	10年以内に国内に住所あり	○	○	○	○	○
国外に居住	うち、日本国籍なし	○	×	○	×	×
国外に居住	10年超国内に住所なし	○	×	○	×	×

○…国内財産･国外財産ともに課税、×…国内財産のみ課税

(※1) 相続開始の時において在留資格（出入国管理及び難民認定法別表第一参照。(※2) において同じ）を有し、過去15年以内に国内に住所を有していた期間の合計が10年以下である者。

(※2) 相続開始の時において在留資格を有する者。

課税される遺産総額の計算（第二段階）

第一段階で計算した各相続人等の課税価格を合計し、次の算式で計算した基礎控除額を差し引いて「課税される遺産総額」を算出します。法定相続人の数とは民法の相続人の規定に従った相続人の数をいい、相続の放棄をした人があっても相続の放棄をしなかったものとして扱います。なお、養子がいる場合には、計算上特別な取り扱いがされます（📖下記のCheck Point！参照）。

基礎控除額＝3,000万円＋（600万円×法定相続人の数）

基礎控除額は、定額部分（3,000万円）と法定相続人の数に比例する変額部分からなっています。例えば、法定相続人の数が配偶者と子ども３人（全員実子）の計４人のケースでは、基礎控除額は3,000万円＋（600万円×４人）＝5,400万円となります。

相続財産の価額が基礎控除額以下であれば、相続税はかかりません。言いかえれば、基礎控除額は相続税の非課税ラインということになります。法定相続人の数に応じた非課税ラインは次の表の通りです。

なお、相続人となるべき胎児が申告書の提出日までに出生していない場合、当初は法定相続人の数に胎児を含めません。この場合、出生後に更正の請求等を行うことになります。

▶相続税の非課税ライン

法定相続人の数		法定相続人の数	
０人	3,000万円	４人	5,400万円
１人	3,600万円	５人	6,000万円
２人	4,200万円	６人	6,600万円
３人	4,800万円	７人	7,200万円

被相続人に養子がいる場合の取り扱い

Check Point！

相続において養子と実子の区別はありません。しかし、相続税の計算においては養子がいる場合には特別の取り扱いがされます。すなわち、生命保険金等・死亡退職金等の非課税限度額、基礎控除額、相続税の総額の計算において法定相続人の数に算入される被相続人の養子の数は１人（被相続人に実子がいない場合は２人）が限度とされています。

例えば、基礎控除額などを増加させようと、養子を５人設けても、基礎控除額は１人分（被相続人に実子がいる場合）、または２人分（被相続人に実子がいない場合）までしか認められません。

ただし、次のような人は実子とみなされます。

- 民法上の特別養子(注)
- 配偶者の実子または特別養子で被相続人の養子となった人
- 養子の死亡等により代襲相続人となった直系卑属

（注）特別養子とは、養子をできるだけ実子と同じように取り扱うことを目的として創設された制度です。特別養子縁組をするには家庭裁判所の審判を受ける必要があり、養子となる子の年齢は原則として15歳未満に限られています。特別養子縁組が成立すると法律上実親との親族関係は終了し、実親との間の相続関係はなくなります。戸籍上も実親の名前は記載されません。そのほか、離縁が認められるのは家庭裁判所の審判による場合に限られるなど、一般の養子に比べて強い保護が与えられています。

相続税の総額の計算（第三段階）

第二段階までで、課税される遺産総額が求められました。第三段階では、その遺産総額を、以下で説明する法定相続人がそれぞれ法定相続分に応じて取得したものとして、各人ごとの取得金額を求めます（各人ごとの取得金額の1,000円未満の端数は切り捨てます）。次に、取得金額に対して各人ごとに下記の速算表を用いて税額を算出します。こうして算出した税額を合計したものが相続税の総額になります（相続税の総額の100円未満の端数は切り捨てます）。

相続税の総額の計算は、法定相続人が法定相続分通り財産を取得したと仮定して計算します。相続人等が実際にどのように遺産を取得したかは計算に影響しませんし、相続の放棄などで遺産を取得しなかった人がいても計算に影響しません。このような計算を行うのは、遺産総額は同一でも相続等の仕方（遺産の分割など）によって納める税金の総額に差異が生じることを利用して事実と異なるような申告がなされたり、分割困難な資産が単独または少数の相続人等によって相続等された際にその負担が過重になったりすることを防ぐためです。

▶相続税額の速算表

各法定相続人の取得金額（A）		税率（B）	速算控除額（C）
	1,000万円以下	10%	—
1,000万円超	3,000万円以下	15%	50万円
3,000万円超	5,000万円以下	20%	200万円
5,000万円超	1億円以下	30%	700万円
1億円超	2億円以下	40%	1,700万円
2億円超	3億円以下	45%	2,700万円
3億円超	6億円以下	50%	4,200万円
6億円超		55%	7,200万円

（注）速算表の使い方　(A) × (B) − (C) ＝税額

法定相続人

法定相続人として、民法では**配偶者**と**血族相続人**とが定められています。

配偶者は**常に法定相続人**となります。血族相続人は、配偶者と共同相続人となります。

血族相続人の間では、**子**が第１順位、**直系尊属**が第２順位、**兄弟姉妹**が第３順位となります。この順位とは、先順位の血族相続人がいる場合、先順位の者のみが法定相続人と認められ、後順位の者は法定相続人と認められないという意味です。例えば、子がいる場合、配偶者と子が法定相続人となり、直系尊属である父母がいても、父母には法定相続分は認められないことになります。

法定相続分は、血族相続人の順位に応じて民法で次のように定められています。

第１順位

被相続人に子がいる場合、子（子が既に死亡している等のときはその代襲相続人（次ページのＱ＆Ａ参照）を含みます）と配偶者が法定相続人となります。法定相続分は配偶者が１/２、残り１/２を子で分けます。配偶者がいない場合や相続の放棄をした場合、子が全財産を相続します。

第２順位

被相続人に子がいない場合や子の全員が相続の放棄をした場合、被相続人の直系尊属（原則として父母、父母がともにいないときは祖父母）と配偶者が法定相続人となります。法定相続分は配偶者が２/３、直系尊属が１/３です。配偶者がいない場合や相続の放棄をした場合、直系尊属が全財産を相続します。

第３順位

被相続人に子も直系尊属もいない場合や子の全員と直系尊属の全員が相続の放棄をした場合、被相続人の兄弟姉妹（代襲相続人を含みます）と配偶者が法定相続人となります。法定相続分は配偶者が３/４、残り１/４を兄弟姉妹で分けます。配偶者がいない場合や相続の放棄をした場合、兄弟姉妹が全財産を相続します。

▶法定相続人のそれぞれの法定相続分

①子がいる場合	配偶者	1/2
	子	1/2
②子がいない場合※	配偶者	2/3
	直系尊属	1/3
③子も直系尊属もいない場合	配偶者	3/4
	兄弟姉妹	1/4

※　子が既に死亡していても、その代襲相続人（次ページのQ&A参照）がいる場合は①の扱いとなります。

Q 相続人である子などが既に死亡している場合

相続人である子などが既に死亡している場合はどうなりますか？

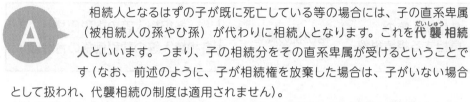

A　相続人となるはずの子が既に死亡している等の場合には、子の直系卑属（被相続人の孫やひ孫）が代わりに相続人となります。これを**代襲相続**（だいしゅう）人といいます。つまり、子の相続分をその直系卑属が受けるということです（なお、前述のように、子が相続権を放棄した場合は、子がいない場合として扱われ、代襲相続の制度は適用されません）。

相続人となるはずの兄弟姉妹が既に死亡している等の場合には、代襲相続人は兄弟姉妹の子（甥・姪）に限られます。兄弟姉妹の子の直系卑属（甥・姪の子や孫）が代襲相続することは認められません。

Q 様々なケースの法定相続分

例えば、内縁関係の人や、内縁関係の人との間の子（非嫡出子）がいる場合はどうなりますか？

A　まず、内縁関係の人は、相続人に含まれません。一方、非嫡出子（法律上の婚姻関係にない男女から生まれた子）は相続人に含まれ、法定相続分は嫡出子（法律上の婚姻関係にある男女から生まれた子）と同等とされています。

そのほか、胎児や、父母の一方だけが同じ兄弟姉妹について、法定相続分が規定されています。まず、胎児は、民法上は、まだ生まれていなくても、既に生まれたものとみなされ、相続人に含まれます（なお、死産だった場合は、最初からいなかったものとして扱われます）(注)。

次に、父母の一方だけが同じ兄弟姉妹の法定相続分は、父母の双方を同じくする兄弟姉妹の法定相続分の半分と定められています。

(注) 相続税の申告書を提出する際の胎児の取扱いについては📖218ページを参照。

各相続人等の相続税額の計算（第四段階）

第四段階では、相続税の総額を誰がどれだけ負担するかを計算します。各相続人等は、それぞれ現実に取得した課税財産の割合に応じて相続税を負担します。各相続人等の相続税額は次の式により算出されます。

$$\text{各相続人等の負担する相続税額} = \text{相続税の総額} \times \left(\frac{\text{各相続人等の課税価格}}{\text{各相続人等の課税価格の合計額}}\right)$$

例えば、相続税の総額が100万円で相続人が配偶者と子２人、現実の財産の取得額は配偶者が50％で子２人がそれぞれ25％ずつの場合には、100万円の税額のうち配偶者の負担する税額はその50％の50万円、子はそれぞれ25％の25万円ということになります。

按分割合（上の算式の分数式部分）に小数点以下２位未満の端数が生じた場合は、相続人等の全員が選択した方法により、各相続人等について求めた値の合計が１となるように端数を調整計算しても差し支えないとされています。

各相続人等の納付税額の計算（第五段階）

第四段階までで算出した相続税額に、一定の控除や軽減が認められる場合があります。具体的には、贈与税額控除、配偶者の税額軽減、未成年者控除、障害者控除、相次（そうじ）相続控除、外国税額控除、相続時精算課税分の贈与税額控除です。逆に、税額の加算が行われる場合もあります。

この税額控除・税額軽減および税額の加算は、以下で説明する順序で行われます。

（1）相続税額の２割加算

相続人等が被相続人の両親（養親を含む）・子（養子、代襲相続人を含む）および配偶者以外の者である場合には、その相続人等について税額の２割が加算されます。

例えば、被相続人の兄弟姉妹や、代襲相続人ではない孫が、遺贈によって財産を取得した場合などは、２割加算の対象となります。

なお、相続人等が被相続人の直系卑属で被相続人の養子となっている者である場合、原則として２割加算の対象となりますが、その者が代襲相続人である場合には、加算の対象から除かれます。

（2）贈与税額控除

相続等により財産を取得した者が暦年課税で相続開始前一定期間内に贈与を受けた財産は、相続財産に含めて計算します（📖215ページ参照）。相続税の計算に際しては、既に納めた贈与税（相続財産に加えられた財産に対応する部分）を相続税額から差し引きます。

なお、相続時精算課税（📖248ページ）の適用を受けた贈与財産について納めた贈与税については、（2）～（7）の控除を行った後に（8）として控除します。

（3）配偶者の税額軽減

配偶者については、婚姻期間の長短に関係なく大幅な税額軽減が認められています。この税額軽減が適用されると、**配偶者の実際の取得額が、①法定相続分以下の場合、あるいは、②1億6,000万円以下の場合には、配偶者には相続税がかからないことになります**（計算例については**📖225ページの「Q&A 配偶者の税額軽減」を参照**してください）。

配偶者の税額軽減の適用を受けるためには、必要な書類を添付して申告書を提出しなければなりません。配偶者の税額軽減を受けることによって納めるべき相続税額が0であっても申告が必要です。

なお、適正な申告を確保するため、相続等により財産を取得した者により、当初の申告の際に仮装または隠ぺいされていた財産については、配偶者が相続税の調査があったことにより更正や決定を予知して期限後申告または修正申告を行う場合には、この税額軽減の対象となる財産に含まれないこととされています。

（4）未成年者控除

法定相続人が18歳未満であり、かつ、相続等により財産を取得したときに日本国内に住所を有する場合は、18歳になるまでの年数に比例した税額控除を受けることができます（国外に住所を有する場合でも、国内財産・国外財産ともに課税される人は適用を受けられます）。

控除額の算式は次の通りです。なお、年数の計算に際して、18歳からその者の年齢を引いた後の年数に1年未満の端数が生じるときは、1年として計算します。

未成年者控除の金額＝（18歳－その者の年齢）×10万円

（5）障害者控除

法定相続人が障害者であり、相続等により財産を取得したときに日本国内に住所を有する場合は、85歳に達するまでの年数１年につき10万円（特別障害者の場合20万円）の税額控除を受けることができます（未成年者控除と異なり、国外に住所を有する場合には原則として適用を受けられません）。年数の計算に際して、１年未満の端数が生じるときは、１年として計算します。

障害者控除の金額＝（85歳－その者の年齢）×10万円または20万円

（6）相次相続控除

短期間に何度も重ねて相続があった場合には、そのつど相続税がかかることになり、相続税の負担が相当重いものになってしまいます。そこで、10年以内に２回目の相続（被相続人から相続人に対する遺贈を含みます）があった場合には、２回目の相続の被相続人が１回目の相続で課された相続税額の一定割合について、２回目の相続人の相続税額から控除することができます。

$$\text{相次相続控除の金額} = A \times \frac{C}{B-A} \times \frac{D}{C} \times \frac{10-E}{10}$$

A……前の相続において被相続人が課された相続税額
B……前の相続により被相続人が取得した財産の価額
C……後の相続によりすべての相続人等が取得した財産の価額の合計額
D……後の相続により相次相続控除対象者が取得した財産の価額
E……前の相続から後の相続までの年数（１年未満の端数は切捨て）

（注１）$\frac{C}{B-A}$が１を超える場合には１とします。（注２）B、C、Dは債務控除をした後の金額です。

（7）外国税額控除（在外財産に対する相続税額の控除）

相続等によって外国にある財産を取得した場合で、日本の相続税に相当する税金を外国の法令により課された場合には、国際的な二重課税を調整するため、外国で課された税額の控除が受けられます。

ただし、外国で課された税額のうち、課税価格に占める外国にある財産の価額の割合に相当する相続税額を超える部分の金額は控除することができません。

（8）相続時精算課税分の贈与税額控除

📖**248ページを参照**してください。

Q

配偶者の税額軽減

配偶者の税額軽減額はどのように計算されるのですか？

A

配偶者の税額軽減額は次の算式によって求められます。

配偶者の税額軽減額＝相続税の総額× $\frac{\text{AまたはBのいずれか少ない金額}}{\text{各相続人等の課税価格の合計額}}$

A　各相続人等の課税価格の合計額×配偶者の法定相続分
　（算出した金額が1億6,000万円未満の場合、Aは１億6,000万円）

B　配偶者の課税価格相当額（実際の取得額）

（注１）相続税の総額は、「相続税の計算」で示した第三段階までの計算で得られる金額です。
（注２）Ｂの値には、申告期限までに実際に分割されている相続財産のみが集計されます。ただし、分割されていない財産について申告期限から３年以内に分割が行われたときには税額軽減の適用があります（期限内申告書とともに一定の書類の提出が必要です）。

上の算式は、配偶者の課税価格相当額(＝配偶者の実際の取得額）が法定相続分以下、あるいは、１億6,000万円以下の場合には、

配偶者の税額軽減額＝（第五段階の（２）までに算出した）相続税額

となります。この場合、配偶者の納付税額（＝相続税額－税額軽減額）は0となり、相続税がかからないことになります。具体的なケースで計算すると以下のようになります。

前提

相続人：配偶者と子一人
課税価格の合計額：２億円
相続税の総額：3,340万円

Ⅰ　配偶者の実際の取得額が１億円（法定相続分）の場合

算式のＡ　１億6,000万円（＞法定相続分１億円＝２億円×１/２）
算式のＢ　１億円

配偶者の税額軽減額＝3,340万円×($\frac{1億円}{2億円}$)＝**1,670万円**

配偶者の納付税額＝3,340万円×($\frac{1億円}{2億円}$)－1,670万円＝**0円**

子の納付税額＝3,340万円×($\frac{1億円}{2億円}$)＝**1,670万円**

納付税額の合計＝０円＋1,670万円＝**1,670万円**

Ⅱ　**配偶者の実際の取得額が１億6,000万円の場合**

算式のＡ　１億6,000万円（>法定相続分１億円＝２億円×１/２）

算式のＢ　１億6,000万円

配偶者の税額軽減額＝3,340万円×$\left(\frac{1億6,000万円}{2億円}\right)$＝**2,672万円**

配偶者の納付税額＝3,340万円×$\left(\frac{1億6,000万円}{2億円}\right)$－2,672万円＝**０円**

子の納付税額＝3,340万円×$\left(\frac{4,000万円}{2億円}\right)$＝**668万円**

納付税額の合計＝０円＋668万円＝**668万円**

Ⅲ　**配偶者の実際の取得額が１億8,000万円の場合**

算式のＡ　１億6,000万円（>法定相続分１億円＝２億円×１/２）

算式のＢ　１億8,000万円

配偶者の税額軽減額＝3,340万円×$\left(\frac{1億6,000万円}{2億円}\right)$＝**2,672万円**

配偶者の納付税額＝3,340万円×$\left(\frac{1億8,000万円}{2億円}\right)$－2,672万円＝**334万円**

子の納付税額＝3,340万円×$\left(\frac{2,000万円}{2億円}\right)$＝**334万円**

納付税額の合計＝334万円＋334万円＝**668万円**

課税価格の合計額が３億2,000万円以上のときは、配偶者の実際の取得額を課税価格の合計額の１/２とすれば、配偶者の納付税額は０となります。具体的な計算例は、📖次ページCheck Point！を参照してください。

相続税額の計算例

Check Point!

相続開始日　2024年×月×日
課税価格の合計額　40,000万円
法定相続人　　妻　　長男（26歳）　　長女（17歳）
遺産の分割　　妻20,000万円　　長男12,000万円　　長女8,000万円

○課税される遺産総額の計算（第二段階）

40,000万円－（3,000万円＋600万円×３人）＝35,200万円

○相続税の総額の計算（第三段階）

妻　　35,200万円×１/２＝17,600万円
長男　35,200万円×１/２×１/２＝8,800万円
長女　35,200万円×１/２×１/２＝8,800万円

速算表による各人の税額

妻　　17,600万円×40%－1,700万円＝5,340万円…①
長男　8,800万円×30%－700万円＝1,940万円…②
長女　8,800万円×30%－700万円＝1,940万円…③

相続税の総額は①＋②＋③＝9,220万円

○各相続人の相続税額の計算（第四段階）……按分計算

按分比率の計算		(割合)
妻	20,000万円	0.50
長男	12,000万円	0.30
長女	8,000万円	0.20

各相続人の相続税額の計算

妻　　9,220万円×0.50＝4,610万円
長男　9,220万円×0.30＝2,766万円
長女　9,220万円×0.20＝1,844万円

○各相続人の納付税額の計算（第五段階）

妻　　4,610万円－4,610万円（配偶者の税額軽減）＝０円
長男　**2,766万円**
長女　1,844万円－10万円（未成年者控除）＝**1,834万円**

（注1）按分割合は、各相続人等について求めた値の合計が１になるよう各相続人等の値を小数点以下第２位にとどめて計算しても差し支えないとされています。
（注2）配偶者の税額軽減は次のように計算されます（**225ページ参照**）。
算式のＡ．40,000万円×１/２＝20,000万円（＞16,000万円）
算式のＢ．20,000万円

$$税額軽減額=9{,}220万円\times\frac{20{,}000万円}{40{,}000万円}=4{,}610万円$$

（注3）未成年者控除の金額＝（18歳－17歳）×10万円＝10万円
（注4）課税価格は1,000円未満を切り捨て、納付税額は100円未満を切り捨てます。

9-2

相続税の申告と納税

9－1で説明した相続税の計算の順序に従って計算し、相続税額の２割加算および各種の税額控除を行った後においても納付すべき税額がある場合には、相続税の申告をする必要があります（ただし、次ページのQ&Aのように、相続税額が0でも申告が必要となる場合もあります）。

申告は、相続開始があったことを知った日の翌日から**10ヵ月以内**に行い、同じ期限までに納税も行わなければなりません。

申告書の提出先は、被相続人の死亡時の住所等の税務署です。財産があるところの税務署や相続人等が住んでいるところの税務署ではありません。

相続人等が２人以上の複数である場合、１通の申告書に連署して提出することができます。申告書には、被相続人の死亡時の財産等についての明細書や相続人の確認のための戸籍謄本や除籍謄本などを添付しなければなりません。法定相続人の確認書類として、法務局から交付される法定相続情報一覧図を添付することも可能です。

相続等に係る申告書には、相続人等のマイナンバーの記載が必要です。

なお、同一の被相続人から相続等によって財産を取得したすべての人には、各相続人等が受けた利益の価額を限度として、相続税の連帯納付の義務があります（**230ページのQ&A参照**）。

同一の被相続人から相続等を受けた他の共同相続人等がいる場合、相続人等は、原則として被相続人の死亡時の住所地の税務署に対して、共同相続人等が被相続人の生前に贈与を受けた財産のうち持ち戻しの対象となる財産（**215ページ参照**）または相続時精算課税制度の適用を受けた財産（**248ページ参照**）について、贈与税の申告書に記載された贈与税の課税価格の合計額の開示を請求することができます。ただし、この開示請求ができるのは、相続税の期限内申告書、期限後申告書、修正申告書の提出または更正の請求が必要なときに限られます。

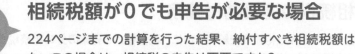

Q 相続税額が0でも申告が必要な場合

224ページまでの計算を行った結果、納付すべき相続税額は0となりました。この場合は、相続税の申告は不要ですか？

A　いくつかの相続税の規定には、申告等を条件に軽減を受けられるものがあり、代表例として配偶者の税額軽減（225ページ参照）や小規模宅地等の特例（296ページ参照）があげられます。そのため、これらの規定による計算の結果、納付すべき相続税額が0であっても、相続税の申告をしなければなりません。

また、相続時精算課税の適用を受けた者については、相続税額が0で申告が不要とされる場合であっても、相続税の申告を行うことで還付を受けられる場合があります（248ページ参照）。

Q 遺産分割が申告期限までに行われない場合

遺産分割が、申告期限である10ヵ月以内の期限に間に合わない場合は、どうすればよいのでしょうか？

A　このような場合は、遺産分割が決まらなくても、**法定相続分または包括遺贈の割合通りに遺産を取得したものとして、期限内に申告・納税します。**この場合、小規模宅地等の特例や配偶者の税額軽減は適用できない申告になります。その後、遺産分割の協議が調えば、税金を納めすぎているときは遺産分割があったことを知った日の翌日から４ヵ月以内に更正の請求をすることにより還付を受けることができます。

なお、小規模宅地等の特例や配偶者の税額軽減は、申告期限に一定の書類を提出しておけば、申告期限から３年以内に分割された財産については適用を受けることができます。

Q 相続税の連帯納付義務

自分はきちんと相続税を納めたのに、税務署から兄弟の分の相続税を納めるよう通知が来ました。兄弟の分の相続税も払わなければならないのですか？

A　相続税には、相続人等に連帯納付義務があります。もし、ある相続人等が相続税を払えず、税務署がその相続人等に納付能力がないと判断した場合は、他の相続人等に相続税を払うように求めます。したがって、兄弟の分の相続税も払わなければならないこともあります。

このようなことが起こらないよう、遺言を遺す際や遺産分割を行う際には、それぞれの相続人等が相続税を払うのに困らないかどうかを考える必要があります。

ただし、申告期限から5年を経過しても連帯納付義務者に納付通知書が発せられていない場合や納税義務者が延納または納税猶予の適用を受けた場合には、連帯納付義務が解除されます。

延納

相続税は金銭で一時に納めるのが原則ですが、相続財産の多数を不動産等が占めている場合など、期限までに納付することが困難な場合も考えられます。そこで相続税には**延納**という制度が設けられています。

相続税額が**10万円超**で、かつ、**納期限まで（または納付すべき日、以下同じ）に金銭で納付することが困難である事由がある場合**に、その納付が困難な金額(注)を限度として延納が認められます。金銭で納付することが困難な金額の範囲は、相続財産のみでなく納税者の固有財産（現金や預貯金）も含めて判定が行われます。

延納を利用する場合には、納期限（期限内申告・期限後申告・修正申告の場合

(注) 納付が困難な金額は、納付税額から次の金額を引いた額とされています。
・納期限に有する現金、預貯金など換価の容易な財産から、納税者と配偶者その他の親族の生活費3ヵ月分および事業継続に当面必要な運転資金を引いた額

設例　納付税額：5,000万円
換価の容易な財産：1,000万円
3ヵ月分の生活費と当面必要な運転資金の合計額：500万円
延納の限度額：5,000万円－(1,000万円－500万円)＝4,500万円

は申告期限、以下同じ）までに延納申請書を提出し、原則として担保（公社債・株式・土地・建物など一定のもの）を提供することが必要です。延納申請書が提出されると、3ヵ月（または6ヵ月）以内に税務署から延納が許可あるいは却下されます。担保とすることのできる株式および社債は、原則として上場されているものに限られます。ただし、①相続等により取得した財産のほとんどが取引相場のない株式であり、その株式以外に担保にできる財産がない場合や、②取引相場のない株式以外の財産が他の債務の担保になっている場合は、相続等により取得した取引相場のない株式を担保とすることができます。公社債などを担保とする場合は、原則として、供託して供託書の正本を提出する必要があります。

▶延納のときにかかる利子税

形　態	延納が認められる年数		原則の利子税		2024年中に適用される税率※2
通常の場合		5年以内		年6.0%	年0.7%
立木の割合が30%を超える場合		5年以内	立木に対応する税額	年4.8%	年0.5%
			その他の財産に対応する税額	年6.0%	年0.7%
不動産等の割合が50％以上75％未満の場合※1	不動産等に対応する税額	15年以内		年3.6%	年0.4%
	その他の財産に対応する税額	10年以内		年5.4%	年0.6%
不動産等の割合が75%以上の場合	不動産等に対応する税額	20年以内		年3.6%	年0.4%
	その他の財産に対応する税額	10年以内		年5.4%	年0.6%

※1　「不動産等」には、不動産のほか借地権など不動産の上に存する権利、立木、事業用の減価償却資産、一定の非上場の同族会社の株式などを含みます。上の表のほかに、計画伐採立木に係る延納や緑地保全地区等内の土地に係る延納の特例などがあります。

※2　延納特例基準割合（前々年9月～前年8月の銀行の新規の短期貸出約定平均金利をもとに財務大臣が定める割合に0.5%を加算した割合）が、年7.3%未満である場合には、各利子税の率は以下の算式により算出された率とします。

$$\text{各利子税の率} \times \frac{\text{延納特例基準割合}}{7.3\%}$$

2024年中の延納特例基準割合は0.9%となっています。

物納

税金は金銭で納付するのが原則ですが、相続税では一定の場合に金銭以外で納付することが認められています（**物納**）。

物納は、**相続税を延納によっても金銭で納付することが困難な事由がある場合**に、**納付が困難な金額を限度**として認められます。金銭納付が困難かどうかは、貸付金の返還や退職金の給付の確定など、近い将来における金銭収入も考慮した上で判定が行われます。

物納財産の収納価額は、原則として課税価格計算の基礎となった価額、すなわち課税時期の時価（相続税評価額）となります。

物納にあてることのできる財産は、相続財産のうち、次のものに限られています（ただし、相続時精算課税制度の適用を受けた財産は除きます）。

順位	物納にあてることのできる財産の種類
第１順位	①不動産、船舶、国債、地方債、「株式・社債・REIT等」のうち上場されているもの、オープンエンド型※または上場の証券投資信託、オープンエンド型※または上場の投資法人が発行する投資証券
	②不動産および上場株式のうち物納劣後財産に該当するもの
第２順位	③「株式・社債・REIT等」のうち非上場であるもの、クローズドエンド型※かつ未上場の証券投資信託
	④非上場株式のうち物納劣後財産に該当するもの
第３順位	⑤動産

※　1ヵ月に1日以上換金可能な証券投資信託をオープンエンド型、そうでない証券投資信託をクローズドエンド型とします。
(注)　特定登録美術品は、上記の順位によらず物納することができます。

これらの財産は、物納できる順番が上の表の①から⑤の順と決まっています。例えば、③の財産を物納できるのは①と②の財産がないときに限られます。

上の表の②④の物納劣後財産には以下のものが該当します。

▶物納劣後財産

・地上権などが設定されている土地 ・法令に違反して建築された建物とその敷地 ・土地区画整理事業などがなされているが、仮換地などの指定がなされていない土地 ・納税義務者の居住・事業の用に供されている建物と敷地 ・配偶者居住権の目的となっている建物およびその敷地	・工場など維持管理に特殊技能を要する建物と敷地 ・公道に２メートル以上接していない（接道義務違反）土地 ・法令により建物を建築できない土地 ・忌み地 ・休眠会社の株式

前ページの物納にあてることのできる財産の表の中でも、次に該当するものなどは、**管理処分不適格財産**となり、物納は認められません。

▶管理処分不適格財産

不動産	・担保権が設定されている ・権利の帰属について争いがある ・訴訟をしなければ通常の使用ができない ・借地権を有する者が不明 ・他の不動産と一体として利用されている ・管理処分の費用が過大	・耐用年数を経過し、通常の使用ができない ・物納を認めると国が債務を負担しなければならない ・公序良俗違反のおそれのある目的に使用されている ・引渡しに必要な行為がされていない ・暴力団員等が地上権等を有している
株式	・譲渡に一定の手続が定められているが、その手続がとられていない ・譲渡制限株式 ・担保権の目的となっている	・権利の帰属について争いがある ・共有に属している ・暴力団員等が役員となっている等の株式会社の株式

物納を利用する場合には、納期限までに必要書類を添付して物納申請書を提出することが必要です。物納申請書が提出されると、**3ヵ月**（調査などに相当の期間を要すると見込まれる場合は６ヵ月）以内に税務署により物納の許可または却下がされます。

物納が却下された場合、納期限の翌日から納付の日まで、相続税額の年7.3%（または、「前年11月30日の特例基準割合」のいずれか低い割合）の**利子税**を納付しなければなりません。管理処分不適格財産または物納劣後財産であることを理由に申請が却下された場合は、１回に限り、他の財産による物納の再申請ができます。延納が可能であることを理由に却下された場合は、却下の日の翌日から20日以内であれば**延納**の申請を行うことができます。

いったん物納の許可を受けた後であっても、許可を受けた財産が賃借権などの設定されている不動産であり、相続税を金銭によって一時にまたは延納によって納付することが可能になった場合は、許可後１年以内に申請することで、物納を撤回して金銭による納付によることができます。ただし、既に換価されている等の理由により物納の撤回を拒絶される場合もあります。

物納の許可を受けて物納した場合は、その物納にあてた財産の譲渡はなかったものとみなされ、譲渡所得等は非課税となります。ただし、物納許可限度額を超える財産の物納（超過物納）の場合は、超える部分は譲渡所得の課税対象となります。

一方、不動産など相続財産を売却換金して納税する場合には、その売却について譲渡所得等の課税が行われます。もっとも、その売却が相続開始の翌日から相続税の申告期限の翌日以後３年以内に行われた場合には、譲渡所得の計算において、譲渡した財産の取得費に一定の相続税額を加算できる特例を受けることができます。

遺産分割の方法

相続開始後、遺産はとりあえず相続人等の共有財産とされます。共有財産となった遺産は遺言または相続人間の協議等によって分割され、最終的には相続人・包括受遺者に割りふられ、帰属が決まります（**遺産分割**）。

遺言による遺産分割

遺言による遺産分割は、被相続人の生前の意思によって、財産を相続人等に対してどのように分けるか決定する方法です。遺言書の作成方式については民法で厳格に規定され、それに違反する遺言は原則として効力が認められません。

自筆証書遺言

自筆証書遺言とは、遺言書の全文、日付および氏名について、遺言者が文字どおり自筆で書いた遺言書をいいます。遺言書には捺印する必要がありますが、実印に限らず認印を使用することもできます。執行の際には、家庭裁判所での検認手続きが必要です。

なお、遺言書本文に別紙として添付する「財産目録」については、自筆に限らず、パソコンにより作成した書面や、登記事項証明書や預貯金通帳のコピーを添付することもできます。ただし、このように作成した財産目録については、その毎ページ（記載があるページに限ります）に、遺言者の署名捺印が必要となります。

自筆証書遺言は、法務局に保管申請できる制度（**自筆証書遺言の保管制度**）が利用できます。この制度を利用した遺言書については、家庭裁判所での検認手続きは不要となります。

公正証書遺言

公正証書遺言とは、公証人の作成する公正証書によって遺言を行う方法です。まず公証人が遺言者の口述に従って遺言の内容を筆記し、遺言者と２人以上の立会の証人に読み聞かせ、または閲覧します。次に内容に誤りのないことを遺言者と証人が確認して署名捺印します。最後に、所定の方式に従って作成されたものである旨を公証人が付記して署名捺印することにより遺言書が完成します。遺言書は公証人によって保管されます。家庭裁判所での検認手続きは不要です。

遺言者が言語機能障害者である場合には、口述に代えて、通訳人の通訳（手話通訳）または自書によって遺言の内容を公証人に伝えて公正証書遺言を行うことができます。遺言者・証人が聴覚機能障害者である場合には、公証人は通訳人の通訳（手話通訳）により内容の確認を求めることが可能です。

秘密証書遺言

秘密証書遺言とは、内容を秘密にして遺言書を保管することができる方式の遺言です。署名捺印と遺言書の封入封印は遺言者自身が行う必要があります。遺言書は公証人に提出されます。その際、公証人と２人以上の証人の前で、遺言者はそれが自分の遺言書であること、筆記者の氏名・住所を述べます。そして、提出を受けた年月日と遺言者の述べたことを公証人が封書に記載し、遺言者・証人・公証人がそれぞれ署名捺印します。開封の際には、家庭裁判所での検認手続きが必要です。

遺言者が言語機能障害者である場合には、それが自分の遺言書であることおよび筆記者の氏名・住所を封書に自書して示す方法のほか、通訳人の通訳（手話通訳）によって示して秘密証書遺言を行うことも可能です。

遺言と遺留分

Check Point!

あらかじめ遺言で遺産の分割を指定する場合には、誰にどれだけの財産を残すかは被相続人の自由です。しかし、**遺留分**が侵害されたことに基づく侵害額に相当する金銭の請求（遺留分侵害額請求）が遺留分権利者である相続人から受遺者等になされると、事実上、遺言で指定された受遺者等の財産はそれだけ減額されます。**遺留分**とは、法定相続人のうちの**兄弟姉妹を除く**配偶者・直系卑属・直系尊属（遺留分権利者）に対して一定限度の財産相続を法律で保障しようという趣旨から認められた、相続財産のうちの一定割合のことです。

遺留分の割合は次の通りに定められています。

① 直系尊属のみが相続人である場合、相続財産の１/３
② ①以外の場合、相続財産の１/２

例えば、遺産２億円で相続人が２人の子の場合、遺産を全部一方の子に与えるという遺言を被相続人がしたとしても、もう一方の子には遺留分として5,000万円（＝２億円×１/２（遺留分）×１/２（法定相続分））の財産が保障されることになります。

遺留分侵害額請求権は、遺留分権利者が相続の開始などを知ったときから１年以内に行使しなければ、時効によって消滅します。また、相続の開始のときから10年を経過した場合も同様です（除斥期間）。

遺留分権利者が遺留分を放棄することは自由です。ただし、相続開始前に放棄するには家庭裁判所の許可が必要です。遺留分を放棄しても相続権がなくなるわけではありませんし、他の相続人の遺留分の額が変動することもありません。

協議分割

「遺言による遺産分割」によらない場合、相続財産の分割は相続人間の協議（話し合い）で決めることになります。分割の内容は、相続人間で自由に決めることができますが、協議分割の場合には相続人の全員の同意が必要です。相続人間で協議が調えば、遺産分割協議書を作成してそれぞれが署名捺印します。協議が調わない場合には、家庭裁判所に分割を請求し、調停や審判を受けることになります。

Q **遺産分割における預貯金の扱い**

預貯金は遺産分割の対象となりますか。

A 2016年12月の最高裁の決定により、預貯金は遺産分割の対象となることとされました。

従来、預貯金は、相続人全員が遺産分割の対象とすると合意しない限り、遺産分割の対象とされず、各相続人が相続分に応じて権利を承継するとされていました。例えば、相続人が子ども2人（AとB）で相続財産が3,000万円の預貯金のみであるケースでは、預貯金は遺産分割の対象とされず、AとBはそのまま1,500万円ずつ預貯金を得ることになります。このケースで、仮に被相続人がAに1,000万円の生前贈与をしていた場合、Aは2,500万円相当の財産（預貯金と現金）、Bは1,500万円の預貯金を得ることになり、不公平が生じます。このような不公平が生じないように、生計の資本として生前贈与などがされた場合（特別受益）、遺産分割において生前贈与された財産を相続財産に加算して相続分が計算されます。しかし、先ほどのケースでは、預貯金は遺産分割の対象とされないため、このような是正措置も行われないことになります。

このような問題を踏まえ、最高裁は2016年12月に、普通預金･通常貯金･定期貯金は遺産分割の対象に含まれるとの判断を示しました（さらに2017年４月には、定期預金も遺産分割の対象に含まれるとの判断を示しました）。先ほどのケースでは、3,000万円の預貯金が遺産分割の対象となり、生前贈与された1,000万円が相続財産に加算されるため、相続財産は4,000万円相当となります。その結果、Bが2,000万円相当の預貯金を相続し、Aが2,000万円相当の財産（生前贈与の1,000万円と相続分の1,000万円相当の預貯金）を相続することになります。

預貯金が遺産分割の対象とされる結果、公平な扱いが図られる一方、預貯金のみが相続財産である場合であっても、常に特別受益の問題が避けられるわけではなく、相続人間でもめるケースが考えられます。なお、次ページ上のCheck Point！記載の事情により、従来、銀行は、原則として相続人全員の同意がない限り預貯金の払戻しに応じていません。この点については変更は生じないと考えられますが、遺産分割前の預貯金の払戻し需要への対応として、民法の相続関係（相続法）の改正により、**預貯金の払戻し制度**が設けられています。

相続した財産の名義書換え

Check Point!

遺産が分割されると、次は不動産や有価証券などの財産の名義変更の手続きに入ります。遺産をいつまでも被相続人の名義のままにしておくと、証券会社に預けている証券類や銀行の預金など財産の種類によっては相続人が自由に処分できないものもでてきます。これは、証券会社や銀行の立場としては、相続が開始したことや誰がどの財産を取得したかなどが判明しなければ、依然として被相続人を財産の所有者と考えるか、相続人全員を権利者と取り扱わざるを得ないためです。

相続放棄・限定承認とその効果

Check Point!

通常の形式で相続を行った場合、被相続人の権利だけでなく、義務も相続しなければなりません（**単純承認**）。そこで、被相続人の財産よりも、借金などの債務の方が明らかに多い場合、**相続権を放棄**することができます。相続放棄は、自分が相続人となる相続開始があったことを知ったときから３ヵ月以内に家庭裁判所に申し出て手続きをする必要があります。

しかし、相続した財産と債務のどちらが大きいか分からない場合には、相続放棄をすると、結果として財産の方が債務よりも大きかったとしても、その差額分も放棄してしまうことになります。そのような場合は、**限定承認**という制度を利用することが考えられます。この制度は、相続によって得た財産の限度でのみ被相続人の債務を負担するという留保付で相続を行うものです。差額分の財産が生じた場合には取得できますし、相続財産を超えて債務を負うことはありません。

ただし、限定承認は、相続人が複数いる場合には、相続人全員でなければ行うことができません。

限定承認を行うには、自分が相続人となる相続開始があったことを知ったときから３ヵ月以内に家庭裁判所に申し出て財産目録を提出しなければなりません。限定承認を行った相続人は、限定承認を行った後５日以内に一切の債権者に対して一定期間内（ただし２ヵ月以上）に債権の申出をするよう公告・催告し、期間の終了後、原則として、申し出た債権者各々の債権額の割合に応じ相続財産の限度で債務を返済します。

限定承認を行うと、被相続人にみなし譲渡所得が発生し、準確定申告で譲渡所得の申告が必要となります。

なお、相続放棄・限定承認の申出をする前に相続財産を処分してしまうと、単純承認を行ったものとみなされてしまう（法定単純承認）ので、注意が必要です。

10

財産を贈与されたら

－贈与税の話－

贈与税は、受贈者ごとに1年間に受け取った贈与額に対して累進税率を適用し課税する**暦年課税**が原則です。

一方、60歳以上の直系尊属から18歳以上の子や孫に贈与を行う際には、暦年課税に代えて**相続時精算課税制度**を選択することも可能です。

このほか、直系尊属から子や孫などに贈与を行う場合は、住宅取得等資金、教育資金、結婚・子育て資金の3種類の**贈与税非課税制度**があります。

本稿では、これらの制度について説明し、贈与の仕方による贈与税額の違いについても検討します。

贈与税と二つの課税方法

贈与とは、民法上、当事者の一方が自己の財産を無償で相手方に与える意思を表示し、相手方がこれを受諾することによって成立する契約をいいます。したがって贈与税は、原則として財産をタダでもらったときにかかる税金といえます。どのような財産の贈与であっても、税法の定める非課税財産の贈与以外はすべて贈与税の対象となります（注1）。また、民法上は贈与に該当しない場合であっても、経済的な利益を受けていると認められる場合は、税法上、贈与とみなされて課税されます。

無償で財産を取得する場合としては、贈与のほかに相続があります。相続の際には相続税がかかります。もし贈与税の方が相続税より税負担が軽ければ、生前贈与によって相続税が回避されてしまいます。それを防止するために贈与税は相続税よりも超過累進の度合いが高くなっています。

贈与税には、暦年課税と相続時精算課税の２種類の課税方法があり、どちらか一方が適用される選択制となっています。暦年課税を選択した場合は、財産を受けた人が１年間に贈与を受けた財産の価額の合計額から基礎控除額の110万円を差し引いた残りの額から贈与税額を計算します。一方、相続時精算課税を選択した場合は、贈与者ごとに１年間に贈与を受けた財産の価額の合計額から基礎控除額の110万円を差し引いた上で、特別控除額の2,500万円を差し引いた残りの額から贈与税額を計算します（注2）。相続時精算課税制度が適用される財産の贈与には、大幅な特別控除額が認められ、贈与額が特別控除額を超えても税率は一律20％となります。

相続時精算課税制度を利用すると、その贈与者の相続発生時までそれが適用され、以後はその贈与者との間で暦年課税を利用することができなくなります。そこでこの章では、最初に原則的な贈与税の仕組みである暦年課税について説明し、続いて、暦年課税と比較しながら相続時精算課税制度について説明します。

納税義務者

贈与税は、贈与によって財産を取得した個人に課されます。贈与税の対象となるのは**個人間の贈与**です。個人・法人間での財産の無償供与は、法人から個人に対する贈与であれば一時所得や給与所得として所得税や個人住民税が個人に課され、個人から法人に対する贈与であれば法人税や法人住民税が法人に課されます。

（注１）ただし、**死因贈与**（贈与を行う人が死亡してはじめて効力が生ずる贈与）は、贈与税ではなく**相続税の対象**となります。
（注２）相続時精算課税制度における１年ごとの基礎控除は2024年１月１日以後の贈与分につき適用されます。

ただし、代表者や管理者が定められている人格のない社団または財団（例えばPTA・同窓会・互助団体・研究会など）が個人から贈与を受けた場合、当該人格のない社団または財団は個人とみなされて贈与税が課されます。

もっとも、贈与を受けた財産について法人税が課されるときは、その税額は贈与税から控除されます。また人格のない社団や財団などに贈与税が課される場合は、贈与者１人ごとに基礎控除（📖246ページ参照）が認められます。したがって、同窓会などに対する贈与については、各贈与者の贈与額が基礎控除の額以下であれば、総額がいくら多くなったとしても贈与税は課されません。

持分の定めのない法人を利用した租税回避の防止

Check Point!

一般社団法人や一般財団法人といった持分の定めのない法人は、以前は贈与税・相続税が課されず、この扱いを利用した贈与税・相続税の租税回避が行われていました。そのため、そのような租税回避を防止する措置が講じられています。具体的には、持分の定めのない法人に贈与・遺贈を行うことによって、親族等の贈与税・相続税の負担が「不当に減少する場合」、持分の定めのない法人は個人とみなされて贈与税・相続税が課されます。

ただし、次の条件のすべてを満たす場合は、「不当に減少する場合」とはされません。

①運営組織が適正であり、定款等に親族等がそれぞれの役員等に占める割合をいずれも３分の１以下とする旨の定めがある
②贈与者等に対して財産の運用および事業の運営に関する特別の利益を与えない
③定款等において、解散した場合の残余財産が国等に帰属する旨の定めがある
④当該法人につき法令に違反する事実、その帳簿書類に取引の全部または一部を隠ぺいし、または仮装して記録または記載をしている事実その他公益に反する事実がない

また、持分の定めのない法人のうち、一般社団法人・一般財団法人（公益社団法人・公益財団法人・非営利型法人等を除く）については、さらに以下の条件のすべてを満たすことが求められます。

①贈与・遺贈時の定款等に、親族等がそれぞれの役員等に占める割合がいずれも３分の１以下とする旨の定めがある
②贈与・遺贈時の定款等に、解散した場合の残余財産が国等に帰属する旨の定めがある
③贈与・遺贈前３年以内に、贈与者等に対して財産の運用および事業の運営に関する特別の利益を与えたことがなく、かつ贈与・遺贈時の定款等に特別の利益を与える旨の定めがない
④贈与・遺贈前３年以内に、国税または地方税について重加算税等を課されたことがない

Q 国外財産等を贈与された場合

国外の財産を贈与された場合にも贈与税はかかりますか？

A

日本国内に住所を有する者が贈与により財産を取得した場合、それが日本国内の財産か、国外の財産かを問わず、原則として贈与税の対象となります。また、日本国内に住所を有する者が贈与する場合についても、日本国内の財産か、国外の財産かを問わず、原則として贈与税の対象となります。国内に居住する在留資格を有する者（居住期間の要件なし）から、国内に短期的に居住する在留資格を有する者や、国外に居住する外国人等が、贈与により取得する国外財産については、贈与税の課税対象から除外されます。

その他、課税関係は下の表の通りです。

受贈者 / 贈与者		国内に居住		国外に居住		
				日本国籍あり		
		原則	一時居住者※1	10年以内に国内に住所あり	10年超国内に住所なし	日本国籍なし
国内に居住	原則	○	○	○	○	○
	在住外国人※2	○	×	○	×	×
国外に居住	10年以内に国内に住所あり	○	○	○	○	○
	うち、日本国籍なし	○	×	○	×	×
	10年超国内に住所なし	○	×	○	×	×

○…国内財産･国外財産ともに課税、×…国内財産のみ課税

※1　贈与の時において在留資格（出入国管理及び難民認定法別表第一参照。※2において同じ）を有し、過去15年以内に国内に住所を有していた期間の合計が10年以下である者。

※2　贈与の時において在留資格を有する者。

贈与税の課税財産

贈与税の課される財産

贈与を受けた財産の全部が原則として課税対象になります。さらに、形式上は贈与でなくとも実態が贈与であるものは税法上も贈与とみなされて贈与税が課されます。具体的には次のような場合が贈与とみなされます。

①著しく低い価額で財産の譲渡を受けた場合
②保険料の全部または一部を負担せずに生命保険金等を受け取った場合（注）
③信託が行われ、適正な対価を負担せずに受益者等となる場合
④債務の免除や債務の引受けなどがあった場合
⑤掛金等の全部または一部を負担しないで定期金を受け取った場合
⑥そのほか実質的に利益を享受した場合
※　①～⑥とも、相続または遺贈によって取得したものとみなされた場合を除きます。

Q 著しく低い価額で財産の譲渡を受けた場合

なぜ、「著しく低い価額で財産の譲渡を受けた場合」にも贈与税がかかるのですか？

A

これはいわゆる「**低額譲受**」のあった場合です。この場合に贈与税がかかるのは、親族間の譲渡では比較的自由に価格を決めることができ、実態は贈与でありながら、低額譲渡という形をとり、形式的には売買があったようにすることで贈与税を免れるのを防ぐためです。この場合、**譲り受けた資産の時価と実際の譲受価額との差額に対して贈与税**が課されます。

この場合の時価は、土地等と家屋等については取得時における通常の取引価額、上場株式などについては原則として課税時期の最終価格や取引価格によって評価するものとされています。例えば、時価1,400万円の宅地を600万円で格安に譲り受けた場合には、差額の800万円に対して贈与税がかかるわけです。

一方、個人に対して低額譲渡をした側の個人については、譲渡所得等（所得（損失）は、実際の収入金額と取得費等との差額です）に対して所得税および住民税が課されますが、実際の収入金額が譲渡時点の時価の1/2未満で、かつ、譲渡損が発生する場合は、その損失はなかったものとみなされます。

なお、資産を低額で法人から譲り受けた場合には、譲り受けた資産の時価と譲受価額との差額は、贈与税ではなく一時所得として所得税・住民税が課されます。一方、時価に比して低い価額で資産を譲渡した法人については、時価と実際の収入金額との差額が、通常は寄附金や役員給与、退職金などとして取り扱われます。

（注）死亡保険金については、契約者（保険料負担者）、被保険者、受取人の組合わせにより、課される税金が異なります。

募集株式引受権の贈与があったとみなされる場合

Q 「そのほか実質的に利益を享受した場合」とは、具体的にどのような場合があるのですか？

A 代表的な例としては、同族会社の新株発行などにおける募集株式引受権の付与に関する次のようなケースがあげられます。

募集株式引受権が、募集株式引受人（会社法第206条）のうち、当該同族会社の株主の親族などに与えられ、当該募集株式引受権に基づいて新株を取得したとき
…原則として、当該株主の親族などが、当該募集株式引受権を当該株主から贈与によって取得したこととされます。

（具体例） 同族会社で、増資比率が1：1で800万円の資本金の増資を行い、以下のような内容で新株が引き受けられたとします。

株主	増資前の所有株式数	本来引き受けられる新株数	実際に引き受けた新株数	増減	
				増	減
甲	50,000	50,000	30,000	–	20,000
乙（甲の親族）	30,000	30,000	50,000	20,000	–

この場合、甲から乙に20,000株の募集株式引受権の贈与があったとみなされ、1株あたりの募集株式引受権の価額が100円であったとすると、甲から乙に200万円の贈与があったとみなされることになります。

贈与税の課されない財産

社会通念上課税になじまなかったり、他の税金が課されたりするなどの理由から、次のような財産の贈与には贈与税が課されません。

（1）法人からの贈与

贈与税は課されませんが、一時所得等として所得税および住民税が課されます。

贈与税と所得税とでは計算方法が異なりますので一概には言えませんが、一時所得は所得金額が1／2に軽減されますので、通常のケースでは贈与税よりも一時所得の方が税負担が軽くなる場合が多いでしょう。

（2）扶養義務者間における生活費・教育費のための贈与

配偶者や子どもの生活費、あるいは大学生である子どもに教育費などを与えても贈与税の対象にはなりません。

ただし、扶養者の資力や被扶養者の需要などから考えて社会通念上適当と認められる範囲のものに限られます。

（3）社交上必要と認められる贈与

中元・歳暮などの贈答、祝金、見舞金、香典などは、贈与者と受贈者との関係などから考えて社会通念上相当と認められるものは非課税とされています。

（4）宗教・慈善・学術その他公益を目的とする事業を行う一定の者が贈与により取得した財産

これに該当する財産でも、当該公益を目的とする事業の用に供することが確実な財産でなければならず、また、その財産を取得した日から２年以内に公益を目的とする事業の用に供していなければなりません。

（5）一定の特定公益信託から交付される金品

学術研究の奨励や学資の支給などを行う一定の特定公益信託から交付される一定の金品に限られます。

（6）公職選挙法の適用を受ける選挙における公職の候補者が受けた金品等

公職選挙法の適用を受ける選挙で、公職の候補者が選挙運動に関して贈与により取得した金銭、物品その他の財産上の利益で、公職選挙法の規定により報告がなされているものに限られます。

（7）心身障害者共済制度に基づく給付金の受給権

ここでいう共済制度とは、地方公共団体の条例により精神や身体に障害のある者を扶養する者を加入者として、その加入者が地方公共団体に掛金を納め、その地方公共団体が心身障害者の扶養のために定期的に給付金を支給することなど、一定の要件を備えているものです。

（8）特定障害者扶養信託契約に基づく受益権

特定障害者を受益者とする特定障害者扶養信託契約に基づいて特定障害者が受ける信託財産のうち、3,000万円まで（特別障害者については、6,000万円まで）の額が非課税となります。

（9）相続の開始前一定期間内に被相続人から贈与された財産

このような財産については、贈与時に贈与税がかかることがありますが、相続税の課税対象となり、かかった贈与税額は相続時に税額控除の対象となります（**📖215ページ参照**）。ただし、被相続人の配偶者が贈与税の配偶者控除の適用要件を満たし、控除対象となる居住用不動産などの贈与を受けている場合、その控除金額（2,000万円が上限となります）相当分については、所要の手続きにより、相続税の課税対象からも除外されます。

（10）直系尊属からの各種贈与税非課税制度による贈与

直系尊属からの住宅取得等資金の非課税制度（**📖254ページ**）、直系尊属からの教育資金の一括贈与非課税制度（**📖255ページ**）、直系尊属からの結婚・子育て資金の一括贈与非課税制度（**📖257ページ**）による贈与は、いずれも贈与税非課税となります。

暦年課税

暦年課税は、1月1日から12月31日までの1年間に贈与を受けた財産の価額を合計し、合計額から**基礎控除額**110万円を差し引いた金額に税率をかけて計算します。(注)

贈与税額＝｛（贈与により取得した財産の価額の合計額（課税価格））－（基礎控除額110万円）｝×税率

贈与税の計算は次の速算表を用いると便利です。

「直系尊属から18歳以上の者への贈与の場合」（**特例贈与財産**）とそれ以外の**一般贈与財産**により税率が異なります。すなわち、父母・祖父母から子・孫への贈与などの場合、特例贈与財産となります。

300万円超4,500万円以下の部分について、特例贈与財産は一般贈与財産より1段階税率が軽減されています。なお、18歳以上であるかどうかは、贈与を受けた年の1月1日時点の年齢で判定します。

▶贈与税額の速算表

一般贈与財産（右記以外の場合）			
基礎控除後の課税価格（A）		税率（B）	速算控除額（C）
	200万円以下	10%	―
200万円超	300万円以下	15%	10万円
300万円超	400万円以下	20%	25万円
400万円超	600万円以下	30%	65万円
600万円超	1,000万円以下	40%	125万円
1,000万円超	1,500万円以下	45%	175万円
1,500万円超	3,000万円以下	50%	250万円
3,000万円超		55%	400万円

特例贈与財産（直系尊属から18歳以上の者への贈与の場合）			
基礎控除後の課税価格（A）		税率（B）	速算控除額（C）
	200万円以下	10%	―
200万円超	400万円以下	15%	10万円
400万円超	600万円以下	20%	30万円
600万円超	1,000万円以下	30%	90万円
1,000万円超	1,500万円以下	40%	190万円
1,500万円超	3,000万円以下	45%	265万円
3,000万円超	4,500万円以下	50%	415万円
4,500万円超		55%	640万円

※1　速算表の使い方　（A）×（B）－（C）＝税額

※2　配偶者控除（📖次ページ参照）の適用がある場合は、（A）はその控除後の金額となります。

その年に受けた贈与財産に、特例贈与財産と一般贈与財産の両方がある場合は、次の算式により贈与税額を算出します。

▶特例贈与財産と一般贈与財産の両方がある場合の贈与税額

贈与税額 ＝（A×一般贈与財産の額＋B×特例贈与財産の額）／（一般贈与財産の額＋特例贈与財産の額）

A…一般贈与財産と特例贈与財産の合計額（基礎控除後）に「一般贈与財産」の税率を適用した場合の贈与税額

B…一般贈与財産と特例贈与財産の合計額（基礎控除後）に「特例贈与財産」の税率を適用した場合の贈与税額

（注）相続時精算課税の年間110万円の基礎控除とは別に、暦年課税でも年間110万円の基礎控除を受けることができます（📖248ページ参照）。

1年間に贈与を受けた財産の価額が基礎控除額（110万円）以下のときは、贈与税はかかりません。例えば、Aさんが1年のうちに甲さんから70万円と乙さんから40万円の贈与を受けた場合、合計110万円ですからAさんに贈与税は課されません。甲さんがAさんとBさんにそれぞれ110万円ずつ贈与した場合も、贈与を受けた側からみれば110万円の枠内に収まっていますから、1年間に他の人から贈与を受けていない限り、AさんとBさんに贈与税は課されません。

Q　夫婦間の居住用不動産等の贈与と配偶者控除

私は妻に現金を贈与し、妻はその現金で自宅を新築し、妻名義で登記しました。この場合、一定の要件の下で配偶者控除が認められると聞いたのですが、具体的にはどのように扱われるのですか？

A

贈与税には、**居住用不動産、あるいは居住用不動産の取得資金**について**2,000万円の配偶者控除**が認められます。贈与税の基礎控除額は110万円なので、以下の要件を満たす夫婦間での居住用不動産等の贈与の場合は、合計で2,110万円まで贈与税は課されないことになります。

①結婚して20年以上の夫婦であること。
②贈与財産が居住用の土地もしくは借地権など土地の上に存する権利もしくは家屋であること。ただし、現金の贈与であってもその現金でこれらの居住用不動産を取得するときには、同様に認められます。
③以前に同じ配偶者から受けた贈与につき一度も配偶者控除が適用されていないこと。
④贈与を受けた年の翌年3月15日までにその居住用不動産をその者の居住の用に供し（現金の贈与のときは同日までに居住用不動産を取得して居住の用に供し）、かつ、その後引き続き居住の用に供する見込みであること。
⑤必要書類（戸籍謄本または抄本、受贈者の戸籍の附票の写し、登記事項証明書等）を添付して申告書を税務署に提出すること。

上の要件を満たす場合、問のような事例においても、配偶者控除が認められます。

なお、相続税における配偶者の税額軽減（📖**225ページ参照**）は、贈与税における配偶者控除の適用を受けていても関係なく適用されます。相続開始前一定期間内の贈与財産は相続財産に引き戻されるのが原則です（📖**215ページ参照**）が、贈与税における配偶者控除を受けた部分、あるいは相続開始の年の贈与で配偶者控除を受けるはずであった部分については、贈与税の申告書を提出することにより相続税の課税価格に加算する必要はなくなります。

相続時精算課税制度

相続時精算課税制度は、**生前贈与**を行いやすくするための制度です。これにより、将来において相続関係に入る親から子などへの贈与については、贈与税が大幅に軽減されます。具体的には、暦年課税が最高55％の累進税率で、基礎控除は110万円までであるのに対し、相続時精算課税制度では、**2,500万円**の特別控除額を超えない限り何回でも複数年にわたって非課税での贈与を行うことができます。さらに相続時精算課税制度にも毎年110万円までの基礎控除があります。

基礎控除および特別控除後の非課税枠を超えた贈与についても税率は超過額の一律**20%**となります。

相続時精算課税制度では、この制度の適用を受ける財産の贈与につき、まず、贈与時に前述の方法で計算した贈与税を支払います。

そして、相続時に、この贈与を受けた財産を**贈与時の相続税評価額**で相続財産に加算して相続税を計算し、贈与時に支払った贈与税をそこから控除するという方法で課税されます。その際、相続税額から控除しきれない贈与税相当額があった場合は還付されます。

相続時精算課税制度を適用するためには、贈与者・受贈者がそれぞれ次の条件を満たしている必要があります。

▶相続時精算課税制度を利用できる者の条件

贈与者	60歳以上※1、2
受贈者	18歳以上の贈与者の推定相続人および孫 （代襲相続人でない孫を含む）

※1　住宅取得等資金の特例の場合、2026年12月31日までの贈与については、贈与者の年齢に関係なく相続時精算課税制度が適用可能です（📖次ページ参照）。
※2　年齢は、贈与を行った年の1月1日時点で判断します。

この条件を満たせば、受贈者である子それぞれが贈与者である親ごとに、相続時精算課税制度を利用するかどうかを選択することができます。また、対象となる財産の種類・金額・贈与回数に制限はありません。

相続時精算課税制度の適用を受けるためには、最初の贈与を受けた年の翌年2月1日から3月15日までに税務署に届出書を提出しなければなりません。届出書が提出されると、この制度の適用を受けて贈与者の相続時まで継続して適用されます。

それでは、次に相続時精算課税制度の仕組みをくわしく見てみましょう。

相続時精算課税制度の仕組み

（1）贈与時の贈与税の計算

前ページで説明した条件を満たす財産の贈与について、贈与時に、贈与者ごとに他の贈与財産と区分して以下の贈与税が課されます。

贈与税額＝｛（その年の贈与財産の合計金額 － 基礎控除額110万円）－ 特別控除額｝× 20%

例えば、１年目に2,000万円贈与を受け、２年目に800万円贈与を受けた場合、１年目の2,000万円についてまず基礎控除110万円を差し引いてから特別控除の額が控除されるため、１年目には1,890万円の特別控除が適用されます。２年目の800万円については110万円の基礎控除後の690万円のうち、特別控除が認められるのは、前年からの残余分、すなわち特別控除2,500万円から前年に適用された1,890万円を差し引いた610万円までとなります。基礎控除後の690万円のうち残りの80万円について税率20%の贈与税が課されます。

この基礎控除額は相続時精算課税において、受贈者１人あたり年間110万円です(注)。特別控除額は累計で2,500万円まで認められます。

（2）相続時の相続税の計算

前ページで説明したように、相続時精算課税制度では、相続時精算課税制度を選択した贈与財産を贈与時の相続税評価額で相続財産に加算した上で相続税額を計算します。そして、その額から、贈与時に支払った贈与税の額を控除して最終的な相続税額を求めます。支払った贈与税額が相続税額を上回る場合は、差額が還付されます。

相続税額＝｛（贈与財産の合計金額 ＋ 相続財産の合計金額）－ 相続税の基礎控除額｝× 税率 － 納付済みの贈与税額

（注）合算される贈与財産は贈与時の時価です。相続時に贈与財産の価値が大きく下がっていても、資産価値の変動は考慮されないため注意が必要です。
また、代襲相続人でない孫に相続時精算課税制度で贈与を行った場合、相続時は相続税額の２割加算（📖222ページ参照）の対象となる点にも注意が必要です。

（注）これとは別に、暦年課税における、受贈者１人あたり年間110万円の基礎控除を受けることができます。

住宅取得等資金の贈与の特例

2026年12月31日までに、住宅取得等資金の贈与を受け、贈与を受けた年の翌年３月15日までに自己の居住用住宅の取得、増改築等を行い、かつ同日までにその住宅を居住の用に供したときは、**贈与者の年齢にかかわらず**相続時精算課税制度を選択できます。

この特例を受けるためには、贈与を受けた年の翌年２月１日から３月15日までの間に、相続時精算課税選択届出書、戸籍の謄本、登記事項証明書などの一定の書類を税務署に提出する必要があります（くわしくは📖**265ページ参照**）。

相続時精算課税制度の計算例

相続人　配偶者と子一人
贈与財産　子に2,000万円ずつ３年に分けて合計6,000万円
相続財産　配偶者　2,000万円　子　2,000万円

○贈与税の計算

１年目　０円(残りの特別控除枠は610万円＝2,500万円－(2,000万円－110万円（相続時精算課税の基礎控除)))
２年目　{(2,000万円－110万円)－610万円}×20%＝256万円
３年目　(2,000万円－110万円)×20%＝378万円

○相続税の計算

課税価格＝{(6,000万円－330万円(３年分の相続時精算課税の基礎控除))＋2,000万円}＋2,000万円－4,200万円(相続税の基礎控除)＝5,470万円
配偶者　5,470万円×１/２×15%－50万円＝360万2,500円
子　5,470万円×１/２×15%－50万円＝360万2,500円
相続税の総額　360万2,500円＋360万2,500円＝720万5,000円
按分比率
配偶者　2,000万円で0.21　子　7,670万円で0.79
各相続人の相続税額
配偶者　720万5,000円×0.21＝151万3,050円
151万3,050円－151万3,050円（配偶者の税額軽減）＝**０円**
子　720万5,000円×0.79 ＝ 569万1,950円
569万1,950円－贈与税額=569万1,950円－(256万円＋378万円)
＝**▲64万8,050円**(還付)

○子の贈与税と相続税の合計額＝0円[1年目]＋256万円[2年目]＋378万円[3年目]－64万8,050円[相続時精算]＝569万1,950円

(注) 全ての贈与は2024年１月１日以後に行われたものとする。

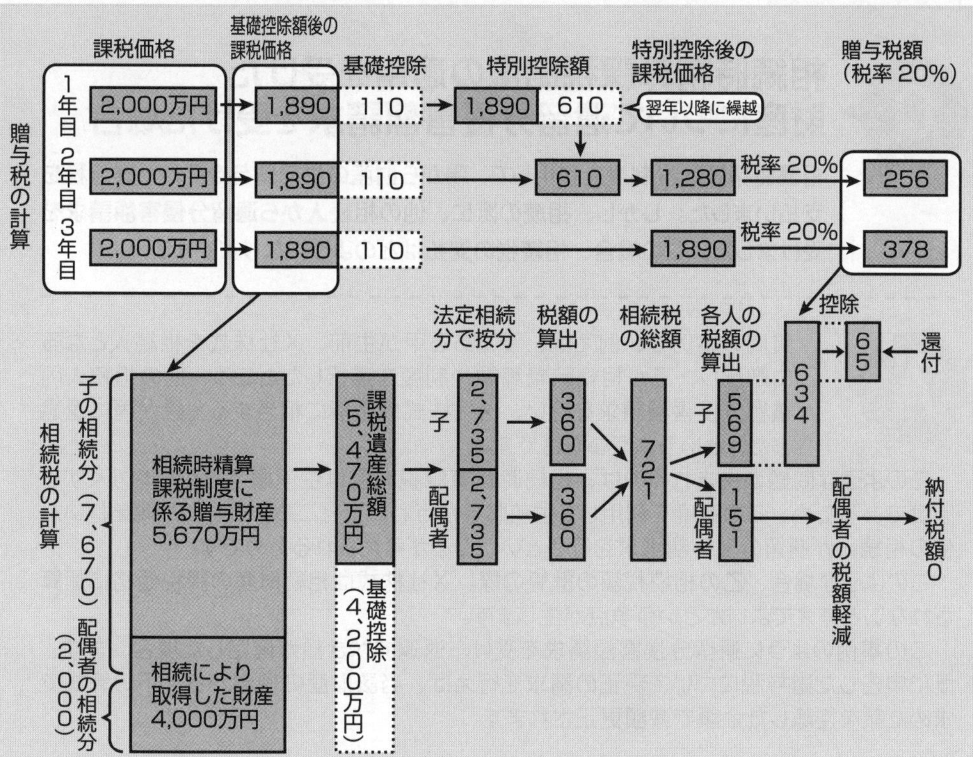

※なお、この図では簡略化のため 1 万円未満は四捨五入しています。

Q 相続時精算課税制度の適用を受けた財産について遺留分侵害額請求を受けた場合

相続時精算課税制度を利用して、親から財産の生前贈与を受け、贈与税を支払いました。しかし、相続の際に、他の相続人から遺留分侵害額請求を受けました。この場合、相続税の支払はどのようになりますか？

A

質問の事例は、例えば、親である甲が生前、X社株式を相続人となる乙に贈与し、乙が相続時精算課税制度を選択したところ、他の相続人丙が遺留分侵害額請求を行い、X社株式の価額に相当する金銭が丙に返還された、というような場合です。

このような問題が生まれるのは、相続時精算課税制度は生前贈与をやりやすくする制度であるため、この制度を利用して生前贈与が行われたところ、それに不満を抱いた他の相続人が遺留分侵害額請求を行うということが考えられるためです。

このような場合、乙の相続税額の計算の際、X社株式は相続財産の課税価格に加算されないと考えてよいかという争点が生じます。

この事例のように遺留分侵害額請求を受け、返還すべき額が確定した場合、まず、既に申告した贈与税について更正の請求を行えば、当該財産の価額から、下の算式で求めた額を控除した金額で減額更正されます。

$$\text{控除額} = \frac{\text{遺留分侵害額請求により返還すべき額}}{} \times \frac{\text{相続時精算課税適用財産の贈与時の価額}}{\text{相続時精算課税適用財産の返還時の時価}}$$

その上で、相続時精算課税制度を適用する場合には、相続税の課税価格として、減額更正後の額が算入されます。

例えば、遺留分侵害額請求により乙が弁償すべき額が1,000万円、当該返還時のX社株式の時価が1億円、贈与時の価額が8,000万円だとすると、1,000万円×$\frac{8,000\text{万円}}{1\text{億円}}$＝800万円に対する贈与額の更正の請求をすることで還付を受けることができます。一方、他の相続人丙は800万円が相続財産に加算されます。

直系尊属からの贈与の贈与税非課税制度

3種類の非課税制度の概要

直系尊属（父母、祖父母など）から直系卑属（子、孫など）に贈与を行う場合、贈与資金の目的別に３種類の贈与税非課税制度があります。それぞれ非課税制度の実施期間、金額、条件等が異なります。それぞれの制度の適用条件を満たせば、いずれも併用することが可能です（注）。３種類の贈与税非課税制度の概要は下表の通りです。それぞれの制度について、順に説明します。

▶直系尊属からの贈与の贈与税非課税制度の概要

	住宅取得等資金の非課税制度	教育資金の一括贈与非課税制度	結婚・子育て資金の一括贈与非課税制度
使途	住宅取得等資金	教育資金 **（23歳以後制限あり）**	結婚・子育て資金 （子育て資金は子の小学校就学前まで）
贈与者	受贈者の直系尊属（父母、祖父母など）		
受贈者	**18歳以上**の直系卑属 **（所得制限あり）**	**30歳未満**の直系卑属 **（所得制限あり）**	**18歳以上以上50歳未満**の直系卑属**（所得制限あり）**
贈与できる期間	**2026年12月31日**まで	**2026年３月31日**まで	**2025年３月31日**まで
非課税が適用される贈与の上限金額	時期・住宅の種類等により異なる **（最大1,000万円）**	**1,500万円** （学校以外への支払いは500万円まで）	**1,000万円**
贈与の方法	特になし	贈与された資金を**金融機関の専用口座**で管理する	
資金使途の確認方法	贈与税の申告書等を期日内に**税務署に提出**する	領収書等を期日内に**金融機関に提出**する※	
贈与された資金を使用できる期間	贈与された年の**翌年の３月15日**まで	受贈者が**30歳（一定の場合、40歳）**に達するまで（残額には贈与税課税）	受贈者が**50歳**に達するまで（残額には贈与税課税）
贈与後に贈与者が死亡した場合	相続財産に持ち戻さない	一定の場合、残額につき**相続財産に持ち戻す**（📖256ページ）	残額につき**相続財産に持ち戻す**（📖259ページ）
解説ページ	📖254ページ	📖255ページ	📖257ページ

※金融機関等を経由して一定の期日までに各非課税申告書が税務署に提出されます。

（注）保育所・幼稚園の費用などは教育資金の一括贈与非課税制度と結婚・子育て資金の一括贈与非課税制度の両制度の対象となっていますが、両制度を併用する場合でも、同一の費用にかかる領収書等を両制度で重複して金融機関に提出することはできません。

住宅取得等資金の非課税制度

2026年12月31日までに、直系尊属からの贈与により住宅取得等資金の贈与を受け、一定の条件の下、住宅の新築、中古住宅の取得、増改築等（以下、住宅取得等）を行った場合、一定額まで贈与税を非課税とすることができます。

住宅取得等資金の贈与税非課税となる贈与の上限金額は、取得する住宅が一般住宅であるか、耐震・エコ・バリアフリー住宅であるかにより異なります。また、受贈者が東日本大震災の被災者である場合は上限金額の特例が適用されます。

▶住宅取得等資金の非課税制度

贈与の時期	2024年1月1日～2026年12月31日
贈与者	受贈者の直系尊属（父母、祖父母など）
受贈者	以下の①～③のすべてを満たす者 ①贈与を受けた年の1月1日において18歳以上 ②贈与を受けた年の合計所得金額が2,000万円以下（居住用住宅の新築、中古住宅の取得、増改築（これらとともにする当該住宅の敷地である土地等の取得を含む。以下「新築等」）をする住宅用の家屋の床面積が40㎡以上50㎡未満の場合は、合計所得金額1,000万円以下） ③2009年～2023年までに住宅取得等資金の非課税制度の適用を受けていない
資金使途	住宅取得等
取得する住宅の条件	床面積が40㎡以上240㎡以下などの条件あり
住宅取得等の契約	契約締結時期は考慮しない
取得した住宅の新築等	贈与を受けた年の翌年3月15日までに住宅取得等資金の全額を充てて住宅用の家屋の新築等をする
取得した住宅への居住	贈与を受けた年の翌年3月15日までに居住の用に供することまたは同日後遅滞なく居住の用に供することが確実であると見込まれ、かつ、贈与を受けた年の翌年12月31日までに実際に居住の用に供する

非課税となる上限金額を超える金額の贈与を受けた場合、超過分の金額について、暦年課税か相続時精算課税制度を選択することになります（ただし、直系尊属からの贈与のうち、相続時精算課税制度を選択できるのは、親から子、または祖父母から孫への贈与に限られます）。

暦年課税を選択した場合、住宅取得等資金の贈与税非課税となる贈与の上限金額を超える分の贈与額について、110万円の基礎控除が適用されます。

相続時精算課税制度を選択した場合、住宅取得等資金の贈与税非課税となる贈与の上限金額を超える分の贈与額について、年間110万円の基礎控除を適用後、さらに最大2,500万円まで特別控除を適用できます。

なお、暦年課税と相続時精算課税制度のいずれを選択した場合でも、住宅取得等資金の非課税制度により贈与を受けた金額については、将来の相続において生前贈与加算の対象になりません。

▶住宅取得等資金の贈与税非課税となる贈与の上限金額

	住宅取得等資金の贈与の時期
	2024年1月～2026年12月
耐震・エコ・バリアフリー住宅	1,000万円
上記以外の住宅	500万円

教育資金の一括贈与非課税制度

2026年３月31日までに、直系尊属から30歳未満の直系卑属に教育資金の一括贈与を行った場合、最大1,500万円まで贈与時の贈与税が非課税とされます。

この制度を利用できるのは１人の受贈者につき１つの金融機関のみとなります。同じ金融機関を用いて、限度額の範囲内で再度贈与することは可能です。

▶贈与の方法

贈与者	贈与を受ける者の直系尊属（父母、祖父母など）
受贈者	以下の①②のすべてを満たす者 ①教育資金管理契約の締結日において30歳未満 ②贈与を受けた年の前年の合計所得金額が1,000万円以下
贈与の方法	教育資金管理契約に基づいた以下のいずれかの方法 ①信託会社への信託 ②銀行等への預貯金の預入（書面による贈与が必要） ③証券会社等での有価証券の購入（書面による贈与が必要）
教育資金管理契約への非課税拠出額の限度額	贈与を受ける者１人につき1,500万円まで（贈与する側については、贈与する人数、総額については制限なし。贈与を受ける側については、何人から贈与を受けても合計1,500万円まで）
拠出できる期間	2013年４月１日～2026年３月31日
使用できる期間	原則として、受贈者が30歳に達するまで （ただし、2019年７月１日以後に30歳に達した受贈者について、30歳に達した時に学校等に在学しているか職業訓練を受講している場合には、最長で40歳に達するまで延長できる）

教育資金支出額

この制度による贈与は、「教育資金」のための贈与であり、教育資金に使ったときは、領収書等を所定の期限内に金融機関に提出しなければなりません。「教育資金」のうち、金融機関に領収書等が提出され金融機関が確認を行い記録された金額が「教育資金支出額」とされます。

「教育資金」のうち、学校等に直接支払われる入学金、授業料等は累計1,500万円まで「教育資金支出額」とされます。

「教育資金」のうち、学校等以外の者に支払われる金銭等（塾代、習い事代など）については、原則として受贈者が23歳未満の場合かつ、累計で500万円までしか「教育資金支出額」に算入できません。

贈与者死亡時の扱い

教育資金の非課税制度において教育資金管理契約が終了する前に贈与者が死亡したときは、原則として、非課税拠出額から教育資金支出額を控除したうち一定の残額（**管理残額**）について、贈与者から**相続等によって取得したものとみなされ、相続税の課税対象となります**。

▶**贈与者死亡時の扱い**

贈与の時期	2019年3月31日以前	持ち戻し課税なし
	2019年4月1日～2021年3月31日	持ち戻し課税あり ・贈与後３年以内の死亡に限る（管理残額のうち、贈与者死亡前３年以内に贈与された金額） ・「相続税額の２割加算」（📖**222ページ参照**）なし
	2021年4月1日以後	持ち戻し課税あり ・贈与から経過した年数を問わない（管理残額） ・「相続税額の２割加算」（📖**222ページ参照**）あり
持ち戻しが免除される場合		贈与者の死亡日において、受贈者が下記のいずれかに該当する場合※ ①23歳未満である ②学校等に在学している ③雇用保険法に規定する教育訓練（職業訓練）を受講している

※2023年4月1日以後の贈与において、贈与者の相続等によるすべての相続人等の相続税の課税価格の合計額が５億円を超える場合は、受贈者が①～③を満たしていても持ち戻しが免除されず管理残額について相続税の課税対象となります。

契約終了時の扱い

教育資金管理契約は、次ページ表に掲載された事項のいずれかに該当するまで継続します。

教育資金管理契約の終了時に、非課税拠出額から教育資金支出額として払い出した額を差し引き、残額があれば契約終了時に贈与があったものとして贈与税が課税されます。

教育資金管理契約の終了時には、金融機関より受贈者の納税地の所轄税務署に調書が提出されます。

▶契約終了時の扱い

教育資金管理契約の期間	下記のいずれかに該当して教育資金管理契約が終了するまで ①受贈者が30歳に達する（30歳に達した日に学校等に在学または職業訓練を受講しており、金融機関に届け出た場合を除く） ②受贈者が死亡する ③口座の残高が０になる（受贈者と金融機関との間で教育資金管理契約を終了させる合意があった場合に限る） ④受贈者が40歳に達する（30～40歳まで継続して学校等に在学しているまたは職業訓練を受講している場合に限る） ⑤受贈者が30歳に達した後、学校等の在学または職業訓練の受講についての毎年の届出を行わない
教育資金管理契約終了時の扱い	・上記①または③の場合 管理残額があれば、30歳到達時（または残高が０になったとき）に贈与があったものとして贈与税を課税※ ・上記②の場合 管理残額があっても贈与税は非課税 ・上記④または⑤の場合 管理残額があれば、40歳到達時（または学校等の在学等の届出を行わなかった年の12月31日）に贈与があったものとして贈与税を課税※

※　2023年４月１日以後の贈与において、管理残額に贈与税が課される場合、特定贈与財産ではなく一般贈与財産として扱われます。

口座内での運用

贈与税非課税で拠出された資金を、口座内で運用することもできます（ただし、口座内の有価証券を信用取引等の証拠金代用有価証券とすることはできません）。口座内の運用により譲渡益・利子・配当などが得られた場合は、その譲渡益･利子･配当などについては通常通り所得税等が課税されますが、贈与税はかかりません。

他方で、口座内の運用によって損失が生じた場合についてはその損失分は「教育資金支出額」とはならないため、贈与税が課税されます。すなわち、口座内の運用で損失が発生した場合は、元本が毀損する上に贈与税を課税されることになるので注意が必要です。

結婚・子育て資金の一括贈与非課税制度

2025年３月31日までに、直系尊属から18歳以上50歳未満の直系卑属に結婚・子育て資金の一括贈与を行った場合、最大1,000万円まで贈与時の贈与税が非課税とされます。

この制度を利用できるのは１人の受贈者につき１つの金融機関のみとなります。同じ金融機関を用いて、限度額の範囲内で再度贈与することは可能です。

なお、この制度での「子育て」とは、**小学校就学前まで**の「子育て」のことをいいます。このため、小学校就学以後の教育費は「教育資金の一括贈与非課税制度」（📖255ページ）の対象となります。

▶**贈与の方法**

贈与者	贈与を受ける者の直系尊属（父母、祖父母など）
受贈者	以下の①②のすべてを満たす者 ①結婚・子育て資金管理契約の締結日において18歳以上50歳未満 ②贈与を受けた年の前年の合計所得金額が1,000万円以下
贈与の方法	結婚・子育て資金管理契約に基づいて以下のいずれかの方法 ①信託会社への信託 ②銀行等への預貯金の預入（書面による贈与が必要） ③証券会社等での有価証券の購入（書面による贈与が必要）
結婚・子育て資金管理契約への非課税拠出額の限度額	贈与を受ける者１人につき1,000万円まで （贈与する側は、贈与する人数、総額については制限なし。贈与を受ける側については、何人から贈与を受けても合計1,000万円まで。夫婦それぞれが1,000万円ずつ贈与を受けることは可能）
拠出できる期間	2015年４月１日～2025年３月31日

結婚・子育て資金支出額

この制度による贈与は、「結婚・子育て資金」のための贈与であり、受贈者は金融機関の口座から払い出された金銭を結婚・子育て資金に使ったときは、領収書等を所定の期限内に金融機関に提出しなければなりません。「結婚・子育て資金」のうち、金融機関に領収書等が提出され金融機関が確認を行い記録された金額が「結婚・子育て資金支出額」となります。

「結婚・子育て資金」のうち、妊娠・出産・子育てに関する費用については、累計1,000万円まで「結婚・子育て資金支出額」とされます。

「結婚・子育て資金」のうち、結婚に関する費用については、累計300万円までしか「結婚・子育て資金支出額」に算入できません。

贈与者死亡時の扱い

結婚・子育て資金管理契約が終了する前に、贈与者が死亡したときは、非課税拠出額から結婚・子育て資金支出額を控除した残額（**管理残額**）について、贈与者から**相続等によって取得したものとみなされ、相続税の課税対象となります。**

なお、管理残額に相続税が課される際、贈与者と受贈者の関係によっては「相続税額の２割加算」（222ページ参照）の対象となります（ただし、2021年３月31日までの贈与については「相続税額の２割加算」の対象となりません）。

贈与者が死亡しても結婚・子育て管理契約は終了しませんが、管理残額は結婚・子育て資金管理契約に算入され、契約の終了時に贈与税が課税されることはなくなります。

契約終了時の扱い

結婚・子育て資金管理契約は、次の表に掲載された事項のいずれかに該当するまで継続します。

結婚・子育て資金管理契約の終了時に、非課税拠出額から結婚・子育て資金支出額として払い出した額を差し引き、残額があれば50歳到達時（または残高が０になったとき）に贈与があったものとして贈与税が課税されます。

結婚・子育て資金管理契約の終了時には、金融機関より受贈者の納税地の所轄税務署に調書が提出されます。

▶契約終了時の扱い

結婚・子育て資金管理契約の期間	下記のいずれかに該当して結婚・子育て資金管理契約が終了するまで ①受贈者が50歳に達する ②受贈者が死亡する ③口座の残高が０になる（受贈者と金融機関との間で結婚・子育て資金管理契約を終了させる合意があった場合に限る）
結婚・子育て資金管理契約終了時の扱い	・上記①または③の場合 管理残額があれば、50歳到達時（または残高が０になったとき）に贈与があったものとして贈与税を課税※ ・上記②の場合 管理残額があっても贈与税は非課税

※2023年４月１日以後の贈与において、管理残額に贈与税が課される場合、特定贈与財産ではなく一般贈与財産として扱われます。

口座内での運用

贈与税非課税で拠出された資金を、口座内で運用することもできます。その際の注意点は、教育資金の一括贈与非課税制度と同様です（255ページ参照）。

生前贈与の方法による税額の違い

暦年課税と相続時精算課税制度は選択制です。また、教育資金の一括贈与非課税制度などの非課税制度もあります。ここでは、生前贈与を検討する場合、どのように贈与するのが有利なのか比較してみましょう。

	暦年課税	相続時精算課税制度
基礎控除	毎年110万円	
特別控除		複数年にわたり累計で2,500万円
税率	10%～55%の累進税率	特別控除額を超える部分について20%
課税財産の評価時点	贈与時	贈与時（この時点で評価された贈与財産を相続財産に合算）
住宅取得等資金の非課税制度	2026年12月31日まで、18歳以上の子や孫に贈与税非課税で住宅取得等資金の贈与が可能（金額は、時期、住宅の種類等により異なり、2024年の場合１人あたり最大1,000万円）（📖**254ページ参照**）	
教育資金の一括贈与非課税制度	2026年３月31日まで、30歳未満の子や孫など1人あたり1,500万円まで贈与税非課税で教育資金の一括贈与が可能（📖**255ページ参照**）	
結婚・子育て資金の一括贈与非課税制度	2025年３月31日まで、50歳未満の子や孫など1人あたり1,000万円まで贈与税非課税で結婚・子育て資金の贈与が可能（📖**257ページ参照**）	

前述したように、相続時精算課税制度は、暦年課税が生前贈与に抑制的だった点を改め、生前贈与を行いやすくするために導入されたという経緯もあり、基本的に暦年課税よりも相続時精算課税制度を利用した方が有利です。

また、教育資金の一括贈与非課税制度など贈与税非課税で贈与できる制度もあります。

これらを踏まえ、次ページでは、相続税の課税価格で１億円の財産を持っている人が、子または孫に2,000万円の生前贈与を検討している場合で、５つの贈与方法によって、それぞれ贈与税および相続税の税額がどのように変わるのかの試算を示します。

贈与の方法による税額の試算

【前提条件】

贈与者には、配偶者と子１人、孫２人がいる。

相続人は、配偶者と子１人（18歳以上）。

保有している財産は相続税の課税価格で１億円。

うち、2,000万円を子（または孫）に生前贈与することを検討している。

相続時は、残り8,000万円のうち5,000万円を配偶者に、子には3,000万円を相続させる予定である。

（注）子は18歳以上で子への贈与は特例贈与財産になるものとし、孫は30歳未満で教育資金一括贈与非課税制度の対象となるものとします。

【検討する贈与の方法】

ケース①　相続時精算課税で一度に2,000万円贈与する

ケース②　相続時精算課税で500万円ずつ４年に分けて贈与する

ケース③　暦年課税で一度に2,000万円贈与する

ケース④　暦年課税で500万円ずつ４年に分けて贈与する

ケース⑤　2,000万円を「教育資金の一括贈与非課税制度」で２人の孫に1,000万円ずつ贈与する

（注）ケース①・②の贈与は2024年１月１日以後に行われるものとします。ケース⑤の孫への贈与は2026年３月末までに行われるものとします。ケース③・④では相続時の持ち戻し課税は行われないものとします。ケース②・④では連年贈与には認定されず、ケース⑤では２人の孫は「教育資金支出額」で1,000万円を使い切るものとします。

【相続時精算課税制度で贈与をする場合】

ケース①　相続時精算課税制度で一度に2,000万円贈与する

○贈与税の計算

課税価格　１年間で110万円(相続時精算課税の基礎控除)+2,500万円(特別控除)=最大2,610万円まで控除が認められるので０円

贈与税額＝０円

○相続税の計算

課税価格＝8,000万円＋{2,000万円－110万円(相続時精算課税の基礎控除)}－4,200万円(相続税の基礎控除)＝5,690万円

配偶者　5,690万円×1/2×15%－50万円＝376万7,500円

子　　　5,690万円×1/2×15%－50万円＝376万7,500円

相続税の総額　376万7,500円＋376万7,500円＝753万5,000円

(各相続人の相続税額の計算)

取得分の課税価格の割合（配偶者5,000万円：子4,890万円）に応じて負担する相続税を計算します。

配偶者　配偶者の税額控除により０円

子　　　753万5,000円×0.49(取得分の割合)＝369万2,100円(100円未満切り捨て)

ケース②　相続時精算課税制度で500万円ずつ４年に分けて贈与する

○贈与税の計算

課税価格　４年間で440万円(４年分の相続時精算課税の基礎控除)＋2,500万円(特別控除)＝最大2,940万円まで控除が認められるので０円

贈与税額＝０円

○相続税の計算

課税価格＝8,000万円＋{2,000万円－440万円(４年分の相続時精算課税の基礎控除)}－4,200万円(相続税の基礎控除)＝5,360万円

配偶者　5,360万円×1/2×15%－50万円＝352万円

子　　　5,360万円×1/2×15%－50万円＝352万円

相続税の総額　352万円＋352万円＝704万円

(各相続人の相続税額の計算)

取得分の課税価格の割合（配偶者5,000万円：子4,560万円）に応じて負担する相続税を計算します。

配偶者　配偶者の税額控除により０円

子　　　704万円×0.47(取得分の割合※)＝330万8,800円

※　小数点第２位未満の端数は相続税額が少なくなるように調整しました。

【暦年課税制度で贈与をする場合】

ケース③　暦年課税で一度に2,000万円を贈与する

○贈与税の計算

課税価格＝2,000万円－110万円＝1,890万円

贈与税額＝1,890万円×45%－265万円＝585.5万円

○相続税の計算

課税価格＝8,000万円－4,200万円(相続税の基礎控除)＝3,800万円

配偶者　3,800万円×1/2×15%－50万円＝235万円

子　　　3,800万円×1/2×15%－50万円＝235万円

相続税の総額　235万円＋235万円＝470万円

(各相続人の相続税額の計算)

取得分の課税価格の割合（配偶者5,000万円：子3,000万円）に応じて負担する相続税を計算します。

配偶者　配偶者の税額軽減により０円

子　470万円×0.37(取得分の割合※)＝173万9,000円

※　小数点第２位未満の端数は相続税額が少なくなるように調整しました。

ケース④　暦年課税で500万円ずつ４年に分けて贈与する

○贈与税の計算

１年あたりの課税価格＝500万円－110万円＝390万円

１年あたりの贈与税額＝390万円×15%－10万円＝48万5,000円

４年分の贈与税額の計＝48.5万円×４＝194万円

○相続税の計算…ケース③と同じ

【教育資金の一括贈与非課税制度で贈与をする場合】

ケース⑤　2,000万円を「教育資金の一括贈与非課税制度」で２人の孫に1,000万円ずつ贈与する

○贈与税の計算…非課税制度により０円

○相続税の計算…ケース③と同じ

【試算結果まとめ】

		ケース	贈与税額	相続税額	合計
相続時精算課税制度	一度に2,000万円	①	0円	369万2,100円	369万2,100円
	500万円×４年	②	0円	330万8,800円	330万8,800円
暦年課税制度	一度に2,000万円	③	585万5,000円	173万9,000円	759万4,000円
	500万円×４年	④	194万円	173万9,000円	367万9,000円
教育資金の一括贈与非課税制度		⑤	0円	173万9,000円	173万9,000円

暦年課税制度か、相続時精算課税制度か

ケース③のように一度に2,000万円の贈与を行い暦年課税を選択すると、贈与税は585.5万円と高額になり、173万9,000円の相続税額と合わせて、税負担は759万4,000円となります。

一方で、一度に2,000万円の贈与を行っても、相続時精算課税制度を選択すれば贈与税はかからず、相続税のみを負担することになります。相続時精算課税制度では2,500万円までの特別控除があり、贈与税の税負担が低く抑えられている（前述の試算ではゼロとなっている）ことがわかります。相続時精算課税制度で贈与した財産は、相続時の課税価格に加えられるため、相続税額はケース③よりもケース①の方が多くなっています。ただし、今回の試算では、相続税は贈与税よりも適用される税率が低くなりますので、贈与税と相続税の合計の税負担はケース③よりもケース①の方が少なくなっています。

複数年による贈与の効果

贈与税では、１年ごとに110万円の基礎控除が認められますので、暦年課税でも相続時精算課税でも、複数年にわたって贈与を行うことで、非課税で贈与できる金額を増やし、税額を抑えることができます。暦年課税制度においては、贈与を複数年に分けることで税率を抑えられる効果もあります。

暦年課税においては、一度に2,000万円贈与するケース③よりも、４年にわたって

500万円ずつ贈与するケース④の方が税額は391万5,000円少なくなっています。

相続時精算課税においては、一度に2,000万円贈与するケース①よりも、４年にわたって500万円ずつ贈与するケース②のほうが、税額は38万3,300円少なくなっています。

なお、複数年にわたって贈与を行う場合は、連年贈与（📖下記のCheck Point！参照）に該当しないよう注意する必要があります。

非課税制度を利用

ケース②よりも、さらに、税負担を抑える方法があります。それは非課税制度を利用する方法です。教育資金の一括贈与非課税制度により２人の孫に計2,000万円を贈与したケース⑤では贈与税は一切かからず、かつ、その2,000万円は一定の場合を除き、相続時の課税価格にも算入されません。その結果、贈与税と相続税を合わせた合計の税負担は173万9,000円と、５つのケースで最も少なくなったのです。

このように、生前贈与の方法によって、税負担は大きく変わってきますので、生前贈与を検討する際には、あらかじめ税理士等にご相談ください。

連年贈与とは

暦年課税および相続時精算課税では、毎年110万円までの贈与については贈与税の課税対象となりません。

したがって、例えば５年にわたって毎年100万円ずつ贈与した場合は、毎年の贈与額が110万円以下なので贈与税はかかりません。

ただし、例えば最初から500万円の贈与を行うという契約（約束）をし、100万円ずつ５年間の分割払いにするという、いわゆる**連年贈与**と認定されると、初年に500万円の贈与の意思があったものとして課税されますので、注意が必要です。

複数年にわたって贈与する場合は、異なる時期に異なる金額の贈与を行う方法であれば、連年贈与と認定される可能性が低くなると考えられます。

10-4 贈与税の申告と納税・贈与の時期と認定

贈与税の申告と納税

1月1日から12月31日までの間に贈与を受けた財産について贈与税額があるときは、翌年の2月1日から3月15日までに贈与税の申告を行います。

贈与税の申告・納税は暦年課税と相続時精算課税制度で基本的に違いはありませんが、相続時精算課税制度を適用する場合は、同時に、相続時精算課税選択届出書を提出する必要があります（相続時精算課税制度は、届出書を期限内に提出することが要件となっています）。一度、届出書を提出した場合、撤回することはできず、相続時精算課税制度から暦年課税に変更することはできません。同じ贈与者からの贈与により取得した財産については、最初の届出より相続時まで継続して相続時精算課税制度が適用されます。

申告書は、贈与を受けた人の住所地の所轄税務署に提出します。申告期限までに贈与税の申告を忘れた場合や申告が遅れた場合でも、税務署から税額等の決定通知があるまではいつでも申告書を提出することができます（期限後申告）。ただし、相続時精算課税制度を選択している場合、期限後申告では特別控除額を控除して贈与税の申告書を提出することはできません。

延納の制度

贈与税は原則として申告書の提出期限までに完納しなければなりませんが、一定の場合には**延納**が認められます。すなわち、税額が10万円超で、かつ、納期限まで（または納付すべき日）に金銭で納付することが困難である事由がある場合に、その納付が困難な金額を限度として５年以内の年賦延納が認められます。金銭で納付することが困難な金額の範囲は、贈与された財産のみでなく納税者の固有財産（現金や預貯金）も含めて判定が行われます。

延納を利用するには、延納税額に相当する担保（公社債・一定の株式・土地・建物など）を提供することが原則として必要です。

延納が認められた場合は、延納税額に対し原則として6.6％（注）の利子税を分納税額とあわせて納めなくてはなりません。なお、相続税と違い贈与税には物納の制度はありません。

（注）延納特例基準割合が年7.3％以下の場合は、利子税の軽減が行われます。くわしくは**332ページ参照**。

贈与の時期と贈与の認定

贈与税の税額は1年間にどれだけの財産の贈与を受けたかによって決まります。したがって、贈与の時期については一定の取扱いの基準があります。

贈与には、契約書面を交わして行う贈与と、いわゆる口約束など書面によらない贈与とがあります。書面による贈与はその契約の効力が発生したとき、書面によらない贈与は履行のときをそれぞれ贈与の時期とするのが原則です。不動産や株式など登記や名義書換えの目的となる財産についても同様に取り扱われます。これらの財産の贈与の時期が明確でないときは、納税者側に特に反証のない限り、原則として登記または名義書換えをした日をもって贈与の時期とされます。

Q 名義書換えと贈与の認定

不動産や株式を子どもの名義にしたのですが、贈与と認定されてしまうのですか?

A

このような場合、税務署から「お買いになった資産の買入価額などについてのお尋ね」という書面が届き、回答いかんによっては高額な贈与税を課されることがあります。配偶者や子どもが実際に自分の資産で購入したことを証明しない限り、ご質問の通り税務上は原則として贈与があったものとして取り扱うこととされているからです。

ただし、次の①～③のすべての要件を満たすときは、原則として1回に限り、贈与の意思がなかったことが明らかであるとして、贈与税が課されない取扱いとなっています。

①最初の贈与税の申告の日まで、あるいは税務署から決定や更正を受ける日前までに名義を本来の所有者に戻すこと。もし、不動産や株式などが既に売却されているときは、売却代金を本来の所有者が取得し、かつその事実が確認できること

②不動産や株式などの名義人となった者が、自分が名義人となっていることを知らないこと

③不動産を使用したり株式を運用したりするなど、名義人が収益を享受していないこと

そのほか、申告等の日までに名義を本来の所有者に戻した場合で、本来の所有者の年齢・社会的地位に照らして、誤ってまたは軽率に名義書換えしたことが確認できる場合なども課税されない取扱いとなっています。

Q 夫婦間の金銭貸借

妻に金銭を貸した場合、贈与と扱われてしまうのですか？

A　夫婦、親子、祖父母と孫などの親族間での金銭の貸し借りについては贈与と認定される可能性があります。このような貸し借りは、贈与なのか本当の貸借なのかをなかなか判定しにくいため、実態にしたがって個別に判定された結果、贈与とみなされる場合が多いようです。

贈与とみなされないためには、借り入れている者の所得水準からみて貸付金額を返済可能な範囲にすることや、借用書を作って利息の支払や返済金額を明確にしておくことなど、実質的に貸借であることを十分に説明する準備をしておく必要があるでしょう。

Q 親の敷地に家を建てた場合

親が所有する土地に子が家を建てた場合、贈与税の取扱いはどのようになりますか？

A　親の敷地内に子どもが家を建てたり、夫の土地に妻がアパートを建てたりする場合、土地所有者である親や夫には地代や権利金を払わないのが一般的なようです。こうした近親者間の無償使用は**使用貸借**とされ、使用貸借権の評価額がゼロとなるため、**原則として贈与として取り扱わない**こととされています。将来その土地を相続等で取得した場合には、子や妻自身が使っている土地として評価されるため、更地として評価されます。

逆に地代等を支払った場合は、賃貸借とされ、借地権の贈与があったものとして贈与税がかかるケースがあります。なお、固定資産税など土地の公租公課に相当する金額を支払っているにすぎない場合は、通常使用貸借とされます。

11

相続・贈与に欠かせない財産評価

相続や贈与によって不動産や有価証券など金銭以外の財産を取得した場合、相続税や贈与税の税額を計算するために、これらの財産を金額に換算しなければなりません。しかし、相続・贈与によって取得したこれらの財産は対価を支払わないで入手した財産であるため、その価額を見積もることは、難しい作業になります。財産の種類によっては、専門的な知識を要するものもあります。

この章では、相続や贈与によって取得した財産の評価方法について説明します。

11-1

相続税・贈与税の財産評価

相続税・贈与税の財産評価は時価が原則

相続税および贈与税の課税財産は、相続、遺贈または贈与により無償で取得した財産です。このため、その課税価格の計算に当たっては、取得した財産をいくらで評価するかという問題が生じます。

相続税法では、相続や贈与により取得した財産の評価は、取得時の**「時価」**によるのが原則とされています。「時価」によることが課税の公平を確保するのに最も適した方法と考えられるからです。「時価」とは、相続・遺贈もしくは贈与によって財産を取得した日（相続等の日、以下本章において同じ）において、それぞれの財産の現況に応じ、不特定多数の当事者間で自由な取引が行われる場合に通常成立すると認められる価額をいうとされています（相続税・贈与税の申告時の時価ではありません）。実際の評価方法は「財産評価基本通達」などにより細かく定められています。

相続税と贈与税の財産評価は、原則として同じ方法で行います。

相続時精算課税制度の適用を受けた財産の評価

Check Point!

相続時精算課税制度（**248ページ参照**）の適用を受けた贈与財産は、相続発生時に、相続財産に加算することとされています。この場合、相続財産に加算する贈与財産の価額は、**贈与時の時価**とされています。贈与時から相続時までに時価の変動があっても、相続税における評価額は贈与時の時価のままとなります。

行き過ぎた節税の否認

Check Point!

相続税・贈与税の財産評価は、原則として「財産評価基本通達」などの定めによりますが、「この通達の定めによって評価することが著しく不適当と認められる財産の価額は、国税庁長官の指示を受けて評価する」という規定も設けられています。

2012年に、相続したマンション２棟を財産評価基本通達の定めに従って約３億3,000万円と評価して申告した納税者に対し、税務署が「著しく不適当」とし、個別の不動産鑑定に基づいて当該マンション２棟を約12億7,300万円と評価し直して追徴課税を行った事件がありました。納税者はこれを不服として争いましたが、 2022年４月19日の最高裁第３小法廷判決にて納税者の敗訴が確定しています。

財産評価基本通達に従った評価であっても、行き過ぎた節税は、税務署に否認されるリスクがあることに留意する必要があります。

株式の評価

上場株式、気配相場等のある株式の評価

上場株式等の評価の原則

株式は、上場株式、気配相場等のある株式、取引相場のない株式の３つに分類され､それぞれ評価方法が異なっています。

上場株式、気配相場等のある株式の評価方法は以下の通りです。

▶上場株式、気配相場等のある株式の評価方法

<table>
<tr><th colspan="2">株式の種類</th><th>評価方法</th></tr>
<tr><td colspan="2">上場株式</td><td>次の①～④のうち最も低い価額で評価します。
①相続等（死亡）の日の最終価格
②相続等の日の属する月の毎日の最終価格の月平均額
③その前月の毎日の最終価格の月平均額
④その前々月の毎日の最終価格の月平均額
※１　最終価格とは、金融商品取引所（証券取引所）の終値をいいます。国内の２以上の証券取引所に上場されている株式については、納税義務者が選択した取引所の最終価格とします。
※２　相続等の日に取引がない場合、①の価格は相続等の日前後の直近の日の終値（２つある場合は平均値）によります。
※３　相続等の日の属する月以前３ヵ月間に新株権利落がある場合は、評価に当たって権利落を考慮した月平均額の修正を行う必要があります。</td></tr>
<tr><td>気配相場等のある株式</td><td>公開途上にある株式</td><td>株式の上場に際して、株式の公募または売出しが行われる場合
…公開価格で評価します。
株式の上場に際して、株式の公募または売出しが行われない場合
…相続等の日以前の取引価格等を勘案して評価します。
※　公開途上にある株式とは次のものをいいます。
①金融商品取引所が内閣総理大臣に対して上場の承認申請を行うことを明らかにした日から上場の日の前日までの株式
②日本証券業協会が登録銘柄として登録することを明らかにした日から登録の日の前日までの株式</td></tr>
<tr><td colspan="2">負担付贈与または個人間の対価を伴う譲渡により取得した株式</td><td>贈与または譲渡のあった日の価格（上場株式は金融商品取引所の最終価格）で評価します。</td></tr>
</table>

上場株式の評価の例

相続等の日　X年７月15日

７月15日の最終価格	840円	７月の最終価格の月平均額	850円
６月の最終価格の月平均額	820円	５月の最終価格の月平均額	800円

→評価額は、上記の金額のうち最も低い800円になります。

権利落等がある場合の特例

Check Point!

上場株式は相続等の日の最終価格か、その月、その前月、その前々月の最終価格の月平均額のいずれかで評価されます。ところで、増資や株式分割で新株が発行される場合、新株を取得する権利を有する者を確定する権利確定日を過ぎると、権利落が生じ、通常株価は下がります。この場合、その株式の評価額は権利落した額とすべきなのか、権利落前の額とすべきなのかという問題が生じます。通達では相続等の日の最終価格と最終価格の月平均額に関して、以下のような特例が定められています。

（１）課税時期（相続等の日）の最終価格に関して

◆課税時期が権利落等の日から株式の割当て等の基準日までの間にある場合

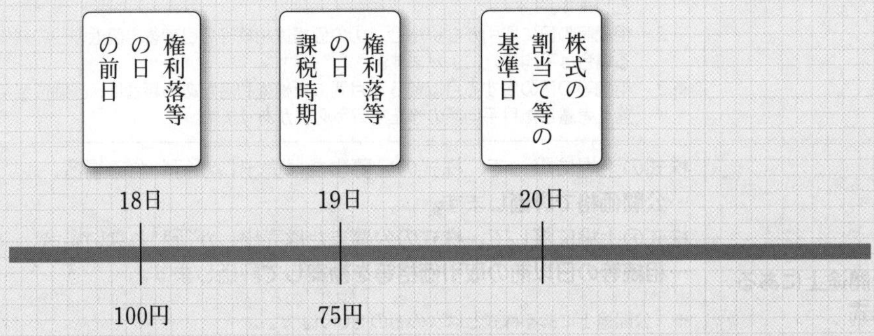

この場合、課税時期の最終価格に関して、権利落等の日の前日以前の最終価格のうち、課税時期に最も近い日の最終価格という特例が定められています。よって上の例では、課税時期の最終価格は18日の100円となります（なお、株数は新株発行前の数）。

（２）最終価格の月平均額に関して

課税時期の月以前の３ヵ月の間に権利落等がある場合に、それぞれ次のページの特例が定められています。なお、この特例は配当落には適用がありません。

◆課税時期が株式の割当て等の基準日以前の場合

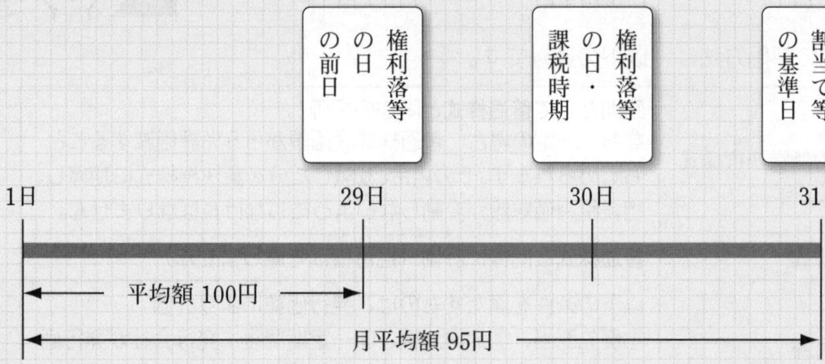

この場合、この月の最終価格の平均額は、原則として、初日から末日までの平均額ではなく、初日から権利落等の日の前日までの平均額となります。よって上の例では、この月の最終価格の月平均額は100円となります（なお、株数は新株発行前の数）。

◆課税時期が株式の割当て等の基準日の翌日以後の場合

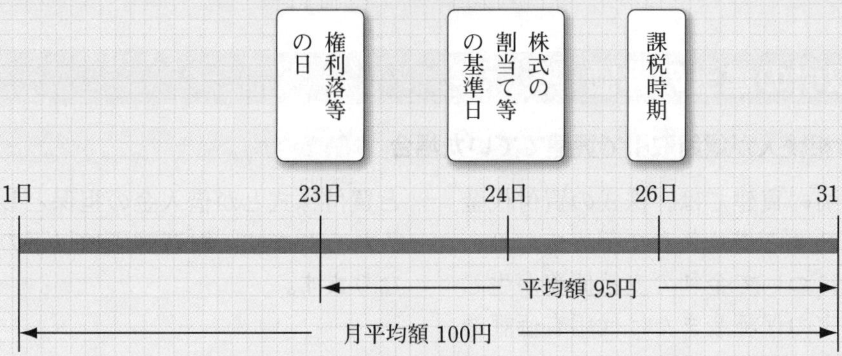

この場合、この月の最終価格の平均額は、初日から末日までの平均額ではなく、権利落等の日から末日までの平均額となります。よって上の例では、この月の最終価格の平均額は95円となります（なお、株数は新株発行後の数）。

また、この場合について、権利落等の日の前月以前の各月の最終価格の月平均額についても特例が定められており、以下の計算式で求められた値となります。

（その月の最終価格の月平均額 ＋ 割当てを受けた株式1株につき払い込むべき金額 × 株式1株に対する割当て株式数）÷（1＋株式1株に対する割当て株式数または交付株式数）

種類株式の評価方法

Check Point!

種類株式の評価方法は、以下の通りです。

配当優先の無議決権株式	原則として**普通株式**と同様の評価 なお、一定の場合、普通株式評価額から5％評価減することも認められます。その場合、減額した分を議決権株式に加算し、相続税評価総額が変動しないようにしなければなりません。
拒否権付株式	**普通株式**と同様に評価（拒否権は考慮しません）
社債類似株式	以下の条件を満たすものは、発行価額により評価 ①優先配当、②無議決権、③一定期間後に発行会社が発行価額で償還、④残余財産分配は発行価額を上限、⑤他の株式を対価とする取得請求権を有しない
上場会社が発行した普通株式へ転換が予定されている非上場の優先株式	転換価格が上場普通株式の株価に連動する場合 ・普通株式の株価　≧　下限転換価格の場合は、**発行価額** ・普通株式の株価　＜　下限転換価格の場合は、 **普通株式の株価　×　発行価額　÷　下限転換価格**

信用取引の建玉の評価

（1）被相続人が信用取引で買建てていた場合

信用取引の買建ては、株式の買付代金を証券会社から借り入れて行っており、借入代金について金利の支払債務が生じます。一定の保証金または代用有価証券と買付株式とが借入金の担保として差し入れられます。財産評価は以下のようになります。

信用取引で買建てた株式	通常の上場株式と同様の評価
証券会社からの借入金と相続等の日までの支払日歩	債務として評価（逆日歩は財産として評価）
保証金・代用有価証券	通常の財産評価額で評価

（2）被相続人が信用取引で売建てていた場合

信用取引の売建ては、証券会社から株式を借りて売却し、一定の保証金または代用有価証券と売却代金とを担保として差し入れます。担保として差し入れた売却代金について金利を受け取ります。財産評価は次のようになります。

信用取引で売建てた株式の売却代金と相続等の日までの受取日歩	財産として評価（逆日歩は債務として評価）
証券会社からの借株	債務として評価（相続等の日の最終価格で評価）
保証金・代用有価証券	通常の財産評価額で評価

取引相場のない株式の評価

取引相場のない株式の評価の概要

　取引相場のない株式とは、上場株式、気配相場等のある株式以外の株式のことで、非上場企業の株式などがこれに当たります。取引相場のない株式は、上場株式のように市場価格によって評価することができません。そこで取引相場のない株式については、その会社の規模に応じて、原則として、次の３種類の方式で評価額が求められます。

・類似業種比準方式　・純資産価額方式　・併用方式

　類似業種比準方式は、その会社と類似の業種を営んでいる会社の株価から計算する方式であり、**純資産価額方式**はその会社の純資産から計算する方式です。そして、**併用方式**は、この２つの計算方式を併用（一定割合は類似業種比準方式で計算し、残りの割合は純資産価額方式で計算）する方式です。

　原則として以上の３種類の方式で評価額が求められますが（このような原則的評価方式が適用される会社を**一般評価会社**と呼びます）、会社の資産の保有状況や営業状態等が一般評価会社と異なる**特定評価会社**の場合には会社の種類に応じ、純資産価額方式などで計算します。

　以上の計算方式は、株式の保有者が**同族株主等**の場合に認められる方式です。

　株式の保有者が**同族株主等以外**の場合であれば、**配当還元方式**（配当額から株式の評価額を計算する方式）で評価しますが、その金額が上記の原則的評価方式を超える場合は原則的評価方式を選択することも可能です。

▶取引相場のない株式の評価方法

	同族株主等（原則的評価方式）	同族株主等以外の株主
一般評価会社	類似業種比準方式 純資産価額方式 併用方式 のいずれか	配当還元方式 原則的評価方式 のいずれか
特定評価会社	純資産価額方式など	配当還元方式 原則的評価方式 のいずれか

一般評価会社の場合

　一般評価会社の取引相場のない株式は、同族株主等が所有する場合、会社の規模（📖次のページの区分表参照）に応じて、類似業種比準方式、純資産価額方式、併用方式で計算されることになります。

大会社		類似業種比準方式と純資産価額方式のいずれか低いほう
中会社	中会社の大	併用方式（L＝0.9）と純資産価額方式のいずれか低いほう
	中会社の中	併用方式（L＝0.75）と純資産価額方式のいずれか低いほう
	中会社の小	併用方式（L＝0.6）と純資産価額方式のいずれか低いほう
小会社		併用方式（L＝0.5）と純資産価額方式のいずれか低いほう

▶大会社・中会社・小会社区分表

規模区分	区分の内容		①直前期末の総資産価額（帳簿価額）および従業員数（※1）	②直前期末以前1年間の取引金額（売上高）
大会社	従業員数が70人以上の会社は業種にかかわらずすべて大会社			
	従業員数が70人未満で、かつ、業種ごとに定められた右の①・②**のいずれか**に該当する会社	卸売業	20億円以上（従業員数35人以下の会社を除く）	30億円以上
		小売・サービス業	15億円以上（従業員数35人以下の会社を除く）	20億円以上
		その他		15億円以上
中会社※2	従業員数が70人未満で、かつ、業種ごとに定められた右の①・②**のいずれか**に該当する会社	卸売業	7,000万円以上20億円未満（従業員数５人以下の会社を除く）	２億円以上30億円未満
		小売・サービス業	4,000万円以上15億円未満（従業員数５人以下の会社を除く）	6,000万円以上20億円未満
		その他	5,000万円以上15億円未満（従業員数５人以下の会社を除く）	8,000万円以上15億円未満
小会社	従業員数が70人未満で、かつ、業種ごとに定められた右の①・②**のいずれにも**該当する会社	卸売業	7,000万円未満または従業員数５人以下	２億円未満
		小売・サービス業	4,000万円未満または従業員数が５人以下	6,000万円未満
		その他	5,000万円未満または従業員数が５人以下	8,000万円未満

※1　ここでいう従業員数とは、直前期末以前１年間継続して勤務していた従業員（就業規則等で定められた１週間当たりの労働時間が30時間未満である従業員を除く。「継続勤務従業員」とする）の数に、継続勤務従業員以外の従業員の直前期末以前１年間の労働時間の合計時間数を1,800時間で除した数を加算した数を指します。
※2　中会社については、「中会社の大」「中会社の中」「中会社の小」に区分されます。
※3　評価会社がいずれの業種に該当するかは、直前期末以前１年間における取引金額が最も多い業種によって判断します。

（1）類似業種比準方式

類似業種の株価や１株当たりの配当金額・年利益金額・純資産価額（帳簿価額）をもとに次の計算式で求めます。

$$\text{評価額} = A \times \left(\frac{\frac{b}{B} + \frac{c}{C} + \frac{d}{D}}{3} \right) \times \text{斟酌率} \begin{pmatrix} \text{大会社}0.7 \\ \text{中会社}0.6 \\ \text{小会社}0.5 \end{pmatrix} \times \frac{\text{評価会社の1株当たり資本金額}}{50\text{円}}$$

A：類似業種の株価
B：類似業種の１株当たりの配当金額　　b：評価会社の１株当たりの配当金額
C：類似業種の１株当たりの年利益金額　　c：評価会社の１株当たりの年利益金額
D：類似業種の１株当たりの純資産価額（帳簿価額）　　d：評価会社の１株当たりの純資産価額（帳簿価額）

（2）純資産価額方式

相続税を計算する際の財産評価額で評価会社の総資産を評価し、そこから負債と評価差額に対する法人税額等相当額を差し引いた額を発行済株式数（自己株式を除く）で割って評価額を算出する方式です。

$$評価額 = \frac{A-B-C}{相続等の日現在の発行済株式数（自己株式を除く）}$$

A：相続等の日の財産評価額による**総資産額**※1

B：相続等の日の財産評価額による**負債額**

C：相続等の日の財産評価額による純資産価額から帳簿価額による純資産価額※2を差し引いた金額にかかる**法人税額等に相当する金額**※3

中・小会社について、株式の取得者と同族関係者の議決権が議決権総数（自己株式を除く）の50%以下である場合は上記の価額の80%になります。

※1　相続等の日前3年以内に評価会社が取得または新築した土地等・家屋等については、相続等の日の通常の取引価額により評価します。評価会社が取引相場のない株式を保有する場合に加算する当該株式の純資産価額については、法人税額等に相当する金額の控除はしません。

※2　現物出資、合併または株式交換・株式移転・株式交付により著しく低い価格で評価会社が受け入れた資産については、原則として現物出資等のときの相続税評価額に基づく純資産価額を加算します。

※3　相続等の日現在の財産評価額による純資産価額から帳簿価額による純資産価額を差し引いた金額に37%を乗じて計算した金額です。

（3）併用方式

併用方式は、次の計算式によって求めます。併用方式は、一定割合を類似業種比準方式で計算し、残りの割合を純資産価額方式で計算するという方式です。

$$評価額 = 類似業種比準価額 \times L + 課税時期における1株当たりの純資産価額 \times (1-L)$$

※　Lの割合については📖前ページ一番上の図表を参照してください。

特定評価会社の場合

下記の会社が特定評価会社に該当し、その取引相場のない株式の評価方法はそれぞれ以下の通りとなります。

比準要素数１の会社	併用方式（Ｌ＝0.25）と純資産価額方式のいずれか低いほう
株式等保有特定会社	簡便方式と純資産価額方式のいずれか低いほう
土地保有特定会社	純資産価額方式
開業後３年未満の会社	純資産価額方式

（1）比準要素数１の会社

📖276ページの類似業種比準方式の算式中のｂ、ｃ、ｄのうちいずれか２つがゼロであり、直前々期末においてもいずれか２つ以上がゼロの会社を**比準要素数１の会社**と呼びます（ｂ（配当金額）・ｃ（利益金額）については、直近期末以前３年間の実績を反映して判定されることになります）。この場合、その取引相場のない株式の評価額は、**純資産価額方式**または**併用方式（Ｌ＝0.25）**で計算されます。

なお、３要素すべてがゼロとなるような会社は、純資産価額方式による評価方法となります。

（2）株式等保有特定会社

株式等保有特定会社とは、総資産のうちに占める株式・新株予約権付社債および出資（所有株式等）の価額（相続税を計算する際の財産評価額による）の合計額の割合が50％以上の会社をいいます。

株式等保有特定会社の株式の評価額は、**純資産価額方式**、または**簡便方式**で計算されます。

▶**簡便方式**

評価額＝S_1+S_2

S_1：株式等保有特定会社の株式について原則的評価方式（類似業種比準方式、純資産価額方式、併用方式のいずれか）を一定の条件の下で当てはめて計算した額

S_2：以下の計算式で求められる額

$$\frac{\text{株式等の価額の合計額（相続税評価額）} - \left\{\text{株式等の価額の合計額（相続税評価額）} - \text{株式等の価額の合計額（簿価）}\right\} \times \text{法人税額等相当額(37\%)}}{\text{課税時期の発行済株式数}}$$

※「株式等の価額の合計額（相続税評価額）－株式等の価額の合計額（簿価）」が０以下である場合は、Ｓ２は「株式等の価額の合計額（相続税評価額）／課税時期の発行済株式数」とします。

（3）土地保有特定会社

土地保有特定会社とは、総資産に占める土地等の価額（相続税を計算する際の財産評価額による）の割合が70％以上である大会社（業種別の総資産価額（**📖276ページ参照**）が大会社と同等である小会社を含む）、または同割合が90％以上である中会社（業種別の総資産価額が中会社と同等である小会社を含む）をいいます。

土地保有特定会社の株式は原則として**純資産価額方式**により評価されます。

（4）開業後３年未満の会社

相続等の日において開業後３年未満の会社の株式は原則として**純資産価額方式**により評価されます。

所有者が同族株主等以外の場合

前項までの説明は、所有者が同族株主等の場合です。所有者が**同族株主等以外**の場合は次の**配当還元方式**により評価しますが、同族株主等と同様の評価方法も認められます。納税者はいずれか低い方法によることができます。

所有者が同族株主等か否かは、**📖次のページの図**のように決められます。

▶**配当還元方式**

$$\text{評価額}=\frac{\text{その株式の1株当たりの年配当金額}}{10\%}\times\frac{\text{その株式の1株当たりの資本金等の額}}{50\text{円}}$$

年配当金額は１株当たりの資本金の額を50円とした場合の金額で、直前期末以前２年間の配当金額の平均によって求めます。年配当金額が２円50銭未満である場合や無配の場合は、年配当金額は２円50銭とします。

同族株主等の判定図

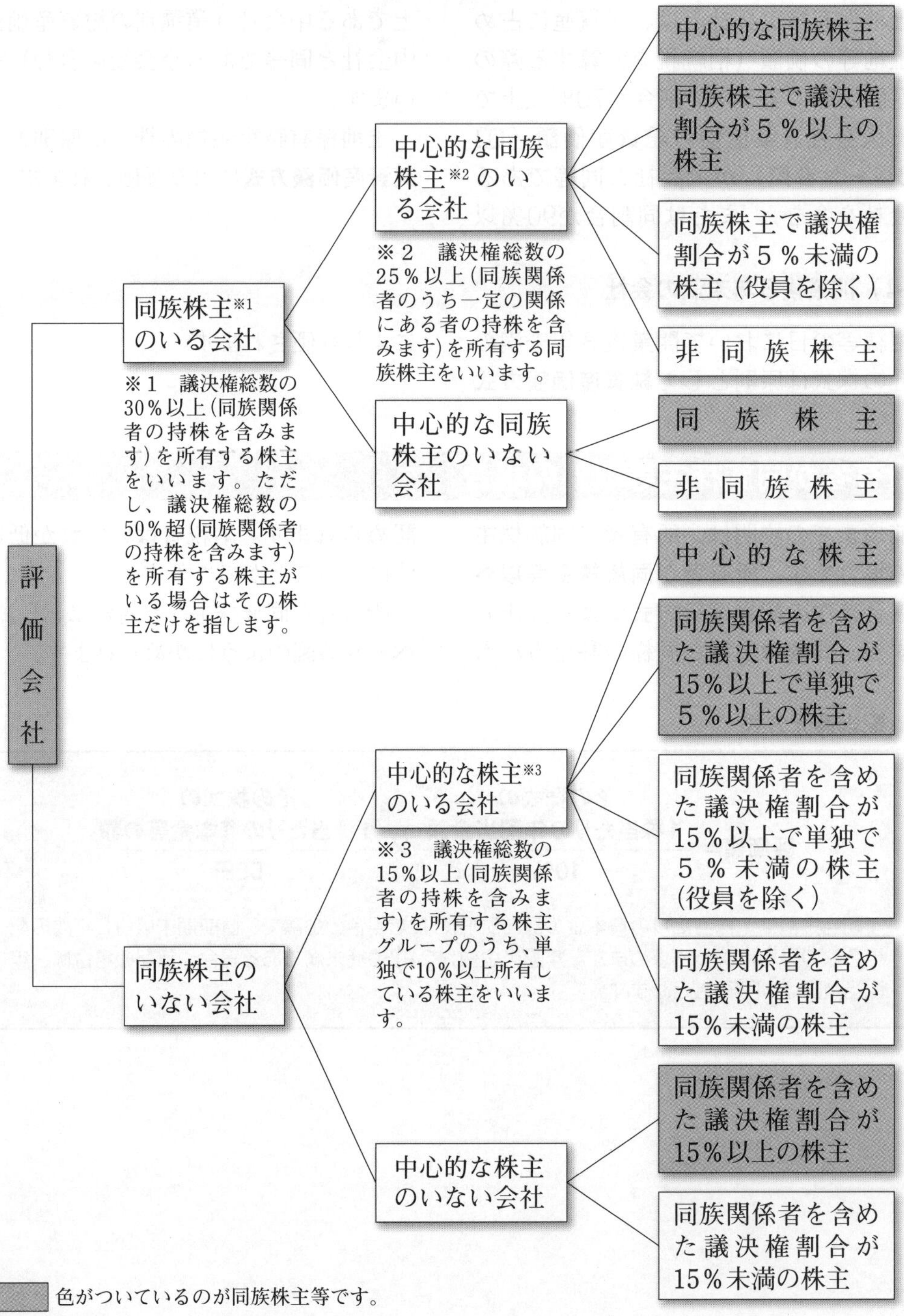

※４　上記の「同族株主」、「中心的な同族株主」または「中心的な株主」の判定、および各株主の「議決権割合」の算出を行う際には、
①評価会社が保有する自己株式の議決権はゼロとします
②法人間での株式の相互保有により議決権を有さないこととされる株式の議決権数はゼロとします
③種類株式のうち株主総会の一部の決議事項について議決権がない株式の議決権の数を含めます

事業承継税制

事業承継に伴う相続税・贈与税の負担は軽いものではありません。そのため、事業の円滑な承継を促進するための事業承継税制として、非上場株式等についての相続税・贈与税の納税猶予制度（以下、**法人版事業承継税制**）が設けられています。これは、非上場会社のオーナー経営者から後継者へ自社株式等を円滑に承継させるための税制優遇制度です。

なお、個人の事業用財産についての相続税・贈与税の納税猶予制度（個人版事業承継税制）については、📖289ページCheck Point！を参照してください。

法人版事業承継税制には、全株・全額の猶予を受けられる「**特例措置**」（10年間の時限措置）と、猶予税額の制限がある「**一般措置**」の２通りがあります。特例措置と一般措置を比較すると、次表の通りとなります。

▶**法人版事業承継税制の概要**

	特例措置	一般措置
事前の計画策定等	2018年４月１日～2026年３月31日の間に特例承継計画を提出	不要
贈与・相続等の時期	2018年１月１日～2027年12月31日の間の贈与・相続等	適用期限の定めなし
対象株数	全株式	総株式数の最大３分の２まで
納税猶予割合	100%	贈与：100%、相続：80%
承継パターン	複数の株主→後継者（最大３人）	複数の株主→後継者（１人）
雇用確保要件違反の効果	納税猶予は継続	納税猶予打ち切り
事業の継続が困難な事由が生じた場合の免除	あり	なし
相続時精算課税の適用	先代経営者等と後継者の親族関係は不要	先代経営者等と後継者が親子（または祖父母・孫）であることが必要

以下では原則としてこの「**特例措置**」**を前提として**、事業承継税制の対象となる会社、相続人、被相続人などの要件を整理するとともに、具体的な計算方法についても解説します。

なお、特例措置の適用に必要な特例承継計画の提出期限は2024年度税制改正により２年延長され、2026年３月31日となっています。

非上場株式等についての相続税の納税猶予

　非上場株式等についての相続税の納税猶予とは、後継者である相続人等が、相続等により、「中小企業における経営の承継の円滑化に関する法律」（以下、円滑化法）の定める都道府県知事による認定を受ける非上場会社の株式等を被相続人（先代経営者等）から取得し、その会社を経営していく場合には、その後継者が納付すべき相続税の納付が猶予されるというものです。特例措置であればその株式等に係る課税価格の**全額かつ全株式（完全議決権株式に限る）**に対応する相続税の納税が猶予されます。

　制度の要件や申告手続などの流れは次の図の通りです。

▶非上場株式等についての相続税の納税猶予

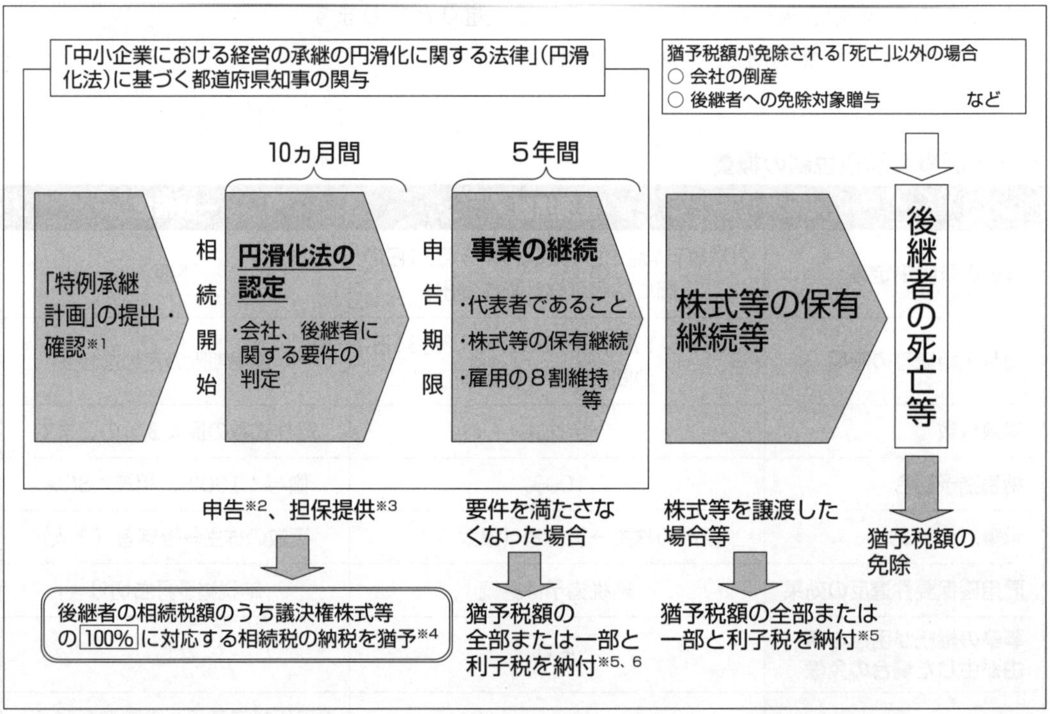

※1　相続後でも特例承継計画を提出することができます。また、一般措置については、不要です。
※2　相続開始があったことを知った日（通常は被相続人が死亡した日）の翌日から10ヵ月以内に、所轄税務署に対して行う必要があります。所轄税務署は、通常、被相続人の住所地を所轄する税務署となります。
※3　猶予制度の適用を受ける非上場株式等のすべてを担保として提供した場合には、納税が猶予される相続税額および利子税の額に見合う担保の提供があったものとみなされます。
※4　一般措置については、議決権株式等（発行済議決権株式等の2/3に達するまで）の80%に対応する相続税が猶予されます。
※5　やむを得ない理由があるなど、一定の場合は、一定部分の納税猶予税額が免除されます。
※6　特例措置については、「雇用の８割維持」要件を満たさなくなった場合でも、納税猶予が継続されます。
（出所）国税庁資料をもとに大和総研作成

円滑化法の認定の要件

納税猶予を受けようとする会社は、相続開始後に以下の各種要件を満たし、「都道府県知事の円滑化法の認定」を受けなければなりません。後継者は相続税の申告期限までに、猶予制度の適用を受ける旨を記載した相続税の申告書などを税務署へ提出するとともに、納税が猶予される相続税額および利子税の額に見合う担保を提供する必要があります。

会社の主な要件

○会社が次のいずれにも該当しないこと
- 上場会社
- 特別関係会社※1が、上場会社であること
- 中小企業者※2に該当しない会社
- 風俗営業会社
- 資産管理会社（資産保有型会社、資産運用型会社）※3
- 総収入金額がゼロの会社、従業員数がゼロの会社
- 会社が外国会社である他の特別関係会社※1の株式等を直接・間接に有する場合は、会社の従業員数が5人未満であること

※1　特別関係会社とは、承継する会社および後継者および後継者と同族関係等がある者で総議決権数の50%超の議決権数を保有する会社をいいます。
※2　中小企業者とは、以下の図表に示されるものになります。
※3　有価証券、自ら使用していない不動産、現金・預金等の特定の資産の保有割合が総資産の総額の70%以上の会社（資産保有型会社）やこれらの特定の資産からの運用収入が総収入金額の75%以上の会社（資産運用型会社）など一定の会社をいいます。

猶予制度の対象となる中小企業者

	資本金または出資	従業員数
製造業、建設業、運輸業その他	3億円以下	300人以下
卸売業	1億円以下	100人以下
サービス業	5千万円以下	100人以下
小売業	5千万円以下	50人以下

政令により範囲を拡大した業種（下線部分が拡大）

	資本金または出資	従業員数
ゴム製品製造業（自動車または航空機用タイヤおよびチューブ製造業並びに工業用ベルト製造業を除く）	3億円以下	<u>900人以下</u>
ソフトウェア・情報処理サービス業	<u>3億円以下</u>	<u>300人以下</u>
旅館業	5千万円以下	<u>200人以下</u>

後継者である相続人等の主な要件

- 相続開始の日の翌日から5ヵ月を経過する日において会社の代表者であること
- 相続開始の時において、後継者および後継者と同族関係等がある者で総議決権数※の50%超の議決権数※を保有することとなること
- 相続開始の時において後継者が有する議決権数※が、次のいずれかに該当すること
  - 後継者が1人の場合：後継者と同族関係等がある者の中で最も多くの議決権数※を保有することとなること

- 後継者が２人または３人の場合：総議決権数※の10%以上を保有し、かつ後継者と同族関係等がある者（他の後継者を除く）の中で最も多くの議決権数※を保有することとなること（特例措置のみ）
- ● 相続開始の直前において会社の役員であること（被相続人が70歳未満で死亡した場合を除く）

※ 株主総会において議決権を行使できる事項の全部について制限された株式の数等は含まれません。

▶先代経営者等である被相続人の主な要件

- 会社の代表者であったこと
- 相続開始直前において、被相続人および被相続人と同族関係等のある者で総議決権数※の50%超の議決権数※を保有し、かつ、後継者を除いたこれらの者の中で最も多くの議決権数※を保有していたこと

※ 株主総会において議決権を行使できる事項の全部について制限された株式の数等は含まれません。

事業の継続の要件

後継者は、猶予制度の適用を受けるために原則として申告期限の翌日から５年間を経過する日（経営承継期間）まで事業を継続する必要があります。また、その経営承継期間中は、事業継続要件を満たさなければなりません。

さらに、後継者は、都道府県知事の円滑化法の認定の有効期間（５年間）内は毎年、その後は３年ごとに継続届出書を所轄の税務署に提出しなければなりません。

▶事業継続要件

- 認定を受けた会社の代表者であること
- 雇用の８割以上※1（５年間の平均）を維持すること（厚生年金保険および健康保険加入者などをベース※2）
- 相続した対象株式を継続保有していること等※3

※1 端数が生じた場合、原則切り捨てとなります。
※2 特定短時間労働者を除きます。
※3 組織再編を行った場合であっても、実質的な事業継続が行われているときには認定を継続します。

申告期限後５年経過後（経営承継期間経過後）

経営承継期間経過後は、後継者が引き続き猶予制度の適用を受けた非上場株式等を保有すること等により、継続して納税の猶予を受けることができます。

後継者が猶予制度の適用を受けた非上場株式等を譲渡したなど一定の場合には、猶予中の相続税の全部または一部について利子税と併せて納付する必要があります。

また、一定の場合には相続税の猶予税額の納付が免除されます。

▶猶予税額の納付が求められる場合

主な場合	申告期限後５年以内	申告期限後５年経過後
猶予制度の適用を受けた非上場株式等についてその一部を譲渡等（贈与を含む）した場合	相続税の全額と利子税	譲渡等した部分に対応する相続税と利子税※1、2
後継者が会社の代表者でなくなった場合		相続税を納付することなく引き続き納税が猶予
会社が資産管理会社に該当した場合※3		相続税の全額と利子税※1
民事再生法の規定による再生計画または会社更生法の規定による更正計画の認可決定があった場合	相続税の全額と利子税	一定額を免除※4
一定の基準日において、相続時の雇用の８割（５年間の平均）を維持できなくなった場合	（特例措置）相続税を納付することなく引き続き納税が猶予※5	相続税を納付することなく引き続き納税が猶予
	（一般措置）相続税の全額と利子税	
事業の継続が困難になったために会社の譲渡・解散等をした場合	相続税の全額と利子税	（特例措置）一定額を免除※6

※１　経営承継期間中（５年間）の利子税率は０％に軽減されます。
※２　ただし、事業の継続が困難になったために株式を譲渡等した場合は、免除される場合があります（※６）。
※３　ただし、2019年４月１日以後に、会社の事業活動のために必要な資金の借入れ等により一時的に資産管理会社に該当した場合には、なお納税猶予が継続されます。
※４　認可決定時の会社の評価に基づいて納税猶予額を再計算し、再計算により減額された税額から認可決定日前５年以内に後継者等が受け取った配当等を控除した金額について、相続税が免除されます。
※５　ただし、雇用を維持できなくなった理由について認定経営革新等支援機関の所見を記載した「特例承継計画に関する報告書」を都道府県知事に提出し、その確認を受ける必要があります。
※６　特例措置の場合に限り、譲渡等の時点での株式価値をもとに税額を再計算し、その一部が免除されます。

▶経営承継期間経過後、猶予税額の納付が免除される場合

- 経営者（後継者）が死亡した場合
- 会社が破産または特別清算した場合
- 対象株式の時価が猶予税額を下回る中、当該株式の譲渡を行った場合（ただし、時価を超える猶予税額のみ免除）
- 次の後継者に対象株式を一括贈与した場合

猶予税額の計算

Check Point!

猶予税額の計算方法は、まず、相続税の納税猶予の適用がないものとして、通常の相続税額の計算を行い、各相続人の相続税額を算出します。経営承継相続人以外の相続人の相続税額は、この時点で確定します。

次に、経営承継相続人以外の相続人の取得財産は不変とした上で、経営承継相続人が、納税猶予の適用株式等のみを相続するものとして計算した場合の経営承継相続人の相続税額を算出します。特例措置の場合、この額を、経営承継相続人の猶予税額とします。

一般措置の場合、さらに経営承継相続人が、納税猶予の適用株式等の20％のみを相続するものとして計算した場合の相続税額を算出し、両者の差額を猶予税額とします。

経営承継相続人の相続税額からこれらの猶予税額を控除した額が、経営承継相続人の納付税額となります。

▶前提

○遺産総額
・土地等　3億円　・非上場株式　1億5,000万円
・現預金等　1億5,000万円
→合計　6億円
○相続人はA・経営承継相続人Bの二人
○Bは非上場株式と現預金等を相続。土地等はAが相続。
○被相続人は、経営する会社の議決権株式の100％を所有していたものとする。その他必要な要件は満たしているものとする

▶納税が猶予される相続税の計算方法（特例措置の場合）

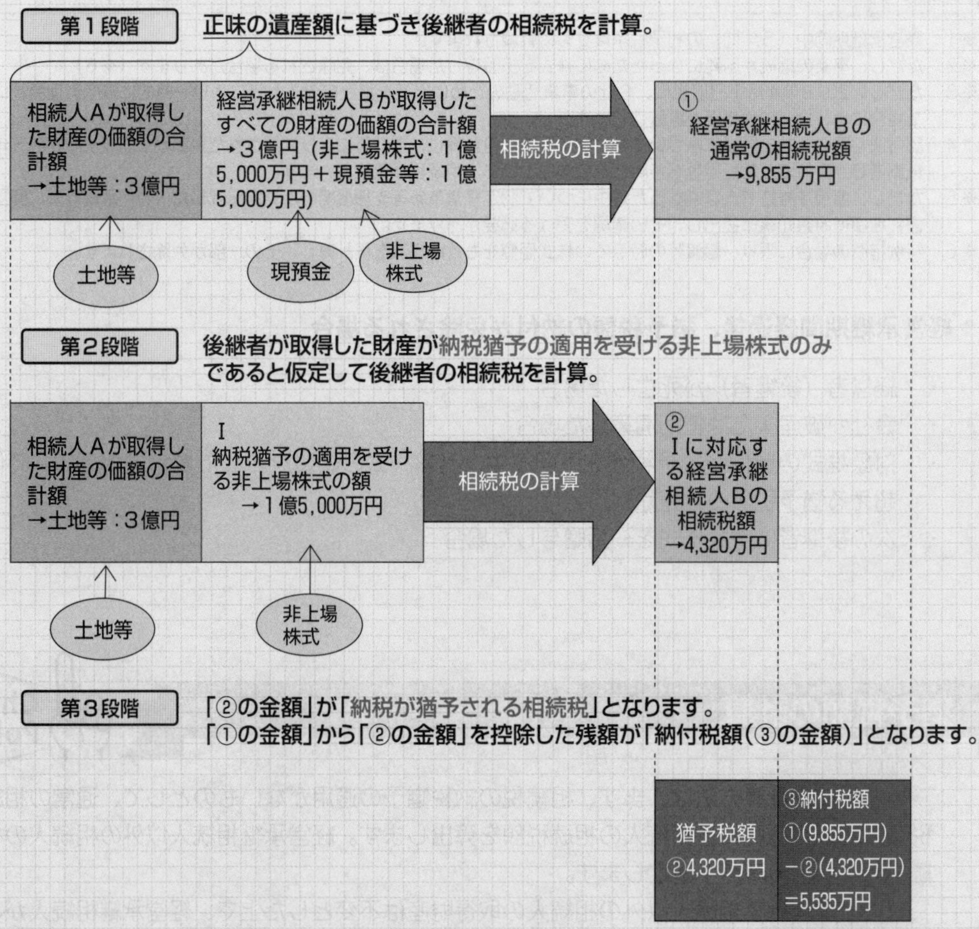

（出所）国税庁資料をもとに大和総研作成

他制度との併用など

小規模宅地等の特例との併用

相続税の納税猶予の適用を受ける場合も、小規模宅地等についての相続税の課税価格の計算の特例の適用が認められます。

贈与税の納税猶予と相続時精算課税制度との併用

後継者が、後述する贈与税の納税猶予の適用を受けている場合であっても、後継者を含む推定相続人は相続時精算課税制度（248ページ参照）を併用することが可能です。

併用することにより、贈与税の納税猶予を適用後、事業継続要件を満たさないことなどにより納税猶予期限が確定した場合でも、相続時精算課税制度を適用することで、贈与税・相続税の軽減を受けることができます。

非上場株式等についての贈与税の納税猶予

相続税の場合と同様、贈与税についても、非上場株式等についての納税猶予制度が設けられています。

先代経営者等である贈与者、後継者である受贈者の主な要件は、相続税の納税猶予とほぼ同様です。後継者については、贈与時に18歳以上であることや、３年以上継続して会社の役員であることなどが求められます。

猶予税額の納付、免除等については、相続税の納税猶予と同様です。

贈与者の死亡時には、引き続き保有する猶予対象株式等を相続により取得したものとみなし、贈与時の時価により他の相続財産と合算して相続税額を計算します。その際、都道府県知事の確認を受けた場合には、相続税の納税猶予が適用されます。適用要件は基本的に相続税の納税猶予と同一ですが、①相続開始時に中小企業者に該当する会社であることおよび②経営贈与承継期間経過後の相続の場合、相続開始時に非上場会社であることとする要件は、不要となっています。

贈与税の納税猶予が特例措置か一般措置かにより、相続税の納税猶予の特例措置または一般措置が適用されます。

また、後継者が、贈与税の納税猶予の適用を受けている場合であっても、後継者を含む推定相続人は相続時精算課税制度の併用が可能となっています。

▶非上場株式等についての贈与税の納税猶予

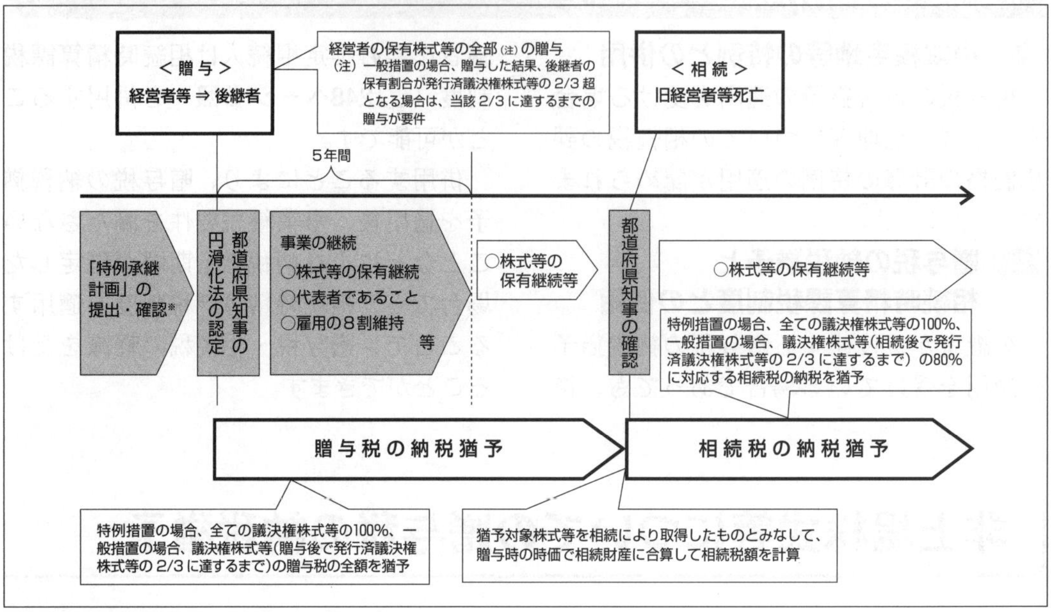

※　一般措置については、不要です。
(出所) 財務省資料をもとに大和総研作成

個人版事業承継税制

Check Point!

個人事業者の事業継承の促進を目的として、個人事業者から後継者への一定の事業用資産を承継させる場合において、個人の事業用資産についての相続税・贈与税の納税猶予措置（以下、個人版事業承継税制）が、2028年までの時限措置として認められています。

▶個人版事業承継税制と法人版（特例措置）との比較

	個人版	法人版（特例措置）
事前の計画策定等	2019年4月1日～2026年3月31日の間に個人事業承継計画を提出	2018年4月1日～2026年3月31日の間に特例承継計画を提出
贈与・相続等の時期	2019年1月1日～2028年12月31日の間の贈与・相続等	2018年1月1日～2027年12月31日の間の贈与・相続等
対象者	個人事業者	非上場会社
対象資産	下記の事業用資産 ・宅地等（400㎡まで） ・建物（床面積800㎡まで） ・一定の減価償却資産	非上場株式
納税猶予割合	100%	100%
承継パターン	事業者（同一生計の親族を含む）→後継者（1人のみ）	複数の株主→後継者（最大3人）
雇用確保要件	なし	あり
事業継続が困難な事由が生じた場合の免除	あり	あり
相続時精算課税の適用	あり	あり

納税猶予の対象となる事業用資産について、くわしくは次表の通りとなります。

▶対象資産の範囲

被相続人の青色申告書（相続開始日の属する年の前年分の事業所得に係るもの）の貸借対照表に計上されている下記の資産

資産の種類	対象資産	適用の限度
宅地等	被相続人の事業に利用されていた土地等※1で、建物・構築物の敷地として利用されているもの※2	面積400㎡まで
建物	被相続人の事業に利用されていた建物※2	床面積800㎡まで
減価償却資産	・構築物、機械装置、器具備品、船舶等※3 ・一定の自動車等※4 ・貨物運送用の自動車、乳牛・果樹等の生物、特許権等の無形固定資産など、上記に準ずる資産	限度なし

※1　土地のほか地上権等の権利が含まれます。
※2　棚卸資産に当たるものは除かれます。
※3　固定資産税の課税対象とされている有形償却資産が該当します。
※4　自動車税・軽自動車税の営業用の標準税率が適用されるものが該当します。
※5　被相続人の同一生計者である親族の所有する上記の資産も対象資産に該当します。

相続税・贈与税の納税猶予について、適用要件や手続の流れなどは次の表の通りです。

▶個人版事業承継税制の適用要件・手続など

<table>
<tr><th>要件・手続</th><th>相続税</th><th>贈与税</th></tr>
<tr><td>相続開始・贈与前の手続</td><td colspan="2">「個人事業承継計画」の提出・確認を行う</td></tr>
<tr><td>被相続人・贈与者の要件</td><td colspan="2">相続開始日・贈与日の属する年、その前年およびその前々年の確定申告書を青色申告書により提出していること</td></tr>
<tr><td rowspan="2">後継者である相続人・受贈者の要件</td><td colspan="2">・円滑化法の認定を受けていること
・青色申告の承認を受けていること
・納税猶予額に見合う担保を税務署に提供していること</td></tr>
<tr><td>・相続開始の直前において特定事業用資産に係る事業に従事していたこと（被相続人が60歳未満で死亡した場合を除く）
・特定事業用宅地等について小規模宅地等の特例の適用を受けていないこと</td><td>・贈与日に18歳以上であること
・贈与の日まで引き続き３年以上にわたり、特定事業用資産に係る事業に従事していたこと</td></tr>
<tr><td>事業の要件</td><td colspan="2">資産管理事業、性風俗関連特殊営業に該当しないこと</td></tr>
<tr><td>相続税・贈与税の申告期限後の手続（事業の継続の要件）</td><td colspan="2">・申告後も事業を継続し、特例（受贈）事業用資産を保有する
・申告期限から３年ごとに継続届出書を税務署へ提出する</td></tr>
<tr><td>猶予税額の納付</td><td colspan="2">・上記各種要件を満たさなくなった場合
→相続税・贈与税の全額と利子税を納付
・特例（受贈）事業用資産が事業の用に供されなくなった場合
→事業の用に供されなくなった部分に対応する相続税・贈与税と利子税を併せて納付</td></tr>
<tr><td rowspan="2">猶予税額の免除</td><td colspan="2">・後継者が死亡した場合
・特定申告期限の翌日から５年を経過する日後に、特例（受贈）事業用資産のすべてについて「免除対象贈与」を行った場合
・一定の障害事由に該当した場合　など</td></tr>
<tr><td>—</td><td>・贈与者が死亡した場合</td></tr>
</table>

◆他制度との併用

後継者が先代事業者から相続等した宅地等について、小規模宅地等についての相続税の課税価格の計算の特例（**296ページ参照**）の適用を受ける場合に、個人版事業承継税制の適用を併せて受けられるかは、その宅地等の種類により異なります。

特定事業用宅地等については個人版事業承継税制の適用を受けられませんが、特定居住用宅地等については適用を受けることができます。また、特定同族事業用宅地等および貸付事業用宅地等については、一部適用を受けられる場合があります（個人版事業承継税制の適用限度面積が下がります）。

また、贈与税の納税猶予制度と、相続時精算課税制度は併用することが可能です。

公社債、証券投資信託等の評価

▶公社債、証券投資信託等の評価方法

資産の種類		評価方法
公社債	利付債	①金融商品取引所に上場されている利付債または日本証券業協会において売買参考統計値が公表される銘柄として選定された利付債 **市場価格※1＋既経過利息※2** ②①以外の利付債 **発行価額＋既経過利息※2**
公社債	利付債／個人向け国債	**額面金額＋経過利子相当額（源泉所得税相当額控除前）－中途換金調整額** 中途換金調整額とは次の価額をいいます。 a.2回目の利払日以後の場合　…中途換金日の直前２回の利子相当額×0.79685※3 b.初回の利払日以後2回目の利払日前の場合　…初回の利子相当額×0.79685※3＋経過利子相当額※3 c.初回の利払日前の場合　…経過利子相当額※3
公社債	利付債／ディスカウント債※4	$$\underbrace{\text{発行価額}+\text{額面金額と発行価額の差額相当額}\times\frac{\text{発行日から課税時期までの日数}}{\text{発行日から償還日までの日数}}}_{A}+\text{前回利払日から課税時期までの期間に対応する既経過利息（源泉所得税相当額控除後）}$$ ただし、課税時期の予想売却価格が、上記算式により計算した価額を下回る場合は、予想売却価格で評価することができます。 $$\text{予想売却価格}=A\times\frac{\text{課税時期における指数}}{100}+\text{前回利払日から課税時期までの期間に対応する既経過利息（源泉徴収税額控除後）}$$
公社債	転換社債型新株予約権付社債※5	①金融商品取引所に上場されている転換社債型新株予約権付社債または日本証券業協会において店頭転換社債型新株予約権付社債として登録された転換社債型新株予約権付社債 **市場価格※1＋既経過利息※2** ②①以外の転換社債型新株予約権付社債 **発行価額＋既経過利息※2** ただし、転換社債型新株予約権付社債の発行会社の株価（相続税を計算する際の財産評価額を原則とし、取引相場のない株式の場合は一定の修正を加えた額となります）が、その転換社債型新株予約権付社債の転換価格を超える場合は、次の算式により計算した金額によって評価します。 $$\text{転換社債型新株予約権付社債の発行会社の株式の株価}\times\frac{100\text{円}}{\text{その転換社債型新株予約権付社債の転換価格}}$$
公社債	割引債	①金融商品取引所に上場されている割引債 **最終価格※6** ②日本証券業協会において売買参考統計値が公表される銘柄として選定された割引債 **平均値※6** ③①②以外の割引債 **発行価額＋既経過償還差益※6、7**

資産の種類		評価方法
EB債（他社株転換可能債）		①課税時期が評価日以後で、発行価額に相当する金銭による償還が行われることが確定している場合 **発行価額＋既経過利息**※2 ②課税時期が評価日以後で、対象株式による現物償還が行われることが確定している場合 **対象株式評価額＋既経過利息**※2 ③課税時期が評価日より前の場合 **発行価額＋既経過利息**※2
証券投資信託の受益証券※8		①MRF等の日々決算型の証券投資信託 １口当たりの基準価額×口数＋再投資されていない未収分配金（A）－Aにつき源泉徴収されるべき所得税相当額－信託財産留保額および解約手数料（消費税相当額を含む） ②①以外の証券投資信託 課税時期の１口当たりの基準価額×口数－課税時期に解約請求等をした場合の源泉徴収されるべき所得税相当額－信託財産留保額および解約手数料(消費税相当額を含む)
不動産投資信託の受益証券		①上場されている不動産投資信託証券※9 上場株式と同様の方法で１口ごとに評価 ②上場されていない不動産投資信託証券 純資産額、配当利回り、キャッシュフロー等に着目して個別にその価値を測定
ストック・オプション		①上場株式・気配相場等のある株式を目的とするストック・オプション※10 **（課税時期における株式の価額－権利行使価格）×** **ストック・オプション１個の行使により取得することができる株式数（負数のときはゼロとします）** ②非上場会社が発行するストック・オプション 権利行使価格の決定方法や株式の譲渡方法などを考慮して評価します。
上場新株予約権※11		①上場期間内にある場合（下記a.b.のいずれか低い金額）※9 a.課税時期における上場新株予約権の最終価格 b.上場新株予約権の上場期間中の毎日の最終価格の平均額 ②上場廃止後権利行使期間内にある場合 （取得できる上場株式の課税時期における価格　－　権利行使価額）× 新株予約権１個の行使により取得できる株式数(負数のときはゼロとします) ただし、発行法人による取得条項がある場合（コミットメント型）は、当該取得価格と上記により計算した額のうちの低い方
その他の財産	貸付信託の受益証券	**相続等の日における受託者（信託銀行）の買取価額**（原則として、元本の額＋既経過利息の額から源泉所得税相当額や買取割引料を差し引いた額）
	抵当証券	原則として、**元本の額＋既経過利息**※2（債券型の場合は、相続等の日における抵当証券会社が定める買戻価額）から**源泉所得税相当額や抵当証券会社の解約手数料を差し引いた額**
	預貯金	原則として、**相続等の日における預入高＋相続等の日現在の既経過利息**※2（源泉所得税相当額控除後）
	ゴルフ会員権	①取引相場のある会員権 **相続等の日の通常の取引価格×70％** （取引価格に含まれない預託金等がある場合には、預託金等の評価額を加算） ②取引相場のない会員権 a.株主でなければ会員になれないもの……取引相場のない株式として評価 b.株主であり、かつ、預託金等を預託しなければ会員になれないもの……株式と預託金等とに区分し、それぞれの評価額の合計により評価 c.預託金等を預託しなければ会員になれないもの……預託金等の評価額により評価
	書画・骨董品・宝石	売買実例や専門家の意見を参酌して評価

※1　市場価格とは、金融商品取引所の最終価格または日本証券業協会の公表する平均値などをいいます。上場利付債および上場割引債で、日本証券業協会において売買参考統計値が公表される銘柄として選定されているものについては、金融商品取引所の最終価格と日本証券業協会の公表する平均値のうちいずれか低い金額を市場価格として評価を行います。上場転換社債型新株予約権付社債については、金融商品取引所の最終価格を市場価格として評価します。
※2　既経過利息とは相続等の日に利払期が到来していない利息のうち、相続等の日現在の既経過分に相当する金額から当該金額にかかる源泉所得税相当額（個人住民税の特別徴収相当額を含みます）を引いた金額をいいます。
※3　購入時に初回の利子の調整額の払い込みが必要となる銘柄は、初回の利子の調整額相当額が差し引かれます。利子相当額に掛ける「0.79685」は、「1－20.315％（利金に掛かる税率）」を表しています。
※4　通常よりも低い利率で、発行価額が額面金額より低く設定され、額面で償還される債券。
※5　2002年３月31日以前に発行された転換社債を含みます。
※6　課税時期において、償還差益に対する源泉所得税相当額（個人住民税の特別徴収相当額を含みます）がある場合は、さらにその金額を控除した金額によって評価します。
※7　券面額と発行価格との差額のうち相続等の日現在の既経過分に相当する金額をいいます。
※8　金融商品取引所に上場されている証券投資信託の受益証券については、上場株式の方法に準じて評価します。
※9　負担付贈与により取得したものを除きます。
※10 課税時期が権利行使可能期間にあるものを対象とします。
※11 課税時期において相続財産に含まれていた上場新株予約権が申告時に失権していたとしてもこの評価方法により評価するものと思われます。

公社債等の評価の例

〔例１〕利付債（上場債の場合）

・相続等の日　X年６月１日
・発行価額　額面100円につき99円50銭　・利　　率　３％
・利 払 日　3月20日、9月20日　・額面総額　1,000万円
・市場価格　99円
・評価額の計算
(1)　経過日数　3月21日から６月１日まで（73日）
(2)　既経過利息（額面100円当たり）

$$100円 \times 3\% \times \frac{73}{365} \times (1-0.20315) = 0.47811円$$

(3)　評価額

$$(99.00+0.47811) \times \frac{1{,}000万円}{100} = 9{,}947{,}811円$$

〔例２〕転換社債型新株予約権付社債（非上場の場合）

・相続等の日　X年８月24日
・発行価額　額面100円につき100円　・転換価格　1,000円
・利　　率　1.5%　・利 払 日　3月31日、9月30日
・株　　価　1,250円（財産評価額）　・額面総額　500万円
・評価額の計算
(1)　転換価格＜株価なので、📖**291ページの表**の転換社債型新株予約権付社債②但書の算式に従って評価します。
(2)　評価額

$$1{,}250円 \times \frac{100円}{1{,}000円} \times \frac{500万円}{100} = 6{,}250{,}000円$$

〔例３〕割引債（非上場割引債または基準気配銘柄に選定されていない割引債の場合）

・相続等の日　X年７月10日
・発行価額　97円10銭　・発 行 日　X年２月14日
・償 還 日　X＋１年２月14日　・額面総額　1,000万円
・評価額の計算
(1)　経過日数　2月15日から７月10日まで（146日）
(2)　既経過償還差益（額面100円当たり）

$$(100-97.10) \times \frac{146}{365} \times (1-0.20315) = 0.924346円$$

(3)　評価額

$$(97.10+0.924346) \times \frac{1{,}000万円}{100} = 9{,}802{,}434円（円未満切り捨て）$$

不動産の評価

土地等の評価

土地は、宅地、農地・山林、雑種地などに分けられ、評価方法が細かく定められています。**宅地**の評価は、市街地にあるものは**路線価方式**、それ以外の地域にあるものは**倍率方式**が原則です。路線価方式は、評価する宅地が面する路線に付された標準価額（路線価）をもとに、宅地の状況や形態に応じて修正した額で評価する方式です。倍率方式は、課税台帳に登録された固定資産税評価額に国税局長の定める倍率を乗じた額で評価する方式です。

もっとも、生活の基盤となる居住地の確保と事業承継の円滑化を図るため、一定の場合には**小規模宅地等の特例**が認められています。これに該当すると、評価額が、**80%**または**50%減額**されます（📖次ページのQ&A参照）。

その他の土地や、借地権などの土地の上に存する権利についても、細かく評価方法が定められています。くわしくは税理士などの専門家にお尋ねください。

▶土地等の評価原則一覧表

土地	宅　地		①市街地的形態を形成する地域にあるもの 路線価を基準に、宅地の状況や形態に応じ修正した価額（路線価方式） ②その他 固定資産税評価額×国税局長の定める倍率（倍率方式）
土地		貸宅地	①借地権の目的となっているもの 自用地としての評価額×（１－借地権割合） ②定期借地権等の目的となっているもの {自用地としての評価額－定期借地権等の評価額 {自用地としての評価額×（１－権利の残存期間の区分別に定められる割合） のうち少ない額（上記の算式によらない評価額も認められる場合があります） ③地上権の目的となっているもの 自用地としての評価額×（１－地上権等割合）
土地		貸家建付地	自用地としての評価額×（１－借地権割合×借家権割合×賃貸割合）
土地	農地・山林	純農地・中間農地 純山林・中間山林	固定資産税評価額×国税局長の定める倍率
土地	農地・山林	市街地農地 市街地山林	（宅地としての１㎡当たりの評価額 － 国税局長の定める１㎡当たりの宅地転用造成費）× 面積 ＊国税局長の定める倍率がある地域内のもの 固定資産税評価額×国税局長の定める倍率
土地	農地・山林	市街地周辺農地	市街地農地としての評価額×80%
土地	農地・山林	宅地以外(農地・山林等)の貸地	自用地としての評価額－耕作権等・賃借権等の権利の評価額
土地	農地・山林	生産緑地	生産緑地でないものとして評価した価額 ×（１－行為制限期間の区分別に定めてある割合）

土地の上に存する権利		
	借　地　権	借地権の目的となっている宅地の自用地としての評価額×借地権割合 ＊借地権の取引慣行がない地域の借地権は評価しません
	定期借地権等	定期借地権等の目的となっている宅地の自用地としての評価額 ×定期借地権等割合×逓減率 ＊上記の算式によらない評価額も認められる場合があります
	貸家建付借地権等	借地権または定期借地権等の評価額×（１－借家権割合×賃貸割合）
	地上権、永小作権	地上権・永小作権の設定されている土地の時価 ×権利の残存期間の区分別に定めてある割合

〔定義および注意事項〕

借地権　建物の所有を目的とする地上権または土地の賃借権（定期借地権等を除く）

定期借地権等　借地借家法上の定期借地権・事業用借地権・建物譲渡特約付借地権・一時使用目的の借地権

地上権　他人の土地において工作物または竹木を所有するためにその土地を使用する権利（借地権・区分地上権を除く）

永小作権　小作料を支払って他人の土地において耕作または牧畜を行う権利

耕作権　農地法による解約等の制限の課された農地等の上に存する賃借権

賃借権　借地権・定期借地権等・耕作権に該当するものを除く

貸宅地　宅地の所有者が借地権者等に使用収益させている宅地

貸家建付地　宅地の所有者が建物も所有しており、建物を賃貸して借家人に宅地を間接的に使用収益させている場合の宅地

借地権割合　国税局長が定める割合

定期借地権等割合　$\dfrac{\text{権利設定時における借地権者に帰属する経済的利益の総額}}{\text{権利設定時における宅地の通常の取引価額}}$

逓減率　$\dfrac{\text{相続等の日における権利の残存期間年数に応ずる基準年利率※による複利年金現価率}}{\text{権利の設定期間年数に応ずる基準年利率による複利年金現価率}}$

借家権割合　国税局長が定める割合（2024年５月末時点で、全国一律30%）

地上権等割合　相続税法第23条に、権利の残存期間に応じて定めてある割合

※　基準年利率は年数または期間に応じ、日本証券業協会において、売買参考統計値が公表される利付国債の複利利回りをもとに計算した年利率によります。

Q 小規模宅地等の特例

同居していた親から宅地を相続したのですが、どのような場合に小規模宅地等の特例が認められますか？

A

相続等により、居住用や事業用に用いられていた宅地等で一定の建物または建築物の敷地の用に供されているものを取得した場合、一定限度の面積まで、その宅地等の評価額の50%または80%を減額する特例（小規模宅地等の特例）を受けることができます。この制度の概要は下記の通りです。

適用対象宅地と限度面積および減額割合

この特例は、相続開始の直前に、被相続人もしくは被相続人と生計を一にしていた被相続人の親族の事業の用または居住の用に供されていた宅地等が対象となります。ここでいう宅地等とは、一定の建物または構築物の敷地の用に供され、棚卸資産およびこれに準ずる資産に該当しない宅地等のことを指します。

適用対象となる宅地等の種類に応じて、限度面積および減額割合が以下のように定められています。

適用対象宅地	限度面積	減額割合
A 特定事業用等宅地等※1の場合	400㎡	80%
B 特定居住用宅地等の場合	330㎡	80%
C 貸付事業用宅地等の場合	200㎡	50%

※1　郵便局舎の敷地用宅地等、特定同族会社事業用宅地等を含みます。
※2　特例の適用を選択する宅地等が以下のいずれに該当するかに応じて、限度面積を判定します。
①　Aを選択する場合またはBを選択する場合
A≦400㎡、B≦330㎡であること（両方を選択する場合は、A＋B≦730㎡）。
②　Cおよびそれ以外の宅地等（AまたはB）を選択する場合
A×200/400＋B×200/330＋C≦200㎡であること。

適用を受けるための要件

小規模宅地等の特例を受けるためには以下の要件を満たす必要があります。取得者ごとに要件を判定し、以下のイ～ニのいずれかに該当する場合、減額が適用されます。

なお、不動産貸付の用に供されていた宅地等については、貸付事業を継承した場合に限り50%の減額が認められます。

適用対象宅地※1		取得者の要件
イ　特定事業用宅地等（不動産貸付等の用に供されていた宅地等を除く）※2・3		取得者が相続開始時から相続税の申告期限までの間に被相続人の事業を引き継ぎ、相続税の申告期限までその事業を営み、かつその宅地等を保有している親族である
		取得者が被相続人と生計を一にしていた者で、相続開始前から相続税の申告期限まで自己の事業の用に供し、かつその宅地等を保有している親族である
ロ　特定居住用宅地等	①②に共通	取得者が被相続人の配偶者である
	①被相続人の居住の用に供されていた宅地等※4	取得者が相続開始直前に被相続人と同居していた者で※5、相続開始時から相続税の申告期限まで居住し、かつ申告期限までその宅地等を保有している親族である
		取得者が相続開始前３年以内に自己または配偶者所有の家屋に居住したことがないなどの要件を満たす一定の親族である※6
	②被相続人と生計を一にする被相続人の親族の居住の用に供されていた宅地等	取得者が被相続人と生計を一にしていた者で、相続開始前から相続税の申告期限まで居住し、かつその宅地等を保有している親族である
ハ　郵便局舎の敷地用宅地等		取得者が親族であり、引き続き５年以上郵便局舎の敷地の用に供される見込みがある
ニ　特定同族会社事業用宅地等		取得者が相続税の申告期限においてその会社の役員であり、相続開始の直前から相続税の申告期限まで特定同族会社の事業の用に供されていた宅地等を申告期限まで保有している親族である

ホ　貸付事業用宅地等※3	取得者が相続開始時から相続税の申告期限までの間に被相続人の貸付事業を引き継ぎ、その事業を営み、かつその宅地等を保有している親族である
	取得者が被相続人と生計を一にしていた者で、相続開始前から相続税の申告期限まで自己の貸付事業の用に供し※7、かつその宅地等を保有している親族である

※１　個人版事業承継税制の適用を受けた宅地等については、小規模宅地等の特例の適用が制限されます（くわしくは**290ページを参照**してください）。

※２　相続開始前３年以内に新たに事業の用に供された宅地等については、一定以上の設備投資が認められる場合（その宅地等の上の事業用資産の価額が、宅地等の相続時評価額の15％以上である場合）を除き、この特例の適用を受けられません。

※３　特定事業用宅地等および貸付事業用宅地等について、３年以内の相次相続によって取得した宅地等についての特例の適用が可能です。すなわち、先代から被相続人への相続（１次相続）から３年以内の相続（２次相続）により特例の適用を受ける相続人が取得した宅地等については、「相続開始前３年以内に新たに（貸付）事業の用に供された宅地等」に当たらず、特例の適用が受けられます。

※４　被相続人が老人ホーム、介護医療院等に入所していた場合、原則として「居住の用に供されていた」とみなされます。

※５　一棟の二世帯住宅で区分所有登記されていないものに住んでいた場合、「同居」とみなされます。

※６　この特例を利用した非同居親族の課税逃れ（いわゆる「家なき子」）を防ぐため、親族は下表の要件を満たしていることが求められます。

> **○取得者が以下の要件のすべてを満たす親族であること**
> ・相続開始前３年以内に自己、配偶者、３親等内の親族、取得者と特別の関係がある法人（親族とその関係者で株式等の50％超を保有している法人）が所有している家屋に居住したことがないこと
> ・相続開始時に居住している家屋を過去に所有したことがないこと
> ・相続開始時から申告期限まで被相続人の居住の用に供されていた宅地等を保有していること

※７　相続開始前３年以内に新たに貸付事業に供された宅地等については、被相続人が相続開始前３年を超えて事業的規模で貸付けを行っている場合を除き、この特例の適用を受けられません。

定期借地権等の目的となっている貸宅地

定期借地権等の評価額は、自用地としての評価額に定期借地権等割合と逓減率を掛け合わせた額となります。一方、定期借地権等の目的となっている貸宅地の評価額は、原則として次の２つのいずれか小さい方の価額で評価します。

①自用地としての評価額－定期借地権等評価額
②自用地としての評価額×(１－権利の残存期間の区分別に定めてある割合)

残存期間が5年以下のもの	5%
残存期間が5年を超え10年以下のもの	10%
残存期間が10年を超え15年以下のもの	15%
残存期間が15年を超えるもの	20%

ただし、一般定期借地権（存続期間が50年以上の借地権で、存続期間後延長などがなされないもの）の目的となっている貸宅地については、課税上弊害がない限り、以下の計算式で求められた額で評価することもできます。

定期借地権等の目的となっている貸宅地＝自用地評価額－一般定期借地権相当額
一般定期借地権相当額＝自用地評価額×（1－底地割合）×逓減率
（底地割合は、借地権割合に応じて55%～75%と定められています）

建物等の評価

家屋、附属設備等、借家権、構築物などについても評価方法が細かく定められています。附属設備等とは、ガス設備、給排水設備など家屋と構造上一体となっている設備や、門や庭園といったものを指します。構築物とは、アスファルト、橋、ガソリンスタンド、プールなどを指します。細かい評価方法は下表を参照してください。

▶建物等の評価原則一覧表

建物等	家屋	固定資産税評価額
建物等	貸家	家屋の評価額×（1－借家権割合×賃貸割合※）
建物等	附属設備等	①家屋と構造上一体となっている設備（電気・給排水設備等） 家屋の価額に含めて評価する ②門・塀等の設備 〔附属設備の再建築価額－建築時から課税時期までの期間（1年未満の端数があるときは1年）の償却費または減価の額（定率法）〕×70% ③庭園設備（庭木・庭石・あずまや・庭池等） 調達価額（相続等の日の現況により取得する場合の価額）×70%
建物等	構築物	{再建築価額－建築時から課税時期までの期間（1年未満の端数があるときは1年）の償却費または減価の額（定率法）} ×70%

※　賃貸割合＝ Aのうち課税時期において賃貸されている各独立部分の床面積の合計 ／ 当該家屋の各独立部分の床面積の合計（A）

土地・家屋等の負担付贈与や低額譲渡の特例

Check Point!

贈与を受ける人に一定の義務を負わせる贈与を**負担付贈与**といいます。例えば、贈与者の借金を引き受けることを条件とした贈与や、第三者に金銭を支払うことを条件とした贈与のことです。負担付贈与があった場合には、**贈与された財産の価額から負担額を差し引いた価額**に贈与税が課されます。

土地等や家屋等について負担付贈与があった場合の財産評価には特例があります。すなわち、ここまで説明してきた財産評価額ではなく**通常の取引価額（時価）**によって土地等・家屋等を評価します。ただし、土地等・家屋等の贈与をした人の取得価額が贈与時において通常の取引価額（時価）に相当すると認められるときは、取得価額によって評価することもできます。この特例は、贈与税を計算する際の不動産の財産評価額と通常の取引価額（時価）との開きに着目した税負担の不当な回避を防ぐために設けられている措置です。

例えば、マンションを１億１千万円(注)で購入しその借金が５千万円残っている人が、借金を引き受けることを条件として、そのマンションを長男に贈与した場合を考えてみます。負担付贈与ですから、長男の支払うべき贈与税額はマンションの価額から負担額である借金を差し引いた金額をもとに計算します。このとき、マンションの財産評価額が１億円、贈与時の通常の取引価額（時価）が１億２千万円であったとすると、マンションの価額は、財産評価額（１億円）ではなく通常の取引価額（１億２千万円）と評価されます。したがって、１億２千万円から負債の５千万円を引いた７千万円の贈与があったものとして贈与税額が計算されることになります。

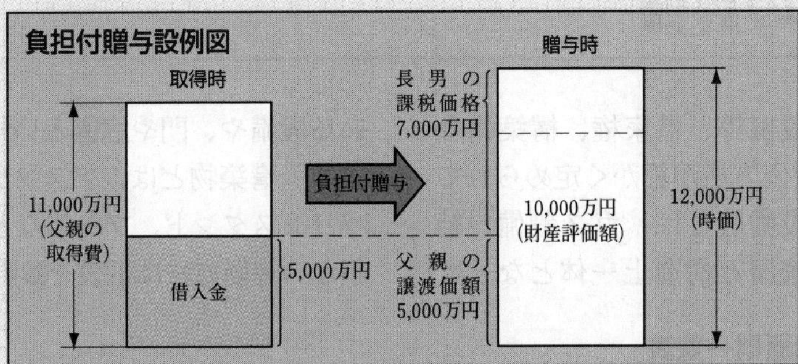

負担付贈与設例図

時価に比べ著しく低い価額で土地等・家屋等の譲渡（**低額譲渡**）を受けた場合、**通常の取引価額（時価）と譲渡の対価との差額分の贈与があったものと評価されます。**低額譲渡に当たるかどうかは個別の取引ごとに判定することになります。

(注) 取得時から課税時期までの期間の減価は考慮していません。

配偶者居住権の税制上の扱い

Check Point!

配偶者居住権とは、夫婦の一方が亡くなった場合、残された配偶者が、原則として亡くなるまで、引き続き無償で自宅に住み続けることができる権利のことを指します。配偶者居住権は、税制上次のように扱われます。

まず、相続等により配偶者居住権を取得した配偶者には、相続税が課されます。その財産評価額については、配偶者居住権が設定された建物と、その建物の敷地について、それぞれ下記の計算式に従って算出します。

①配偶者居住権
　建物の時価※1－建物の所有権の評価額（下記②）

②配偶者居住権が設定された建物の所有権

$$\text{建物の時価}^{※1}\times\frac{\text{建物の残存耐用年数}^{※2}-\text{配偶者居住権の存続年数}^{※3}}{\text{建物の残存耐用年数}^{※2}}\times\text{存続年数}^{※3}\text{に応じた民法の法定利率による複利現価率}$$

③配偶者居住権に基づく敷地の利用権※4
　土地等の時価※1－敷地の所有権の評価額（下記④）

④配偶者居住権が設定された建物の敷地の所有権※4
　土地等の時価※1×存続年数※3に応じた民法の法定利率による複利現価率

※1　それぞれ、配偶者居住権が設定されていないものとした場合の相続開始時の時価を用います。建物の一部が賃貸や共有されていた場合にはそれ以外の部分に対応する価額となります。
※2　建物の残存耐用年数は、配偶者居住権設定時の「建物の耐用年数（所得税法上の住宅用建物の耐用年数）×1.5－建築後経過年数」で算出します。
※3　配偶者居住権の存続年数は、具体的な存続期間を定めた場合はその年数（上限あり）、配偶者の終身とした場合には配偶者居住権設定時の配偶者の平均余命の年数（厚生労働省の完全生命表による）を用います。
※4　「小規模宅地等の特例」（**296ページ参照**）の適用を受けることができます。

相続等により、配偶者居住権を取得した配偶者は上記①および③の合計額、配偶者居住権が設定された建物・敷地の所有権を取得した者は上記②および④の合計額を取得したものと評価されます。

配偶者居住権は、民法上譲渡できませんが、建物の所有者と合意することなどにより、消滅することがあります。配偶者居住権が消滅すれば、配偶者居住権に基づいて建物の敷地を利用する権利も消滅します。その際、金銭を受け取れば譲渡所得として課税され、配偶者居住権と敷地利用権の取得費は、それぞれ以下のように算出されます。

①配偶者居住権の取得費

$$\text{被相続人に係る建物の取得費}\times\frac{\text{相続開始時の配偶者居住権の価額}}{\text{相続開始時の配偶者居住権の価額}+\text{相続開始時の建物の価額}}\times\left[1-\frac{\text{配偶者居住権の取得時から消滅時までの期間の年数}^{※1}}{\text{配偶者居住権の（当初の）存続期間の年数}}\right]^{※2}$$

②敷地利用権の取得費

$$\text{被相続人に係る土地の取得費}\times\frac{\text{相続開始時の敷地利用権の価額}}{\text{相続開始時の敷地利用権の価額}+\text{相続開始時の土地の価額}}\times\left[1-\frac{\text{敷地利用権の取得時から消滅時までの期間の年数}^{※1}}{\text{配偶者居住権の（当初の）存続期間の年数}}\right]^{※2}$$

※1　6ヵ月以上の端数は1年とし、6ヵ月未満の端数は切り捨てます。
※2　カッコ内が負の値になる場合は、カッコ内は0とします。

Q マンションの評価額

マンションを相続したのですが、マンションの評価額はどのように計算されるのですか?

A

マンションは、土地と建物から成り立っているので、持分を考慮した上で別々に評価し、土地と建物それぞれの評価額を合計した額がマンションの評価額となります。両者の評価額はそれぞれ以下のようになります。

▶マンションの評価額

建物	固定資産税評価額
土地部分	敷地全体の評価額を計算し、それに持分割合をかけた額

2024年1月1日以後に相続等により取得した分譲マンションの評価額は、下記の通り補正率をかけて計算します。ただし、地階を除く階数が2以下のものや、居住の用に供する専有部分一室の数が3以下でその全てを区分所有者またはその親族の居住の用に供するものには適用されません。

建物（区分所有権）の評価額×区分所有補正率＋土地部分（敷地利用権）の評価額×区分所有補正率

区分所有補正率は、そのマンションの評価額と市場価格との乖離の大きさ（評価水準＝1／評価乖離率）に応じて定められています。

▶区分所有補正率

評価水準（1／評価乖離率）	区分所有補正率
0.6未満	評価乖離率×0.6
0.6以上、1以下	補正なし
1超	評価乖離率

(注) 区分所有者が一棟の区分所有建物に存する全ての専有部分および一棟の区分所有建物の敷地のいずれも単独で所有している場合には、敷地利用権に係る区分所有補正率は1を下限とします。

▶評価乖離率

A+B+C+D+3.220

A：一棟の区分所有建物の築年数（1年未満の端数は1年とする）×△0.033

B：一棟の区分所有建物の総階数指数※1×0.239（小数点以下第4位切捨て）

C：一室の区分所有権等に係る専有部分の所在階※2×0.018

D：一室の区分所有権等に係る敷地持分狭小度※3×△1.195（小数点以下第4位切上げ）

※1　総階数（地階を除く）／33（小数点以下第4位切捨て、1を超える場合は1）

※2　専有部分が複数階にまたがる場合には、階数が低い方の階。専有部分の所在階が地階である場合には、Cは0とします。

※3　敷地利用権の面積／専有部分の面積（小数点以下第4位切上げ）

※4　評価乖離率が0以下の場合は、区分所有権、敷地利用権の評価額は0になります（区分所有補正率の表の（注）の場合を除く）。

Q 外貨建資産等の円換算

外貨建ての資産を相続したのですが､これはどのように評価されるのですか？

A

外貨建ての資産は、外貨によって算定された評価額を円換算する必要があります。このときに用いられる為替レートは、原則として、相続等の日における、相続人等の取引金融機関が公表する対顧客直物電信買相場（TTB）または証券会社等で公表するTTBに準ずる為替レートとなります。外貨建預金などのように取引先の金融機関が特定されている場合には、その金融機関の公表するレートを用いる必要があります。相続等の日に相場がない場合には、相続等の日前で最も近い日のレートで換算します。

先物外国為替契約を結ぶことにより為替レートが確定している場合には、前記の換算方法によらないで、その為替レートにより換算を行う必要があります。

相続等によって外貨建ての債務を引き継いだ場合についても、対顧客直物電信買相場（TTB）ではなく対顧客直物電信売相場（TTS）を用いる点を除き、同様の取扱いとなります。

12

不動産に関係する税金

土地や建物などの不動産については、購入や売却などの売買取引のほか、地代や家賃収入のように不動産を原因として収入を得る場合などに課税されます。また、不動産には所得税や住民税のほか、登録免許税や固定資産税、取得の形態によっては相続税や贈与税など多くの税金が関係してきます。

一方で、マイホームを取得したり、増改築をしたりしたときには住宅ローン減税や投資型減税を受けられるなど住宅取得を支援する政策もあります。

不動産の取引は課税関係が複雑ですし、大きな金額の取引になることも多いでしょうから、基本的には専門家に相談した方がよいと思われます。もっとも、大まかにでも税金の仕組みを理解し、各種の特例や税の軽減措置を把握しておけば、マイホームの購入計画なども立てやすくなるでしょう。

不動産取引と税金

不動産に関する税金のいろいろ

不動産に関する税金は種類も多く、**取得・保有・譲渡**いずれの場面でも税金が関係してきます。また、国の政策的理由から様々な特例や軽減措置が設けられています。そのうえ、特例などは毎年のように改正、追加、廃止されます。

こうした事情から、不動産に関する税金は複雑になっていますので、まずは以下の表で大まかなイメージをつかんでください。12章では、不動産に係る税制を大きく、取得時、保有時、譲渡時の3つに分けて説明します。

また、住宅ローン減税と投資型減税については、**309ページ以降**にまとめて説明しています。

▶不動産にかかる税金の概要

不動産を取得したとき（12－2）		
取得	国　税	印紙税※1
	地方税	不動産取得税、特別土地保有税※2
登記	国　税	登録免許税
相続・贈与	国　税	相続税、贈与税
不動産を保有しているとき（12－3）		
保有	国　税	地価税※3
	地方税	固定資産税、都市計画税、特別土地保有税※2
賃貸	国　税	所得税★、地価税※3
	地方税	住民税、固定資産税、都市計画税、特別土地保有税※2
不動産を譲渡したとき（12－4）		
譲渡	国　税	所得税★、印紙税※1
	地方税	住民税

※1　印紙税は売買契約書等を課税物件として課税されます。
※2　特別土地保有税は2003年分以降、当分の間、課税停止となっています。
※3　地価税は1998年分以降、当分の間、課税停止となっています。
※4　上記のほか、建物購入時などには消費税（地方消費税を含む）もかかります。

（注）★印の付いている所得税については、別途復興特別所得税の課税も行われます。復興特別所得税の税率は基準所得税額の2.1％です。くわしくは、**41ページを参照**してください。

不動産の取得にまつわる税金

不動産取得税

不動産取得税は、土地や家屋を取得したときに課税される地方税です。「**取得**」は、土地や家屋の所有権を新たに取得した場合のほか、改築や増築によって価格が増加した場合も含みます。

不動産取得税の税額は、課税標準に税率を乗じた金額です。

課税標準は、原則として、市町村役場に備え付けの固定資産課税台帳の登録価格、すなわち固定資産税評価額（📖312ページ参照）とし、本則の税率は４％となっています。

ただし、下表の通り、一定の床面積要件等を満たす家屋につき控除額が控除されたり、宅地等については課税標準が２分の１になったりするなどの各種の特例が適用されています。

下表は、2026年３月31日までに取得する場合の不動産取得税の課税標準と税率の一覧です。

▶不動産取得税の課税標準と税率（2026年３月31日までに取得する場合）

不動産の種類			不動産の課税標準	税率	備　考
家屋	住宅	特例が適用される場合	固定資産税評価額－控除額	３％	50㎡以上（ただし、新築で、戸建て以外の貸家は40㎡以上）240㎡以下の床面積基準等を満たす住宅のみが対象。 控除額は、認定長期優良住宅は1,300万円、それ以外の新築住宅は1,200万円、中古住宅は新築時期に応じ最大1,200万円
		特例が適用されない場合	固定資産税評価額	３％	―
	住宅以外の家屋		固定資産税評価額	４％	―
土地	住宅用の宅地・宅地比準土地		固定資産税評価額×1/2	３％	上記家屋の特例が適用される住宅用地として、住宅の取得の前後一定期間内に土地を取得するときは、「固定資産税評価額×1/2×３％」から、下記①または②のいずれか大きい額を控除できる。 ①45,000円 ②土地１㎡あたりの固定資産税評価額×1/2×住宅の床面積の２倍（一戸あたり上限200㎡）×３％
	住宅以外の宅地・宅地比準土地		固定資産税評価額×1/2	３％	―
	上記以外の土地		固定資産税評価額	３％	―

※　不動産取得税額は、「課税標準」×「税率」で計算します（ただし、住宅用の宅地の特例が適用されるときは、これからさらに税額を控除します）。

登録免許税

土地や建物などを取得した場合、**登記**をしなければその所有権につき第三者に対抗することができません。登記とは、不動産に関する権利を登記所の登記簿に記載することです。建物を新築するなど所有権を最初に登録するときは**所有権の保存登記**を、土地などを購入し所有権を移転させるときは**所有権の移転登記**を、不動産を担保に住宅ローンを借りる際などには**抵当権の設定登記**を行います。配偶者居住権を設定するときも登記を行います。

登録免許税はこうした登記などに対して課される国税です。登録免許税は、固定資産税評価額（抵当権の設定登記の場合は担保される債権額）に対し、下記の税率を乗じて算出します。税率には、本則税率に代えて各種の軽減税率が適用される場合があります。

下表は、2026年３月31日までに登記を受ける場合の不動産取得税の課税標準と税率の一覧です。

▶不動産の登録免許税（2026年３月31日までに登記を受ける場合）

登記の原因	登記の種類	課税標準	本則税率	軽減税率
建物の新築	所有権の保存登記	固定資産税評価額	0.4%	要件を満たす居住用住宅の場合 0.1%～0.15%※1、2
土地の購入	所有権の移転登記	固定資産税評価額	2.0%	1.5%
家屋の購入	所有権の移転登記	固定資産税評価額	2.0%	要件を満たす居住用住宅の場合 0.1%～0.3%※1、3
土地・建物の相続	所有権の移転登記	固定資産税評価額	0.4%	—
土地・建物の贈与・遺贈・交換	所有権の移転登記	固定資産税評価額	2.0%	—
家屋への配偶者居住権の設定	配偶者居住権の設定登記	固定資産税評価額	0.2%	—
土地・建物を担保とした住宅ローンの利用	抵当権の設定登記	債権の金額	0.4%	要件を満たす居住用住宅の場合 0.1%※1

※１　個人が、住宅用家屋を新築または取得し自己の居住の用に供した場合であり、床面積が50平方メートル以上であることや、新築または取得後１年以内の登記であること等一定の要件を満たす必要があります。

※２　特定認定長期優良住宅または認定低炭素住宅の場合は0.1％、それ以外の場合は0.15％です。

※３　特定認定長期優良住宅（マンション）、認定低炭素住宅または宅地建物取引業者が一定の増改築をした住宅の場合は0.1％、特定認定長期優良住宅（一戸建て）の場合は0.2％、それ以外の場合は0.3％です。

住宅ローン減税

住宅ローン減税（原則）

住宅ローン減税とは

住宅ローンを利用して居住用住宅を取得し、一定の要件にあてはまる場合には、一定期間、所得税および住民税について税額控除を受けることができます。これを住宅ローン減税といいます。

この「取得」には、新築・中古住宅の取得の他に、既に所有している住宅を増改築した場合も含まれます。ただし、一定の要件を満たす増改築の場合、住宅ローン減税に代えて、投資型減税（📖311ページ参照）を利用することができます。住宅ローン減税は入居時期により適用される要件や税額控除額の計算方式等が異なりますが、本書では、2024年または2025年に入居した場合につき説明します。

住宅ローン減税の適用要件

住宅ローン減税の主な適用要件は、①借入金の要件、②住宅の要件、③所得の要件、④併用不可の制度の適用を受けていないことなどがあります。

▶**住宅ローン減税の主な適用要件（2024～2025年入居の場合）**

①借入金等の要件		償還期間が10年以上の住宅ローンであること
②住宅の要件	床面積	登記簿上の床面積が50㎡以上（一定の要件の下では40㎡以上）であり、かつ床面積の1／2以上が居住用であること
	居住日	原則として取得日から６ヵ月以内に居住を開始し、適用を受ける各年の12月31日まで居住していること
	耐震基準	中古住宅は新耐震基準適合住宅であること（1982年以降に建築された住宅は適合住宅とみなす）
	省エネ基準	新築住宅の場合、認定長期優良住宅、認定低炭素住宅、ZEH水準省エネ住宅、省エネ基準適合住宅のいずれかであること※1
③所得の要件		適用を受ける年の合計所得金額（📖33ページ参照）が2,000万円以下（40㎡以上50㎡未満※2の場合は1,000万円以下）
④併用不可の制度		入居した年の２年前から３年後までの年分の所得税について、以下の適用を受けていないこと ・居住用財産の譲渡所得に関する特例（📖319ページ参照） ・居住用財産の買換えの特例（📖321ページ参照）

※1　経過措置として、2023年12月31日以前に建築確認を受けた場合、または登記簿上の建築日が2024年６月30日以前である場合は住宅ローン減税を適用できます。
※2　2024年12月31日までに建築確認された新築住宅等が対象となります。

控除を受けられる期間・税額控除額

2024年１月１日以後入居の現行の住宅ローン減税では、入居した年から、**新築住宅の場合は原則13年間**（省エネ基準を満たさない住宅につき経過措置により適用を受ける場合は10年間）、**中古住宅の場合は10年間**の控除を適用することができます。

各適用年において、以下の算式により計算された控除額をまず所得税から控除します。所得税額が控除額に満たず、控除額に残りがある場合は、下記の条件で住民税（所得割）からも控除することができます。なお、所得税と住民税では課税の時期が１年ずれているため、例えば、2024年分の所得税からの控除の残額は2025年度の住民税から控除されることになります。

住宅ローン減税の控除額の算式に用いられる「限度額」と「控除率」は、入居の時期や住宅の種類、世帯の属性によって異なります。2024年入居の場合、新築住宅につき、子育て世帯・若年夫婦世帯の場合、他の世帯と比べて限度額が上乗せされています。

▶住宅ローン減税の所得税の控除額（2024年～2025年入居の場合）

年末の住宅ローン残高※（ただし「限度額」以内）×控除率（0.7%）＝控除額

※　年末の住宅ローン残高が住宅の取得等にかかる対価・費用の額を超えるときは、その対価・費用の額とします。ただし、直系尊属からの贈与の贈与税非課税制度（くわしくは📖**254ページ参照**）、住宅取得等資金の贈与の特例（くわしくは📖**250ページ参照**）を受けるときは、その適用を受けた受贈額を対価・費用の額から除きます。

▶住宅ローン減税の住民税の控除額（2024年～2025年入居の場合）

下記①～④のうち最も少ない金額

①所得税から控除できなかった控除額の残り
②住民税所得割額
③所得税の課税総所得金額等×5%
④97,500円

▶住宅ローン減税の限度額（2024年～2025年入居の場合）

	入居年	世帯属性	住宅の省エネ性能等			
			認定長期優良住宅・認定低炭素住宅	ZEH水準省エネ住宅	省エネ基準適合住宅	その他の住宅
新築住宅	2024年	子育て世帯・若年夫婦世帯※	5,000万円	4,500万円	4,000万円	原則適用不可（経過措置が適用される場合は2,000万円）
		その他の世帯	4,500万円	3,500万円	3,000万円	
	2025年	世帯属性問わず	4,500万円	3,500万円	3,000万円	
中古住宅	2024年	世帯属性問わず	3,000万円			2,000万円
	2025年					

※　「19歳未満の子を有する世帯」または「夫婦のいずれかが40歳未満の世帯」

各種改修の特例住宅ローン減税（経過措置）

2021年12月31日までに省エネ改修・バリアフリー改修・多世代同居改修・耐震改修・耐久性向上改修のいずれかの要件を満たす改修工事を行った場合は、特例の住宅ローン減税を適用することができました。

住宅ローン減税の各種改修の特例では、原則の住宅ローン減税よりも適用要件が緩和されます。また、省エネ改修・バリアフリー改修・多世代同居改修・耐久性向上改修の工事費相当分のローン残高については、通常より上乗せされた控除率を適用することができます。ただし、控除を受けられる期間は増改築を行った年から５年間となります。

投資型減税

投資型減税（認定住宅等）

2025年12月31日までに認定長期優良住宅、認定低炭素住宅、またはZEH水準省エネ住宅（「認定住宅等」とよびます）を新築した場合、住宅ローン減税に代えて、購入資金の調達が自己資金であるか住宅ローンであるかを問わない投資型減税を選ぶことができます。

投資型減税は住宅ローンの残高ではなく投資額に応じて所得税の減税を受けられる制度です。住宅ローン減税とは異なり住民税からの控除はありません。

適用条件

認定住宅等の投資型減税の主な適用要件は、認定住宅等の住宅ローン減税の適用要件から📖309ページの①借入金等の要件を除き、②住宅の要件、③所得の要件は**合計所得金額2,000万円以下**とし、④併用不可な制度の適用を受けていないこと、を満たすこととなります。

控除を受けられる期間・税額控除額

認定住宅等の投資型減税において控除を受けられるのは原則として入居した年のみです。ただし、入居した年において控除額が所得税から控除しきれない場合は、その残りの額について、翌年の所得税から控除することができます。

認定住宅等の投資型減税における控除額は、**一般の住宅と比べて性能を強化するのにかかった費用相当分（650万円以内）の10%**で、最大控除額は65万円です。

投資型減税（各種改修）

居住用住宅の改修工事を行った際、一定の要件を満たす場合に住宅ローン減税に代えて、購入資金の調達が自己資金であるか住宅ローンであるかを問わない投資型減税を選ぶことができます。

入居日が2024年４月１日から2025年12月31日までの場合、対象となる改修には、耐震改修、バリアフリー改修、省エネ改修、多世帯同居改修、耐久性向上改修、子育て改修があり、それぞれ要件に該当する場合に税額控除の対象となります。

税額控除額は、対象となる工事費用（それぞれ限度額が定められています）に控除率（５%または10%）を乗じた額です。

不動産保有時の税金

固定資産税と都市計画税

固定資産税は、毎年1月1日現在に土地や家屋などの固定資産を所有する人に課される地方税です。具体的には、毎年1月1日における固定資産課税台帳に登録されている固定資産税評価額をもとに課税されます。固定資産課税台帳は市町村に備え置かれ、納税義務者のほか借地人、借家人等、固定資産を処分する権利のある者が閲覧することができます。

土地や家屋の固定資産税評価額は3年ごとに評価替えされることとなっています。なお、土地の固定資産税評価額は、地価公示価格等の70%を目安に定められています。直近では、2024年に固定資産税評価額の評価替えが行われ、2023年1月1日時点の公示価格に基づき2024年度～2026年度の固定資産税評価額が算定されました。

原則として固定資産税評価額が課税標準となりますが、住宅用地については課税標準の特例があります。また、評価替えにより地価が急騰した場合などは、毎年段階的に課税標準を引き上げていく負担調整措置が適用されます。

都市計画区域の市街化区域内に所在する土地や家屋には、固定資産税に加え、都市計画税も課されます。都市計画税の課税標準も固定資産税評価額が用いられますが、住宅用地についての課税標準の特例の適用が異なります。

固定資産税･都市計画税は、基本的に「税額＝課税標準×税率」で計算されますが、居住用住宅の新築や改修を行った場合は、固定資産税額につき、一定期間、減額が受けられます（次ページ参照）。

固定資産税は、標準税率が1.4%であり、市区町村によって異なる場合があります。

都市計画税の税率は、0.3%以内で市区町村ごとに定められています。

住宅用地の課税標準の特例

もっぱら人の居住の用に供する家屋の敷地となっている住宅用地については、固定資産税および都市計画税の課税標準に特例が適用され、下表の通りとなります。ただし、市区町村から適切な管理が行われていない旨の勧告を受けた空家等については、課税標準の特例は適用されません。

▶住宅用地の課税標準の特例

	固定資産税	都市計画税
200㎡以下の部分	課税標準×1/6	課税標準×1/3
200㎡を超える部分	課税標準×1/3	課税標準×2/3

新築の居住用住宅に対する固定資産税の軽減

2026年３月31日までに一定の要件を満たす住宅を新築した場合には、新しく固定資産税を課される年度から一定期間、120㎡までの部分について**固定資産税が1/2に軽減**されます。

軽減を受けるための条件は、床面積が原則50㎡以上（共同住宅のうち賃貸用は40㎡以上）280㎡以下で、店舗併用住宅などの場合は床面積の1/2以上が居住の用に供する部分であることなどです。

軽減を受けることのできる期間は、住宅の種類に応じ、次の表の通りとなります。

▶新築の居住用住宅に対する固定資産税の軽減期間

	原則（右記以外）	認定長期優良住宅
原則（下記以外）	３年間	５年間
地上３階建て以上の中高層耐火建築物	５年間	７年間

改修を行った居住用住宅に対する固定資産税の軽減

2026年３月31日までに居住用住宅につき下記の改修を行った場合、最大120㎡相当部分（下記③は最大100㎡相当部分）につき、改修を行った翌年度の**固定資産税が原則として下記の通り減額**されます。

▶改修を行った居住用住宅に対する固定資産税の軽減

	改修の種類	対象となる住宅	固定資産税の減額
①	耐震改修（④を除く）	1982(昭和57)年１月１日以前からある住宅	２分の１に減額
②	省エネ改修（④を除く）	2014年４月１日以前からある住宅	３分の２に減額
③	バリアフリー改修	新築後10年以上経過した住宅	３分の２に減額
④	①または②により認定長期優良住宅となった場合		３分の１に減額

地代・家賃収入の税金

不動産所得の計算

計算の基本

不動産所得は、地代・家賃の総収入金額から修繕費・管理費・減価償却費・借入金の利子・固定資産税などの必要経費を差し引いて計算し、他の所得と合算されて課税されます。

事業的規模で不動産賃貸業を行う場合、所得区分は不動産所得であることに変わりありません（事業所得とはなりません）が、事業的規模でない場合と比べ、経費計上できる範囲が広がります。

他の所得との損益通算

不動産所得について赤字が生じた場合には、一定の方法により他の所得との間で損益通算ができます（📖322ページ参照）。ただし、土地等を取得するために要した借入金などの負債の利子については取扱いが異なります（📖次ページ参照）。

また、国外中古建物の貸付けにより生じた損失があるときは、そのうち減価償却費に相当する金額について、所得税の計算上なかったものとみなされます。

減価償却費の特例

建物や機械装置、備品、車両など、時間の経過とともに価値が減少していく資産を**減価償却資産**といいます。減価償却資産の取得金額は、法定耐用年数に応じ、分割して必要経費に算入することになっています。この必要経費のことを減価償却費といいます。

なお、土地は、時間の経過による価値の減少はないとされており、減価償却資産には含まれません。

減価償却費は、政策上の特例措置により、通常の方法で計算した償却費に加え割増償却が適用できる場合があります。

権利金等の税金

権利金・礼金・更新料

家屋または土地を賃貸することにより一時に受け取る**権利金**や**礼金**、**更新料**は、原則として不動産所得の収入金額として扱います。

ただし、借地権や地役権の設定の対価として受け取った権利金などの額が相当多額であるときは、資産の譲渡があったものとして、分離課税の譲渡所得の収入金額となる場合があります。

敷金・保証金

敷金や保証金については、借地人や借家人の退去時に返す部分はいわば単なる預り金であって所得とはいえませんので、課税の対象とはなりません。ただし、当初から、または一定期間経過後に賃貸人に帰属する契約上の合意があるなど、退去時に返還を必要としない敷金・保証金については、返還を要しなくなった年分の不動産所得の収入金額として取り扱われます。

Q 負債の利子が不動産所得の赤字に含まれている場合の損益通算

負債の利子が不動産所得の赤字に含まれている場合の損益通算について教えてください。

A

不動産所得が赤字の場合、不動産所得を生ずるもととなった土地等（土地または土地の上に存する権利）を取得するために要した負債の利子が必要経費に算入されているときは、その負債の利子の金額が赤字の金額よりも大きい場合は赤字の全額、その負債の利子の金額が赤字の金額以下の場合は、赤字の金額のうちその負債の利子の金額に相当する金額については他の所得との損益通算ができません。具体的な例をあげると、次の設例の通りです。

設例１

- 不動産収入の金額 1,000万円
- 土地等の取得のための負債の利子　300万円
- その他の必要経費　900万円

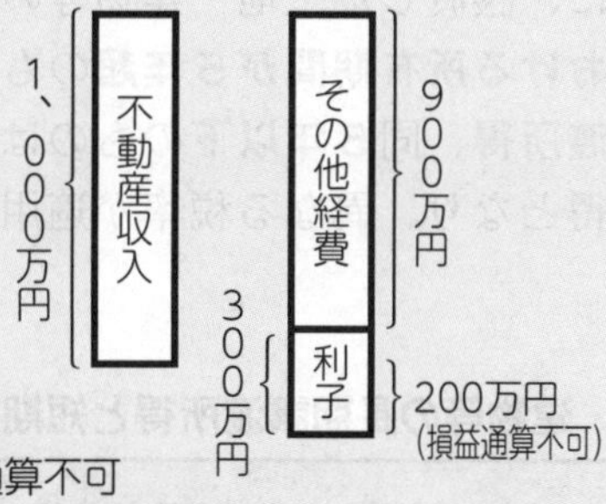

不動産所得の金額を計算する上で生じた損失金額

1,000万円－（300万円＋900万円）＝▲200万円

200万円＜300万円……よって200万円が損益通算不可

土地等と共にその土地の上にある建物等を負債によって取得した場合には、負債の額を土地等と建物等の購入価額(時価)の比で按分して土地等に係る負債の額を区分し、土地等の取得のための負債の利子を計算することになります。土地等と建物等を一括して取得し、負債の額の区分が困難なときには、これらの資産を取得するために要した負債の額が、まず建物の取得に充てられ、次に土地等の取得に充てられたものとすることができます。次の設例はその例です。

設例２

購入価額5,000万円（土地分3,000万円、建物分2,000万円）

うち、借入金が3,000万円（年利４％、120万円）⇦負債の区分が困難な場合3,000万円の借入金のうち1,000万円が土地分の負債となる（借入金3,000万円－建物分2,000万円）

よって　$120\text{万円} \times \dfrac{1{,}000\text{万円（土地分の負債の額）}}{3{,}000\text{万円（負債の総額）}} = 40\text{万円}$

が土地等の取得のため負債の利子となる

ただし、土地等を取得するために要した負債の利子の損益通算は、事業税では容認されます。

不動産を譲渡したとき

土地・建物等の譲渡所得の課税の原則

土地・建物等の譲渡所得の課税概要

長期譲渡所得と短期譲渡所得

土地・建物等を譲渡したときの所得は**譲渡所得**として**申告分離課税**の対象となります。

さらに、譲渡した土地・建物等の**1月1日における所有期間が5年超**のものは**長期譲渡所得**、同**5年以下**のものは**短期譲渡所得**となり、異なる税率が適用されます。

長期譲渡所得の税率は原則として所得税15%★・住民税5%、短期譲渡所得の税率は原則として所得税30%★・住民税9%です。これらの税率は特例により軽減される場合があります。

土地・建物等の長期譲渡所得と短期譲渡所得はそれぞれ下記の計算式により別々に計算します。

▶土地・建物等の長期譲渡所得と短期譲渡所得の計算式

長期（短期）譲渡所得＝総収入金額－（取得費＋譲渡費用）－特別控除額※

※　自宅の3,000万円特別控除（📖319ページ参照）、空家の3,000万円特別控除（📖320ページ参照）など、特別控除を受けられる場合があります。

内部通算と損益通算

土地・建物等の長期譲渡所得と短期譲渡所得のいずれかに損失があるときは、土地・建物等の長期譲渡所得と短期譲渡所得で相互に損益を通算する**内部通算が可能**です。この内部通算を行ってもなお残る土地・建物等の長期譲渡所得・短期譲渡所得の損失は、**原則として、他の所得との損益通算はできず、繰越控除の対象となりません**（例外として、居住用財産の譲渡損失の特例（📖322ページ参照）が適用される場合は、損益通算・繰越控除の対象となります）。

譲渡所得の計算

取得費

取得費は、譲渡した資産の取得に要した費用であり、主に次の金額が含まれます。なお、取得費が不明または少額だった場合には、**概算取得費**として「総収入金額×5%」とすることもできます。

▶**取得費に含まれる主な費用**

①譲渡した資産の購入代金、建築代金、購入手数料、設備費、改良費（建物などの償却資産では償却後の金額※）
②登録免許税、不動産取得税、印紙税
③借主がいる土地や建物の取得時に、借主に支払った立退料

※　居住用の建物については減価償却を行いませんが、譲渡所得を計算する際には、取得価額から減価の額（減価償却相当額）を控除します。

譲渡費用

譲渡費用は、資産を譲渡するときに直接かかった費用のことで、主に以下のものが含まれます。

▶**譲渡費用に含まれる主な費用**

①仲介手数料
②印紙税
③借主がいる土地や建物の譲渡時に、借主に支払った立退料
④土地の譲渡のためのその土地にある建物の取り壊し費用

所得発生の時期

土地・建物等の譲渡所得は、原則として土地等または建物等を相手方に引き渡した日を譲渡した日として扱い、その日をもって取得期間を判定し、その年分の所得として扱います。

ただし、譲渡契約の効力発生の日をもって譲渡した日として申告することもできます。

Q　譲渡資産の取得費がわからない場合

譲渡資産の取得費がわからない場合はどうすればよいのでしょうか？

A　譲渡資産の取得費は、実際に取得するために要した費用のことです。しかし、購入時の取得費がわからない場合には、**収入金額の５％を取得費**とすることができます。

Q 相続等により取得した土地・建物等の取得日および取得費

相続した土地や建物の取得日、取得費はどうなるのでしょうか？

A

相続等（相続、遺贈、贈与）により取得した土地等については、原則として被相続人等の所有期間を含めて相続人等が所有していたものとみなされます。したがって、取得日は被相続人等が取得した日であり、取得費は①被相続人等が取得する際に支出した取得価額や費用、②相続人等が相続等を受けた後に支出した費用の合計額となります。例外としては、収入金額の5％を取得費とする場合や（📖前ページのQ&Aを参照）、限定承認をして相続したためにみなし譲渡課税が行われた場合（相続等の際の時価とその後の費用の合計額を取得費とします）などがあります。

譲渡した不動産が相続等により取得したものである場合の取得費加算の特例

Check Point!

譲渡した土地等・建物等が相続等により取得したものである場合には、相続等の時に納付した相続税額を取得費に加算できる特例があります。すなわち、**相続等によって取得した土地等・建物等を、相続開始の翌日から相続税の申告期限の翌日以後３年以内の間に譲渡したとき**には、次の算式で計算される金額を通常の取得費に加算することが認められています。ただし、加算する金額は、この特例を適用しない場合の譲渡益が上限となります。

取得費に加算できる額＝確定している相続税額

$$\times \frac{\text{譲渡した資産の相続税の評価額}}{\text{債務控除の適用がないものとした場合の相続税の課税価格}}$$

居住用財産の譲渡所得の課税の特例

居住用財産の譲渡に際しては、売却により利益が出た場合、損失が生じた場合の双方の課税において政策上の配慮が行われています。

▶居住用財産の譲渡時に利用できる可能性のある主な課税の特例

条件				利用できる可能性のある課税の特例
自分が住んでいる家屋・敷地	利益が生じた場合	所有期間が10年超	買換えを行う	「自宅の3,000万円特別控除＋10年超の軽減税率（🕮次ページ参照）」か「買換えの特例（🕮321ページ参照）」のいずれかを選択
			買換えを行わない	自宅の3,000万円特別控除＋10年超の軽減税率（🕮次ページ参照）
		所有期間が10年以下		自宅の3,000万円特別控除
	損失が生じた場合			損益通算・繰越控除の特例（🕮24ページ参照）
被相続人が住んでいた空家・敷地で利益が生じた場合				空家の3,000万円特別控除（🕮次ページ参照）

自宅の3,000万円特別控除の特例

自分の住んでいる家屋、またはその家屋とともにその敷地となっている土地等を譲渡した際、一定の要件を満たす場合、短期譲渡所得または長期譲渡所得から3,000万円（所得が3,000万円を下回るときはその全額）を特別控除することができます。

特例の適用条件は主に以下の通りです。

所有期間が10年を超える場合は、「自宅の3,000万円特別控除と10年超の軽減税率の特例」を利用するか、「買換えの特例」を利用するかの選択制です。

▶自宅の3,000万円特別控除の主な適用要件

①自分が住んでいる（または、自分が住まなくなった日から３年を経過する日の12月31日までに）家屋、またはその家屋とともにその敷地の土地等を譲渡すること

②併用不可な以下の制度を一定期間内に利用していないこと※

・自宅の3,000万円特別控除、損益通算・繰越控除の特例（譲渡した年の前年・前々年）

・買換え特例（譲渡した年・前年・前々年）

③親子や夫婦など特別関係者への譲渡でないこと

※　3,000万円特別控除の適用を受けた場合、その前後の一定期間につき、住宅ローン減税が適用できなくなります（🕮309ページ参照）。

空家の3,000万円特別控除の特例

相続・遺贈により被相続人が居住していた家屋およびその敷地を取得した者が、被相続人の死後に空家を取り壊してその敷地を譲渡した場合等には、一定の要件の下、短期譲渡所得または長期譲渡所得から原則3,000万円（所得が3,000万円を下回るときはその全額。当該空家および敷地等を取得した相続人が３人以上いるときは、１人あたりの控除額は最大2,000万円）を特別控除することができます。

この特例は、**2027年12月31日までに**譲渡した場合に適用されます。

この特例を受けた場合は、相続税の取得費加算の特例（**318ページ参照**）を受けることはできません（いずれを受けるか選択制です）。

▶空家の3,000万円特別控除の主な適用要件（2024年１月１日以後の譲渡の場合）

①相続した家屋が以下の条件をすべて満たすこと
- 区分所有構築物（分譲マンション等）でない
- 1981（昭和56）年５月31日以前に建築されたものである
- 原則として、売主が家屋を取り壊してからその敷地を譲渡すること。家屋を取り壊さずに譲渡する場合は、譲渡の時点でその家屋が新耐震基準を満たすか、売買契約に基づき買主が一定期日までに新耐震基準を満たすか取り壊し工事を行うこと
- 相続の時から譲渡の時まで事業・貸付・居住の用に供されていたことがない

②相続開始直前において被相続人に同居人がいなかったこと
③譲渡対価の額が１億円以下であること
④相続開始から３年後の年の12月31日までに譲渡すること
⑤親子や夫婦など特別関係者への譲渡でないこと

10年超の軽減税率の特例

自分の住んでいる家屋、またはその家屋とともにその敷地となっている土地等を譲渡した際、**譲渡した資産の１月１日時点での所有期間が10年超**である等の要件を満たす場合、長期譲渡所得のうち**6,000万円**までの部分につき、所得税10%★・住民税４%の軽減税率が適用されます。

「自宅の3,000万円特別控除」などの特別控除を受ける場合、特別控除額控除後の長期譲渡所得のうち、6,000万円までの部分につき税率の軽減を受けられます。

10年超の軽減税率の特例の適用要件は、所有期間を除き、「自宅の3,000万円特別控除の特例」と同様です。「自宅の3,000万円特別控除と10年超の軽減税率の特例」を利用するか、「買換えの特例」を利用するかは選択制です。

▶10年超の軽減税率の特例を受けた場合の税率

長期譲渡所得の金額（特別控除後）	税　率
6,000万円以下の部分	所得税10%★・住民税4%（軽減税率）
6,000万円超の部分	所得税15%★・住民税5%（通常の長期譲渡所得の税率）

買換えの特例

自分の住んでいる家屋、またはその家屋とともにその敷地となっている土地等を譲渡した際、**譲渡した資産の１月１日時点での所有期間が10年超**である等の要件を満たす場合、譲渡した資産の取得費を新たに取得した資産に引き継ぎ、譲渡所得の課税を新たに取得した資産の譲渡時まで繰り延べることができます（**課税繰延べ**）。

この特例は、**2025年12月31日まで**に譲渡した場合に適用されます。

「買換えの特例」を利用するか、「自宅の3,000万円特別控除と10年超の軽減税率の特例」を利用するかは選択制です。

買換え特例の主な適用要件は次の通りです。

▶買換え特例の主な適用要件

①自分が住んでいる（または、自分が住まなくなった日から３年を経過する日の12月31日までに）家屋、またはその家屋とともにその敷地の土地等を譲渡すること
②居住期間が10年以上であり、かつ、譲渡した年の１月１日時点で所有期間が10年超であること
③譲渡の対価が１億円以下であること
④譲渡した年の前年１月１日から譲渡した年の12月31日までの間に、居住の用に供する家屋またはその家屋の敷地の用に供する土地等を取得すること
⑤取得の日から譲渡した年の翌年12月31日までの間に居住の用に供した、または供する見込みであること
⑥買換える資産につき一定の面積要件、耐震基準等の要件を満たすこと
⑦譲渡した年・前年・前々年に自宅の3,000万円特別控除、損益通算・繰越控除の特例を受けていないこと※
⑧親子や夫婦など特別関係者への譲渡でないこと

※　買換え特例の適用を受けた場合、その前後の一定期間につき、住宅ローン減税が適用できなくなります（📖309ページ参照）。

譲渡価額より買換える資産の方が高い場合

特例の適用を受けた場合、居住用財産の譲渡による譲渡価額が買換える居住用財産の取得価額以下であれば、譲渡がなかったものとみなされて、課税されません。

譲渡価額より買換える資産の方が低い場合

譲渡した居住用財産の譲渡価額が買換える居住用財産の取得価額を上回っているときは、超過部分についてのみ長期譲渡所得としての課税が行われます。この場合の収入金額・必要経費は次の通りとなります。

▶譲渡価額より買換える資産の方が低い場合の長期譲渡所得の計算

$$\text{収入金額} = \text{譲渡資産の譲渡価額} - \text{買換資産の取得価額}$$

$$\text{必要経費} = \left(\text{譲渡資産の取得費} + \text{譲渡費用}\right) \times \frac{\text{譲渡資産の譲渡価額} - \text{買換資産の取得価額}}{\text{譲渡資産の譲渡価額}}$$

買換資産を将来譲渡したときの譲渡所得の計算

買換資産の取得費は、買換え前の資産の取得費が引き継がれます。このため、その買換資産を将来譲渡したときは、買換え前の資産の利益と買換え後の資産の利益が合算されて譲渡所得が課税されることとなります。

なお、買換え特例が適用されても資産の**取得時期は買換え後の資産に引き継がれません**。すなわち、(買換え前の資産の取得期間を含めず) 買換え後の資産の取得期間をもって、長期譲渡所得となるか短期譲渡所得となるか、各種特例が適用できるか等を判定します。

損益通算・繰越控除の特例

土地・建物等の譲渡により、短期譲渡所得または長期譲渡所得に損失が生じても、原則として、当年の短期譲渡所得および長期譲渡所得の範囲での内部通算しかできず、他の所得との損益通算や繰越控除はできません。

ただし、自らが居住する居住用財産を譲渡した際に生じた損失で、(A) 新たな居住用財産への買換えを行った場合、または、(B) 譲渡価額よりも住宅ローン残高が上回る場合のいずれかに該当し、要件を満たすときは、例外として、他の所得との損益通算が認められ、損益通算後なお損失が残るときは、翌年以後３年間繰越控除を受けることができます。これらの特例は、**2025年12月31日まで**に譲渡した場合に適用されます。

(B) 譲渡価額よりも住宅ローン残高が上回る場合については、譲渡損失のうち、譲渡契約の前日における住宅ローン残高から譲渡価額を控除した残額を上限として、損益通算・繰越控除の対象となります。

損益通算と繰越控除の順序は**📖24ページを参照**してください。

損益通算・繰越控除の特例の主な適用要件は次の通りです。

▶居住用財産の譲渡損失の損益通算・繰越控除の主な適用要件

<table>
<tr><th>（A）新たな居住用財産への買換えを行った場合</th><th>（B）譲渡価額よりも住宅ローン残高が上回る場合</th></tr>
<tr><td colspan="2">①自分が住んでいる（または、自分が住まなくなった日から３年を経過する日の12月31日までに）家屋、またはその家屋とともにその敷地の土地等を譲渡すること
②譲渡した年の１月１日時点で所有期間が５年超であること</td></tr>
<tr><td colspan="2">③併用不可な以下の制度を一定期間内に利用していないこと※
・自宅の3,000万円特別控除、10年超の軽減税率、買換え特例（譲渡した年の前年・前々年）
・損益通算・繰越控除の特例（譲渡した年の前年・前々年・３年前）
④親子や夫婦など特別関係者への譲渡でないこと</td></tr>
<tr><td colspan="2">⑤繰越控除を受ける場合、控除を受ける年において合計所得金額が3,000万円以下であること</td></tr>
<tr><td>⑥買換資産の取得日の属する年の12月31日時点で、買替資産に係る償還期間10年以上の住宅ローン残高があること
⑦繰越控除を受ける場合は、控除を受ける年において、その年の12月31日時点で、買換資産に係る償還期間10年以上の住宅ローン残高があること
⑧家屋または土地等を譲渡した年の翌年12月31日までに、床面積50㎡以上等の一定の要件を満たす買換資産を取得すること
⑨買換資産の取得日から取得日の属する年の翌年12月31日までの間に居住の用に供することまたは供する見込みであること</td><td>⑥居住用財産の譲渡に関する契約締結日の前日時点で、当該譲渡資産に係る償還期間10年以上の住宅ローン残高があること
⑦居住用財産の譲渡価額よりも、上記⑥の住宅ローン残高が上回っていること</td></tr>
</table>

※　損益通算・繰越控除の特例と住宅ローン減税は併用可能です。

13

適切な申告納税を担保するための仕組み

ここまで12章にわたって、個人に関係する所得税・住民税、各金融商品の税制、相続や贈与、不動産の税制などを紹介してきました。

もっとも、これらの税金は、原則として、納税者自らが申告する申告納税方式ですので、計算誤りや申告漏れが生じることもあります。こうしたことがあっても適切な税務執行が行えるよう、訂正の仕組みや過少申告へのペナルティなどが設けられています。また、税務署として申告内容を確認しやすくするために財産債務の報告制度なども設けられています。本章ではこれらについて解説します。

申告納税と訂正の仕組み

申告納税と訂正の仕組み

日本の国税における多くの税（所得税、贈与税、相続税、消費税、法人税など）は、申告納税が基本です。すなわち、納税者自らが課税標準や税額等の計算を行い、確定申告書を作成し、その確定申告書に基づいて納税を行います。

他方、地方税における多くの税（個人住民税、個人事業税、固定資産税など）は、賦課課税方式によります。すなわち、都道府県や市区町村が課税標準や税額等の計算を行い、賦課決定通知書を作成し納税者に交付します。納税者はその賦課決定通知書に基づいて納税を行います。

申告納税方式における税額は原則として確定申告書の提出をもって確定しますが、確定申告書は納税者が自ら作成するものですので、税額計算を誤ってしまったり、うっかり期限を過ぎてしまったりすることなども考えられます。

計算誤りや申告漏れがあった場合、期限を過ぎてしまった場合などにおけるルールが国税通則法などにより規定されています。13－1では、国税通則法を中心に、税務手続き上必要となる知識について解説します。

申告忘れ・誤りと税金の時効

申告忘れ・申告の誤りがあったとき

国税につき申告忘れや申告の誤りがあった場合、本来の納税をするための手続きが定められています。その手続きは、申告忘れか申告の誤りであるか、税額が多くなるか少なくなるか、自ら誤りに気づいたか税務署から誤りを指摘されたかによって、以下の表の7通りがあります。それぞれの場合について、順番に見ていきましょう。

▶申告忘れ・申告の誤りがあったときの手続き

		自ら誤りに気づいた場合	税務署から誤りを指摘された場合
申告忘れ	税額の未納の場合	①期限後申告	⑤決定
	税額の還付の場合	②還付申告	（通常ありません）
申告の誤り	税額が過少である場合	③修正申告	⑥増額更正
	税額が過大である場合	④更正の請求	⑦減額更正

自ら誤りに気づいた場合

自ら誤りに気づいた場合は、自発的に訂正を申し出る必要があります。税務署に指摘される前に自発的に申し出た場合は、ペナルティが軽減されます。

①期限後申告（税額の申告忘れがある場合）

申告は税金ごとに定められた期限内に行わなければなりません。しかし、本来は申告が必要だったのに、申告するのを忘れてしまったり、申告不要と勘違いしてしまったりするケースも考えられます。この場合、税務署の決定を受ける前であれば、期限後であっても申告書を提出することができます（**期限後申告**）。

税金は申告と同時に納付しますが、法定納期限の翌日から納付日までの**延滞税**が課されます。また、**無申告加算税**（税率は**329ページ参照**）が課されます。

②還付申告（還付の申告忘れがある場合）

申告をしなくてもよい人でも、源泉徴収された所得税額や予定納税をした所得税額が年間の所得金額について計算した所得税額よりも多いときは、申告をすることによって、納め過ぎの所得税が還付されます。この手続きのことを**還付申告**といいます。

還付申告の場合、還付の対象となる所得税額のある年の**翌年の1月1日から5年間**手続きをすることができます。

③修正申告（税額を過少申告していた場合）

実際より少なく申告していた場合も、税務署の更正前であれば訂正した申告書を提出することができます（**修正申告**）。この場合、税金の不足額の追納が必要になりますが、税務署の調査が入る前であっても**過少申告加算税**（税率は**329ページ参照**）が課されることがあります。また、延滞税もかかります。

④更正の請求（税額を過大申告していた場合）

実際より多く申告していた場合には、余分に納めた分について還付を受けることが可能です。所轄の税務署に対し、期限内（法定申告期限の翌日から原則5年以内）に**更正の請求**を行ってください。税務署が内容を検討し、納め過ぎと認められればその旨が通知され、還付を受けることができます。

税務署から誤りを指摘された場合

申告や納税に誤りがあり、それを税務署に指摘された場合は、自発的に訂正をした場合に比べ、より重いペナルティを受けることになります。

⑤決定（申告忘れの場合）

確定申告が必要なのに忘れてしまい、税務署の調査を受けたり、決定を受けたりした場合は、本来の税額の他に**無申告加算税**（税率は**329ページ参照**）が課されます。悪質と判断されれば、無申告加算税に代えて**重加算税**（税率は**329ページ参照**）が課されます。さらに延滞税もかかります。

税務署が「決定」をできる期間は、原則として法定申告期限から5年以内です。

⑥増額更正（税額を過少申告していた場合）

税務署の調査を受けたり、増額更正を受けたりした場合は、本来の税額に加え**過少申告加算税**（税率は**329ページ参照**）が課されます。悪質な場合はこれに代えて**重加算税**（税率は**329ページ参照**）が課されます。延滞税がかかる点は同様です。

税務署が増額更正できる期間は、原則として法定申告期限から５年以内です。

⑦減額更正（税額を過大申告していた場合）

過大な申告について税務署から指摘された場合は、**減額更正**によって還付を受けられます。

いずれにしても、訂正の手続きはできるだけ早く、自発的に行う方が延滞税を始めとする附帯税の負担は少なくなります。誤りが判明した場合は直ちに対処するようにしてください。

▶更正（増額更正・減額更正）・決定に関する期間制限

税　目	原　則	脱税等の悪質なもの
所得税、相続税、消費税	申告期限の翌日から**５年**	申告期限の翌日から**７年**
贈与税	申告期限の翌日から**６年**	

▶各年分の所得税の更正（の請求）期間

	2019年	2020年	2021年	2022年	2023年	2024年	2025年	2026年	2027年	2028年	2029年	2030年
2018年分	▲											
2019年分※		▲										
2020年分※			▲									
2021年分				▲								
2022年分					▲							
2023年分						▲						
2024年分							▲					

▲…申告期限（翌年３月15日（３月15日が休日の場合は次の平日））

■ 納税者からの「更正の請求」と税務署からの「更正」のいずれもできる期間（e-Taxを利用した場合、この期間につき税務署から確定申告書への添付を省略した書類の提示を求められることがあります）

※ 新型コロナウイルス感染症拡大防止の観点から、2019年分、2020年分の申告期限がそれぞれ2020年４月16日、2021年４月15日まで延長されたことにあわせ、2019年分、2020年分の更正の請求期間も2025年４月16日、2026年４月15日まで延長されます。

加算税

申告忘れや申告漏れによって本来納めるべき税額を納めていなかった場合は、この税額を納める必要があることはもちろん、納付を怠ったことに対する一種の制裁として、**加算税**も納めなければなりません。課される加算税は、申告漏れ（過少申告）の場合は原則として過少申告加算税、申告忘れ（無申告）の場合は原則として無申告加算税です。ただし、悪質な場合はこれらに代えて重加算税が課されます。

過少申告加算税・無申告加算税・重加算税の税率は次の表の通りです。

過少申告加算税や無申告加算税は、申告忘れや申告漏れに正当な理由があるときは課されず、税務署による指摘を受ける前に納税者が自ら誤りを修正したときはより低い税率が適用されます。他方、過少申告や無申告の税額が多額である場合や、無申告や過少申告を繰り返した場合や悪質なものと判断され重加算税が課される場合は、より高い税率が課されます。

▶**過少申告加算税・無申告加算税・重加算税の税率（2024年1月1日以後法定申告期限が到来する国税）**

<table>
<tr><th colspan="2" rowspan="3"></th><th rowspan="3">正当な理由がある場合</th><th colspan="3">自分で誤りに気づいた場合</th><th colspan="4">税務署により誤りを指摘された場合※1</th></tr>
<tr><th rowspan="2">事前通知前</th><th>事前通知後で更正予知前</th><th></th><th>原則</th><th></th><th>悪質なものとして重加算税が課される場合※5</th><th></th></tr>
<tr><th></th><th>繰り返した場合※2</th><th></th><th>繰り返した場合※2、3</th><th></th><th>繰り返した場合※2、3</th></tr>
<tr><td rowspan="2">過少申告の場合</td><td>過少申告した税額のうち「50万円か期限内申告額のいずれか多い額」以下の分</td><td rowspan="5">0%</td><td rowspan="2">0%</td><td colspan="2">5%</td><td colspan="2">10%</td><td rowspan="2">35%</td><td rowspan="2">45%</td></tr>
<tr><td>上記を超える分</td><td colspan="2">10%</td><td colspan="2">15%</td></tr>
<tr><td rowspan="3">無申告の場合</td><td>無申告の税額のうち50万円以下の分</td><td rowspan="3">5%</td><td>10%</td><td>20%</td><td>15%</td><td>25%</td><td rowspan="3">40%</td><td rowspan="3">50%</td></tr>
<tr><td>50万円超300万円以下の分</td><td>15%</td><td>25%</td><td>20%</td><td>30%</td></tr>
<tr><td>上記を超える分</td><td>25%※6</td><td>35%</td><td>30%※6</td><td>40%</td></tr>
</table>

※1　税務署による更正を予知した後に自ら修正申告書や期限後申告書を提出した場合、「税務署により誤りを指摘された場合」の税率が適用されます。
※2　前年及び前々年に無申告加算税（事前通知前かつ更正予知前にされたものであるときに課されたものを除く）または無申告重加算税を課されている場合、「繰り返した場合」の税率が適用されます。
※3　同じ税目について過去5年以内に、無申告加算税（更正予知以後によるものに限る）または重加算税を課されたことがある場合、「繰り返した場合」の税率が適用されます。
※4　過少申告または無申告であった（所得に係る）資産につき、国外財産調書または財産債務調書に記載すべきものであった場合、当該調書への当該資産の記載の有無により過少申告加算税または無申告加算税に影響が出ることがあります（📖335ページ参照）。
※5　スキャナ保存された電子書類等につき仮装隠蔽があった場合は重加算税がさらに10%加算されます。
※6　納付すべき税額が300万円を超えることについて、納税者の責めに帰すべき事由がない場合を除きます。
※7　税務調査等の際に帳簿を提出しなかった場合、または提出した帳簿の記載内容が十分でない場合に過少申告加算税または無申告加算税が最大10%加算されます。

刑事罰

納税義務、その他の各種義務違反者に対しては、加算税のほかに下表のような刑事制裁としての刑事罰が科されることがあります。

▶**罰則の一覧（所得税の例）**

申告納税義務者が偽りその他不正な行為で租税を免れ、または還付を受ける場合	懲役10年以下　または　罰金1,000万円以下※
源泉徴収義務者が偽りその他不正な行為で租税を免れた場合	懲役10年以下　または　罰金100万円以下※
源泉徴収義務者が租税を納付しない場合	懲役10年以下　または　罰金200万円以下※
故意に申告書を提出期限まで提出しない場合	懲役5年以下　または　罰金500万円以下※
（故意ではないが）正当な理由がなく申告書を提出期限までに提出しない場合	懲役1年以下　または　罰金50万円以下
その他の秩序犯	懲役1年以下　または　罰金50万円以下
無申告、虚偽の申告、納付をしないこと等を煽動した場合	懲役3年以下　または　罰金20万円以下

※　脱税額が表記の金額を超える場合は、脱税額以下

税金と時効

国が納税者に税金を課す権利にも消滅時効の制度があります。

民法上の消滅時効制度では、法定の期間が経過した場合に、債務者が債権者に対して時効が成立したことを主張する（時効の援用）ことによって債権者の権利が消滅しますが、税制においては、納税者が時効の援用をしなくても法定の期間が経過した場合、当然に国の権利は消滅します。

税金の時効については、納税者が納めるべき税額を更正・決定できる権利（**賦課権**）と、既に確定した税額を徴収できる権利（**徴収権**）のそれぞれに定められています。

賦課権の時効は、**328ページ**に記載した更正・決定が行える期間の通りであり、原則として申告期限の翌日から５年（ただし、贈与税は６年、脱税等の悪質なものは７年）が経過することにより、時効が完成します。賦課権の時効には更新や完成猶予はなく、法定の期間が経過することにより納めるべき税額は確定します。

徴収権の時効も、原則として申告期限の翌日から５年ですが、こちらは民法における時効と同様に時効の更新と完成猶予があります。税務署長が納税者に対して債権を回収しようとする行為（更正、決定、賦課決定、納税の告知、督促など）を行った場合、時効が更新（それまでに経過した時効期間がリセット）されます。また、税金の延納や納税猶予が認められている期間は時効の完成が猶予されます。脱税等の悪質な場合は、法定納期限から２年間は時効が進行しないため、少なくとも７年間は徴収権は消滅しません。

なお、納税者が国に対して還付を求める権利は原則５年間で時効が完成します。

Q 国税の滞納処分・換価の猶予

もしも税金を滞納してしまったら、いったいどのような措置がとられるのでしょうか？

A

納税者が自発的に税金を納付しない場合、国は強制力を行使した徴収手続を実施することになります。すなわち、滞納者の財産を差し押え、公売によって換価し、滞納している税金に充当することになります。この一連の手続きを**滞納処分**といいます。

もっとも、納期限を過ぎれば直ちに滞納処分に移行するわけではなく、納期限を経過してから原則50日以内に**督促状**が納税者宛てに発送され、発送日より10日以内に納付が完了しない場合に滞納処分を発動できるようになります。督促状の発送により時効の更新が生じるとともに、発送日から10日経過した時点から差押えが可能になります。

実際の滞納処分では、既に他の債権者の申立てに基づく執行手続（裁判所によるものなど）が開始されていたり、滞納者が無資力の場合など様々なケースが考えられますが、他の強制執行手続に参加するなどの方法がとられる場合もあるようです。

また、税金の滞納について納税者に一定の事由がある場合には、**換価の猶予**を受けることが可能です。

Q

税務署の結論に不服があるとき（納税者の権利救済の仕組み）

税務調査を受け、税務署側の結論が伝えられましたが、内容に納得がいきません。どのように対処すればよいのでしょうか？

A

税務調査を受け、税務署側から是認通知がされた場合は何の問題もないのですが、非違が認められた場合は、次いで**修正申告書の提出の勧奨**が行われます。

内容に納得しているならば、その内容に従い、納税者が修正申告書を提出することで税務調査は終了します。修正申告書を提出した場合は、その内容に納得したということですので、その後、不服申し立てや訴訟などはできなくなります（期限内であれば更正の請求は可能です）。

納税者が修正申告書を提出しない場合は、税務署が更正・決定の処分を下します。この際には、その更正・決定について税務署から**理由附記**が行われます。それでも内容に納得できない場合は、不服申し立ての手続きに入ります。

まず、税務署長に再調査請求をするか、それを省略して国税不服審判所長に審査請求をするかを納税者が選択します。

国税不服審判所長の裁決に対してもなお不服がある場合は、裁判所に対して訴えを提起することになり、通常の訴訟手続きに移行します。

なお、不利益を被らない処分（税額の減少や還付金の増額）や処分を受けていない場合（税額を過大申告した場合）は、不服申し立ての対象になりません。

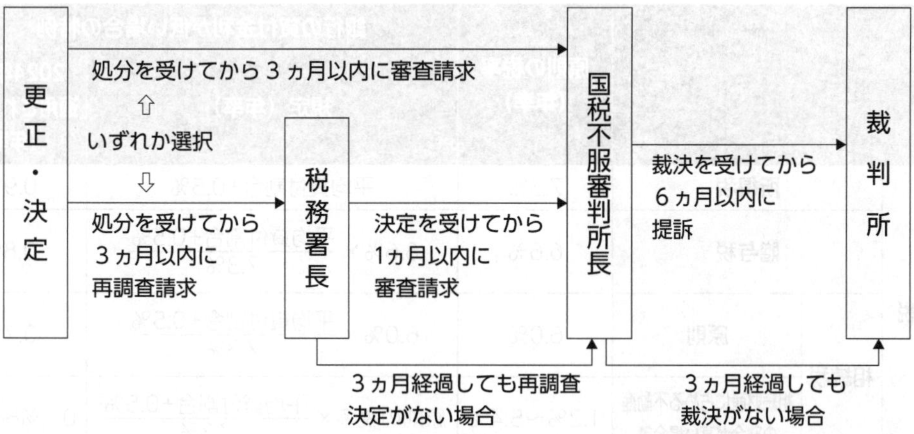

利子税・延滞税

利子税とは

利子税とは、税金を延納する場合に、一種の利息として課される税金です。延納は、税金を本来の期日までに一度に納めることができない場合に、原則として本来の期日までに届出を行うことで、税金の支払いを繰り延べられる正規の手続きです。

延滞税とは

延滞税は、延納等の手続きによらずに本来の期日よりも税金の納付が遅れた場合に、一種の遅延利息として課される税です。

利子税と延滞税の税率

利子税と延滞税は、延納税額または未納税額に対し、法定納期限の翌日から税金を完納するまで、下表の税率で課されます。正規の延納手続きを行った場合の利子税よりも、滞納等の場合の延滞税の方が税率が高くなっています。

また、利子税と延滞税は原則の税率の他、銀行の貸付金利が低い場合の特例も設けられており、原則の税率よりこの規定で算出した税率の方が低いときは税率が軽減されます。毎年、前年11月30日までに各年分の民間銀行の貸付金利をもとに財務大臣が「平均貸付割合」を定めることとなっています。2024年分の平均貸付割合は0.4％でしたので、2024年中に適用される利子税の税率は下表の通り年率0.1％～0.9％、延滞税の税率は、0.9％～8.7％となっています。

▶利子税・延滞税の税率

			原則の税率（年率）	銀行の貸付金利が低い場合の特例※	
				規定（年率）	2024年中に適用される税率（年率）
利子税	所得税		7.3％	平均貸付割合+0.5％	0.9％
	贈与税		6.6％	$6.6\% \times \frac{平均貸付割合+0.5\%}{7.3\%}$	0.8％
	相続税	原則	6.0％	$6.0\% \times \frac{平均貸付割合+0.5\%}{7.3\%}$	0.7％
		相続財産に占める不動産の割合が高い場合等	1.2％～5.4％	$原則の税率 \times \frac{平均貸付割合+0.5\%}{7.3\%}$	0.1％～0.6％
延滞税	原則		14.6％	平均貸付割合+8.3％	8.7％
	納期限の翌日から２ヵ月以内		7.3％	平均貸付割合+２％	2.4％
	納税の猶予を受けた場合		7.3％	平均貸付割合+0.5％	0.9％

※　この規定により算出した税率が原則の税率を下回る際に適用されます。

税務署への財産債務の申告と国外転出時みなし譲渡益課税

国外財産調書制度・財産債務調書制度

内国税の適正な課税および徴収のため、一定の資産や収入がある者は、毎年12月31日時点の財産や債務の状況につき「国外財産調書」や「財産債務調書」を作成、税務署に提出する必要があります。

調書の提出義務者

国外財産調書と財産債務調書の提出義務者は下の図の通りです。

時価5,000万円超の国外財産を有する国内居住者は、所得金額に関係なく国外財産調書の提出義務があります。

時価10億円以上の財産を有する者は、所得金額に関係なく財産債務調書の提出義務があります。

国外財産調書と財産債務調書の両方の提出条件に当てはまる者は、両方の調書を提出する義務があります。

▶国外財産調書・財産債務調書の提出義務者

	その年の12月31日時点の資産※1、2		
国外財産調書	国外財産の総額が時価5,000万円超	所得金額に関係なく	国外財産調書提出義務あり
財産債務調書	財産総額（国外財産を含む）が時価10億円以上	所得金額に関係なく	財産債務調書提出義務あり
財産債務調書	・財産総額（国外財産を含む）が時価３億円以上 または ・有価証券等および未決済デリバティブ等が時価１億円以上 のいずれかを満たす	かつ　その年の所得：総所得金額および申告分離課税の所得金額の合計額※3が年2,000万円超	財産債務調書提出義務あり

※1　債務があっても控除しません。
※2　相続開始年の国外財産調書、財産債務調書については相続または遺贈により取得した財産または債務を記載しないで提出することができ、その場合は相続開始年分の提出義務は相続または遺贈により取得した財産を除外して判定します。
※3　退職所得を含みません。

記載対象となる財産・債務

国外財産調書の記載対象となるのは、国外にある、預貯金、有価証券、不動産、家財、書画骨とうなど、あらゆる財産です。金融機関に預け入れられている有価証券については当該金融機関の営業所が国外にあれば国外財産となります。金融機関に預け入れられていない有価証券は、当該有価証券の発行法人の本店または主たる事務所が国外にあれば国外財産となります。

財産債務調書の記載対象となるのは、国内・国外にあるあらゆる財産と債務です（ただし、国外財産調書に記載した財産については、国外財産調書に記載した旨とその総額を記載すれば足ります）。

時価の計算と外貨建て資産の円換算

国外財産調書・財産債務調書にはその年の12月31日時点の価額（時価）を記載します。ここでの時価とは、12月31日における財産の現況に応じ、不特定多数の当事者間で自由な取引が行われる場合に通常成立すると認められる価額をいい、その価額は、専門家による鑑定評価額、金融商品取引所等の公表する12月31日（12月31日の最終価格がない場合には、12月31日以前の直近の日）の最終価格などをいいます。

未決済の信用取引やデリバティブは、12月31日の最終価格に基づき決済したとみなして算出した利益または損失額などによります。

円換算は、その年の12月31日（12月31日の最終価格がない場合は12月31日以前の直近の日）における最終の為替相場（財産については対顧客直物電信買相場（TTB）、債務については対顧客直物電信売相場（TTS））またはこれに準ずる相場を用います。

国外財産調書・財産債務調書の記載事項

国外財産調書・財産債務調書の記載事項は📖336ページの表の通りです。

財産債務調書・国外財産調書には、提出者の氏名、住所、マイナンバー、財産の種類、数量、価額、所在等について記載します。財産債務調書には、これに加えて、債務および有価証券等の取得価額についても記載します。

また、財産・債務の区分別に財産・債務の金額を合計した国外財産調書合計表も作成し、国外財産調書とともに税務署長に提出する必要があります。

提出期限

2022年分までの国外財産調書・財産債務調書の提出期限は当該年の翌年３月15日でしたが、2023年分からは**当該年の翌年６月30日**に延長されました。

調書の提出・不提出による過少申告加算税・無申告加算税の加減算

国外財産調書・財産債務調書の提出を促進する施策として、過少申告加算税・無申告加算税の加減算措置があります。

所得税または相続税の申告漏れまたは無申告（以下、申告漏れ等）を税務署から指摘された際、当該申告漏れ等となった資産に関して、期限内に提出された国外財産調書または財産債務調書（相続税の場合は、①被相続人の相続開始年の前年分の調書、②相続人の相続開始年の調書、③相続人の相続開始年の翌年分の調書のいずれか）に記載があったときは、過少申告加算税・無申告加算税について当該所得税額・相続税額の５％が減算されます。

所得税では、当該資産について、国外財産調書または財産債務調書に記載すべきものだったにもかかわらず、提出期限内に調書の提出がなかった、もしくは提出した調書に記載がなかったときは、過少申告加算税・無申告加算税について当該所得税額の５％が加算されます。

相続税では、2020年４月１日以後に相続・遺贈で取得した資産について、国外財産調書または財産債務調書に記載すべきものだったにもかかわらず、上記①〜③のいずれの調書にも記載がない（または不提出の）場合は、過少申告加算税・無申告加算税について、当該相続税額の５％が加算されます。ただし、調書の提出義務のない相続人、相続開始年の翌年の12月31日において修正申告等の基因となる相続財産を有しない相続人は原則として加算の対象外です。

▶調書の提出・不提出による過少申告加算税・無申告加算税の加減算（2020年分以後）

<table>
<tr><th colspan="2" rowspan="2"></th><th colspan="2">申告漏れ等となった所得・相続（に係る資産）について、調書に記載があるとき</th><th colspan="2">申告漏れ等となった所得・相続（に係る資産）について、調書に記載がないとき</th></tr>
<tr><th></th><th>うち、書類不提出の場合※</th><th></th><th>うち、書類不提出の場合※</th></tr>
<tr><td rowspan="2">国外財産調書</td><td>所得税</td><td>当該所得税額の５％減算</td><td rowspan="2">減算なし</td><td>当該所得税額の５％加算</td><td>当該所得税額の10％加算</td></tr>
<tr><td>相続税</td><td>当該相続税額の５％減算</td><td>当該相続税額の５％加算</td><td>当該相続税額の10％加算</td></tr>
<tr><td rowspan="2">財産債務調書</td><td>所得税</td><td colspan="2">当該所得税額の５％減算</td><td colspan="2">当該所得税額の５％加算</td></tr>
<tr><td>相続税</td><td colspan="2">当該相続税額の５％減算</td><td colspan="2">当該相続税額の５％加算</td></tr>
</table>

※　国税庁、税務署等の職員から国外財産調書に記載すべき国外財産の取得等に係る書類またはその写しの提示を求められた場合において、職員の指定する日（求められた日から60日を超えない範囲内）までに提示または提出をしなかった場合。

罰則

国外財産調書の不提出・虚偽記載については１年以下の懲役または50万円以下の罰金（またはその併科）が科されます。ただし、不提出については、情状によりその罰則が免除されることもあります。

財産債務調書の不提出・虚偽記載については、現在のところ、国外財産調書のような特別な罰則規定は設けられていません。もっとも、税務署には財産債務調書に係る質問検査権が認められています。財産債務調書を提出すべきなのに故意に提出しなかったり、保有する財産の一部しか財産債務調書に記載しなかったりするなどの不誠実な対応をした場合、本格的な税務調査が行われる可能性も考えられますので、財産債務調書はしっかりと記載して期限内に提出しましょう。

▶国外財産調書・財産債務調書の記載事項

	区分		区分の中の小分類			記載内容			備考
			種類別	用途別※1	所在別	価額	取得価額※2	その他	
①	財産	土地	−	○	○	○	−	地所数、面積	庭園その他土地に附設したものを含む
②		建物	−	○	○	○	−	戸数、床面積	附属設備を含む
③		山林	−	○	○	○	−	面積	林地は、土地に含ませる
④		現金	−	○	○	○	−	−	−
⑤		預貯金	当座預金、普通預金、定期預金等の別	○	○	○	−	−	−
⑥		上場株式	銘柄別	○	○	○	○	数量	行使したときの所得の全部または一部が国内源泉所得となるストックオプションは⑨に記載する
⑦		非上場株式	銘柄別	○	○	○	○	数量	
⑧		株式以外の有価証券	公社債、投資信託、特定受益証券発行信託、貸付信託等の別および銘柄別	○	○	○	○	数量	
⑨		特定有価証券	発行会社別	○	○	○	−	数量	
⑩		匿名組合契約の出資の持分	匿名組合の別	○	○	○	○	数量	−
⑪		未決済信用取引等に係る権利	信用取引および発行日取引の別ならびに銘柄別	○	○	○	○	数量	−
⑫		未決済デリバティブ取引に係る権利	先物取引、オプション取引、スワップ取引等の別および銘柄別	○	○	○	○	数量	−
⑬		貸付金	−	○	○	○	−	−	−
⑭		未収入金（受取手形を含む）	−	○	○	○	−	−	−
⑮		書画骨とうおよび美術工芸品	書画、骨とうおよび美術工芸品の別	○	○	○	−	数量	一点10万円未満のものを除く
⑯		貴金属類	金、白金、ダイヤモンド等の別	○	○	○	−	数量	−
⑰		④・⑮・⑯以外の動産	適宜設けた区分の別	○	○	○	−	数量	一個または一組の価額が10万円未満のものを除く※3
⑱		その他の財産	保険の契約に関する権利、株式に関する権利、預託金等、組合等に対する出資、信託に関する権利、無体財産権、暗号資産※4、その他の財産の別	○	○	○	−	数量	−
⑲	債務※2	借入金	−	○	○	○	−	−	−
⑳		未払金（支払手形を含む）	−	○	○	○	−	−	−
㉑		その他の債務	前受金、預り金等の適宜設けた区分の別	○	○	○	−	数量	−

※1　用途とは、「事業用」と「一般用」の別をいいます。
※2　取得価額および債務は財産債務調書のみの記載事項で、国外財産調書には記載しません。
※3　財産債務調書では家庭用動産で一個または一組の取得価額が300万円未満（2022年分以前は100万円未満、国外財産調書では100万円未満）のものも記載を省略できます。
※4　国内居住者が保有する暗号資産及びNFTは国内財産とみなされるため、国外財産調書には記載しません。

「財産債務調書」の記載例（「国外財産調書」を提出する場合）

令和XX年12月31日分　財産債務調書

財産債務を有する者	住所（又は事業所、事務所、居所など）	東京都千代田区霞が関３－１－１		
	氏名	国税　太郎		
	個人番号	○○○○　○○○○　○○○○	電話番号	（自宅・勤務先・携帯）XX－XXXX－XXXX

財産債務の区分	種類	用途	所在	数量	（上段は有価証券等の取得価額）財産の価額又は債務の金額	備考
土地		事業用	東京都千代田区○○ 1-1-1	1 250㎡	円 250,000,000円	
建物		事業用	東京都港区○○ 3-3-3	1 500㎡	110,000,000	
建物		一般用 事業用	東京都千代田区霞が関 3-1-1	1 95㎡	89,000,000	土地を含む
			建物計		(199,000,000)	
現金		一般用	東京都千代田区霞が関 3-1-1		1,805,384	
預貯金	普通預金	事業用	東京都千代田区○ 2-2-2 ○○銀行△△支店		38,961,915	
有価証券	上場株式（B社）	一般用	東京都港区○○ 3-1-1 △△証券△△支店	5,000株	6,500,000 6,450,000	
特定有価証券	ストックオプション（○○株式会社）	一般用	東京都港区△△ 1-2-1	600個	3,000,000	
匿名組合出資	C匿名組合	一般用	東京都港区○○ 1-1-1 株式会社　B	100口	100,000,000 140,000,000	
未決済デリバティブ取引に係る権利	先物取引（○○）	一般用	東京都品川区○○ 5-1-1 ××証券××支店	100口	30,000,000 29,000,000	
貸付金		事業用	東京都目黒区○○ 2-1-1 ○○　△△		3,000,000	
未収入金		事業用	東京都豊島区○○ 2-1-1 株式会社　C		1,500,000	
貴金属類	ダイヤモンド	一般用	東京都千代田区霞が関 3-1-1	3個	6,000,000	
その他の動産	家庭用動産	一般用	東京都千代田区霞が関 3-1-1	20個	3,000,000	
その他の財産	生命保険契約	一般用	東京都品川区○○ 1-5-5 ○×生命○×支社		10,000,000	
借入金		事業用	東京都千代田区○ 2-2-2 ○○銀行△△支店		20,000,000	
未払金		事業用	東京都港区○○ 7-8-9 株式会社　D		1,500,000	
その他の債務	保証金	事業用	東京都台東区○○ 2-3-4 株式会社　E		2,000,000	
国外財産調書に記載した国外財産の価額の合計額 （うち国外転出特例対象財産の価額の合計額（34,000,000）円）					89,000,000	

財産の価額の合計額	780,717,299	債務の金額の合計額	23,500,000
（摘要）			

「国外財産調書に記載した国外財産の価額の合計額」及び「うち国外転出特例対象財産の価額の合計額」を記載する。

（注）有価証券の「所在」欄は、発行会社の本店所在地ではなく、保管等の委託をしている金融商品取引業者等の所在地を記載します。

非居住者の金融口座情報の自動的交換

外国の金融機関の預金口座を利用した脱税等に対処するため、各国の税務当局が相手国の居住者・法人の口座情報を互いに交換し合う制度が整備されています。OECD（経済協力開発機構）が、各国税務当局が共通で使用する様式を策定したことからCRS (Common Reporting Standard) と呼ばれます。CRSにはわが国を含め100以上の国・地域が参加しています。

日本から外国への情報提供

わが国ではCRSを実施するため、非居住者・外国法人（以下、非居住者等）の口座情報を金融機関が国税庁に報告する制度を2017年1月1日に導入しました。

報告対象となる金融機関（**報告金融機関**）には、銀行などの預金取扱金融機関のほか、保険会社、証券会社、信託会社や投資事業体（投資法人・組合など）などが含まれます。報告対象となる取引（**特定取引**）には、預貯金の預入、保険契約、株式等の振替口座の開設、金銭・有価証券の預託などが含まれます。

報告金融機関は、CRS参加国の居住者である者の口座について、口座保有者の情報や、年間の取引金額、年末の残高等の情報について、翌年4月30日までに税務署に報告します。国税庁はこれらを居住地国別にとりまとめ、各年分につき翌年9月30日までにCRS参加国各国の税務当局に提供します。

なお、米国はCRSには参加しておらず、FATCA（外国口座税務コンプライアンス法）により、米国籍保有者や米国居住者などの外国口座情報を収集しています。

また、OECDの暗号資産に関する情報交換についての様式であるCARF（Crypto-Asset Reporting Framework）に応じて、わが国では2026年から報告暗号資産交換業者等は暗号資産等取引に関する情報について報告することになります。

外国から日本への情報提供

CRSでは、外国に開設されている日本居住者や日本企業の口座情報についても、同様に、CRS参加国の各国から、日本の国税庁に情報提供が行われます。2022事務年度の情報提供では、95の国・地域の税務当局から約250万件の日本居住者・日本企業の口座情報が国税庁に提供されました（2024年1月時点）。

日本人が外国の銀行で保有している預貯金の利子、外国の証券会社に保管の委託をしている株式の譲渡益などについては、CRSによって国税庁に情報提供されている可能性があります。国内だけでなく外国で生じた所得についても、忘れずに確定申告書等に記載するようにしましょう。

国外転出時みなし譲渡益課税の特例

通常、有価証券等の含み益は、当該有価証券を譲渡するときまで課税されず、未決済デリバティブの含み益は、差金等決済を行うときまで課税されません。一般的には、いずれかの時点で当該有価証券を譲渡したり、未決済デリバティブの差金等決済を行ったりした際には譲渡益が課税対象となりますが、国外に転出し非居住者となった後に当該譲渡や差金等決済を行った場合、日本の所得税の課税対象となりません。このため、国外転出時みなし譲渡益課税の特例が設けられています。

時価１億円以上の有価証券等（ストック・オプションは含まれません）および未決済デリバティブ等を保有する居住者が国外転出をする場合、国外転出時にそれらの有価証券等を譲渡し、未決済デリバティブ等の決済を行ったものとみなし、譲渡益が所得税の課税対象となります（個人住民税はかかりません）。

ここでいう居住者とは、原則として、国外転出の日前10年以内に、国内に住所または居所を有していた期間の合計が５年超である人のことをいい、日本国籍を有する人に限られません。

なお、一般に出国後のNISA口座内の残高の継続保有は、取扱いの金融機関に継続適用届出書を提出することで可能になります（**144ページ参照**）。しかし、国外転出時みなし譲渡益課税の対象となる人は、出国後にNISA口座を継続利用できません。

納税管理人と申告の方法

国外転出時の課税と納税管理人

通常、所得税は１月１日から12月31日までの１年を単位として課税し、翌年の２月16日から３月15日までの間に確定申告書を提出し、納税します。

一方、国外転出をする人は、原則として出国のときまでに確定申告書を提出し、納税しなければなりません。

非居住者となった後であっても、国内源泉所得を得た場合は、日本において確定申告を行い納税する義務が生じます。非居住者が毎年日本で確定申告や納税を行うことは困難ですので、当該非居住者は日本国内に居住する親族や税理士などを指定し納税管理人として税務署に届け出て、納税管理人が当該非居住者を代理してこのような手続きを行います。国外転出前に納税管理人の届出を行った場合、出国のときまでに確定申告書を提出し納税する義務はなく、納税管理人により、出国した年の１月１日から12月31日までの１年間の所得について出国した年の翌年の２月16日から３月15日までの間に確定申告書を提出し、納税します。

納税管理人の届出の有無により、国外転出時みなし譲渡益課税の課税方法が異なります。

納税管理人の届出を行わない場合

国外転出前に納税管理人の届出を行わない場合、国外転出時みなし譲渡益課税の対象者は、当該**国外転出の予定日の３ヵ月前の日の価額**で有価証券等を譲渡し、未決済デリバティブ等の差金等決済を行ったものとみなします。

その上で、納税管理人の届出を行った場合とは異なり、その年の１月１日から出国日までの株式等の譲渡所得等や先物取引に係る雑所得等などを計算し、他の所得と合わせて、**出国日まで**に所得税の確定申告書を作成し、所得税を納税する必要があります。

なお、当該資産等の取得価額は国外転出時（みなし譲渡時）の時価に洗い替えされます。もっとも、国外転出の年分の所得税について確定申告を行っていない場合には、当該資産等の取得価額は国外転出時の時価に洗い替えされません。

納税管理人の届出を行う場合

国外転出前に納税管理人の届出を行う場合、国外転出時みなし譲渡益課税の対象者は、**国外転出を行った日の価額**で有価証券等を譲渡し、未決済デリバティブ等の差金等決済を行ったものとみなします。その上で、その年の１月１日から12月31日までの株式等の譲渡所得等や先物取引に係る雑所得等などを計算し、他の所得と合わせて、翌年の３月15日（確定申告の期限）までに所得税の確定申告書を作成し、所得税を納税します。

なお、当該資産の取得価額はみなし譲渡時の時価に洗い替えされます。

納税猶予制度

国外転出前に納税管理人の届出を行った場合、確定申告期限までに確定申告書の提出をする際に、国外転出時みなし譲渡益課税に係る所得税および利子税の額について納税の猶予を受けられます。

納税の猶予を受けるには、猶予を受けるべき税額に相当する担保を提供する必要があり、猶予を受けられる期間は、国外転出から５年です。猶予を受けている間は、毎年、3月15日までに継続届出書を提出する必要があります。

なお、５年以内に国内に帰国しない場合、国外転出日から５年以内に届出書を提出することにより猶予を受けられる期間を10年間に延長することができます。

対象資産を譲渡した場合

納税猶予の適用を受けた後、帰国する前に当該資産を譲渡した場合、その譲渡した資産に係る所得税額および利子税額について納税猶予が終了し、当該譲渡した日の**４ヵ月後まで**に税額を納付しなければなりません。

この場合において、譲渡した資産の価額が国外転出時より下落しているときは、当該譲渡した日の**４ヵ月後まで**に更正の請求を行うことにより、みなし譲渡による譲渡収入を実際の譲渡収入に計算し直し、納めるべき税額を減額できます。

なお、当該財産の譲渡につき外国において所得税を納付することとなるときは、当該外国所得税を納付することとなる日から**４ヵ月後まで**に、更正の請求をすることにより、当該外国所得税額は、その人が国外転出した日の属する年において納付することとなるものとみなして、外国税額控除を適用することができます(ただし、当該外国所得税に関する法令において、当該外国所得税の額の計算に当たって本特例の適用を受けたことを考慮しないものとされている場合に限ります)。

納税猶予期間が満了した場合

５年間または10年間の納税猶予期間が満了した場合、猶予期間の満了日の翌日から４ヵ月以内に、猶予された所得税額および利子税額を納付しなければなりません。

この場合において、国外転出時から引き続き保有している資産の価額が国外転出時より下落しているときは、納税猶予期間が満了した日の**４ヵ月後まで**に更正の請求を行うことにより、みなし譲渡による譲渡収入を納税猶予期間が満了した日の価額に計算し直し、納めるべき税額を減額することができます（この場合、当該資産の簿価は納税猶予期間が満了した日の価額に変更されます)。

帰国時等の課税取り消し

納税猶予期間内に帰国した場合および納税猶予を受けずに５年以内に帰国した場合、国外転出時から帰国時まで引き続き保有している対象資産について、国外転出時課税により課された税額を更正の請求によって、取り消すことができます。この場合の更正の請求の期限は**帰国した日から４ヵ月以内**です。既に納付していた税額があるときは税額の還付を受けられます。

更正の請求を行うと、みなし譲渡はなかったものと扱われますので、当該資産の簿価はみなし譲渡時の価額から取得時の簿価に復元されます。

相続・贈与時のみなし譲渡益課税

居住者自身が国外転出して非居住者となるときだけでなく、居住者から非居住者へ、贈与・相続・遺贈（以下、贈与等）により有価証券等が移転するときも、みなし譲渡益課税の特例の対象となります。

時価１億円以上の有価証券等および未決済デリバティブ等を保有する居住者から、非居住者に対し、それらの有価証券等を贈与等した場合、当該贈与等した日の価額で有価証券等を譲渡し、未決済デリバティブ等の決済を行ったものとみなし、譲渡益が所得税の課税対象となります。この場合、贈与等を行った居住者にとっては所得税の課税対象となり、かつ、贈与等を受けた非居住者にとっても贈与税または相続税の課税対象となります。

もっとも、次の場合に該当して、みなし譲渡益課税の税額が増加した場合には修正申告を行わなければならず、税額が減少した場合には更正の請求をすることができます。

▶相続財産等に異動が生じ「みなし譲渡益課税」の修正を行う必要がある場合

①未分割財産について、法定相続分に従ってみなし譲渡益課税が適用された後、法定相続分と異なる割合で遺産分割が行われた場合
②強制認知の判決の確定等により相続人に異動が生じた場合
③遺贈の遺言書が発見され、または遺贈の放棄があった場合
④相続・遺贈により取得した財産についての権利の帰属に関する訴訟の判決があった場合
⑤条件付き遺贈について、その条件が成就した場合

また、贈与等の日から５年以内に相続人の全員が帰国した場合や相続財産等に異動が生じた結果、相続人に非居住者が含まれないこととなった場合は、みなし譲渡益課税が行われなかったものとすることができます。

なお、相続・贈与時のみなし譲渡益課税にも納税猶予の制度があり、受贈者等が帰国した（居住者となった）場合には課税取り消しの制度があります。

付表・主な金融商品の課税一覧表（2024年分・復興特別所得税を含まず※1）

大分類	商品の種類	区分※2	利益の内訳・種類	所得区分	課税方法
国内株式	上場株式	上場株式等	譲渡益	譲渡所得等	申告分離課税 源泉徴収有の特定口座なら申告不要可（注1）
			配当 （大口を除く）	配当所得	総合課税、申告不要（実質源泉分離課税）、申告分離課税の選択制（注1）
	非上場株式	一般株式等	譲渡益	譲渡所得等	申告分離課税
			配当（少額配当）	配当所得	総合課税、申告不要（所得税）の選択制（注2）
			配当（上記以外）		総合課税
国内債券	利付債（他社株転換可能債(EB)、新株予約権付社債(CB）を含む）	特定公社債	利子	利子所得	申告不要、申告分離課税の選択制（注1）
			譲渡益、償還益	譲渡所得等	申告分離課税 源泉徴収有の特定口座なら申告不要可
		一般公社債	利子	利子所得	源泉分離課税（注3）
			譲渡益、償還益	譲渡所得等	申告分離課税（注3）
	割引債	特定公社債	譲渡益、償還益	譲渡所得等	国内利付債（特定公社債）の
		一般公社債	譲渡益、償還益	譲渡所得等	国内利付債（一般公社債）の
国内預貯金等	預貯金	—	利子	利子所得	源泉分離課税
	金融類似商品等		利息、差益等	雑所得等	源泉分離課税
国内投資信託	公募株式投資信託（ETF、ETNを含む）	上場株式等	譲渡益、償還・解約益	譲渡所得等	国内上場株式の
			普通分配金	配当所得	国内上場株式の
			元本払戻金（特別分配金）	—	非課税（注6）
	公募公社債投資信託	上場株式等	譲渡益、償還・解約益	譲渡所得等	国内利付債（特定公社債）の
			分配金	利子所得	国内利付債（特定公社債）の
	上場不動産投資信託（上場REIT）	上場株式等	譲渡益	譲渡所得等	国内上場株式の
			分配金	配当所得	国内上場株式の
	私募株式投資信託	一般株式等	譲渡益、償還・解約益（元本相当部分）	譲渡所得等	国内非上場株式の
			分配金、償還・解約益（元本超部分）	配当所得	国内非上場株式の
	私募公社債投資信託	一般株式等	譲渡益、償還・解約益（元本相当部分）	譲渡所得等	国内利付債（一般公社債）の
			分配金、償還・解約益（元本超部分）	利子所得	国内利付債（一般公社債）の

税　率	根拠条文[※3]	参照ページ
20%（所得税15%・住民税５%）	措法37の11②一、37の11の５（源泉徴収有の特定口座）	57ページ
総合課税の場合、累進税率（配当控除あり）	所法24、89、92	57ページ
申告分離・申告不要の場合、20%（所得税15%・住民税５%）	措法８の４①一、８の５①二、９の３一、９の３の２①一	57ページ
20%（所得税15%・住民税５%）	措法37の10②一	195ページ
総合課税の場合、累進税率（配当控除あり）	所法24、89、92	195ページ
申告不要の場合、所得税20%＋住民税総合課税（住民税の配当控除あり）	所法24、181、182、措法８の５①一	195ページ
累進税率（配当控除あり）	所法24、89、92	195ページ
20%（所得税15%・住民税５%）	措法８の４①六、８の５①七、９の３の２①六	58ページ
20%（所得税15%・住民税５%）	措法37の11②五～十四、37の11の５、37の10③八・37の11③（公社債の償還金は譲渡収入として扱う）	57ページ
20%（所得税15%・住民税５%）	所法181、182、措法3	198ページ
20%（所得税15%・住民税５%）	措法37の10②七、37の10③八、41の12の２①一	198ページ
譲渡益、償還益と同様[注4]	措法37の11②五～十四、37の10③八・37の11③、37の11の５、41の12の２①一	67ページ
譲渡益、償還益と同様[注4]	措法37の10②七、37の10③八、41の12の２（償還時源泉徴収）	67ページ
20%（所得税15%・住民税５%）	所法181、182、措法3	208ページ
20%（所得税15%・住民税５%）	所法209の２、209の３、174三～八（金融類似商品等の定義）、措法41の10	208ページ
譲渡益と同様	措法37の11②一二、37の11④一（公募投信の解約金・償還金は譲渡収入として扱う）、37の11の５	57ページ
配当と同様[注5]	所法24、89、92、措法８の４①二、８の５①三、９（配当控除の特例）、９の３二、９の３の２①二	57ページ
—	所法９①十一、所令27	89ページ
譲渡益と同様	措法37の11②二、37の11④一、37の11の５	57ページ
利子と同様	措法８の４①二、８の５①三、９の３の２①二	58ページ
譲渡益と同様	措法37の11②一、37の11の５	57ページ
配当と同様[注7]	所法24、89、措法８の４①一、８の５①二、９の３一、９の３の２①一	57ページ
譲渡益と同様	措法37の10②四、37の10④二（私募投信の解約・償還時の元本以下の部分は譲渡収入として扱う）	201ページ
配当と同様	所法24、89、92、181、182、所令58（私募投信の解約・償還時の元本超の部分は利子・配当として扱う）	201ページ
譲渡益と同様	措法37の10②四、37の10④二	201ページ
利子と同様	所令58、措法３	201ページ

大分類	商品の種類	区分※2	利益の内訳・種類	所得区分	課税方法
デリバティブ取引	外国為替証拠金取引（FX）・証券CFD	—	差金等決済による利益	雑所得等	申告分離課税
	証券先物・オプション取引		差金等決済による利益	雑所得等	申告分離課税
	カバードワラント	—	差金等決済による利益	雑所得等	申告分離課税
	暗号資産デリバティブ取引	—	差金等決済による利益	雑所得等	総合課税
外国株式	外国上場株式	上場株式等	譲渡益（為替差益を含む）	譲渡所得等	国内上場株式の
			配当	配当所得	国内上場株式の
	外国非上場株式	一般株式等	譲渡益（為替差益を含む）	譲渡所得等	国内非上場株式の
			配当（少額配当）	配当所得	国内非上場株式の
			配当（上記以外）		
外国債券	利付債	特定公社債	利子	利子所得	申告不要、申告分離課税の選択制（外国税額控除）
			譲渡益、償還益（為替差益を含む）	譲渡所得等	申告分離課税 源泉徴収有の特定口座なら申告不要可
		一般公社債	利子	利子所得	源泉分離課税（差額徴収方式）
			譲渡益、償還益（為替差益を含む）	譲渡所得等	申告分離課税
	ゼロ・クーポン債	特定公社債 一般公社債	譲渡益・償還益（為替差益を含む）	譲渡所得等	国内割引債の譲渡益と同様
外国投資信託	公募外国株式投資信託	上場株式等	譲渡益、償還益（為替差益を含む）	譲渡所得等	国内上場株式の
			分配金	配当所得	国内上場株式の
	公募外国公社債投資信託（外貨MMFを含む）	上場株式等	譲渡益、償還益（為替差益を含む）	譲渡所得等	国内利付債（特定公社債）の
			分配金	利子所得	国内利付債（特定公社債）の

※1 この表の税率は、復興特別所得税を含めずに表記しています。源泉徴収の場合は、所得税と合わせて復興特別所得税が源泉徴収されます。復興特別所得税込みの所得税率は、15%→15.315%、20%→20.42%です。申告分離課税・総合課税の場合は、申告納付する所得税額（基準所得税額）の2.1%の復興特別所得税を所得税と合わせて納付します。

※2 「上場株式等」「一般株式等」の区分です。債券については、「特定公社債」「一般公社債」の区分を表しています（「特定公社債」であれば「上場株式等」、「一般公社債」であれば「一般株式等」にそれぞれ含まれます）。

※3 法令名の略称は次の通りです。所得税法→所法、所得税法施行令→所令、租税特別措置法→措法、租税特別措置法施行令→措令

（注1）所得税で選択した課税方式が住民税でも適用されます。

（注2）所得税について申告不要を選択した場合でも、原則として住民税では申告が必要です。

（注3）同族会社の株主等が支払を受ける利子については利子所得、償還益については雑所得としていずれも総合課税になります。

（注4）原則として、みなし償還差益により償還時源泉徴収されます。特定口座で管理されるものについては、実際の償還差益により課税されます。

税　　率	根　拠　条　文[※3]	参照ページ
20%（所得税15%・住民税５%）	措法41の14①二、41の15	186ページ 187ページ
20%（所得税15%・住民税５%）	措法41の14①二、41の15	179ページ 181ページ
20%（所得税15%・住民税５%）	措法41の14①三、41の15	184ページ
累進税率	所法35、89、措法41の14①二（暗号資産デリバティブは申告分離課税の対象外）	189ページ
譲渡益と同様	措法37の11②一、37の11の５	57ページ
配当と同様[注8]	所法24、89、92（外国株等は配当控除の対象外）、措法８の４①一、８の５①二、９の２、９の３の２①一	57ページ
譲渡益と同様	措法37の10②一	195ページ
配当と同様[注8]	所法24、89、92、措法９の２	195ページ 195ページ
原則として税率20% （所得税15%・住民税５%）[注9]	措法３の３、８の４①六、８の５①七、９の３の２①六	58ページ
20%（所得税15%・住民税５%）	措法37の11②五～十四、37の10③八・37の11③、37の11の５	57ページ
原則として税率20% （所得税15%・住民税５%）[注10]	措法３の３、３の３④一（差額徴収方式）	92ページ
20%（所得税15%・住民税５%）	措法37の10②七、37の10③八	198ページ
(特定、一般により扱いが異なる)	措法37の10②七、37の11②五～十四、37の10③八・37の11③、37の11の5、41の12の2	67ページ
譲渡益と同様	措法37の11②一二、37の11④一、37の11の５	57ページ
配当と同様[注8]	所法24、89、92、措法８の４①二、８の５①三、９の３、９の３の２①二	57ページ
譲渡益、償還益と同様	措法37の11②二、37の11④一、37の11の５	57ページ
利子と同様[注9]	措法８の４①二、８の５①三、９の３の２①二	58ページ

（注５）公募株式投資信託の普通分配金およびETFの分配金について、総合課税を選択する場合の配当控除率は種類により異なります（配当控除の適用がないものもあります）。ETNは配当控除の適用はありません。
（注６）株式投資信託の元本払戻金（特別分配金）は、非課税とされています。
（注７）不動産投資信託（REIT）の分配金には配当控除の適用はありません。
（注８）外国株式の配当および外国株式投資信託の分配金には配当控除の適用はありません。外国で源泉徴収されている場合は、その外国税額を控除した金額に源泉税率が適用されます。確定申告した場合は外国税額控除の適用があります。
（注９）外国で源泉徴収されている場合は、その外国税額を控除した金額に源泉税率が適用されます。確定申告した場合は外国税額控除の適用があります。
（注10）外国で源泉徴収されている場合は、国内税率と合わせて復興特別所得税の加算前で税率20%となるよう調整されます（差額徴収方式）。

用語50音順 INDEX

あ

か

さ

た

memo

memo

2024年度版
投資家のための税金読本　令和6年7月20日　2024年度版発行

検印省略

編　著　株式会社大和総研
監　修　税理士法人柴原事務所
発行者　青　木　鉱　太
印刷所　セ　キ　株　式　会　社
製本所　セ　キ　株　式　会　社

日本法令®

〒101-0032
東京都千代田区岩本町1丁目2番19号
https://www.horei.co.jp/

（営　業）　TEL　03-6858-6967　Eメール　syuppan@horei.co.jp
（通　販）　TEL　03-6858-6966　Eメール　book.order@horei.co.jp
（編　集）　FAX　03-6858-6957　Eメール　tankoubon@horei.co.jp

（オンラインショップ）　https://www.horei.co.jp/iec/
（お詫びと訂正）　https://www.horei.co.jp/book/owabi.shtml
（書籍の追加情報）　https://www.horei.co.jp/book/osirasebook.shtml

※万一、本書の内容に誤記等が判明した場合には、上記「お詫びと訂正」に最新情報を掲載しております。ホームページに掲載されていない内容につきましては、FAXまたはEメールで編集までお問合せください。

ISBN 978-4-539-74706-3